FACHWERK
BIOLOGIE

Niedersachsen

5/6

Cornelsen

FACHWERK
BIOLOGIE

Autorinnen und Autoren:
Anke Form, Dr. Udo Hampl, Marianne Herrmann,
Andreas Marquarth, Katrin Oberschelp, Dr. Peter Pondorf,
Reinhold Rehbach, Matthias Ritter, Ingmar Stelzig,
Josef Johannes Zitzmann

Berater: Georg M. Fruck

Redaktion: Christina Pietsch

Bildrecherche: Kathrin Kretschmer, Zeynep Arghan

Illustration und Grafik:
www.biologiegrafik.de; Liselotte Lüddecke, Jörg Mair, Karin Mall,
Tom Menzel, Heike Möller, Andreas Steinig, Jan Wünsche

Designberatung:
Ellen Meister

Typografisches Konzept und Layout:
Farnschläder & Mahlstedt, Hamburg

Umschlaggestaltung: Zweimanns Grafik

www.cornelsen.de

Dieses Werk enthält Vorschläge und Anleitungen für Experimente. Vor jedem
Experiment sind mögliche Gefahrenquellen zu besprechen. Beim Experimentieren
sind die Richtlinien zur Sicherheit im Unterricht einzuhalten.

Die Webseiten Dritter, deren Internetadressen in diesem Lehrwerk angegeben sind,
wurden vor Drucklegung sorgfältig geprüft. Der Verlag übernimmt keine Gewähr für
die Aktualität und den Inhalt dieser Seiten oder solcher, die mit ihnen verlinkt sind.

1. Auflage, 4. Druck 2024

Alle Drucke dieser Auflage sind inhaltlich unverändert und können im Unterricht
nebeneinander verwendet werden.

Druck: Mohn Media Mohndruck, Gütersloh

ISBN 978-3-06-014853-0 (Schülerbuch)
ISBN 978-3-06-014897-4 (E-Book)

PEFC-zertifiziert
Dieses Produkt
stammt aus
nachhaltig
bewirtschafteten
Wäldern und
kontrollierten Quellen
PEFC
PEFC/04-31-1033   www.pefc.de

Inhalt

Säugetiere in ihren Lebensräumen 54

Vielfalt der Wirbeltiere 82

Vielfalt der Pflanzen 130

Stoffwechsel und Angepasstheit der Pflanzen 168

Mein Körper 192

Pubertät – Zeit der Veränderung 224

Rallye durch dein Biologiebuch

Sicherlich hast du in deinem neuen Biologiebuch schon herumgeblättert. Damit du dich darin gut auskennst, bearbeite die folgenden elf Aufgaben. Notiere die Antworten auf die Fragen in deinem Heft. Danach weißt du ganz genau, was dir dein neues Buch alles bietet. Viel Spaß!

1 Schlage das **Inhaltsverzeichnis** in deinem Biologiebuch auf. Lies alle fett gedruckten Hauptthemen durch. Du erfährst, was du in den kommenden Schuljahren lernen wirst. Welches Thema interessiert dich am meisten? Notiere es.

2 Alle Kapitel beginnen mit einer **Eröffnungsseite**, auf der Bilder dargestellt sind. Sie geben dir einen Einblick in die Inhalte des Kapitels. Notiere die Bilder, die du auf der Eröffnungsseite des Kapitels »Vielfalt der Pflanzen« findest.

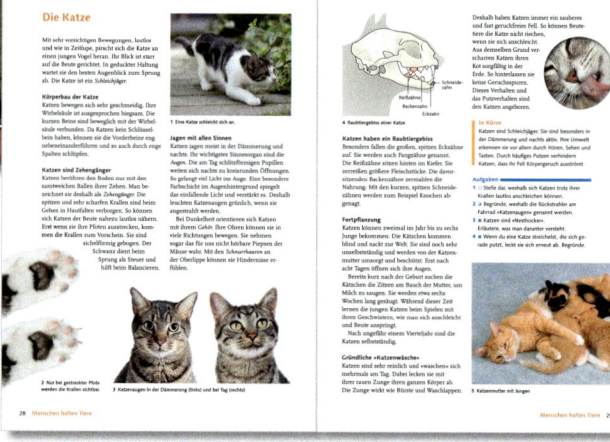

3 Auf allen **Grundseiten** erhältst du Informationen zu biologischen Themen. Auf Seite 116/117 werden heimische Singvögel vorgestellt. Schreibe alle Vogelarten auf, die im Text genannt sind.

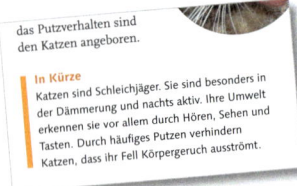

4 Am Ende jeder Grundseite findest du die wichtigsten Dinge bei »**In Kürze**« zusammengefasst. Lies die Zusammenfassung auf Seite 23. Benenne die Gebissart.

5 Die Aufgaben im Buch werden von Symbolen begleitet, die dir zeigen, wie hoch der Schwierigkeitsgrad ist: ☐ einfach ◩ mittel ◼ schwer Zähle die Aufgaben mit dem Schwierigkeitsgrad mittel auf Seite 62/63.

6 Überall im Buch wird dir gezeigt, mit welchen **Methoden** du arbeiten kannst, um biologische Sachverhalte besser zu untersuchen, zu verstehen oder zu präsentieren. Suche die Methodenseite »Diagramme erstellen« im Inhaltsverzeichnis und notiere die beiden Diagrammarten, die auf dieser Seite abgebildet sind. Die Methodenseiten sind im Inhaltsverzeichnis lila geschrieben.

7 Anleitungen für praktische Untersuchungen, wie zum Beispiel Versuche oder den Bau von Modellen, findest du auf den **Praktikumsseiten**. Lies auf Seite 141 den Versuch C nach. Schreibe das Gerät auf, das du für diese Untersuchung benötigst.

8 Knifflige und spannende Aufgaben findest du auf den **Aufgabenseiten**. Sie beziehen sich immer auf zusätzliches Material, das dazu abgebildet ist. Nenne, was du den Vögeln auf der Seite 115 zuordnen sollst.

9 Auf den **Weiter gedacht**-Seiten werden Themen aus anderen Bereichen wie Geschichte oder Gesundheit angesprochen. Die Seiten **Zur Diskussion** sollen euch zur Diskussion anregen. Schreibe alle Tiere auf, die auf Seite 76/77 genannt werden.

10 Auf den Seiten zum **Kapitelabschluss** sind unter der Spalte »Auf den Punkt gebracht« alle wichtigen Inhalte des jeweiligen Kapitels zusammengefasst. Beschreibe das Bild im Abschlusspunkt auf Seite 223.

11 Wenn du Informationen zu einem bestimmten Begriff suchst, kannst du im **Register** nachschlagen. Hier findest du alle Seiten, auf denen der Begriff verwendet wird. Notiere alle Seiten, auf denen der Begriff »Pubertät« vorkommt.

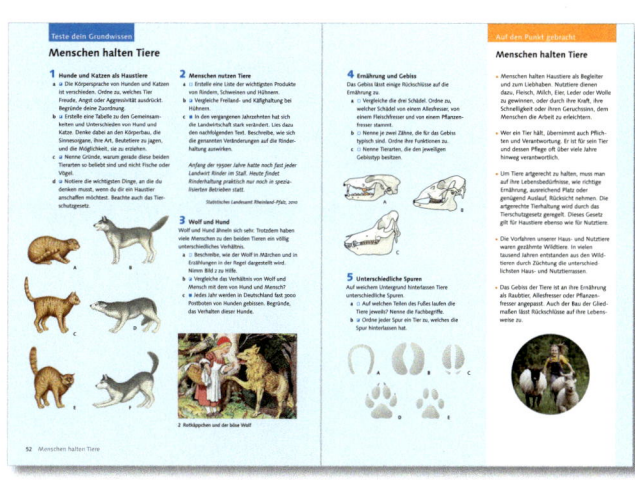

Biologie – Wissenschaft von den Lebewesen

Was ist Biologie?

In diesem Schuljahr hast du ein neues Schulfach bekommen: *Biologie*. Im Biologieunterricht beschäftigst du dich mit dem Menschen, mit Tieren und mit Pflanzen. Das Wort Biologie setzt sich aus zwei griechischen Wörtern zusammen: *bios* heißt *Leben* und *logos* bedeutet *Lehre* oder *Wissenschaft*. Die Biologie ist also die *Wissenschaft von den Lebewesen*. Lebewesen geben viele Fragen auf: Warum fällt im Herbst das Laub? Warum können Fische unter Wasser atmen? Warum …? Im Biologieunterricht lernst du *Arbeitsweisen* von Biologen kennen. Mit ihrer Hilfe versuchen sie Antworten auf die Fragen zu finden.

1 Die Natur gibt viele Fragen auf.

Betrachten und Beobachten

Bei einem Spaziergang im Wald flüchtet ein Vogel laut schimpfend auf einen nahen Baum. Nun kann er gut beobachtet werden: seine Körperform, seine Färbung und seine Rufe. Beim *Beobachten* werden Eigenschaften, Merkmale oder Veränderungen erfasst. Zu einer Beobachtung gehört immer eine Frage: Was möchte ich herausfinden? Was finde ich interessant? *Hilfsmittel* bei Beobachtungen können beispielsweise Lupen oder Ferngläser sein. Ruht das zu beobachtende Objekt, so spricht man auch von *Betrachten*.

2 Schülerinnen und Schüler beobachten mit Ferngläsern.

Vergleichen

Steht man vor einer Wiese, auf der Kühe grasen, so stellt man fest, dass jede Kuh anders aussieht. Manche sind einfarbig, andere haben unterschiedlichste Flecken. Dagegen besitzen alle einen Kopf, vier Beine und Hörner. Die Kälbchen sind noch hornlos. Sucht man nach *Ähnlichkeiten, Unterschieden* und *Gemeinsamkeiten*, so bezeichnet man dies als *Vergleichen*. Man kann den Aufbau von Organen und deren Leistungen ebenso vergleichen wie die Entwicklungsstadien oder die Verhaltensweisen von Lebewesen, zum Beispiel Schmetterlingen.

Untersuchen

Möchte man herausfinden, ob in einer Kastanie bereits ein kleiner Baum steckt, muss man sie mit Hilfe eines Messers öffnen. Nun kann man weitere Beobachtungen anstellen. Für sehr kleine Objekte benötigt man ein *Mikroskop*. Damit einzelne Strukturen in der Vergrößerung gut erkennbar sind, werden die Objekte sehr dünn geschnitten und angefärbt. Beim *Untersuchen* wird also vor der Beobachtung stets in den Bau des Objekts eingegriffen.

3 Experiment: Wächst aus der Kastanie ein Baum?

Experimentieren

Unter welchen Bedingungen wächst aber nun ein Kastanienbaum aus einer Kastanie? Um dies herauszufinden, müssen gezielte Versuche oder Experimente angesetzt werden. Dazu überlegt man sich zunächst, welche Faktoren zum Wachstum beitragen könnten, zum Beispiel Licht, Wasser und Temperatur. Im Experiment wird eine eingepflanzte Kastanie einmal trocken gehalten, während eine andere regelmäßig gegossen wird. Da sie am selben Fenster stehen, sind die Lichtmenge und die Temperatur für beide gleich. Bei einem Experiment wird immer nur *ein Faktor verändert,* alle anderen bleiben *gleich. Wiederholt* man ein Experiment, so sollte es zu den gleichen Ergebnissen führen.

Ordnen und Bestimmen

Im Frühsommer verwandelt sich eine Wiese in ein Blütenmeer. Besitzen Pflanzen ähnliche Merkmale, zum Beispiel die Form der Blätter oder der Blüten, so kann man sie zu Gruppen ordnen. Ordnungsmerkmale sind zum Beispiel ihr Aufbau oder der Lebensraum, den sie besiedeln. Mit Hilfe von *Bestimmungsschlüsseln* findet man die Namen von Lebewesen heraus. Dies bezeichnet man als *Bestimmen.*

Halten und Pflegen von Lebewesen

Lina, die Schulmaus, wurde gerade gefüttert. Nun putzt sie sich. Erst vor Kurzem hat sie Junge gehabt. Dies weist darauf hin, dass sich das Tier wohlfühlt. Biologen *halten* Tiere und Pflanzen, um sie gut beobachten zu können. Sie kennen ihre Bedürfnisse und Lebensbedingungen. Mit den Lebewesen gehen sie artgerecht um. Sie werden verantwortungsvoll *gepflegt.*

Präsentieren

Die Ergebnisse von Beobachtungen, Untersuchungen, Vergleichen und Experimenten sollten immer *protokolliert* werden. Um viele Menschen zu informieren, kann man *Plakate* erstellen oder Zusammenhänge vor einer Gruppe vorstellen oder *präsentieren.*

In Kürze
Biologie ist die Wissenschaft von den Lebewesen. Um biologische Fragen beantworten zu können, werden unterschiedliche Arbeitsweisen und oft Hilfsmittel angewandt.

Aufgaben
1 ☐ Nenne die wichtigsten Arbeitsweisen eines Biologen.
2 ◪ Finde Beispiele dafür, wo du Arbeitsweisen angewandt hast. Berichte in deiner Klasse.

4 Pflanzen werden geordnet und bestimmt.

Was Lebewesen kennzeichnet

Schau dir den Frosch auf dem Bild an. Was meinst du: Ist er lebendig? Er sieht doch eigenartig aus. Tiere mit blauer Haut gibt es bei uns nicht. Handelt es sich vielleicht um ein Plastiktier? Wie könntest du herausfinden, ob er lebt?

Lebewesen bewegen sich

Eine Antilope flieht vor einem Löwen. Mit großen Sätzen springt sie davon und kann entkommen. Sie bewegt sich mit eigener Muskelkraft. Aber auch Pflanzen können sich bewegen: Eine Fliege setzt sich auf das Fangblatt einer Venusfliegenfalle. Plötzlich schnappt die Falle zu. *Alle Lebewesen können sich eigenständig bewegen.*

Stoffe werden aufgenommen, verarbeitet und abgegeben

Im Frühjahr sät ein Landwirt das Getreide aus. Wenige Monate später wird geerntet. In den Ähren haben sich Getreidekörner entwickelt. Sie sind die Nährstoffspeicher der Getreidepflanzen. Aus den Körnern gewinnt man Mehl. Die Pflanze hat aus der Luft und dem Boden Stoffe aufgenommen und umgewandelt. Für uns nicht sichtbar hat sie dabei auch ständig Stoffe in die Luft abgegeben.
Ähnliches kann man bei einem Goldhamster beobachten. Er nimmt Nahrung auf und verdaut sie. Dadurch gewinnt er Stoffe, die sein Körper für sein Wachstum, die Bewegung oder den Erhalt der Körperwärme braucht. Nicht verwertbare Stoffe scheidet der Goldhamster aus. *Alle Lebewesen nehmen Stoffe auf, verarbeiten sie und scheiden Abfallstoffe aus. Sie besitzen einen Stoffwechsel.*

1 Pfeilgiftfrosch

Lebewesen sind reizbar

Ein Hund läuft mit der Nase am Boden durch den Garten und bellt in ein Gebüsch hinein. Er hat dort einen Igel entdeckt, der sich zusammengerollt hat. Tiere besitzen Sinnesorgane, mit denen sie Reize aufnehmen können. So orientieren sie sich in ihrer Umgebung und können Gefahren wahrnehmen. Berührt man eine Mimose mit dem Finger, klappen die Blätter der Pflanze sofort zusammen und hängen nach unten. *Alle Lebewesen sind reizbar.*

2 Mimose

3 Lebewesen wachsen und verändern sich dabei – sie entwickeln sich: A–C Ente; D–F Eiche

Lebewesen wachsen und entwickeln sich

Die jungen Entenküken sehen in ihrem gelben Flaumkleid anders aus als ihre Mutter. Schnell wachsen sie heran. Nach einigen Monaten haben sie sich zu ausgewachsenen Enten entwickelt.

Aus einer Eichel sprießt der kleine Sämling, aus dem ein stattlicher Baum heranwachsen kann. Je nach Alter oder Entwicklungsstand sehen Lebewesen unterschiedlich aus.

Für alle Lebewesen gilt, dass sie eine begrenzte Lebensdauer haben und schließlich sterben. *Alle Lebewesen wachsen und entwickeln sich.*

Lebewesen pflanzen sich fort

Anfang Mai fliegen bei jedem Windhauch die kleinen Fallschirme der »Pusteblume« über eine Wiese. Es sind die Früchte des Löwenzahns. Auf diese Weise werden die Samen verbreitet. Aus ihnen können sich neue Pflanzen entwickeln. Auch die Kuh auf der gleichen Wiese hat Nachwuchs bekommen, das Kalb trinkt an ihrem Euter. Lebewesen bringen Nachkommen hervor. *Sie pflanzen sich fort.*

In Kürze
Jedes Lebewesen zeigt alle diese Kennzeichen: Bewegung, Reizbarkeit, Stoffwechsel, Wachstum, Entwicklung und Fortpflanzung.

Aufgaben
1 ☐ Nenne die fünf Kennzeichen von Lebewesen.

2 ☑ In Japan werden Roboter gebaut, die sich um Menschen kümmern. Sie bewegen sich und reagieren auf Befehle. Entscheide, ob es sich um Lebewesen handelt. Begründe.

3 ☑ In einem Garten wachsen im Frühjahr Schneeglöckchen. Beschreibe, welche Kennzeichen des Lebens hierfür eine Rolle spielen.

Lebewesen	Lebensalter (ungefähr)
Birnbaum	300 Jahre
Grönlandwal	über 210 Jahre
Mensch	80 Jahre
Pferd	20 Jahre
Regenwurm	10 Jahre
Eidechse	10 Jahre
Weizen	1 Jahr

4 Lebensalter verschiedener Lebewesen

Lebewesen bestehen aus Zellen

Die Menschen interessierte schon immer, woraus Lebewesen bestehen. Bereits vor über 2000 Jahren vermutete der griechische Gelehrte Aristoteles, dass alle Lebewesen aus kleinsten Bausteinen bestehen. Erst die Erfindung des Mikroskops ermöglichte Vergrößerungen, die seine Vermutung bestätigten. Bei Untersuchungen der Rinde von Korkeichen wurden erstmals Zellen erkannt. Von da an eröffneten sich Stück für Stück faszinierende Einblicke in die Welt der »Bausteine des Lebens«.

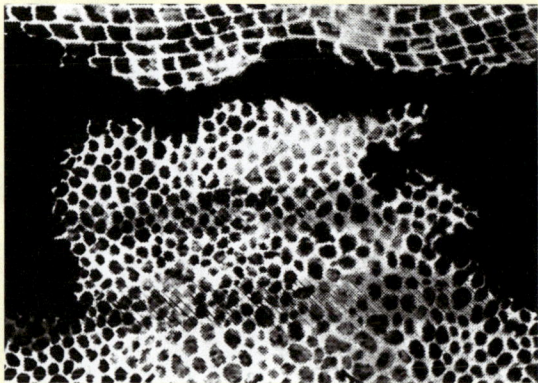

1 Mikroskopisches Bild von Kork

Bausteine der Lebewesen

Alle Lebewesen bestehen aus Zellen. Sie sind in aller Regel so klein, dass man sie mit bloßem Auge nicht erkennen kann. In speziellen Nährflüssigkeiten kann man einzelne Zellen am Leben erhalten und an ihnen die Kennzeichen der Lebewesen beobachten.

Unterschiedlicher Aufbau

Die Zellen von Pflanzen und Tieren unterscheiden sich.

Es gibt winzige Lebewesen, die nur aus einer einzigen Zelle bestehen. Größere Lebewesen werden nicht von größeren Zellen, sondern von einer sehr großen Anzahl von Einzelzellen aufgebaut. So besitzt ein Mensch 60 bis 100 Billionen Zellen. Je nach Aufgabe im Körper sehen die Zellen sehr unterschiedlich aus. Man unterscheidet viele verschiedene Zelltypen, zum Beispiel Haut- oder Muskelzellen.

In Kürze

Zellen sind die kleinsten lebenden Bausteine der Lebewesen. Der Aufbau aus Zellen ist ein weiteres Kennzeichen von Lebewesen.

Aufgabe

1 ◪ Begründe, warum der Aufbau aus Zellen ein Kennzeichen von Lebewesen ist.

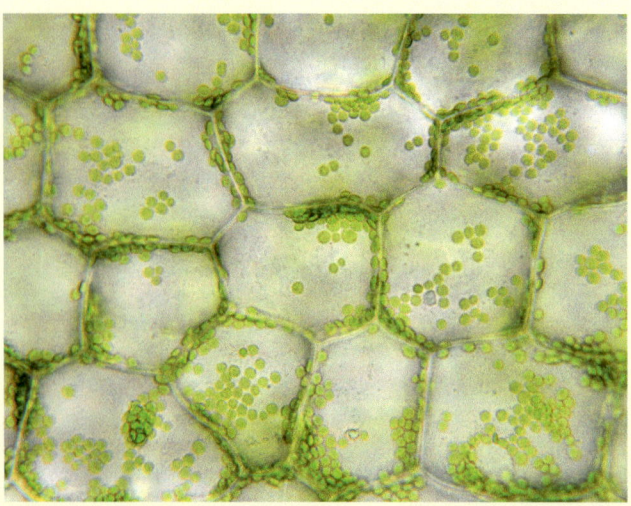

2 Bei der Wasserpest sind die einzelnen Zellen gut erkennbar.

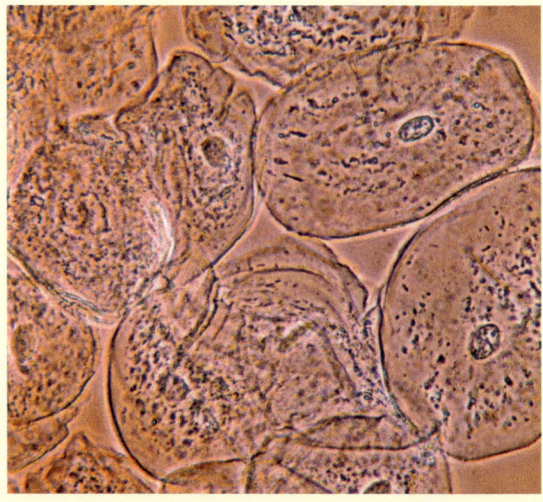

3 Die Zellen der Haut liegen dicht aneinander.

Biologie – Wissenschaft von den Lebewesen

Kenntnisse über Tiere und Pflanzen waren für die frühen Menschen überlebensnotwendig. Welche Pflanze ist genießbar, welche giftig? Welches Tier ist gefährlich, welches eignet sich zur Jagd? In der Zeit der Antike unterschied man nur zwischen Unbelebtem und Belebtem. Die Lebewesen wurden in Pflanzen, Tiere und Menschen untergliedert. Bis ins Mittelalter hinein beschränkte man sich auf die Beschreibung einzelner Beobachtungen.

Zeit der Entdeckungen

Mit der Entdeckung neuer Erdteile und ihren fremden Menschen, Pflanzen und Tieren begannen systematische Beobachtungen und Aufzeichnungen. Erfindungen wie Lupe, Fernglas und Mikroskop erweiterten das Wissen über den Bau der Lebewesen sehr schnell.

Ordnung erleichtert den Überblick

Im Laufe der Zeit wurde das Wissen über die Natur immer umfangreicher. Es entwickelten sich die Naturwissenschaften: Biologie, Chemie und Physik. Der Gelehrte Carl von Linné (1707–1778) hat die ihm bekannten Tiere und Pflanzen nach Ähnlichkeiten geordnet und mit eindeutigen Namen versehen.

Biologie – eine vielfältige Wissenschaft

Biologische Fragestellungen sind immer vielfältiger geworden, das Wissen immer umfangreicher. Heute ist die Biologie in verschiedene Zweige oder *Teilgebiete* untergliedert: Die *Botanik* erforscht die Pflanzen, die *Zoologie* die Tiere und die *Humanbiologie* den Menschen. Die *Evolutionslehre* geht der Frage nach, wie sich das Leben auf der Erde entwickelt hat. Wie Merkmale oder Eigenschaften vererbt werden, erforscht die *Genetik*. Die *Ökologie* ist die Wissenschaft von den Beziehungen der Lebewesen untereinander und zum unbelebten Teil der Natur.

In Kürze

Biologische Fragen waren für den Menschen immer wichtig. Im Laufe der Geschichte hat sich viel Wissen angesammelt. Heute ist die Biologie in Teilgebiete untergliedert.

Aufgaben

1 ☐ Nenne die Teilgebiete der Biologie.
2 ◩ Begründe, warum sich die Biologie in Teilgebiete aufgegliedert hat.

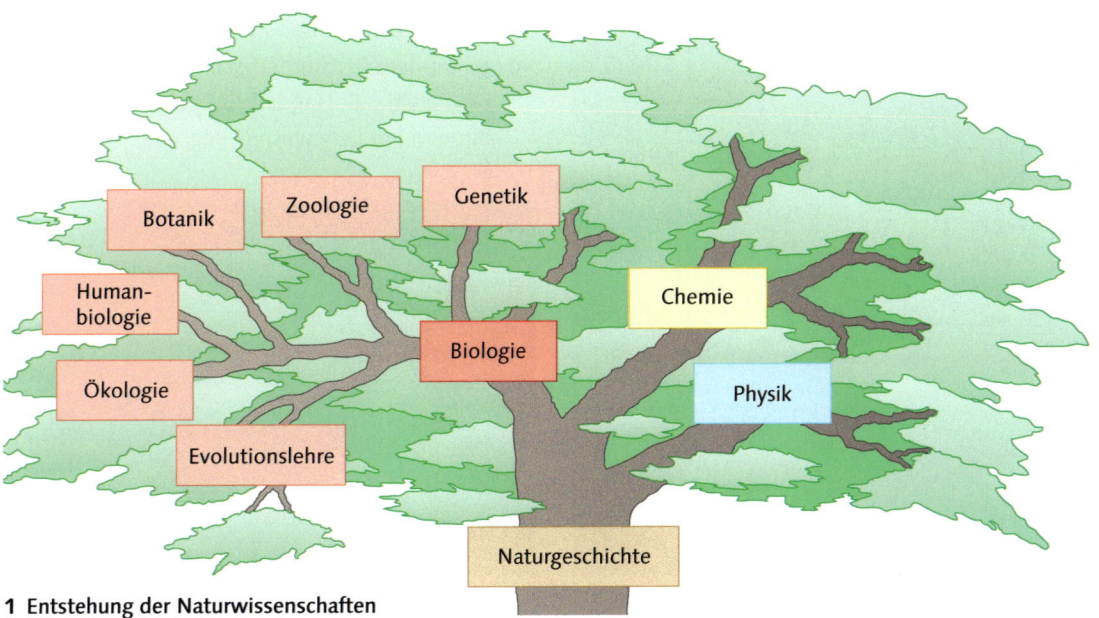

1 Entstehung der Naturwissenschaften

Biologie – Wissenschaft von den Lebewesen

1 Die Wissenschaft Biologie

a ☑ Begründe, warum sich Menschen seit jeher mit Tieren und Pflanzen beschäftigt haben.

b ■ Überlege dir Unterschiede und Gemeinsamkeiten der Biologie mit anderen Naturwissenschaften wie der Chemie oder der Physik.

2 Wie Biologen arbeiten

a ☐ Biologen beobachten, vergleichen und untersuchen. Nenne und beschreibe Hilfsmittel, die sie dabei verwenden.

b ☐ Biologen halten und pflegen Tiere. Nenne Aspekte, worauf sie dabei achten.

c ☑ Du machst am Sonntag mit deiner Familie einen Spaziergang durch den Wald. Am Montag geht deine Klasse in denselben Wald. Ein Förster begleitet euch und gibt euch Beobachtungsaufträge.
Nenne zwei Unterschiede, die zwischen dem Herumschauen während des Spaziergangs und dem Beobachten, wie es der Förster tut, bestehen.

d ☑ Du entdeckst in einem alten Baumstumpf zwei auffällige Käfer. Die findest du interessant und möchtest mehr über sie erfahren. Nenne Arbeitsweisen, die du nun anwenden kannst.

3 Kennzeichen von Lebewesen

a ☐ Nenne Kennzeichen von Lebewesen, die auf Meerschweinchen zutreffen.

b ☑ Tropft man etwas Tinte auf ein Löschblatt, so entsteht ein sich ausbreitender Fleck. Legt man dieses Blatt auf ein weiteres Löschblatt, so bildet sich auch dort ein Fleck. Tintenflecken wachsen und pflanzen sich fort. Begründe, warum ein Tintenfleck trotzdem kein Lebewesen ist.

c ■ Auf dem Esszimmertisch steht ein frischer Blumenstrauß. Handelt es sich bei den Blumen um Lebewesen? Begründe.

1 Schülerinnen und Schüler mit Förster im Wald

2 Meerschweinchen

4 Aus dem Leben der Elefanten

3 Eine Elefantenherde

Wenn Elefanten Angst haben, geben sie laute, trompetenähnliche Klänge von sich.

Auf Wanderungen sind sie etwa 5 km/h schnell, können bei Gefahr allerdings bis zu 40 km/h schnell laufen.

Elefanten sind Pflanzenfresser. Sie fressen pro Tag etwa 200 kg Gras und brauchen 100 l Wasser.

Elefanten werden etwa 60 bis 80 Jahre alt.

Elefantenbabys wiegen über 100 kg und werden nach einer Tragzeit von fast 2 Jahren geboren.

Bei Elefanten gibt es keine bestimmten Paarungszeiten. Die Paarungsbereitschaft hängt vom Nahrungsangebot ab.

a ☑ Ordne den Notizen auf den Papierschnipseln jeweils Kennzeichen von Lebewesen zu.

b ■ Schreibe einen kurzen, aber aussagekräftigen Text über Elefanten, der alle Kennzeichen enthält. Vervollständige den Text mit weiteren Informationen aus Büchern oder dem Internet.

Biologie – Wissenschaft von den Lebewesen

■ Aus der Naturgeschichte entwickelten sich die Naturwissenschaften Biologie, Chemie und Physik. Das Wissen der Biologie ist im Laufe der Jahrhunderte stark angewachsen. Deshalb hat sich auch die Biologie in verschiedene Teilbereiche aufgegliedert, zum Beispiel in Zoologie, Botanik, Humanbiologie, Genetik, Ökologie und Evolution.

■ Biologen erforschen Fragen der belebten Natur. Beobachten, Vergleichen, Untersuchen, Experimentieren, Ordnen und Bestimmen sowie Halten und Pflegen gehören zu ihren typischen Arbeitsweisen.

■ Alle Lebewesen weisen Eigenschaften auf, die sie von der unbelebten Natur unterscheiden:

– Sie bewegen sich aus eigener Kraft.

– Sie besitzen einen Stoffwechsel. Dazu nehmen sie Stoffe auf, bauen sie um und geben Stoffe wieder ab.

– Sie nehmen Reize auf und reagieren auf sie.

– Alle Lebewesen pflanzen sich fort. Dabei werden Eigenschaften, die für die jeweiligen Lebewesen typisch sind, weitergegeben.

– Jedes Lebewesen wächst, durchläuft eine Entwicklung und stirbt.

Menschen halten Tiere

Der Hund

Hunde sind die ältesten Haustiere des Menschen. Früher hatten sie feste Aufgaben, beispielsweise als Jagdhelfer oder Hütehund. Heute verbindet man mit Hunden vor allem Spiel und Freizeit. Wer sich einen Hund anschaffen möchte, übernimmt eine große Verantwortung und viele Pflichten. Er muss wissen, was der Hund braucht, und sein Verhalten verstehen.

Hunde sind Hetzjäger

Der Wolf als Vorfahre des Hundes verfolgt seine Beute unermüdlich, er *hetzt* sie. Ist das Beutetier müde, kann es mit Hilfe des starken Gebisses ergriffen und erlegt werden. Auch die meisten Haushunde sind schnelle und ausdauernde Läufer. Die kräftigen, langen Beine, die *Läufe,* sind an Schulter und Becken mit der sehr beweglichen Wirbelsäule verbunden. Der Schwanz dient dem Hund dazu, in Kurven das Gleichgewicht zu halten.

Anders als wir Menschen tritt der Hund nicht mit der Fußsohle, sondern nur mit vier Zehen auf, er ist ein *Zehengänger.* Aus der Pfote ragen vier stumpfe Krallen, die nicht eingezogen werden können. Sie geben dem Hund auf weichem Untergrund Halt – wie die Stollen eines Fußballschuhs. Die weichen

1 Der Hund ist ein beliebtes Haustier.

Ballen sind mit einer festen Hornhaut überzogen und federn den Lauf ab. Der Fellrand wärmt und verhindert, dass der Hund auf glattem Untergrund wegrutscht.

Hunde haben ein Raubtiergebiss

Typisch für ein *Raubtiergebiss* sind die dolchartigen Eckzähne, die länger sind als die übrigen Zähne. Diese Fangzähne dienen dazu, die Beute zu ergreifen und festzuhalten. Die hinteren Backenzähne sind am größten und heißen Reißzähne. Sie gleiten ganz eng aneinander vorbei und bilden so eine Brechschere, die selbst Knochen knacken kann.

2 Hundepfote

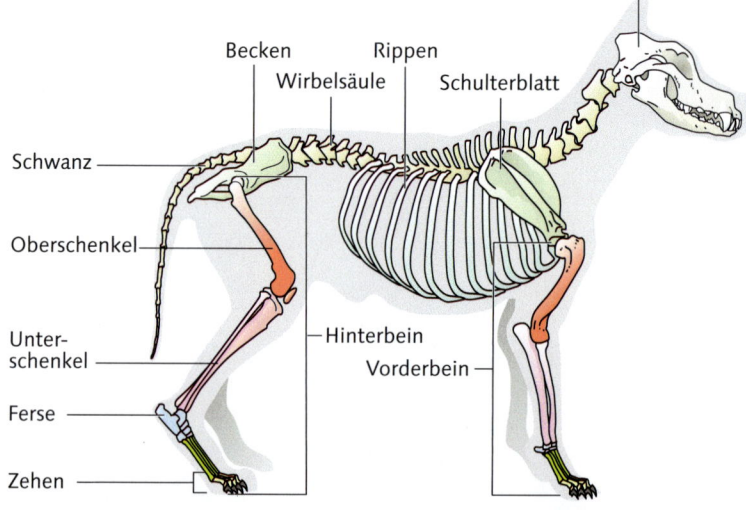

3 Skelett eines Hundes

Mit den übrigen Backenzähnen und den kleinen Schneidezähnen schabt und zupft der Hund das Fleisch von den Knochen ab.

Regelung der Körpertemperatur

Im Winter schützt das Fell den Hund vor Auskühlung. So kann die Körpertemperatur auch bei Kälte bei etwa 38 °C gehalten werden. Hunde sind *gleichwarme* Tiere. Bei körperlicher Anstrengung, wie zum Beispiel bei einem längeren Lauf, erzeugen die Muskeln Wärme. Im Unterschied zum Menschen kann ein Hund aber nicht schwitzen. Stattdessen öffnet er das Maul und atmet schnell und heftig. Die reichlich durchblutete Zunge hängt dabei heraus, er hechelt. Das verschafft dem Hund Kühlung.

Die Sinne dienen der Jagd

Der Hund kann seine Beute über große Entfernungen mit seinem ausgezeichneten *Geruchssinn* wahrnehmen. Läuft ein Reh durch den Wald, hinterlässt es Duftspuren. Diese kann ein Hund sogar am nächsten Tag noch verfolgen. Auch Menschen unterscheidet er an ihrem Eigengeruch. Deshalb schnüffelt der Hund bei jeder Gelegenheit.

Hunde besitzen außerdem ein ausgezeichnetes Gehör. Sie sind in der Lage, hohe Töne, die der Mensch nicht mehr wahrnehmen kann, zu hören. In der Dämmerung sehen Hunde recht gut. Der Mensch nutzt diese Eigenschaften, indem er Hunde beispielsweise als Jagd- und Spürhunde einsetzt.

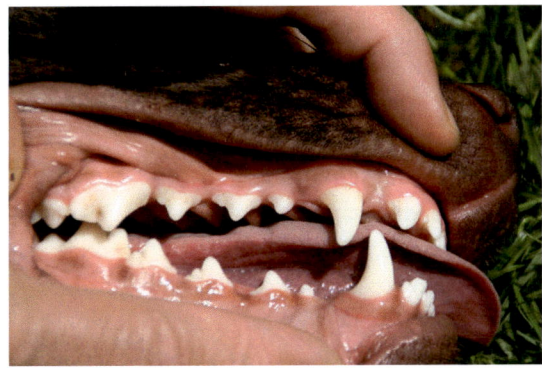

4 Gebiss

5 Körpersprache bei Hunden:
A ängstlich, B agressiv, C freundlich

Verständigung zwischen Hunden

Wölfe leben im Rudel zusammen. Die einzelnen Mitglieder müssen Informationen austauschen. Sie müssen sich verständigen. Neben den Lauten spielt dabei die Körpersprache eine bedeutende Rolle. Auch unser Haushund »spricht« durch seinen Körper. Besonders wichtig sind dabei der Gesichtsausdruck, die Körperhaltung und die Stellung der Ohren und des Schwanzes.

In Kürze

Der Hund ist ein Hetzjäger. Sein Körper ist an das schnelle Laufen und die Wahrnehmung der Beute auf große Entfernung angepasst. Hunde besitzen ein Raubtiergebiss. Bei der Verständigung untereinander spielt die Körpersprache eine besondere Rolle.

Aufgaben

1 ☐ Nenne vier körperliche Merkmale des Hundes, die ihn zu einem guten Jäger machen.
2 ◪ Betrachte Bild 1 und beurteile die Stimmung des abgebildeten Hundes.

Vom Wolf zum Haushund

Im Märchen wird der Wolf oft als böse Bestie dargestellt. Über Jahrhunderte bestimmte die Angst das Verhältnis von Mensch und Wolf. Stets empfand man Wölfe als Bedrohung für das eigene Leben und für das der Haustiere. Deshalb wurde der Wolf rücksichtslos gejagt. Aber gibt es ihn tatsächlich, den »bösen Wolf«?

1 Wolf

Wölfe leben im Rudel

Ein *Wolfsrudel* besteht aus den beiden Elterntieren und ihren in diesem und im Vorjahr geborenen Jungen. Ein Leittier führt das Rudel an. Im Unterschied zur Hündin wird die *Wölfin* nur einmal im Jahr, im Spätwinter, läufig. In dieser Zeit ist sie paarungsbereit. Im Frühling werden dann vier bis sechs *Welpen* geboren, die das Rudel gemeinsam umsorgt und aufzieht. Mit der Geschlechtsreife, im Alter von 10 bis 22 Monaten, verlassen die Jungwölfe ihr Rudel und leben alleine, bis sie mit einem Partner selbst ein neues Rudel gründen. Wolfsrudel sind also Wolfsfamilien, deren Zusammensetzung jedes Jahr wechselt.

Wölfe leben in festen Revieren

Jedes Wolfsrudel beansprucht ein begrenztes Gebiet, das *Revier*. Es wird gegen andere Wölfe verteidigt. Seine Grenzen markieren die Rudelmitglieder durch Duftmarken aus Harn und durch Geheul. Die Größe eines Reviers hängt vor allem von der verfügbaren Nahrung ab. Ist viel Beute vorhanden, so können 150 Quadratkilometer ausreichen. Bei geringem Nahrungsangebot kann es auch über 2000 Quadratkilometer groß sein.

Die Jagd im Rudel

Wölfe jagen vor allem Rehe, Hirsche und Wildschweine, aber auch Haustiere wie Schafe. Dabei hetzen mehrere Rudelmitglieder hinter dem Beutetier her. Meist bleiben die kranken, schwachen oder jungen Tiere einer Gruppe zurück. Ist das Opfer ermüdet, wird es angegriffen und getötet. Der Jagderfolg hängt stark von einer guten Verständigung ab. Vor Menschen flüchten die scheuen Wölfe. Den »bösen Wolf« gibt es also nur im Märchen.

Wölfe in Deutschland

Immer wieder wanderten Wölfe nach Deutschland ein. Sie wurden aber allesamt getötet. Inzwischen sind Wölfe gesetzlich besonders geschützt. Seit 1995 leben mehrere Rudel im Osten Deutschlands. Auch in Niedersachsen und Hessen wurden Wölfe nachgewiesen.

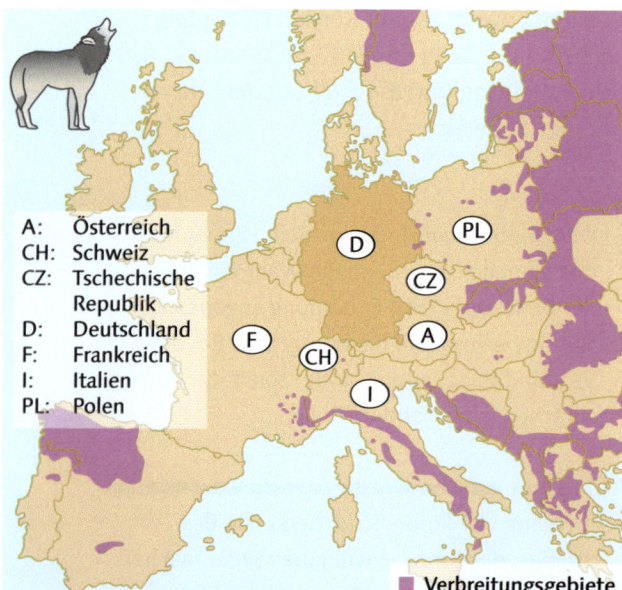

A: Österreich
CH: Schweiz
CZ: Tschechische Republik
D: Deutschland
F: Frankreich
I: Italien
PL: Polen

■ Verbreitungsgebiete

2 Wolfsvorkommen in Europa

Vom Wildtier zum Haustier

Vor mindestens 15 000 Jahren lebten die Vorgänger unserer Hunde bereits in unmittelbarer Nähe des Menschen. Hier fanden Tiere, die ihre Scheu überwinden konnten, Nahrung in den Essensresten und Abfällen der Menschen. Einzelne Wölfe, vielleicht Welpen, schlossen sich den Menschen an. Ob sie als Jagdhelfer, Wachen, Spielgefährten oder als Nahrung dienten, weiß man nicht. Im Laufe der Zeit hat der Mensch die Wildtiere an sich gewöhnt. Sie verloren ihre Furcht und wurden *zahm*. In der menschlichen Gemeinschaft fanden sie ein »Ersatzrudel«. Nur Tiere, die den Umgang mit Menschen gut vertrugen, pflanzten sich fort. Langsam wurden die Wildtiere *domestiziert*: Sie wurden zu *Haustieren*.

Durch Züchtung entstehen Rassen

Nicht alle Nachkommen der vierbeinigen Gefährten sahen gleich aus. Die Erfahrung lehrte den Menschen, dass er durch Auswahl der Elterntiere die Eigenschaften bei den Nachkommen beeinflussen konnte. Er begann zu *züchten*. Nun entwickelten sich äußerlich sehr unterschiedliche Hunde: Größe, Fellfarbe oder Ohrenform sind einige Unterscheidungsmerkmale. Auch im Charakter, zum Beispiel dem Jagdtrieb, bestehen große Unterschiede. Heute gibt es zehn Rassetypen, wie Terrier, Hütehunde oder Begleithunde, mit zahlreichen Rassen.

In Kürze

Wölfe sind sehr scheue Tiere, die im Rudel gemeinschaftlich zusammenleben. Sie waren in Deutschland über fast 100 Jahre ausgerottet. Wölfe sind die Vorfahren unserer Hunde. Nach der Zähmung entstanden durch Züchtung unsere heutigen Hunderassen.

Aufgaben

1 ☐ Beschreibe die Zusammensetzung des Wolfsrudels.
2 ☑ Aus welchen Ländern können Wölfe nach Deutschland einwandern? Werte Bild 2 aus.
3 ■ Vergleiche Wolf und Hund. Welche Veränderungen hat die Züchtung mit sich gebracht?

3 Die Welpen eines Wurfs haben Merkmale von beiden Eltern.

4 Körpergröße von Hunden im Vergleich zum Wolf

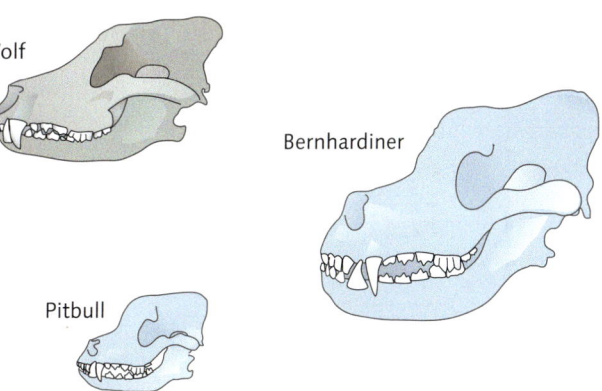

5 Kopfform des Wolfs und verschiedener Hunde

Einen Steckbrief erstellen

Ein Steckbrief dient in der Biologie dazu, Tiere oder Pflanzen möglichst kurz, übersichtlich und verständlich zu beschreiben. Mit wenigen Stichpunkten werden die wesentlichen Kennzeichen und Besonderheiten des jeweiligen Lebewesens festgehalten. Mit Hilfe von Steckbriefen können verschiedene Pflanzen oder Tiere miteinander verglichen werden. So gehst du vor, um einen Steckbrief zu erstellen:

1 Sammeln Sammle Informationen über dein Steckbrieftier zum Beispiel in Sachbüchern aus der Bücherei. Suche auch nach Bildern.

2 Auswählen Überlege dir, was wichtig ist, um das Tier treffend zu beschreiben. Wähle die entsprechenden Informationen aus.

3 Oberbegriffe suchen Lege Oberbegriffe fest, mit denen du das Tier beschreiben willst, beispielsweise Größe, Fell, Eigenschaften oder Nutzung.

4 Gliedern Plane nun die Gliederung des Steckbriefs. Lege die Reihenfolge der Oberbegriffe fest. Verfasse kurze, stichpunktartige Informationen zu jedem Oberbegriff.

5 Gestalten Überlege dir, wo du die Texte und Bilder platzierst. Verwende eine gut lesbare Schrift. Überprüfe, ob die Texte nicht zu lang und ob sie gut verständlich sind. Oft sagt eine einfache Zeichnung mehr als viele Worte.

Aufgaben

1 ☐ Erstelle einen Steckbrief deines Lieblingstiers.

2 ◿ Vergleicht eure Steckbriefe miteinander. Welche Gemeinsamkeiten und Unterschiede sind festzustellen? Welche Steckbriefe sind besonders aussagekräftig? Erläutert, weshalb sie besonders aussagekräftig sind.

Steckbrief

- <u>Name:</u> Deutscher Schäferhund
- <u>Größe:</u> bis 65 Zentimeter (Schulterhöhe)
- <u>Körperbau:</u> kräftig, muskulös
- <u>Kopf:</u> groß, spitze Ohren, spitz auslaufende Schnauze, kräftiges Gebiss
- <u>Fell:</u> schwarz, hell und rotbraun gefärbt, meist kurz
- <u>Eigenschaften:</u> treu, mutig, kraftvoll, ausdauernd, aufmerksam
- <u>Verwendung:</u> Sporthund, Familienhund, Spürhund, Schutzhund, Rettungshund, Blindenführhund, Hütehund
- <u>Besonderheiten:</u> eignet sich gut als Familienhund

Hunderassen

Seit ungefähr 10 000 Jahren leben Hund und Mensch zusammen. Im Lauf dieser Zeit züchtete der Mensch mehr als 330 verschiedene Rassen. Sie unterscheiden sich im Aussehen, in ihren Eigenschaften und Fähigkeiten erheblich voneinander.

Ziele der Hundezucht

Bei der Züchtung wurden bestimmte Eigenschaften besonders gefördert, zum Beispiel Ausdauer, Wachsamkeit oder Kinderfreundlichkeit. Aber auch Modetrends bestimmen die Zuchtziele, zum Beispiel die »Mopsköpfigkeit« bei der Englischen Bulldogge.

Basiskonzept

Geschichte und Verwandtschaft

Alle Hunderassen sind miteinander verwandt. Sie stammen alle von demselben Vorfahr ab, dem Wolf. Während man dem Deutschen Schäferhund oder dem Husky die Abstammung vom Wolf noch ansieht, haben Zwergrassen wie der Yorkshireterrier nur wenig Ähnlichkeit mit ihrem Vorfahr. Ob Lebewesen verwandt sind, kann man nur beurteilen, wenn man ihre Geschichte kennt.

Aufgaben

1 ☐ Hunde werden so gezüchtet, dass sie für bestimmte Aufgaben besonders gut geeignet sind. Nenne einige dieser Aufgaben. Nimm die Fotos A bis F zu Hilfe.

2 ◪ Nenne und beschreibe weitere Hunderassen, die du kennst.

3 ■ Stelle Vermutungen darüber an, welche Eigenschaften ein junger Hund haben muss, der zu einem Blindenführhund ausgebildet werden soll.

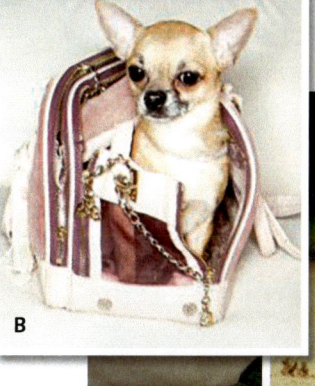

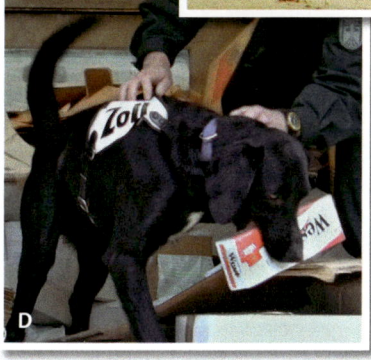

A Huskys
B Chihuahua
C Windhunde
D Labrador
E Dobermann
F Irischer Wolfshund

Die Katze

Mit sehr vorsichtigen Bewegungen, lautlos und wie in Zeitlupe, pirscht sich die Katze an einen jungen Vogel heran. Ihr Blick ist starr auf die Beute gerichtet. In geduckter Haltung wartet sie den besten Augenblick zum Sprung ab. Die Katze ist ein *Schleichjäger*.

Körperbau der Katze
Katzen bewegen sich sehr geschmeidig. Ihre Wirbelsäule ist ausgesprochen biegsam. Die kurzen Beine sind beweglich mit der Wirbelsäule verbunden. Da Katzen kein Schlüsselbein haben, können sie die Vorderbeine eng nebeneinanderführen und so auch durch enge Spalten schlüpfen.

Katzen sind Zehengänger
Katzen berühren den Boden nur mit den samtweichen Ballen ihrer Zehen. Man bezeichnet sie deshalb als *Zehengänger*. Die spitzen und sehr scharfen Krallen sind beim Gehen in Hautfalten verborgen. So können sich Katzen der Beute nahezu lautlos nähern. Erst wenn sie ihre Pfoten ausstrecken, kommen die Krallen zum Vorschein. Sie sind sichelförmig gebogen. Der Schwanz dient beim Sprung als Steuer und hilft beim Balancieren.

1 Eine Katze schleicht sich an.

Jagen mit allen Sinnen
Katzen jagen meist in der Dämmerung und nachts. Ihr wichtigstes Sinnesorgan sind die *Augen*. Die am Tag schlitzförmigen Pupillen weiten sich nachts zu kreisrunden Öffnungen. So gelangt viel Licht ins Auge. Eine besondere Farbschicht im Augenhintergrund spiegelt das einfallende Licht und verstärkt es. Deshalb leuchten Katzenaugen grünlich, wenn sie angestrahlt werden.

Bei Dunkelheit orientieren sich Katzen mit ihrem *Gehör*. Ihre Ohren können sie in viele Richtungen bewegen. Sie nehmen sogar das für uns nicht hörbare Piepsen der Mäuse wahr. Mit den *Schnurrhaaren* an der Oberlippe können sie Hindernisse erfühlen.

2 Nur bei gestreckter Pfote werden die Krallen sichtbar.

3 Katzenaugen: in der Dämmerung (links) und bei Tag (rechts)

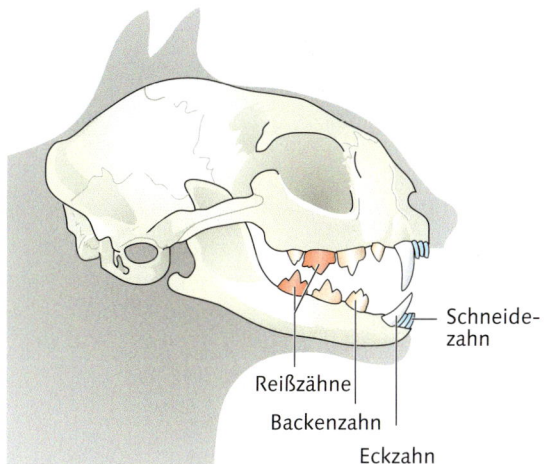

Schneide-
zahn

Reißzähne

Backenzahn

Eckzahn

4 Raubtiergebiss einer Katze

Katzen haben ein Raubtiergebiss

Besonders fallen die großen, spitzen Eckzähne auf. Sie werden auch Fangzähne genannt. Die Reißzähne sitzen hinten im Kiefer. Sie zerreißen größere Fleischstücke. Die davorsitzenden Backenzähne zermahlen die Nahrung. Mit den kurzen, spitzen Schneidezähnen werden zum Beispiel Knochen abgenagt.

Fortpflanzung

Katzen können zweimal im Jahr bis zu sechs Junge bekommen. Die Kätzchen kommen blind zur Welt. Sie sind noch sehr unselbstständig und werden von der Katzenmutter umsorgt und beschützt. Erst nach acht Tagen öffnen sich ihre Augen.

Bereits kurz nach der Geburt suchen die Kätzchen die Zitzen am Bauch der Mutter, um Milch zu saugen. Sie werden etwa sechs Wochen lang gesäugt. Während dieser Zeit lernen die jungen Katzen beim Spielen mit ihren Geschwistern, wie man sich anschleicht und Beute anspringt.

Nach ungefähr einem Vierteljahr sind die Katzen selbstständig.

Gründliche »Katzenwäsche«

Katzen sind sehr reinlich und »waschen« sich mehrmals am Tag. Dabei lecken sie mit ihrer rauen Zunge ihren ganzen Körper ab. Die Zunge wirkt wie Bürste und Waschlappen.

Deshalb haben Katzen immer ein sauberes und fast geruchfreies Fell. So können Beutetiere die Katze nicht riechen, wenn sie sich anschleicht. Aus demselben Grund verscharren Katzen ihren Kot sorgfältig in der Erde. So hinterlassen sie keine Geruchsspuren. Dieses Verhalten und das Putzverhalten sind den Katzen angeboren.

> **In Kürze**
>
> Katzen sind Schleichjäger. Sie sind besonders in der Dämmerung und nachts aktiv. Ihre Umwelt erkennen sie vor allem durch Hören, Sehen und Tasten. Durch häufiges Putzen verhindern Katzen, dass ihr Fell Körpergeruch ausströmt.

Aufgaben

1 ☐ Stelle dar, weshalb sich Katzen trotz ihrer Krallen lautlos anschleichen können.

2 ◩ Begründe, weshalb die Rückstrahler am Fahrrad »Katzenaugen« genannt werden.

3 ■ Katzen sind »Nesthocker«. Erläutere, was man darunter versteht.

4 ■ Wenn du eine Katze streichelst, die sich gerade putzt, leckt sie sich erneut ab. Begründe.

5 Katzenmutter mit Jungen

Katze und Mensch

Katzen gehören mit zu den beliebtesten und häufigsten Haustieren in Deutschland. Auch wer selbst keine Katze hat, sollte verstehen, was ihm eine Katze »sagen« will.

Körper- und Lautsprache
Schlägt eine Katze mit ihrem Schwanz ruckartig hin und her, dann »sagt« sie, dass sie aggressiv ist. Faucht sie und macht einen Buckel, wird sie gleich angreifen. Will sie warnen, fängt sie an zu knurren. Wenn sie sich wohlfühlt, schnurrt sie.

Katzen setzen Duftmarken
Katzen sind Einzelgänger, die in ihrem Revier leben. Dieses markieren sie durch Duftmarken. Über ihren Körper verteilt sind Duftdrüsen. Wenn eine Katze sich an einen Menschen anschmiegt, drückt sie damit nicht nur Zuneigung aus: Sie überträgt durch ihr Kopfreiben Duftmarken auf ihn. Jetzt gehört der Mensch zu ihrem Revier.

1 Eine Katze ist ein beliebtes Haustier.

Eine Katze erziehen?
Als Einzelgänger bestimmen Katzen selbst, wann und mit wem sie spielen oder von wem sie sich streicheln lassen. Dennoch müssen Hauskatzen auch lernen, was sie nicht tun dürfen. Ein scharf gesprochenes »Nein« versteht jede Katze.

In Kürze
Katzen können sich durch Körper-, Laut- und Duftsprache verständlich machen. Sie sind Einzelgänger und beanspruchen ein Revier.

Aufgaben
1 ☐ Gib je ein Beispiel für Körper-, Laut- und Duftsprache bei der Hauskatze an.
2 ■ Bei den Urlaubsvorbereitungen redet ihr auch darüber, ob ihr eure Katze mitnehmen sollt. Wie fällt eure Entscheidung aus? Begründe.

Weiter gedacht
Wie die Katze zum Menschen kam
Katzen sind Wärme liebende Tiere. Das weist auf ihre Heimat Nordafrika hin. Unsere Hauskatzen stammen von der in Afrika lebenden *Nubischen Falbkatze* ab. Sie hat ihr Revier meist in der Nähe menschlicher Siedlungen, wo sie reichlich Nahrung findet. Abfälle und Speisereste locken aber auch Mäuse und Ratten an – ein gefundenes Fressen für die Falbkatze.
Vermutlich wurde sie in Ägypten vor mehreren Tausend Jahren gezähmt, um die großen Getreidevorräte zu schützen. Das gelang ihr so gut, dass Katzen sogar als heilige Tiere verehrt wurden. Eine Katze zu töten wurde im alten Ägypten mit dem Tod bestraft.
Seefahrer hatten die Mäusefresser gerne auf ihren Schiffen. So kamen die Katzen auch nach Europa. Hier führten sie zunächst ein eher unauffälliges Leben als Mäuse- und Rattenjäger. Heute ist die Katze weltweit das häufigste Haustier, das nur aus Liebhaberei gehalten wird. Trotz des langen Zusammenlebens mit dem Menschen sind Katzen stärker an ihr Revier als an ihren »Besitzer« gebunden.

Beobachten und Beschreiben

Eine wichtige Aufgabe von Biologen besteht darin, dass sie Lebewesen genau beobachten und anschließend beschreiben, was sie beobachtet haben. Beobachtungen können auch über einen längeren Zeitraum hinweg erfolgen, zum Beispiel wenn man das Aussehen eines Baumes im Jahresverlauf beobachtet. Außerdem ist es besonders wichtig, dass man die Beobachtungsergebnisse aufschreibt.

Um wie ein Biologe zu arbeiten, solltest du folgendermaßen vorgehen:

1 Beobachten   Welches Tier beobachtest du? Was genau möchtest du beobachten? Was macht das Tier, welche Verhaltensweisen kannst du erkennen?

2 Beobachtungen festhalten   Notiere kurz, was du gerade beobachtet hast. Erstelle dafür einen Beobachtungsbogen. Du kannst deine Beobachtungen zusätzlich auch zeichnen, fotografieren oder filmen. Halte fest, wie lang deine Beobachtung gedauert hat.

3 Beschreiben   Mit Hilfe der Aufzeichnungen kannst du nun das Verhalten des Tieres treffend beschreiben.

> **Beobachtung**
> *Marlo, ein Retriever-Mischling, wird ausgeführt*
> Name: Hanna Linder
> Datum: 23. März 2019
> Uhrzeit: 17:00 bis 17:07 Uhr
> Ort: in der Eschenstraße

1 Beobachtungsbogen

Beachte beim Beschreiben:
- Schreibe in der Zeitform »Gegenwart«.
- Benenne das beobachtete Tier.
- Wobei hast du das Tier beobachtet (Thema)?
- Beschreibe genau, was du gesehen hast.
- Überlege erst zum Schluss, warum sich das Tier so verhalten haben könnte.

Aufgaben

1 ☐ »Beobachte« das Verhalten des Hundes auf den Fotos in Bild 2. Notiere deine Beobachtungen auf einem Beobachtungsbogen. Beschreibe anschließend genau, was der Hund macht.

2 ◪ Wenn du die Fotos genau anschaust, kannst du auf das Verhalten des Menschen schließen. Ergänze deinen Beobachtungsbogen.

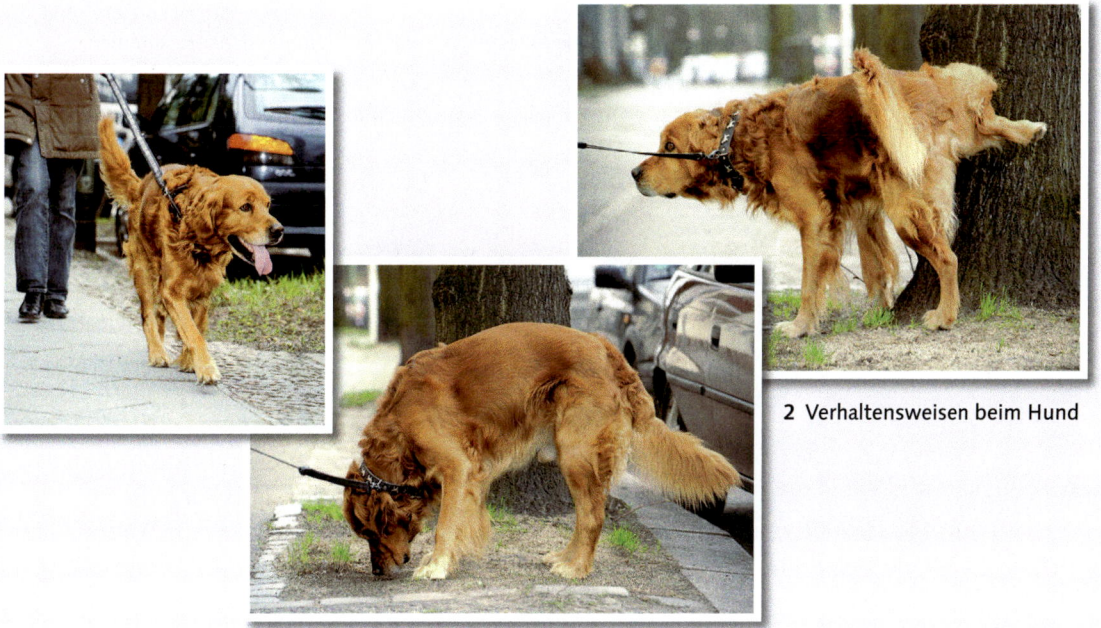

2 Verhaltensweisen beim Hund

Verhalten von Katzen und Hunden

Planung Katzen und Hunde unterscheiden sich nicht nur äußerlich voneinander. Auch ihr Verhalten und ihre Körpersprache sind sehr unterschiedlich. Das Zusammenleben des Menschen mit Katzen als Einzelgängern und Hunden als Rudeltieren ist sehr verschieden. Im Folgenden werden dir Vorschläge für Verhaltensbeobachtungen vorgestellt. Wähle ein Beispiel aus und sprich dich mit anderen ab. Wenn ihr weitere Ideen habt, besprecht diese mit der Lehrkraft.

Durchführung Suche eine Gelegenheit, um eine Katze oder einen Hund zu beobachten. Frage eventuell Bekannte oder Nachbarn. Fertige einen Protokollbogen an.

A Die Katze im Haus
- Beobachte eine Katze bei der Körperpflege. Wie putzt sie sich? Welche Körperteile putzt sie?
- Beobachte sie beim Trinken. Achte dabei auf ihre Sinnesorgane. Prüft sie die Milch?
- In welcher Stellung schläft die Katze? Hat sie einen festen Schlafplatz? Wie reagiert die schlafende Katze auf leise Geräusche wie Papierknistern?
- Betrachte die Augen der Katze bei unterschiedlicher Helligkeit. Wie verändert sich die Pupille?

B Die Katze bei der Jagd
- Beobachte nach Möglichkeit eine Katze bei der Jagd oder beim Jagdspiel, zum Beispiel mit einem Papierbällchen, das du an einem Faden bewegst.

2 Eine Katze schleicht sich an.

- Wie schleicht die Katze sich an?
- In welcher Reihenfolge und wie genau setzt sie die Pfoten auf? Siehst du ihre Krallen?
- Wann setzt sie zum Sprung an?

3 Junge Katzen spielen – und lernen dabei zu kämpfen.

C Katzensprache
- Bild 3 zeigt zwei junge Katzen, die sich balgen. Beschreibe die Körperhaltung der Tiere. Beobachte die Stellung der Haare und des Schwanzes. Wie wehrt sich die Katze?
- Achte auf die verschiedenen Laute einer Katze. Wann hörst du sie schnurren? Wann faucht die Katze, wann miaut sie?

1 Die Katze versucht, eine Maus zu fangen.

D Revierverhalten beim Hund

Der Hund betrachtet die Wohnung, das Haus oder den Garten als sein Revier.

- Wo hält sich der Hund bevorzugt auf, wohin kann er sich zurückziehen?
- Wie verhält er sich, wenn sich eine fremde Person seinem Revier nähert und es betritt? Welches Verhalten zeigt der Hund außerhalb seines Reviers?
- Wie markiert der Rüde sein Revier beim Spaziergang?

4 Der Hund verteidigt sein Revier.

E Begegnung zweier Hunde

Im Park kann man Begegnungen von Hunden sehr gut beobachten. Wie verhalten sich zwei Hunde, die sich beim Spaziergang treffen?

- Kannst du anhand des Gesichtsausdrucks erkennen, welcher Hund der überlegene ist?
- Woran kannst du feststellen, ob die Hunde einander freundlich oder feindlich gesinnt sind?

F Fressen und Trinken

- Beobachte einen Hund beim Fressen. Wie zerkleinert er ein Stück Fleisch?
- Wie trinkt der Hund? Steckt er seine Schnauze ins Wasser?

G Spielen mit dem Hund

- Beobachte, wie ein Hund einen weggeworfenen Gegenstand, etwa einen Stock, wieder zurückbringt.

- Beschreibe den Lauf des Hundes. Welche Beine setzen gleichzeitig auf? Mit welchen Teilen des Fußes tritt er auf?

Auswertung Sichte deine Aufzeichnungen und wähle geeignete Notizen aus. Formuliere kurze Texte, die deine Beobachtungen beschreiben. Suche jeweils eine geeignete Überschrift. Hast du etwas beobachtet, das gar nicht zu den vorgeschlagenen Themen gehört? Schlage eine Überschrift vor.

Ergebnisse vorstellen
Überlege, wie du deine Beobachtungen am besten dokumentieren kannst. Fertige beispielsweise ein Plakat an. Verwende dazu eigene Fotos oder solche, die Hund oder Katze in einer ähnlichen Situation zeigen. Stelle das Plakat in der Gruppe oder der Klasse vor.

5 Zwei Hunde begegnen sich beim Spazierengehen.

Tiere zu Hause halten – aber wie?

Judith, 13 Jahre, erzählt: »Eines Tages verirrte sich eine junge Katze in unser Haus. Sie legte sich auf die Couch und miaute. Als ich sie vor die Terrassentür setzte, miaute sie draußen weiter. Wenn ich die Tür öffnete, sprang sie blitzschnell herein. Wo immer ich hinging, sie kam hinterher. Sie schaffte es sogar, auf die Türklinke zu springen und die Tür zu öffnen.«

Katzen spielen gerne
Eine Katze zu halten, mit ihr zu spielen, sie zu pflegen und zu »erziehen«, ja sogar sie vor Krankheiten und Gefahren der Umwelt zu schützen – das alles macht viel Spaß und Freude, sofern du bereit bist, genügend Zeit und Aufmerksamkeit dafür aufzubringen.

Was Katzen brauchen
Alle Katzen brauchen stets saubere Futter- und Wassernäpfe, einen Schlafplatz und eine Katzentoilette. Ein Kratzbaum dient zum

1 Manche Katzen können Türen öffnen.

Schärfen der Krallen, Klettern und Spielen. Er sollte so hoch sein, dass die Katze sich völlig ausgestreckt die Krallen wetzen kann. Gras zum Knabbern brauchen Katzen, um die beim Putzen verschluckten Haare herauswürgen zu können. Außerdem benötigen Katzen Spielzeug.

Drinnen oder draußen?
Katzen streifen gerne draußen herum. Aber auch in der Wohnung können sie sich sehr wohlfühlen. Wie man die Katze halten sollte, hängt zum Beispiel davon ab, wie viel Verkehr oder wie viel Grün es in der Umgebung der Wohnung gibt.

2 Was Katzen brauchen

Hunde müssen erzogen werden

Haushunde haben Verhaltensweisen, die denen der Wölfe ähneln. Ein Hund sieht in seinem Besitzer sein »Leittier« und hört deshalb auf ihn. Anders als Katzen, die Einzelgänger sind, schließen sich Hunde dem Menschen sehr eng als Gefährten an. Mit Lob und Belohnung müssen sie lernen, was sie dürfen und was nicht. Die Erziehung ist aber nie abgeschlossen. Im Alltag müssen Besitzer ihrem Hund immer wieder deutlich machen, dass er sich unterordnen und gehorchen muss.

Was ein Hund von dir erwartet

Wenn du einen Hund liebevoll versorgst, fügt er sich gerne in deine Familie ein. Das Haus und die nähere Umgebung sind dann sein Revier, das er gegenüber Fremden verteidigt. Er möchte regelmäßig gefüttert und gepflegt werden, und vor allem mit dir spielen. Da er viel Bewegung braucht, muss er mehrmals täglich ausgeführt werden. Das alles erfordert viel Zeit – Tag für Tag, auch am Wochenende und in den Ferien.

Ein Haustier leihen?

Wenn du nicht so viel Zeit aufwenden kannst, brauchst du dennoch nicht auf ein Haustier zu verzichten. Vielleicht hast du Nachbarn, deren Hund du ab und zu ausführen kannst? Auch Hunde oder Katzen im Tierheim freuen sich, wenn sie jemand hin und wieder besucht und bei der Pflege mithilft.

In Kürze

Wer eine Katze oder einen Hund hält, übernimmt Pflichten und Verantwortung für das Tier. Ein Tier zu haben kostet Geld und erfordert Zeit und Geduld.

Aufgaben

1 ☐ Stelle in einer Tabelle zusammen, was Katzen und Hunde jeweils brauchen, um ein gutes Zuhause zu haben.

2 ☐ Erkundige dich bei jemandem, der eine Katze oder einen Hund hat, wie viel ihn die Haltung seines Tieres kostet.

3 Hunde brauchen viel Bewegung und eine gute Erziehung.

Ich wünsche mir ein Haustier

»Stups und Wuschl wohnen seit einigen Wochen bei uns. Ein weißes und ein braunes Meerschweinchen. Ich habe sie von Oma bekommen. Sie lassen sich gerne streicheln und herumtragen«, erzählt Laura.

Die Heimat der Meerschweinchen

Meerschweinchen bewohnen die Hochebenen und Buschsteppen der Anden in Südamerika. Dort leben sie in Gruppen von 3 bis 10 Tieren in Höhlen und Erdbauten. Sie können 6 bis 8 Jahre alt werden.

Was Meerschweinchen brauchen

Meerschweinchen sind gesellig. Deshalb sollte man sie nicht alleine halten. Da sie sich sehr gern bewegen, muss ihr Käfig mindestens 2 Quadratmeter groß sein. Empfohlen wird ein doppelt so großes Gehege, das genügend Auslauf bietet. Meerschweinchen brauchen ein Schlafhäuschen, Raufen für Heu, Futter- und Wassernapf sowie Korkröhren, Wurzeln und Äste zum Verstecken, Nagen und Klettern.

Daran solltest du denken

Wenn du dir ein Haustier anschaffen möchtest, solltest du folgende Fragen bedenken:
- Ist die Familie einverstanden? Hat jemand Allergien gegen Tierhaare?
- Wie alt kann das gewünschte Tier werden? Bin ich bereit, auch später für das Tier zu sorgen, wenn ich vielleicht noch andere Interessen habe?
- Welche Kosten, zum Beispiel für Anschaffung, Haltung, Futter, Tierarzt, Steuer, Versicherung, kommen auf mich zu?
- Welche Ansprüche an Haltung und Pflege hat das Tier? Wo bleibt es, wenn ich im Urlaub bin?

Aufgaben

1 ☐ Beschreibe, wie die Meerschweinchen in der freien Natur leben.
2 ◪ Skizziere und beschrifte ein Gehege, in dem sich Meerschweinchen wohlfühlen können.

1 Welches Haustier ist das richtige?

Von Krallen und Pfoten

1 Katze balanciert auf einem Zaun

3 Die Katze ist auf einen Zaunpfahl geflüchtet

1 Katzen sind »Bewegungskünstler«

a ☑ Beschreibe, wie es der Katze in Bild 1 gelingt, sich so sicher auf dem schmalen Zaun zu bewegen. Nenne Organe, die außer den Muskeln besonders aktiv sind.

b ☑ Wie verhalten wir Menschen uns, wenn wir zum Beispiel auf einem sehr schmalen Steg einen Bach überqueren? Berichte.
Nun kannst du auch begründen, weshalb ein Seiltänzer eine lange Balancierstange für sein Kunststück verwendet. Übertrage dies auf die Katze. Hat sie auch eine Balancierstange?

c ■ Eine Katze läuft allein sehr sicher am äußeren Rand des Balkons entlang. Nimmst du sie aber in deine Arme und gehst mit ihr an dieselbe Stelle des Balkons, so wehrt sie sich laut fauchend und versucht, sich aus deiner Umarmung zu befreien.
Begründe dieses Verhalten. Die Tabelle in Bild 2 hilft dir.

2 »Wie Hund und Katze ...«

a ☑ Beschreibe, wie es zu der Situation in Bild 3 gekommen sein könnte.

b ☑ Begründe, warum Katzen zwar sehr gut aufwärtsklettern können, beim Abwärtsklettern aber große Schwierigkeiten haben.

c ☑ Begründe, warum der Hund nicht wie die Katze klettern kann.

3 Pfotenabdrücke

Die Pfotenabdrücke in Bild 4 stammen von einem Bären, einer Katze und einem Hund. Die Größe der Abdrücke wurde einander angeglichen.

a ☑ Ordne sie dem jeweiligen Tier zu. Begründe deine Entscheidung.

b ■ Bären können ebenfalls auf Bäume klettern. Woran kann man das am Abdruck erkennen? Wie klettert er? Stelle Vermutungen an.

	Balkon-höhe	Bewegungsfreiheit der Katze	Blickfeld der Katze
Katze allein	3 m	uneingeschränkt	freie Sicht
Katze in deinem Arm	3 m	eingeschränkt	durch Mensch behindert

2 Vergleich von Bewegungsfreiheit und Sichtfeld einer Katze allein und im Arm eines Menschen

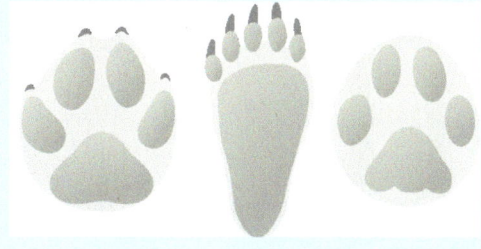

4 Pfotenabdrücke verschiedener Tiere

Das Rind

Auf der Weide grast eine Kuh. Dabei umfasst ihre raue Zunge längere Grasbüschel, die mit einer ruckartigen Bewegung abgerissen werden. Stundenlang frisst die Kuh – bis zu 70 Kilogramm Gras am Tag. »Kuh« ist die Bezeichnung für das weibliche Rind.

Abstammung und Körperbau

Unser Hausrind stammt vom Auerochsen oder Ur ab, der seit 1627 ausgestorben ist. Dieses Wildrind lebte einst in unseren Wäldern und Flussauen. Nahe verwandt mit dem Ur sind der Wisent und der nordamerikanische Bison. Die heutigen Hausrinder sind große Nutztierarten: Kühe werden bis zu 800 Kilogramm und *Bullen*, die männlichen Rinder, bis zu 1200 Kilogramm schwer. Da sich Rinder nur von Pflanzen ernähren, bezeichnet man sie als *Pflanzenfresser*.

Anders als Menschen treten Rinder nur mit den Zehen auf. Sie sind *Zehenspitzengänger*. Die Zehen tragen einen Hornüberzug, die *Klaue*. Daher zählen Rinder zu den Huftieren. Weil sie an jedem Fuß zwei behufte Zehen haben, nennt man sie *Paarhufer*.

1 Grasende Kuh

Ein Gebiss für Pflanzennahrung

Das Gebiss des Rindes ist an die Pflanzennahrung angepasst. Die breiten Backenzähne stehen dicht nebeneinander. Sie haben harte, widerstandsfähige *Zahnschmelzfalten*. Der dazwischenliegende Zahnzement ist weicher und nutzt sich leichter ab. Daher bestehen die Kauflächen der Backenzähne aus Vertiefungen und Erhebungen, zwischen denen beim Kauen die Pflanzenteile zerrieben werden.

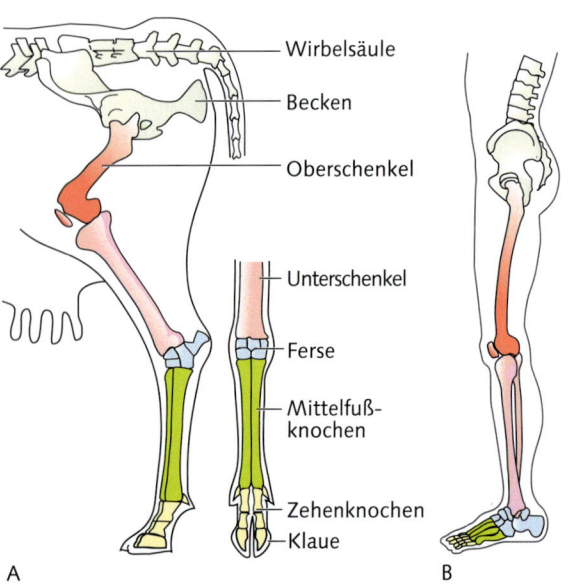

2 Beinskelette: A Rind, B Mensch

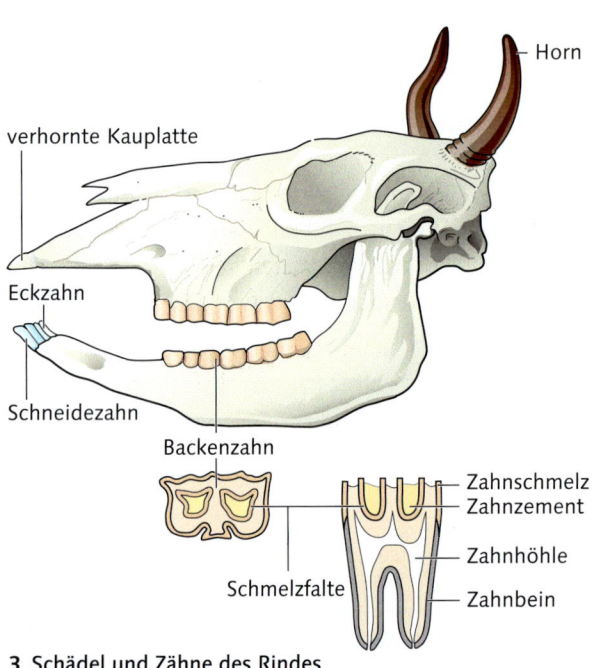

3 Schädel und Zähne des Rindes

Grasen und Wiederkäuen

Beim Grasen schluckt das Rind die abgerisse-
nen Pflanzenteile zunächst nahezu unzerkaut
hinunter. Durch die Speiseröhre gelangen sie
in den *Pansen* des Rindes. In dieser großen,
bis zu 100 Liter fassenden Magenkammer
wird das Pflanzenmaterial mehrere Stunden
eingeweicht. Bakterien und andere Kleinst-
lebewesen unterstützen die Zersetzung der
schwer verdaulichen Nahrung. Danach tritt
das Futter in kleinen Portionen in den benach-
barten *Netzmagen* über. Hier formen sich
kleine Ballen, die wieder in das Maul zurück-
befördert werden. Jetzt erst zerkaut das Rind
die Nahrung gründlich. Daher bezeichnet
man Rinder als *Wiederkäuer*.

Verdauung der Nahrung

Fast eine Stunde dauert es, bis die Nahrung
erneut durchgekaut ist. Den gut eingespeichel-
ten Nahrungsbrei schluckt das Rind zum
zweiten Mal. Er gelangt jetzt in den *Blättermagen*, wo ihm Wasser entzogen wird. Die
endgültige Verdauung findet im *Labmagen*
und im anschließenden Darm statt. Hier
werden die verdauten Nährstoffe ins Blut aufgenommen. Die unverdaulichen Reste werden
als Kot ausgeschieden.

Fortpflanzung und Geburt

Im Alter von eineinhalb Jahren ist eine Kuh in
der Lage, ihr erstes *Kalb* zur
Welt zu bringen. Das
Kalb kann sofort
nach der Geburt
stehen und laufen.
Es ist ein *Nestflüch-
ter. Ochsen* sind
Stiere, die un-
fruchtbar gemacht
wurden. Eine *Färse*
ist eine Kuh, die noch
nicht gekalbt hat.

In Kürze

Das Rind ist ein Pflanzenfresser. Sein Pflanzenfressergebiss zeichnet sich durch raspelartige
Backenzähne aus. Der Magen besteht aus
Pansen, Netzmagen, Blättermagen und Labmagen. Das Rind ist ein Wiederkäuer. Es tritt
nur mit den Zehenspitzen auf.

Aufgaben

1 ☐ Nenne die Besonderheiten des Pflanzenfressergebisses.
2 ◪ Beschreibe den Weg der Nahrung durch
den Körper des Rindes.

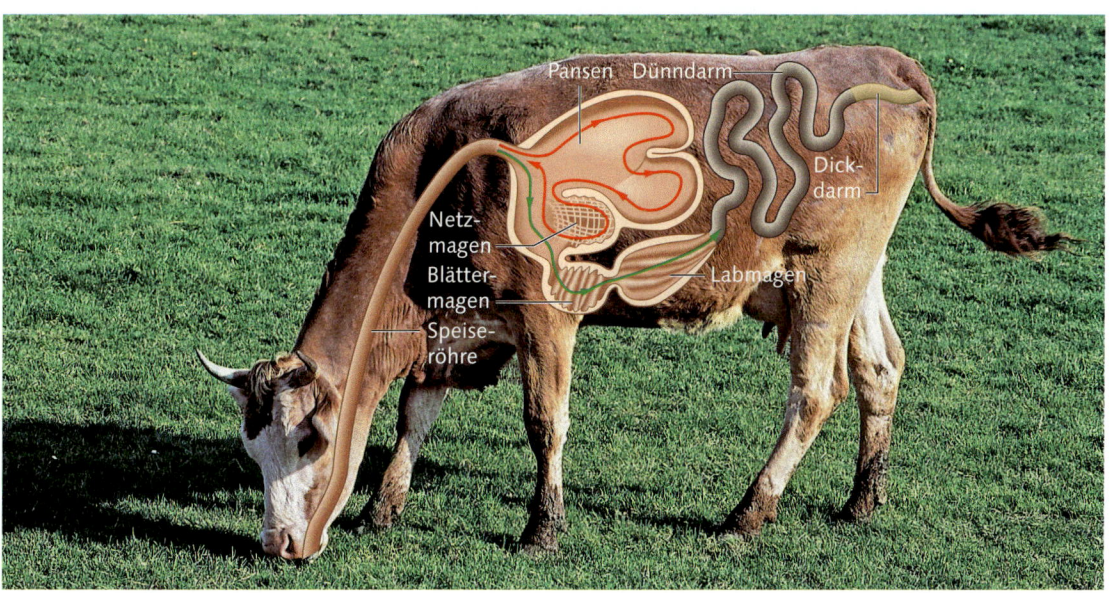

4 Verdauungsorgane des Rindes

Wie Rinder gehalten werden

Rinder werden als Milch- und Fleischlieferanten gehalten. Die Kuhmilch enthält alle wichtigen Nährstoffe sowie Mineralstoffe und Vitamine. In den Molkereien wird die Milch zu Milchprodukten wie Käse, Sahne, Butter und Joghurt weiterverarbeitet. Für die Fleischerzeugung werden überwiegend männliche Rinder als Mastbullen gehalten.

Der Mensch nutzt Rinder auch auf andere Weise: Aus der Haut stellt er Leder her und aus den Knochen gewinnt er Leim. Die Hörner und Hufe werden gemahlen und als Dünger verwendet.

1 Rinder auf der Weide

2 Anbindestall

Weidewirtschaft und Massentierhaltung

Sind die Kühe im Sommer größtenteils auf der Weide, so entspricht dies weitgehend ihren natürlichen Bedürfnissen. Diese Form der Rinderhaltung nennt man *Weidewirtschaft*. Heutzutage möchten viele Menschen mehr Fleisch essen und dieses gerne günstig kaufen. Daher müssen die Landwirte immer kostengünstiger produzieren und können nicht so viel Geld für die Haltung ausgeben. Viele Landwirte sind deshalb zur *Intensivtierhaltung* und damit zur Stallhaltung übergegangen. Die Anbindehaltung wird in der Europäischen Union ab 2013 verboten. Hier stehen die Rinder ohne Stroh auf Betonböden eng nebeneinander und haben keinen Auslauf. Kot und Urin fallen durch Spalten im Boden in die Güllebehälter.

Artgerechte Stallhaltung

In modernen Boxenlaufställen können die Kühe frei zwischen geräumigen und strohgefüllten Liegeplätzen sowie Futtertrögen herumlaufen. Dabei nehmen sie Kontakt zu anderen Tieren auf. Dies kommt dem Rind als Herdentier sehr entgegen. Diese Ställe sind hell und luftig. Bei dieser artgerechten Stallhaltung wird auf die natürlichen Lebensgewohnheiten der Tiere Rücksicht genommen.

Selbstbedienung für Rinder

Heu und Gras holen sich die Tiere im Laufstall vom Futtertisch. Energiereiches Kraftfutter erhalten die Kühe an einem Futterautomaten. Außerdem sind sich drehende Bürsten zur Fellpflege vorhanden. In der Regel tragen die Kühe einen Mikrochip am Halsband. Dieser steuert den Futterautomaten und registriert im Melkstand den jeweiligen Milchertrag jeder einzelnen Kuh.

Moderne Melkmaschinen

In den Melkständen der Laufställe kann ein Landwirt 60 bis 70 Kühe in einer Stunde melken. Beim Melkvorgang kann er den Gesundheitszustand seiner Tiere gut kontrollieren.

Kühltank für Milch

Fressgang

Melkstand | Kraftfutterstation | Liegeboxen | Futtertisch

3 Boxenlaufstall

Ohne Kalb keine Milch

Für die Milchviehhaltung werden weibliche Rinder bereits mit etwa 18 Monaten durch eine künstliche Besamung befruchtet. Nach einer etwa neunmonatigen Schwangerschaft wird ein Kalb geboren, selten auch Zwillinge. Das neugeborene Kalb wird zunächst mit der Muttermilch ernährt. Schon nach kurzer Zeit wird aber auf Muttermilchersatz umgestellt.

Die natürliche Milchbildung nach dem Kalben wird durch täglich zweimaliges Melken über zehn Monate lang ausgenutzt. Die Kühe geben also erst Milch, nachdem sie ihr erstes Kalb geboren haben. Jedes Jahr muss eine Kuh ein Kalb bekommen, sonst gibt sie keine Milch mehr. Werden die Kühe regelmäßig besamt, können sie fünf bis sechs Jahre lang als Milchlieferanten genutzt werden.

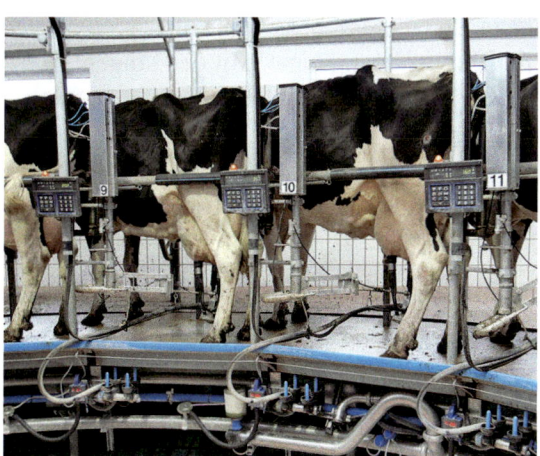

4 Kühe im Melkstand

In Kürze

Rinder liefern vor allem Milch und Fleisch. Bei der artgerechten Stallhaltung werden die Lebensgewohnheiten der Tiere berücksichtigt. Eine Kuh gibt erst nach der Geburt eines Kalbes für eine bestimmte Zeit Milch.

Aufgaben

1 □ Nenne Verhaltensweisen der Rinder, auf die Landwirte bei der Stallhaltung Rücksicht nehmen sollten.

2 ◪ Sammle Argumente, die für oder gegen die Anbindehaltung sprechen. Nimm Bild 2 zu Hilfe.

Das Pferd

Wenn du Pferde genauer beobachten willst, musst du dich sehr vorsichtig ihrer Weide nähern. Die meisten Tiere der Herde grasen, manche ruhen am Boden. Plötzlich schaut eines der Pferde, die Ohren sind hoch aufgestellt, in deine Richtung. Es hat dich entdeckt! Blitzschnell wendet es schnaubend den Kopf und galoppiert weg. Wie elektrisiert preschen auch die anderen Pferde davon. Erst nach einiger Zeit kommt die Herde zum Stehen.

Verhalten der Herde

Die Heimat unserer Pferde ist die Steppe. In dieser baumlosen Graslandschaft können sich Tiere kaum vor Feinden verstecken. Schutz bietet ihnen das Zusammenleben in einer Herde. In einer Gruppe von Tieren ist die Chance größer, dass ein Tier der Herde ein sich näherndes Raubtier frühzeitig bemerkt und flüchtet. Die anderen Tiere der Herde werden davon »angesteckt« und fliehen ebenfalls. Dieses Verhalten zeigen auch unsere gezähmten Pferde noch: Wird ein Pferd zum Beispiel durch ein lautes Geräusch erschreckt, dann galoppiert es unaufhaltsam los, man sagt »es geht durch«.

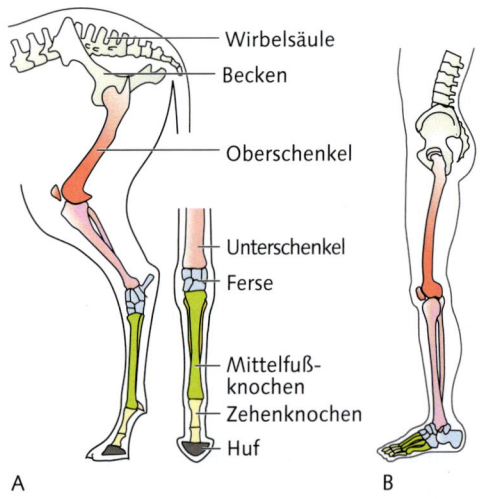

2 Beinskelette: A Pferd, B Mensch

Wirbelsäule
Becken
Oberschenkel
Unterschenkel
Ferse
Mittelfußknochen
Zehenknochen
Huf

A   B

1 Pferde auf der Koppel

Sinne der Pferde

Als Fluchttiere können Pferde sehr gut hören und riechen. Mit den seitlich am Kopf sitzenden Augen haben sie nahezu eine Rundumsicht. Allerdings können sie nur in einem schmalen Bereich in Blickrichtung scharf sehen. Bewegungen erkennen sie sofort.

Pferde sind Lauftiere

Der Pferdekörper ist auf schnelles und ausdauerndes Laufen ausgerichtet. Das wird an den langen Beinen deutlich.

Pferde haben an jedem Fuß nur eine Zehe kräftig ausgebildet. Diese ist von einem *Huf* umhüllt. Die anderen Zehen sind zurückgebildet. Der Huf besteht aus Horn, das wie unsere Finger- und Zehennägel ständig nachwächst.

Pferde berühren den Boden nur mit der Zehenspitze. Man bezeichnet sie daher als Zehenspitzengänger. Mit den langen, muskulösen Beinen können sie schnell flüchten und gut springen.

Pferde haben ein Pflanzenfressergebiss

Mit ihren *Schneidezähnen* in Ober- und Unterkiefer rupfen Pferde das Gras ab. Mit den breiten *Backenzähnen* zerreiben sie das Futter. Dabei nutzen sich die Zähne allmählich ab. Pferdekenner können daran abschätzen, wie alt das Tier ist. Nur männliche Pferde, *Hengste,* haben noch kleine Eckzähne. Bei den *Stuten* fehlen sie.

Die »Sprache« der Pferde

Durch ihre Kopf- und Ohrenstellung sowie durch ihre Körperhaltung verständigen sich Pferde untereinander.

Fühlt sich ein Pferd wohl, sind die Ohren nach vorne aufgerichtet. Bläst es aber die Nasenlöcher auf, legt die Ohren nach hinten an und zeigt die Zähne, dann droht es. Ein ängstliches Pferd hat die Ohren meist halb nach hinten oder nach außen gespitzt.

Pferde wiehern nur, wenn es unbedingt notwendig ist, zum Beispiel wenn die Stute ihr Fohlen sucht. Durch leises Schnauben oder Prusten drücken Pferde Zufriedenheit aus. Wird es lauter, dann hat sich die Gemütsverfassung verschlechtert.

Die Verdauung im Blinddarm

Pferde haben einen bis zu 30 Meter langen Darm. Besonders wichtig bei der Verdauung ist der auffallend riesige *Blinddarm*. Er fasst rund 50 Liter. In ihm leben hauptsächlich Bakterien. Sie zersetzen die harte und faserreiche pflanzliche Nahrung.

Pferde sind Nestflüchter

Nach einer Tragzeit von knapp einem Jahr bringt die Stute ihr *Fohlen* zur Welt. Schon kurz nach der Geburt kann es der Mutter folgen. Tiere, die kurz nach der Geburt schon selbstständig sind, nennt man Nestflüchter.

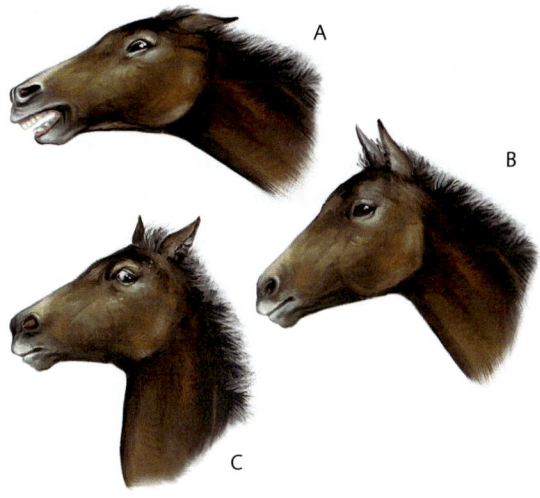

4 Pferde verständigen sich durch den Gesichtsausdruck und die Stellung der Ohren.

In Kürze

Pferde sind Herdentiere, die ein ausgeprägtes Fluchtverhalten zeigen. Als Zehenspitzengänger können sie schnell laufen. Sie haben ein Pflanzenfressergebiss.

Aufgaben

1 ☐ Bei Festumzügen mit Pferdegespannen kommt es mitunter vor, dass die Tiere »durchgehen«. Beschreibe, was damit gemeint ist.

2 ▨ Was »sagen« die Pferde im Bild 4? Begründe deine Antworten.

3 ▨ Suche nach einer Begründung, weshalb Pferdefohlen Nestflüchter sind.

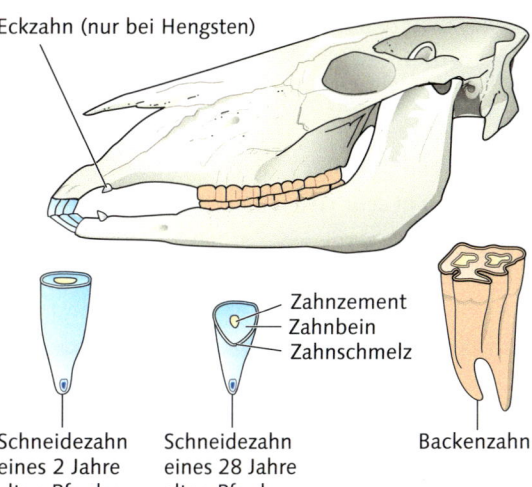

Eckzahn (nur bei Hengsten)

Zahnzement
Zahnbein
Zahnschmelz

Schneidezahn eines 2 Jahre alten Pferdes

Schneidezahn eines 28 Jahre alten Pferdes

Backenzahn

3 Pflanzenfressergebiss des Pferdes

5 Stute mit neugeborenem Fohlen

Das Pferd – ein Nutztier im Wandel

Um 1920 gab es knapp 4 Millionen Pferde in Deutschland. 50 Jahre später waren es nur noch 250 000. Seitdem ist der Bestand wieder gestiegen und man sieht Pferde häufig auf Weiden und Koppeln. Heute leben rund eine Million Pferde in Deutschland.

Früher: das Arbeitspferd

Bereits in der Antike wurden Pferde als Zugtiere beispielsweise für Streit- oder Jagdwagen verwendet. Über viele Jahrhunderte war das Pferd der wichtigste Helfer des Menschen. Große und kräftige Tiere wurden in der Landwirtschaft zum Pflügen, Säen oder Ernten eingesetzt. Auch der gesamte Transportbereich war auf Pferde angewiesen. Sie dienten als Reittiere und zogen Kutschen für Waren und Menschen. Mit der Erfindung von Dampfmaschinen und Verbrennungsmotoren wurden Pferde von Traktoren, Autos, Lastkraftwagen, Eisenbahnen und anderen Maschinen abgelöst.

2 Reiten macht Spaß!

1 Pferde als Zugtiere für die Trambahn

Heute: das Reitpferd

Heute wird das Pferd fast ausnahmslos als Reitpferd genutzt. Die kraftvolle Eleganz der Bewegungen übt auf Menschen jeden Alters eine große Faszination aus. Durch den täglichen Umgang mit den Tieren, die Fütterung, die Pflege und den Ausritt entwickelt sich oft eine starke Bindung zwischen Pferd und Besitzer. Häufig werden Pferde noch alleine in Boxen gehalten. Dagegen gelten Offenställe als besonders artgerechte Haltungsform. Sie ermöglichen den Tieren ganzjährig beliebigen Auslauf und das Zusammenleben in kleinen Herden.

In Kürze

Während früher das Pferd als Arbeits- und Lasttier in sehr vielen Bereichen des Lebens eingesetzt wurde, wird es heute fast ausschließlich für den Reitsport gehalten.

Aufgaben

1 ☐ Nenne Aufgaben, die Pferde früher hatten.

2 ◪ Heute gibt es mehr Pferde als 1950. Beschreibe die überwiegende Nutzung von Pferden heute.

Einen Sachtext verstehen

Vielleicht kennst du das: Du sitzt vor einem Text, liest und liest, aber so richtig verstehst du nicht, was eigentlich darin steht. Wenn du Texte beim Lesen besser erfassen und dir die Inhalte merken willst, wendest du am besten die folgende Technik an. Sie besteht aus fünf Schritten:

1 **Übersicht**   Verschaffe dir einen Überblick:
- Wie heißt die Überschrift?
- Welche Wörter sind im Text **fett** oder *kursiv* gedruckt? Gibt es weitere Schlüsselwörter?
- Was zeigen die Bilder? Was steht unter den Bildern?

2 **Fragen stellen**   Überlege dir W-Fragen: Wer? Was? Wo? Wann? Wie? Warum?

3 **Lesen**   Lies den Text sorgfältig durch. Beantworte beim Lesen deine Fragen. Schlage Begriffe nach, die du nicht verstehst. Lege nach deinen Bedürfnissen Pausen ein. Wiederhole einen Absatz, wenn du ihn nicht verstanden hast. Markiere wenige wichtige Wörter.

4 **Zusammenfassen**   Nun brauchst du Papier und Stift, um das Wichtigste zu notieren.
- Notiere wichtige Wörter (Schlüsselwörter).
- Ordne, was zusammengehört.
- Stelle Zusammenhänge durch Pfeile dar.
- Fertige, wenn es notwendig erscheint, Skizzen oder Zeichnungen an.

Welche Schafe gibt es?

Schafe leben in Herden

Weibchen	*Männchen*	*Jungtier*
Zibbe	*Bock, Widder*	*Lamm*
	kastriert: Hammel	

Wozu Schafzucht?:
- *Fleisch*
- *Wolle (4 bis 5 kg pro Jahr und Tier)*
- *Landschaftspflege: Äsen ⟶ waldfrei*

1 Beispiel für eine Gedankenskizze zum Text unten

5 **Wiederholen**   Gehe deine Notizen noch einmal durch. Wiederhole den Inhalt, am besten laut.

Schafe

Obwohl Schafe sehr anspruchslos sind, sieht man weidende Schafherden bei uns nur noch selten. Eine Herde wird stets von einem Bock oder *Widder* angeführt. Ein Weibchen, auch *Zibbe* genannt, bringt im Schnitt zwei *Lämmer* pro Jahr zur Welt. Die kastrierten männlichen Schafe bezeichnet man als *Hammel*.

Neben der Produktion von *Fleisch* ist der Hauptzweck der Schafzucht die Gewinnung von *Wolle*. Ein Schaf liefert pro Jahr etwa vier bis fünf Kilogramm Wolle. Bei manchen Rassen kann das Fell zehn Zentimeter dick sein. Schafe werden im Frühjahr geschoren. Die fetthaltige Wolle muss vor der Weiterverarbeitung gereinigt werden.

Darüber hinaus beeinflussen Schafe das *Landschaftsbild*: Durch das Äsen der Baum- und Strauchsämlinge halten sie die Landschaft waldfrei.

2 Ungeschorene Schafe mit Lämmern

Vom Wildschwein zum Hausschwein

Laubmischwälder sind der natürliche Lebensraum der Wildschweine. Auch auf angrenzenden Äckern und Wiesen finden sie Nahrung und Unterschlupf. Durch ihr schwarzbraunes Borstenkleid sind sie gut getarnt.

Körperbau von Wildschweinen
Wildschweine erreichen eine Schulterhöhe von etwa einem Meter. Sie werden bis zu 1,5 Meter lang und können zwischen 90 und 150 Kilogramm wiegen. Wildschweine sind paarhufige Zehenspitzengänger. Geruchssinn und Gehör sind sehr gut entwickelt.

Wildschweine sind Allesfresser
Mit ihrem Rüssel durchwühlen Wildschweine den Boden. Dabei fressen sie Kräuter, saftige Wurzeln, Pilze, Eicheln, Bucheckern und Knollen. Auch Würmer, Schnecken oder Insekten und kleine Säugetiere wie Mäuse stehen auf ihrem Speiseplan.

Ihr Gebiss ist an diese Ernährungsweise als *Allesfresser* angepasst. Es zeigt Merkmale des Pflanzenfressergebisses und des Raubtiergebisses. Beim männlichen *Keiler* sind die Eckzähne, die *Hauer,* besonders stark ausgebildet.

Zusammenleben in der Rotte
Wildschweine leben in Familienverbänden. Eine solche *Rotte* setzt sich aus mehreren

1 Wildschwein mit Frischlingen

weiblichen Tieren, den *Bachen*, mit ihren Jungtieren zusammen. Die Bache ist etwas kleiner als der Keiler. Ausgewachsene Keiler sind Einzelgänger. Im Winter gehen sie auf die Suche nach Weibchen, um sich mit ihnen zu paaren. Die männlichen Tiere bezeichnet man auch als *Eber*. Die Jungen werden im Frühjahr geboren. Man nennt sie auch *Frischlinge*. Ihr Fell ist zunächst gelbbraun gestreift. Nach einem Jahr gleicht es dem der Alttiere.

Nutztier Hausschwein
Aus gezähmten Wildschweinen begann der Mensch vor über 5 000 Jahren *Hausschweine* zu züchten. Im Aussehen unterscheiden sie sich deutlich von Wildschweinen: Schlappohren, kleinere Hauer und kleinerer Rüssel, kürzere Beine und ein Ringelschwanz sind typische Unterschiede. Hausschweine bilden eine dicke Fettschicht aus. Ihre Haut trägt nur wenige Borstenhaare.

Durch Züchtung entstehen Rassen
Allmählich lernten die Menschen, Tiere mit günstigen Eigenschaften herauszusuchen und miteinander zu kreuzen, um so Nachkommen zu vermehren, die diese Eigenschaften hatten. Durch diese *Züchtungen* wurden viele Körpermerkmale der Wildschweine nach den Bedürfnissen der Menschen verändert. Dabei entstanden die verschiedenen Schweinerassen. Heute sind beispielsweise die Fleischmenge, die Anzahl der Nachkommen und schnelles Wachstum wichtige Zuchtziele.

2 Hausschweine auf der Weide

Beispiel Deutsches Edelschwein

Die Rasse *Deutsches Landschwein* ist sehr genügsam, liefert Fleisch und Fett, wächst aber nur langsam bis zur Schlachtreife heran. Man kreuzte es mit einer anderen Rasse, dem englischen *Yorkshire-Schwein*. Dieses ist früh schlachtreif, hat mehr mageres Fleisch und bekommt mehr Junge als das Deutsche Landschwein. Aus beiden Rassen züchtete man eine neue Rasse, das *Deutsche Edelschwein*. Es ist ebenfalls genügsam. In einem Wurf sind meist 10 bis 12 Ferkel, die schnell wachsen und fettarmes Fleisch haben.

4 Moderner Schweinemaststall

Moderne Schweinehaltung

Schweine sind unsere wichtigsten Fleischproduzenten. Sie werden meist in großen Mastbetrieben gehalten. Die natürlichen Lebensansprüche der Hausschweine entsprechen denen der Wildschweine: Sie leben in Rotten zusammen, durchwühlen den Boden und suhlen sich. In der modernen Stallhaltung werden diese Lebensansprüche nicht immer erfüllt.

In Kürze

Das Hausschwein zählt zu den Paarhufern. Es ist ein Allesfresser. Alle Hausschweinrassen sind Zuchtformen des Wildschweins. Hausschweine sind wichtige Fleischproduzenten.

Aufgaben

1 ☐ Nenne die typischen Körpermerkmale von Wild- und Hausschwein.

2 ◩ Beschreibe am Beispiel des Deutschen Edelschweins, wie bei der Zucht einer neuen Rasse vorgegangen werden kann.

3 ◼ Beschreibe, wie moderne Mastbetriebe die natürlichen Lebensgewohnheiten der Schweine berücksichtigen könnten.

3 Verschiedene Schweinerassen: A Deutsches Edelschwein; B Piétrain-Schwein; C Hampshire-Schwein; D Deutsches Landschwein

Eine Exkursion durchführen

1 Exkursion auf den Bauernhof

Manchmal werden im Biologieunterricht Tiere, Pflanzen und Lebensräume direkt in der Natur untersucht. Oder es geht darum, einen Zoo oder einen botanischen Garten kennenzulernen oder einen Bauernhof zu erkunden. Dann macht man eine Exkursion. Damit ihr möglichst viel erfahrt, geht ihr am besten so vor:

1 Planung Überlegt gemeinsam:
- Welches Exkursionsziel ist geeignet?
Wie ist es zu erreichen?
Welche Kosten entstehen?
- Wer ist der Ansprechpartner vor Ort?
Wer nimmt den Kontakt auf?
- Was wollt ihr herausfinden? Schreibt Fragen auf.
- Wie sollen die Ergebnisse festgehalten werden?
- Welches Material braucht ihr?

- Was muss vorher erledigt werden? Welche Aufgaben fallen auf der Exkursion an?

Bildet Arbeitsgruppen und verteilt die Aufgaben.

2 Durchführung Verschafft euch zunächst einen Überblick. Dann werden die Arbeitsaufträge auf die Gruppen verteilt und die Materialien ausgegeben.

Führt eure Untersuchungen, Beobachtungen und Befragungen durch. Notiert alle Ergebnisse. Haltet die Exkursion mit Zeichnungen, Fotos und Video- oder Tonaufnahmen fest.

3 Auswertung Vergleicht die Aufzeichnungen der Arbeitsgruppen. Fasst die Ergebnisse zusammen.
Wählt Ergebnisse aus, die sich zur Dokumentation eignen. Bewertet eure Exkursion. Was hat gut geklappt, was weniger gut? Was könnte man verbessern und wie?

4 Präsentation Stellt eure Exkursion vor, zum Beispiel beim Tag der offenen Tür. Überlegt gemeinsam:
- Was soll präsentiert werden?
- Welche Art der Darstellung (Plakat, Ausstellung, Vortrag …) ist geeignet?

2 Vorbereiten einer Exkursion

Erkundungen auf einem Bauernhof

Landwirtschaftliche Betriebe sind heute meist spezialisiert: Auf großen Flächen wird Getreide, Gemüse oder Obst angebaut. Oder der Hof hält Schweine, Rinder, Schafe oder Hühner, um Milch, Eier oder Fleischprodukte zu erzeugen.

Neben der *konventionellen* Landwirtschaft gewinnt die *ökologische* Landwirtschaft zunehmend an Bedeutung. Durch den Einsatz von moderner Technik, Nutzfahrzeugen und Maschinen können wenige Personen große Betriebe bewirtschaften. Die Idylle vom Bauernhof, den die ganze Familie gemeinsam betreibt, gehört in den meisten Unternehmen der Vergangenheit an.

Vorbereitungen

Informiert euch vor der Exkursion, worin sich konventionelle und ökologische Landwirtschaft unterscheiden. Welche Kriterien gelten jeweils für die Produktion von Nutzpflanzen und die Nutztierhaltung?

Die folgenden Fragen dienen als Anregung für eure Erkundungen:

A Fragen zum Betrieb

- Wie groß ist der Betrieb (Wirtschaftsgebäude, Ackerflächen, Anzahl der Tiere)?
- Worauf ist er spezialisiert?
- Welche Produkte erzeugt der Betrieb? Wie werden diese Produkte vermarktet?
- Wie werden die Tiere gehalten?
- Woher stammt das Futter?
- Wird der Betrieb konventionell oder ökologisch bewirtschaftet? Welche Kennzeichen gibt es dafür?
- Wird Energie erzeugt, zum Beispiel durch eine Solar- oder Biogasanlage?

B Fragen zur Arbeit auf dem Hof

- Wie viele Personen sind hier beschäftigt? Wie viele weitere leben von dem Einkommen?
- Wie verläuft ein typischer Tag des Landwirts? Fertigt ein Protokoll an.
- Für wie viele Menschen reicht die Nahrung, die der Hof erzeugt?
- Wie hat sich das Leben auf dem Hof in den letzten Jahren verändert?

Biogasanlage · Solaranlage · Offenfront-Schweinestall · Ferkel-Auslaufbereich · Maisfeld

1 Moderner landwirtschaftlicher Betrieb

Tierhaltung

Hühner im Freiland ...

Hühner in Freilandhaltung haben eine Auslauffläche von mindestens 4 m² pro Huhn. Sie können nach Futter scharren und picken, ihr Gefieder putzen, im Sand baden, mit den Flügeln schlagen und umherlaufen. In den Stall, in den sich die Tiere nachts oder zum Eierlegen zurückziehen, fällt Tageslicht.

1 Diese Hühner haben viel Auslauf.

... oder Hühner im Käfig?

Seit 2009 werden Käfighennen in kleinen Gruppen gehalten. Der Platz für jedes einzelne Tier ist etwa so groß wie ein aufgeklapptes Schulbuch. Arttypische Verhaltensweisen wie Scharren, Sandbaden oder ungestörte Eiablage sind kaum möglich. Oft werden die Hühner gegeneinander aggressiv und verletzen sich mit ihren Schnäbeln. Da die Tiere im Käfig wenig Platz haben, um sich zu bewegen, leiden sie häufig an Knochenschwäche.

2 In diesem Betrieb werden sehr viele Eier produziert.

Augen auf beim Einkauf

Bei Geflügelfleisch und Eiern wird die Art der Haltung durch Ziffern gekennzeichnet.
1 bedeutet Freilandhaltung,
2 Bodenhaltung, 3 Käfighaltung.
Bestimmte Gütesiegel garantieren artgerechte Haltungsbedingungen. Das EU-Bio-Siegel und die Siegel der ökologischen Anbauverbände wie Bioland, Demeter oder Naturland gewährleisten, dass das Futter aus ökologischem Anbau stammt.

Bio
nach
EG-Öko-Verordnung

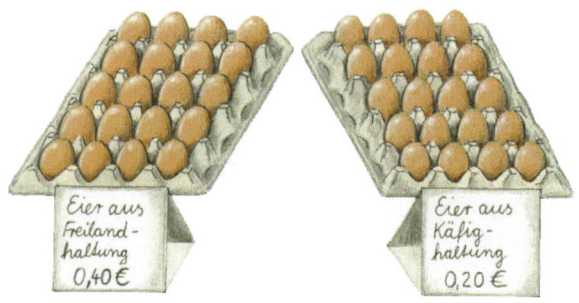

Eier aus Freiland-haltung 0,40 €

Eier aus Käfig-haltung 0,20 €

Wer ein Tier hält oder betreut, muss das Tier seiner Art und seinen Bedürfnissen entsprechend angemessen ernähren, darf das artgemäße Bewegungsbedürfnis des Tieres nicht dauernd und nicht so einschränken, dass dem Tier vermeidbare Schmerzen, Leiden oder Schäden zugefügt werden.

Nach: Tierschutzgesetz, § 2

Wonach kann man Tierhaltung beurteilen?

- Wie viele Tiere hält der Betrieb?
- Haben die Tiere genügend Platz und Auslauf?
- Gibt es Tageslicht im Stall?
- Sind Einstreu, Fress- und Trinkplätze sauber?
- Weisen die Tiere Verletzungen auf?
- Wo werden die Tiere geschlachtet?

Tierzucht

Putenzucht: Hochleistung oder Gesundheit?

Die Nachfrage nach Putenfleisch ist ungebremst. Um der Nachfrage nachzukommen, wurde eine spezielle Pute gezüchtet, die BUT Big 6 heißt. Diese Hochleistungspute wird dreimal so schwer wie die Wildform. Da der Verbraucher vor allem das Brustfleisch schätzt, wurde das Tier so gezüchtet, dass der Brustmuskel besonders groß wird. Er macht rund 30 Prozent des gesamten Körpergewichts aus. Das Skelettwachstum hält mit der Gewichtszunahme nicht mehr Schritt. In der Folge tragen die Tiere häufig Schäden an Gelenken, Sehnen und Knochen davon. Fehlstellungen der Beine, die eine normale Fortbewegung erschweren, sind sehr häufig.

1 Die Bronzepute ist eine alte Rasse. Sie wird im Freiland gehalten.

Es ist verboten, Wirbeltiere zu züchten oder durch technische Maßnahmen zu verändern, wenn damit gerechnet werden muss, dass den Tieren selbst oder deren Nachkommen erblich bedingt Körperteile oder Organe für den artgemäßen Gebrauch fehlen oder untauglich oder umgestaltet sind und hierdurch Schmerzen, Leiden oder Schäden auftreten.

Nach: Tierschutzgesetz, § 11 b

Schafzucht: das neue »alte« Schaf

Heidschnucken eignen sich besonders für die Pflege von Heide- und Moorlandschaften. Sie beißen das Buschwerk ab und verhindern so, dass ein Wald entsteht. Damit sichern sie den Lebensraum für andere Tierarten. Sie sind ausgesprochen genügsam und liefern Fleisch von hervorragender Qualität. Durch gezielte Kreuzungen von Heidschnucken mit anderen Schafrassen wurde ein Schaf gezüchtet, wie es vor 3000 Jahren lebte. Mit dem Fellwechsel wirft es die Wollhaare ab, sodass die Wolle nicht geschoren werden muss. Wegen seines dichten Fells kann es bei jedem Wetter draußen sein. Das neue »alte« Schaf wird in der Landschaftspflege eingesetzt.

2 Heidschnucken verhindern, dass aus der Heide ein Wald wird. Sie sind Landpflegeschafe.

Jedes Mitgeschöpf hat einen Anspruch auf Unversehrtheit und ein artgerechtes Leben. Dies ist der Grundsatz, dem sich der Deutsche Tierschutzbund verschrieben hat. Er wurde 1881 gegründet, um dem Missbrauch von Tieren wirksamer entgegentreten zu können. Er setzt sich für besonders naturnahe, umweltschonende Tierzucht und Tierhaltung ein.

Aus einer Broschüre des Deutschen Tierschutzbunds e. V.

Menschen halten Tiere

1 Hunde und Katzen als Haustiere

a ☑ Die Körpersprache von Hunden und Katzen ist verschieden. Ordne zu, welches Tier Freude, Angst oder Aggressivität ausdrückt. Begründe deine Zuordnung.

b ☑ Erstelle eine Tabelle zu den Gemeinsamkeiten und Unterschieden von Hund und Katze. Denke dabei an den Körperbau, die Sinnesorgane, ihre Art, Beutetiere zu jagen, und die Möglichkeit, sie zu erziehen.

c ☑ Nenne Gründe, warum gerade diese beiden Tierarten so beliebt sind und nicht Fische oder Vögel.

d ☑ Notiere die wichtigsten Dinge, an die du denken musst, wenn du dir ein Haustier anschaffen möchtest. Beachte auch das Tierschutzgesetz.

2 Menschen nutzen Tiere

a ☐ Erstelle eine Liste der wichtigsten Produkte von Rindern, Schweinen und Hühnern.

b ☑ Vergleiche Freiland- und Käfighaltung bei Hühnern.

c ■ In den vergangenen Jahrzehnten hat sich die Landwirtschaft stark verändert. Lies dazu den nachfolgenden Text. Beschreibe, wie sich die genannten Veränderungen auf die Rinderhaltung auswirken.

Anfang der 1950er Jahre hatte noch fast jeder Landwirt Rinder im Stall. Heute findet Rinderhaltung praktisch nur noch in spezialisierten Betrieben statt.

Statistisches Landesamt Rheinland-Pfalz, 2010

3 Wolf und Hund

Wolf und Hund ähneln sich sehr. Trotzdem haben viele Menschen zu den beiden Tieren ein völlig unterschiedliches Verhältnis.

a ☐ Beschreibe, wie der Wolf in Märchen und in Erzählungen in der Regel dargestellt wird. Nimm Bild 2 zu Hilfe.

b ☑ Vergleiche das Verhältnis von Wolf und Mensch mit dem von Hund und Mensch.

c ■ Jedes Jahr werden in Deutschland fast 3000 Postboten von Hunden gebissen. Begründe das Verhalten dieser Hunde.

A   B   C   D   E   F

2 Rotkäppchen und der böse Wolf

4 Ernährung und Gebiss

Das Gebiss lässt einige Rückschlüsse auf die Ernährung zu.

a ☐ Vergleiche die drei Schädel. Ordne zu, welcher Schädel von einem Allesfresser, von einem Fleischfresser und von einem Pflanzenfresser stammt.

b ☐ Nenne je zwei Zähne, die für das Gebiss typisch sind. Ordne ihre Funktionen zu.

c ☐ Nenne Tierarten, die den jeweiligen Gebisstyp besitzen.

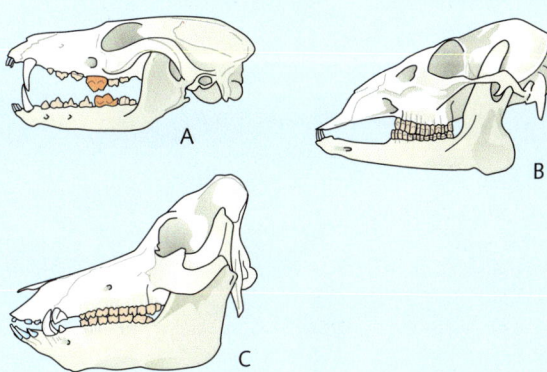

5 Unterschiedliche Spuren

Auf weichem Untergrund hinterlassen Tiere unterschiedliche Spuren.

a ☐ Auf welchen Teilen des Fußes laufen die Tiere jeweils? Nenne die Fachbegriffe.

b ☑ Ordne jeder Spur ein Tier zu, welches die Spur hinterlassen hat.

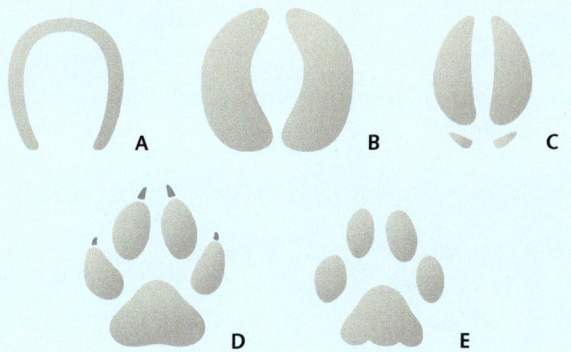

Menschen halten Tiere

- Menschen halten Haustiere als Begleiter und zum Liebhaben. Nutztiere dienen dazu, Fleisch, Milch, Eier, Leder und Wolle zu gewinnen oder durch ihre Kraft, ihre Schnelligkeit oder ihren Geruchssinn dem Menschen die Arbeit zu erleichtern.

- Wer ein Tier hält, übernimmt auch Pflichten und Verantwortung. Er ist für sein Tier und dessen Pflege oft über viele Jahre hinweg verantwortlich.

- Um Tiere artgerecht zu halten, muss man auf ihre Lebensbedürfnisse, wie richtige Ernährung, ausreichend Platz oder genügend Auslauf, Rücksicht nehmen. Die artgerechte Tierhaltung wird durch das Tierschutzgesetz geregelt. Dieses Gesetz gilt für Haustiere ebenso wie für Nutztiere.

- Die Vorfahren unserer Haus- und Nutztiere waren gezähmte Wildtiere. In vielen Tausend Jahren entstanden aus den Wildtieren durch Züchtung die unterschiedlichsten Haus- und Nutztierrassen.

- Das Gebiss der Tiere ist an ihre Ernährung als Raubtier, Allesfresser oder Pflanzenfresser angepasst. Auch der Bau der Gliedmaßen lässt Rückschlüsse auf ihre Lebensweise zu.

Säugetiere in ihren Lebensräumen

Rehe und Rothirsche

Auf einem Feld entdeckst du eine Gruppe von Rehen. Aufmerksam beobachten die Tiere ihre Umgebung. Am häufigsten zeigen sich Rehe in der Morgen- oder Abenddämmerung.
Rothirsche bekommt man dagegen kaum zu Gesicht. Als Waldbewohner sind sie sehr scheu.

1 Rehe auf einem Feld

Gemeinsamkeiten von Rehen und Rothirschen

Die Spuren von Rehen und Rothirschen verraten ihre Anwesenheit, auch wenn man die Tiere selbst nicht sieht. Sie bestehen aus zwei halbmondförmigen Hufen, den Schalen. Beide Tierarten gehören zu den Paarhufern. Ihr Sommerfell ist rotbraun gefärbt. Im Winter ist das Fell dichter und von graubrauner Farbe. Rehe und Rothirsche sind Wiederkäuer. Das Pflanzenfressergebiss ähnelt dem des Rindes. Eine lange Schnauze und große Ohren weisen darauf hin, dass die Tiere sehr gut riechen und hören können. So können Feinde schon über mehrere hundert Meter Entfernung wahrgenommen werden. Die Augen sehen vor allem Bewegungen gut.

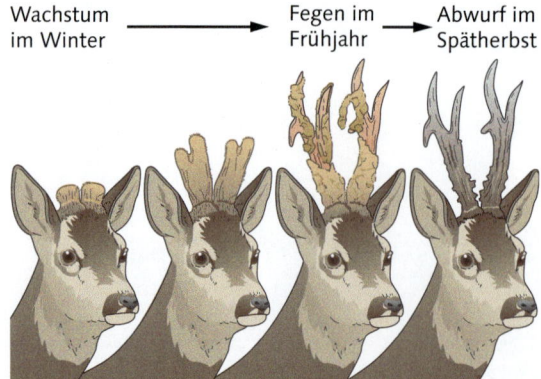

Entwicklung des Geweihs

Nur die Männchen tragen ein *Geweih*. Es besteht aus Knochenstangen, die jährlich neu wachsen. Die Rehböcke werfen ihr Geweih im Spätherbst ab, die Rothirsche im Frühjahr. Während des Wachstums überzieht eine behaarte Haut, der Bast, den wachsenden Knochen und versorgt ihn mit Nährstoffen. Nach ungefähr drei Monaten ist das Geweih fertig ausgebildet. Nun fegen die Tiere: Der Bast wird an Sträuchern und Bäumen abgestreift. Das Geweih eines ausgewachsenen Rehbocks besitzt sechs Enden, das eines kapitalen Rothirschs kann sogar über zwanzig Enden erreichen.

Reh und Rothirsch unterscheiden sich

Rehe sind viel kleiner und zierlicher als Rothirsche. Während Rehböcke ein Gewicht bis zu 30 Kilogramm und eine Schulterhöhe von 90 Zentimetern erreichen, sind Rothirsche beträchtlich größer und wiegen weit über 100 Kilogramm. Beide erkennt man leicht an dem weißen Fleck am Hinterteil, dem Spiegel.

| Wachstum im Winter | → | Fegen im Frühjahr | → | Abwurf im Spätherbst |

2 Entwicklung des Rehgeweihs

3 Hirschkuhrudel mit Platzhirsch

Kulturfolger und Waldbewohner

Rehe benötigen als Rückzugsgebiet Wälder, Gehölze oder Buschwerk, in denen sie Deckung finden. Als Kulturfolger besiedeln sie vom Menschen gestaltete Landschaften. Sie scheuen seine Anwesenheit nicht, solange er ihnen nicht zu nahekommt.

Rothirsche leben dagegen nur in ausgedehnten Waldgebieten. Zum Fressen verlassen sie nachts ihre Verstecke und äsen auf Waldlichtungen oder am Waldrand. Die sehr scheuen Tiere meiden Begegnungen mit Menschen, es sind Kulturflüchter.

Leben in Gruppen

Rehe leben einzeln, paarweise oder in kleinen Gruppen. Nur im Winter finden sie zu größeren Familienverbänden zusammen. Während der Paarungszeit oder Brunft besetzen die Böcke ein Revier und verteidigen es gegenüber anderen Männchen.

Rothirsche wiederum leben in Rudeln. Die weiblichen Tiere, die Hirschkühe, und die Hirsche bilden getrennte Rudel. Lediglich alte Männchen sind Einzelgänger. In der Brunftzeit begleitet der Platzhirsch ein Rudel von Weibchen. Ständig ist er damit beschäftigt, Hirschkühe, die sich vom Rudel entfernen, zurückzutreiben. Auch muss er sein Rudel immer wieder gegen Konkurrenten verteidigen. Das Geweih ist jetzt voll ausgebildet und wird bei Kämpfen als Waffe eingesetzt.

Fortpflanzungszeit ist Brunftzeit

Die Brunft der Rehe ist im Spätsommer. Im folgenden Mai oder Juni wirft das Weibchen, die Ricke, meist zwei Kitze. Als Nestflüchter können sie zwar laufen, aber noch nicht fliehen. Deshalb werden sie in einer Wiese oder einem Gebüsch versteckt. Die Ricke kommt nur kurz, um das Junge zu säugen. Durch die Fellfarbe und sein Muster ist das Kitz hervorragend getarnt. Bei Gefahr verweilt es reglos

4 Ein drückendes Rehkitz

und drückt sich tief ins Gras. Weil es keinen Eigengeruch hat, ist es vor natürlichen Feinden wie dem Fuchs gut geschützt. Wenn ein Landwirt seine Wiesen mäht, ist diese Tarnung allerdings nutzlos. Jedes Jahr werden Kitze durch Maschinen verletzt oder getötet.

Ab Anfang September schallen die beeindruckenden Brunftschreie der Hirsche durch die Wälder. Ein Platzhirsch paart sich mit mehreren Kühen. Die Hirschkälber kommen im Frühsommer auf die Welt und werden bis in den Winter gesäugt. Auch sie sind durch ihre Fellzeichnung gut getarnt.

Natürliche Feinde und Jagd

Da natürliche Feinde wie Wolf oder Luchs bei uns sehr selten sind, können sich Rehe und Rothirsche stark vermehren und in den Wäldern Schaden anrichten. Jäger sorgen jedoch dafür, dass der Bestand nicht zu groß wird.

In Kürze

Rehe und Rothirsche werden oft verwechselt. Sie unterscheiden sich aber durch wesentliche körperliche Merkmale, ihr Verhalten und ihren Lebensraum. Die Jungtiere sind gut getarnt. Durch die Jagd wird der Bestand reguliert.

Aufgaben

1 ☐ Nenne Körpermerkmale von Reh und Rothirsch.

2 ☐ Beschreibe, wie die Jungtiere geschützt sind.

3 ◪ Begründe, warum bei uns Rehe und Rothirsche bejagt werden müssten.

Der Fuchs

Unter dem Namen »Reineke« wird der Fuchs in zahlreichen Märchen und Fabeln als schlau und listig geschildert. Das liegt möglicherweise daran, dass Füchse zwar häufig in der Nähe von Menschen leben, man sie aber kaum zu Gesicht bekommt. Das rätselhafte Verhalten gleicht in vielem unseren Hunden oder ihren Ahnen, den Wölfen. Andererseits erinnert es aber auch an Katzen. So kann man Füchse ausgiebig ruhend auf Bäumen beobachten.

1 Der Fuchs – eher ein Hund oder eine Katze?

Wie man einen Fuchs erkennt

Ein ausgewachsener Fuchs entspricht in Größe, Gewicht und Gestalt etwa einem mittelgroßen Hund. Entdeckt man die Spur eines Fuchses, so fällt auf, dass sie »wie an einer Schnur gezogen« ist. Daher nennt man die fuchstypische Fortbewegung auch schnüren. Dabei bewegt sich das Tier in mittlerem Tempo fort und setzt die Hinterpfoten genau in die Tritte der Vorderpfoten. Die kräftigen Krallen zeichnen sich deutlich ab. Wie bei Hunden können sie nicht eingezogen werden.

2 Spur eines schnürenden Fuchses

Füchse besitzen ein typisches Raubtiergebiss mit großen Fangzähnen und den Backenzähnen, die eine Brechschere bilden. Die lange Schnauze weist auf die Zugehörigkeit zu den Hunden hin. Darin findet die Riechschleimhaut reichlich Platz. Dies verleiht dem Tier einen ausgezeichneten Geruchssinn. Auch das Gehör ist sehr empfindlich. Es nimmt hohe Töne, die wir Menschen nicht hören können, wahr. Der Sehsinn ist auf das Dämmerungssehen und die Wahrnehmung von Bewegungen spezialisiert. Tasthaare am Kopf und an den Vorderläufen geben dem Fuchs selbst bei völliger Dunkelheit Orientierung.

Wie sich Füchse ernähren

Trotz seines Raubtiergebisses ist der Fuchs ein Allesfresser. Er jagt alleine und frisst jede Nahrung, die ihm sein Lebensraum zur jeweiligen Jahreszeit bietet. Entdeckt er auf seinen Streifzügen eine Maus, so hält er kurz inne und wartet ab, wohin sie sich bewegt. Dann springt er im hohen Bogen auf sein Opfer und hält es mit den Krallen der Vorderpfoten fest. Kaninchen oder junge Hasen sowie Vögel sind eben-

3 Erbeuten einer Maus: Suchen – Abwarten – Mäuselsprung – Wegtragen der Beute

4 Der Fuchs – ein Allesfresser mit Raubtiergebiss

5 Jungfüchse

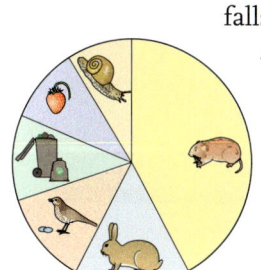

falls begehrte Nahrung. Da sie aber schwer zu erbeuten sind, ergänzen Aas, Regenwürmer und Insekten seine Speisekarte. Im Sommer und Herbst bilden süße Früchte wie Pflaumen, Kirschen oder Beeren den Hauptteil der Nahrung.

Fortpflanzung

Während des Winters ist Ranzzeit. Für die Fortpflanzung geben die Füchse ihr Leben als Einzelgänger auf. Das Männchen, der Rüde, wirbt ausgiebig um ein Weibchen, die Fähe. Die Paarung findet im Januar oder Februar statt. Im Frühjahr wirft die Fähe vier bis sechs Welpen. Sie sind blind, fast schwarz gefärbt und werden von der Mutter gut umsorgt. Die

Augen öffnen sich nach zwei Wochen. Die ersten vier Wochen verbringen die Welpen zusammen mit der Fähe im unterirdischen Fuchsbau. Die Versorgung übernimmt dann der Rüde. Nach neun Monaten werden die Jungen geschlechtsreif und wandern in ein eigenes Revier ab.

Revier

Füchse sind Meister der Anpassung. Weil sie sehr wenige Ansprüche an den Lebensraum haben, findet man sie überall. Selbst in Großstädten besetzen sie Reviere. Diese werden durch Harn und Kot markiert. Als Fuchsbau dient häufig ein verlassener Dachsbau. Er besteht aus mehreren Röhren und Kesseln und dient als Aufzucht- und Wohnstätte.

> **In Kürze**
> Füchse gehören zu den hundeartigen Raubtieren und sind Allesfresser. Man findet sie in unterschiedlichen Lebensräumen. Nur während der Fortpflanzungszeit leben Füchse in einer Gemeinschaft.

Aufgaben

1 ☐ Nenne zwei körperliche Merkmale, die zeigen, dass der Fuchs den Hunden ähnlich ist.

2 ◪ Begründe, warum der Fuchs trotz seines Raubtiergebisses als Allesfresser bezeichnet wird.

3 ◪ Füchse leben in der Stadt und im Wald. Vergleiche die Zusammensetzung der Nahrung in den beiden Lebensräumen.

Basiskonzept Variabilität und Angepasstheit

Beim ersten Hinsehen sehen alle Fuchsgeschwister gleich aus. Trotz der offensichtlichen Ähnlichkeit und ihrer engen Verwandtschaft unterscheiden sich aber die Nachkommen sowohl von ihren Eltern als auch untereinander. Diese oft kleinen Unterschiede werden als Variabilität bezeichnet.
Die Unterschiede im Bau, der Funktion oder im Verhalten können für das Überleben und eine erfolgreiche Fortpflanzung entscheidend sein. Lebewesen sind in ihrem Bau und der Lebensweise an den Lebensraum angepasst.

Das Eichhörnchen

Plötzlich knistert und raschelt es im dichten Blätterdach des Baumes hoch über dir. Neugierig schaust du nach oben – und da siehst du den Unruhestifter, ein Eichhörnchen. Kopfüber läuft es schnell den Baumstamm nach unten. Fast sieht es so aus, als wolle es nachsehen, wer da seine Ruhe stört.

Ein Leben auf Bäumen
Eichhörnchen zählen zu den bekanntesten Tieren unserer Heimat. Man findet sie in Wäldern, Parks und Gärten, also überall dort, wo Bäume sind. Hier suchen sie ihre Nahrung, bringen ihre Jungen zur Welt und ziehen sie groß. Als gewandte, flinke Kletterer sind sie gut vor ihren Feinden geschützt.

Körperbau und Bewegung
Eichhörnchen gehören zu den Wirbeltieren. Ihre leichten Knochen und die langen, kräftigen Hinterbeine ermöglichen es ihnen, elegant von Ast zu Ast zu springen. Die langen Krallen an Fingern und Zehen geben sicheren Halt beim Klettern. Kennzeichnend ist der große, buschige Schwanz. Er dient zum Halten des Gleichgewichts und bei den weiten Sprüngen als Steuerruder. Er wirkt aber auch als Fallschirm, wenn sie auf der Flucht vor Feinden einfach vom Baum in die Tiefe springen.

Erkennen der Umwelt
Eichhörnchen haben große Augen, die seitlich am Kopf sitzen. Dadurch blicken sie in alle Richtungen, ohne den Kopf zu drehen. Mit ihren Pinselohren können sie sehr gut hören. Die über den ganzen Körper verteilten Tasthaare verbessern die Orientierung im Ast- und Blattgewirr der Bäume. Ihr guter Geruchssinn hilft bei der Nahrungssuche.

1 Das Eichhörnchen ist ein Baumbewohner.

Fortpflanzung der Eichhörnchen
Eichhörnchen sind Einzelgänger. Nur während der Zeit zwischen Paarung und Geburt der Jungen leben Männchen und Weibchen zusammen. Für die Aufzucht der Jungen bauen sie einen *Kobel*. Das ist ein aus Zweigen, mit Moos und Gras gepolstertes, geschlossenes Baumnest. Hier bringt das Weibchen bis zu sechs Junge zur Welt. Etwa sieben Wochen lang werden sie gesäugt. Während dieser Zeit entwickeln sich die nackt und blind geborenen Jungen zu selbstständigen Tieren. Eichhörnchen sind *Säugetiere* und *Nesthocker*.

2 Der Kobel, das »Nest« eines Eichhörnchens

Ein Gebiss für harte Schalen

Die Nahrung der Eichhörnchen besteht vor allem aus Samen, die von harten Schalen umgeben sind. Mit ihren vier langen und kräftigen *Nagezähnen* gelingt es den Tieren, die festen Schalen zu knacken. Beim Nagen nutzen sich die Zähne ständig ab. Das ist aber kein Problem, da Nagezähne im Gegensatz zu unseren Zähnen ständig nachwachsen. Tiere mit solchen Zähnen nennt man *Nagetiere*.

Eichhörnchen im Winter

Vor dem Winter fressen sich Eichhörnchen eine Speckschicht an. Als Wintervorrat vergraben sie zusätzlich Samen im Waldboden. Die kalte Jahreszeit verbringen die gleichwarmen Tiere hauptsächlich schlafend in ihrem Baumnest. Dabei verändern sich Körpertemperatur, Herzschlag und Atmung kaum. Von Zeit zu Zeit erwachen die Eichhörnchen und verlassen den Kobel, um nach Nahrung zu suchen. Anschließend schlafen sie weiter. Man sagt deshalb: Eichhörnchen halten *Winterruhe*.

In milden Wintern wachen Eichhörnchen öfter auf. Dann suchen sie die Nahrung, die sie im Herbst vergraben haben. Sie finden aber nicht alle Samen wieder. Aus vielen der nicht gefundenen Bucheckern oder Eicheln wachsen im Frühjahr neue Buchen und neue Eichen heran. So sorgen Eichhörnchen dafür, dass sich ihr Lebensraum, der Wald, ständig erneuert und neue Früchte trägt.

Augenhöhle

Nagezähne

Backenzahn

3 Schädel und Gebiss eines Eichhörnchens

In Kürze

Eichhörnchen verbringen ihr gesamtes Leben auf Bäumen. Daran ist ihr Körper bestens angepasst. Die Jungen kommen im Kobel zur Welt. Sie sind Nesthocker. Eichhörnchen gehören zu den Nagetieren. Die großen Nagezähne wachsen ständig nach. Die kalte Jahreszeit überdauern sie in Winterruhe.

Aufgaben

1 ☐ Nenne Angepasstheiten, die dem Eichhörnchen ein Leben auf Bäumen ermöglichen.

2 ◪ Biber, Hamster, Mäuse und Ratten gehören wie die Eichhörnchen zu den Nagetieren. Nenne mögliche Gemeinsamkeiten dieser Tiergruppe.

3 ■ »Squirrel« ist die englische Bezeichnung für Eichhörnchen. Im Englischen bedeutet *to squirrel away* »auf die hohe Kante legen«. Suche nach einer Erklärung für diese Redewendung.

Weiter gedacht
Hartes zu öffnen will gelernt sein

Junge Eichhörnchen müssen erst lernen, wie sie die harte Schale einer Nuss knacken. Dies kann man gut erkennen, wenn man geöffnete Schalen miteinander vergleicht. Junge Eichhörnchen hinterlassen Nagespuren, die kreuz und quer auf der Schale verlaufen. Sie brauchen bis zu 15 Minuten, um die Nuss zu öffnen. Erfahrene Tiere wissen genau, wo sie nagen müssen, um die Schale rasch zu öffnen.

Aufgaben

Zur Ernährung von Säugetieren

1 Gebiss und Ernährung

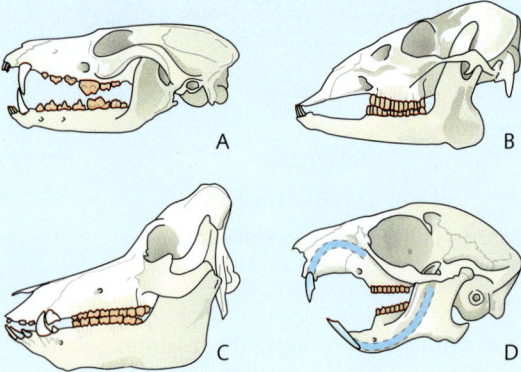

1 Verschiedene Gebisstypen

Wovon sich Säugetiere hauptsächlich ernähren, erkennt man besonders gut an ihrem Gebiss.

a ☐ Die vier Gebisstypen in Bild 1 kann man in drei große Gruppen einteilen. Mit den drei Bezeichnungen wird ausgedrückt, wovon sich diese Tiere hauptsächlich ernähren. Benenne die drei Ernährungsgruppen. Ordne zu, welcher Buchstabe zu welcher Ernährungsgruppe gehört.

b ☑ Anhand von Gebissen kann man auch etwas über die Lebensweise der Tiere aussagen. Ordne die folgenden Aussagen über die Tiere dem jeweiligen Gebiss zu:

– Der Rehbock frisst zum Beispiel Blätter, Eicheln, Gräser sowie Knospen und Triebe von Sträuchern.

– Der Biber ernährt sich ausschließlich von Pflanzen aus dem Uferbereich sowie von Feldfrüchten.

– Auf dem Speiseplan des Wildschweins stehen saftige Wurzeln und Eicheln, aber auch Insekten, Regenwürmer, Schnecken und kleinere Säugetiere wie Mäuse.

– Der Baummarder jagt Waldvögel und kleinere Säugetiere, vor allem Eichhörnchen. Auch Früchte frisst er.

2 Was Knochen alles verraten

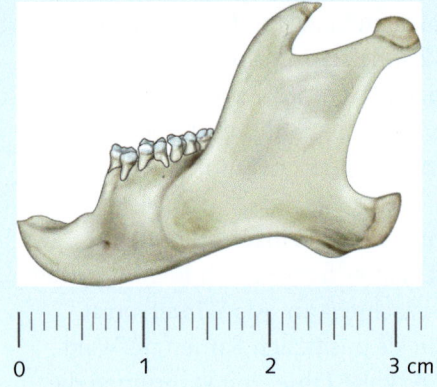

2 Zu welchem Tier gehört der Knochen?

Den Knochen in Bild 2 hast du im Wald gefunden.

a ☑ Um welchen Knochen des Schädels handelt es sich bei deinem Fund? Begründe deine Antwort.

b ☑ Was kannst du über das Tier aussagen, zu dem dieser Knochen gehörte? Stelle Vermutungen an.

c ☑ Um welches Waldtier könnte es sich dabei gehandelt haben? Begründe deine Vermutung.

d ☑ Informiere dich über dieses Tier. Berichte kurz über seine Lebensweise und seine Ernährung. Von wem könnte das Tier gefressen worden sein? Begründe deine Vermutung.

e ☑ Sieh dir die Zähne in Bild 3 an. Stelle Vermutungen an, welcher dieser Zähne in Bild 2 fehlt.

f ☑ Beschreibe, wozu dieser Zahn dient.

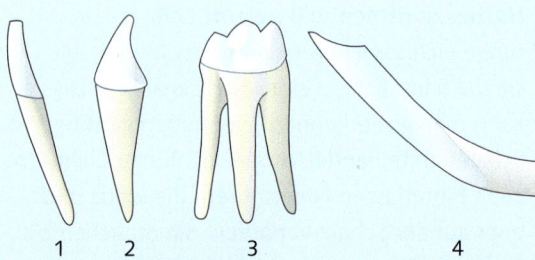

3 Welcher Zahn gehört dem Tier?

3 Ernährung und Darmlänge

Säugetiere fressen außer Holz, je nach ihrer Art, alle pflanzlichen und tierischen Stoffe. Pflanzliche Nahrung ist schwerer zu verdauen als tierische. Sie muss daher länger im Darm der Pflanzenfresser verbleiben als die fleischliche Nahrung im Darm der Fleischfresser. Somit kann man einen Zusammenhang zwischen Darmlänge und der Hauptnahrung eines Tieres herstellen.

a ☑ Ordne den Tieren in Bild 5 den jeweils richtigen Wert D zu. Begründe deine Zuordnung.

b ☑ Stelle deine Zuordnung mit Hilfe eines Säulendiagramms dar. Übernimm dazu die Vorlage:

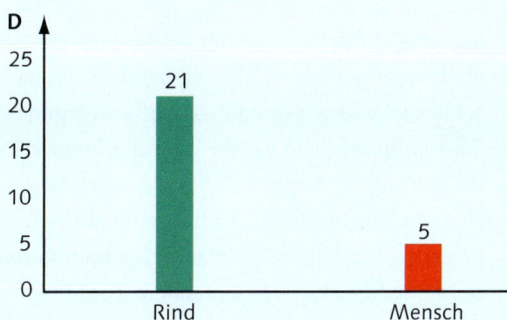

4 Verhältnis Körperlänge zu Darmlänge

c ■ Werte das Säulendiagramm aus. Formuliere einen Merksatz, der den Zusammenhang zwischen der Nahrung und der Darmlänge eines Tieres beschreibt.

d ■ Es ist nicht ganz einfach, den Menschen eindeutig als Fleisch-, Alles- oder Pflanzenfresser einzuordnen. Wo steht er deiner Meinung nach genau? Begründe.

e ☑ Vergleiche die Darmlängen der Lebewesen.

4 Ernährung und Lebensweise

6 Der Koalabär   **7** Das Faultier

Die Koalabären in Australien ernähren sich fast nur von jungen Eukalyptusblättern. Diese enthalten äußerst wenig Nährstoffe.

a ☑ Koalas bewegen sich sehr wenig und wenn, dann nur sehr langsam. Suche nach einer Erklärung.

b ■ Stelle Vermutungen an, weshalb sich Faultiere kaum bewegen. Begründe, weshalb der Name »Faultier« nicht ganz zutreffend ist.

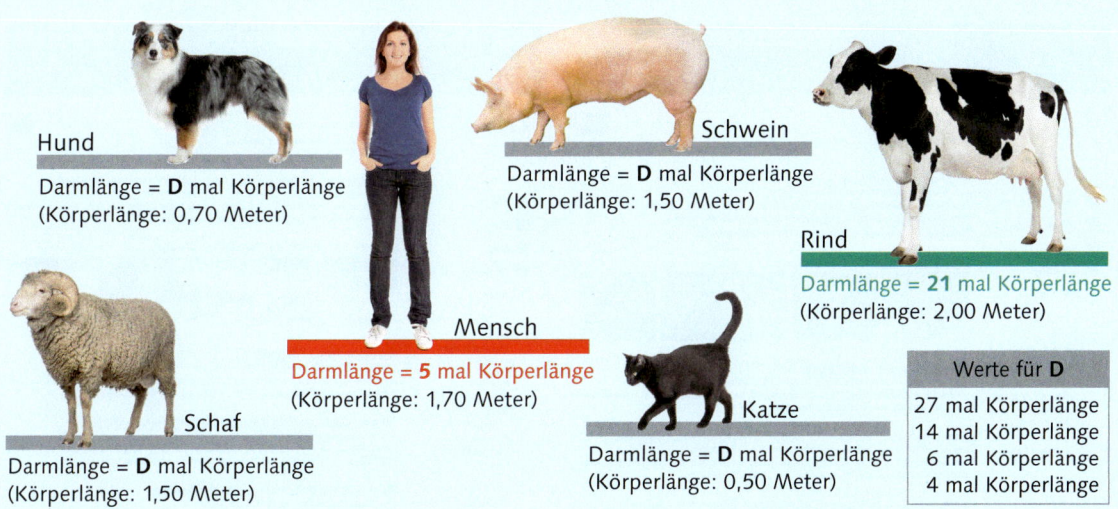

Hund
Darmlänge = **D** mal Körperlänge
(Körperlänge: 0,70 Meter)

Schwein
Darmlänge = **D** mal Körperlänge
(Körperlänge: 1,50 Meter)

Rind
Darmlänge = **21** mal Körperlänge
(Körperlänge: 2,00 Meter)

Mensch
Darmlänge = **5** mal Körperlänge
(Körperlänge: 1,70 Meter)

Schaf
Darmlänge = **D** mal Körperlänge
(Körperlänge: 1,50 Meter)

Katze
Darmlänge = **D** mal Körperlänge
(Körperlänge: 0,50 Meter)

Werte für **D**
27 mal Körperlänge
14 mal Körperlänge
6 mal Körperlänge
4 mal Körperlänge

5 Darmlängen verschiedener Lebewesen

Informationen im Internet beschaffen

Im Internet kannst du zu vielen Themen schnell und bequem eine Fülle an Informationen und Materialien finden. Aber nicht alle Informationen, die dort angeboten werden, sind wahr oder hilfreich. Du solltest sie deshalb sorgfältig prüfen. Wenn du zum Beispiel mehr über die Überwinterungsstrategien von Eichhörnchen oder von anderen Säugetieren herausfinden möchtest, kannst du bei deiner Recherche wie folgt vorgehen:

1 Problemstellung Zu Beginn jeder Recherche muss immer eine genau formulierte Aufgabe oder Frage stehen. Überlege genau, was du eigentlich wissen willst, zum Beispiel: *Wie überleben Tiere den Winter?*

2 Suche Am einfachsten ist die Suche mit Hilfe einer Suchmaschine. Die bekanntesten Suchmaschinen sind »Google«, »Fireball« oder »Lycos«. Es gibt auch Suchmaschinen speziell für Schüler und Jugendliche, zum Beispiel »Die Blinde Kuh«, »Helles Köpfchen«, »fragFINN« oder »ecosia«.
Du kannst auch bei Institutionen, wie dem »Bund Naturschutz« oder »NABU« suchen. Eine Liste aller Suchmaschinen findest du über »Google«.

1 Suchmaschine für Schüler: Die Blinde Kuh

3 Suche eingrenzen Bei der ersten Sucheingabe stellst du fest, dass dir die gewählte Suchmaschine eine unüberschaubar große Menge von Treffern liefert. Um sie alle zu lesen, bräuchtest du vermutlich mehrere Tage oder noch länger. Je mehr Wörter du als Suchbegriffe eingibst, desto größer ist die Trefferzahl. Deshalb musst du deine Suchfrage vereinfachen. Zum Beispiel könntest du *»Säugetiere im Winter«* eingeben.
Noch genauer wird es, wenn du nur nach einem bestimmten Tier fragst, zum Beispiel *»Eichhörnchen im Winter«*. Du kannst deine Suche auch durch Eingabe von *»+«* präzisieren: *»Eichhörnchen+Winter«*.

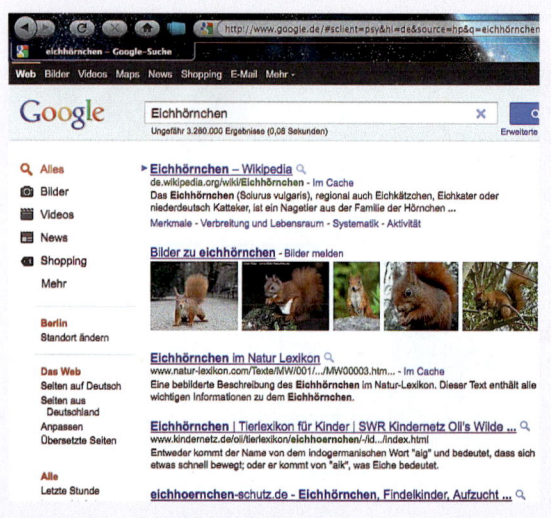

2 Internetsuche mit Google

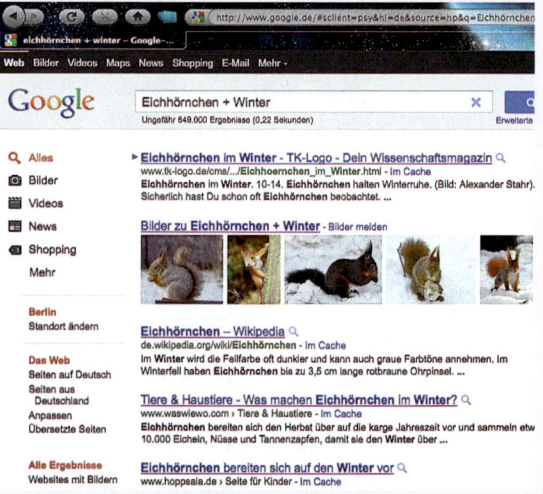

3 Genaue Suchbegriffe verfeinern die Suche.

4 Bildersuche   Unter der Rubrik »Bilder« kannst du mit Hilfe von Google gezielt Bilder suchen. Dazu gibst du im Suchfeld den entsprechenden Begriff ein. Markiere das gewünschte Bild durch einen Klick mit der rechten Maustaste. Du kannst die Bilder zum Beispiel in einem Ordner speichern oder direkt in den Text kopieren. Suchst du die Bilder unter »*www.flickr.com*«, dann siehst du gleich, ob du sie herunterladen und verwenden darfst.

4 Bildersuche bei Flickr

5 Ergebnisse ansehen und bewerten
Um die gefundenen Materialien auf ihre Verwendbarkeit hin zu überprüfen, musst du dir folgende Fragen stellen:
- Helfen mir die angebotenen Texte, Tabellen oder Bilder, die gestellte Frage zu beantworten oder die Aufgabe zu lösen?
- Sind die gefundenen Informationen richtig? Das kannst du feststellen, indem du sie mit anderen Quellen vergleichst.
- Kann man zum Beispiel in einem »Forum« auch Fragen an Experten richten?
- Welche Links liefern zusätzliche Informationen oder helfen weiter?
- Welche Informationen kann ich übernehmen?
Besonders interessante Textstellen kannst du farbig markieren, um sie später schnell zu finden.

6 Auswerten   Fasse nun die ausgewählten Textstellen zur Beantwortung der gestellten Frage mit eigenen Worten zusammen. Durch Ausdrucken der im Internet gefundenen Bilder kannst du deine Aussagen ergänzen und Zusammenhänge verdeutlichen. Achte aber stets darauf, dass du nur solche Bilder anklickst, die ausdrücklich zum Herunterladen freigegeben sind.

7 Zitieren und Quellenangabe   Bei umfangreicheren Antworten ist es manchmal besser, die eigenen Aussagen durch wörtliche Zitate zu ergänzen. In diesem Fall musst du die Textstelle in Anführungszeichen setzen und unbedingt die Internetquelle angeben, in der du dieses Zitat oder die Textstelle gefunden hast. Außerdem musst du das Datum nennen, an dem du den Text heruntergeladen hast. Die Quellenangabe beginnt mit dem Namen und Vornamen des Verfassers sowie dem Titel des Artikels. Allgemein sieht die Quellenangabe so aus: *Name, Vorname: Titel. URL (Datum des Zugriffs)* URL beginnt immer mit: http://www.… Auch die Bildquellen musst du in dieser Form angeben.

Aufgaben

1 ☑ Beschaffe dir Informationen aus dem Internet zu der Frage »Wie überstehen Tiere den Winter?«. Stelle die Ergebnisse in Form eines Plakats dar.

2 ☑ Du sollst herausfinden, ob es giftige Säugetiere gibt. Beschreibe, wie du vorgehst, um dazu im Internet zu recherchieren.

3 ☑ Wenn du bei einer Suchmaschine den Begriff »Kiefer« eingibst, erhältst du hauptsächlich Informationen über einen heimischen Nadelbaum. Du möchtest dich aber über den Begriff »Kiefer« informieren, den dein Zahnarzt meint. Wie recherchierst du im Internet, damit du möglichst genaue Informationen darüber erhältst? Beschreibe den Vorgang.

Der Maulwurf

In den Gärten, Parks oder auf Wiesen hast du sicherlich schon einmal kleine Erdhügel gesehen. Sie verraten dir, dass hier ein Maulwurf seinen unterirdischen Bau gegraben hat.

Körperbau des Maulwurfs

Der Maulwurf ist an das Leben in der Erde gut angepasst. Sein Körper ist etwa 15 Zentimeter lang und walzenförmig. Der Kopf endet mit einer nach vorn verlängerten Nase. Der Körper ist mit einem schwarzen, samtartigen Fell bedeckt, das ihn warm hält und vor Kälte schützt. Das Fell hat keine Strichrichtung, sodass sich die dicht stehenden Haare in jede Richtung legen können. So kann sich der Maulwurf in seinen Gängen problemlos vorwärts und rückwärts fortbewegen.

Hände zum Graben

Besonders auffällig sind seine Vorderbeine, die zu kräftigen *Grabhänden* umgebildet sind. Die Handflächen werden durch einen zusätzlichen Fingerknochen, dem *Sichelbein*, noch vergrößert. Alle Finger haben scharfe Krallen und sind durch Häute miteinander verbunden. So entsteht – ähnlich wie eine Baggerschaufel – eine große Grabhand.

2 Maulwurf

1 Wiese mit Maulwurfshügeln

Ein Leben in der Erde

Der unterirdische Bau eines Maulwurfs ist ein weitverzweigtes Gangsystem, das bis zu 60 Zentimeter tief unter der Erde liegen kann. Es dient als Wohnraum und Jagdrevier. Im Mittelpunkt befindet sich der *Wohnkessel,* der mit Gras, Moos und anderen Pflanzenteilen ausgepolstert ist. Er dient als Ruheort. Um den Wohnkessel herum verläuft ein Rundgang, von dem die verschiedenen Laufgänge zum Jagdrevier führen. *Vorratskammern* und eine *Tränke* gibt es ebenfalls. Maulwürfe sind Einzelgänger.

Nur über der Erde ist er eine leichte Beute für Greifvögel, Marder und Katzen.

Jagd und Ernährung

Bei regelmäßigen Kontrollgängen durchstreift der Maulwurf alle drei bis vier Stunden seine *Jagdgänge.* Dort erbeutet er die eingedrunge-

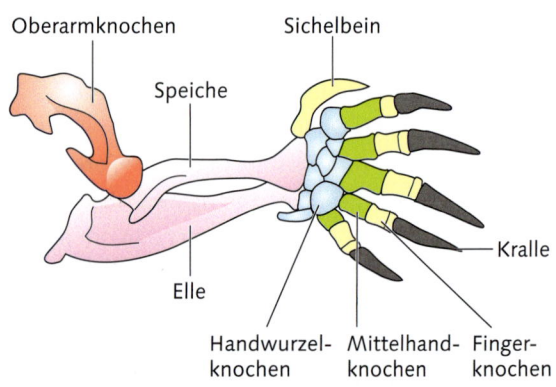

3 Grabbein des Maulwurfs

Oberarmknochen

Sichelbein

Speiche

Elle

Kralle

Handwurzel-
knochen

Mittelhand-
knochen

Finger-
knochen

nen Tiere wie Insektenlarven, Regenwürmer, Käfer, Asseln und Spinnen. Auch junge Mäuse vertilgt er gern. Er hat ein typisches *Insektenfressergebiss*. Dieses erkennt man an den nadelspitzen Zähnen. Mit diesen Zähnen knackt er die Panzer von Insekten. Regenwürmer lähmt er mit einem Biss, sodass sie noch leben, aber sich nicht mehr in der Erde vergraben können. Er lagert sie in seiner Vorratskammer. Maulwürfe halten keinen Winterschlaf.

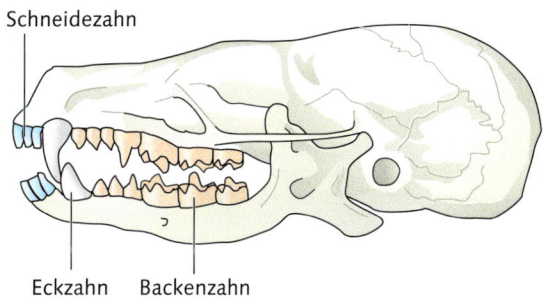

4 Schädel und Gebiss eines Maulwurfs

Sinnesleistungen

Der Maulwurf nimmt den Geruch der Beutetiere durch den Boden hindurch wahr. Obwohl ihm die Ohrmuscheln fehlen und die Ohröffnungen vom Fell bedeckt sind, hört er selbst die leisesten Geräusche. Sein Tastsinn ist besonders gut ausgeprägt. Er hat zum Tasten eine *Rüsselscheibe* an der Spitze seiner Nase. Zusammen mit den zahlreichen *Tasthaaren* an Kopf und Händen spürt er die geringsten Erschütterungen. Die stecknadelkopfgroßen Augen liegen geschützt im Fell verborgen. Er kann nur schlecht sehen.

Fortpflanzung

Während der Paarungs- und Aufzuchtzeit leben Maulwürfe paarweise in einem Bau. Im Frühsommer bringt das Weibchen drei bis sechs nackte und blinde Junge zur Welt.

Sie werden etwa fünf Wochen gesäugt. Nach acht Wochen suchen sie sich als Einzelgänger ein eigenes Revier.

In Kürze

Maulwürfe haben ein Insektenfressergebiss. Sie leben in unterirdischen Gangsystemen. Durch ihren walzenförmigen Körper, die Grabhände, das Fell ohne Strich und den feinen Geruchs- und Tastsinn sind sie sehr gut an das Leben in der Erde angepasst.

Aufgaben

1 ☐ Nenne Merkmale des Maulwurfs, die seine Angepasstheit an seine Lebensweise aufzeigen.

2 ☐ Notiere die einzelnen Bereiche des Gangsystems mit der jeweiligen Funktion.

3 ☑ Beschreibe, wie ein Maulwurfshügel entsteht.

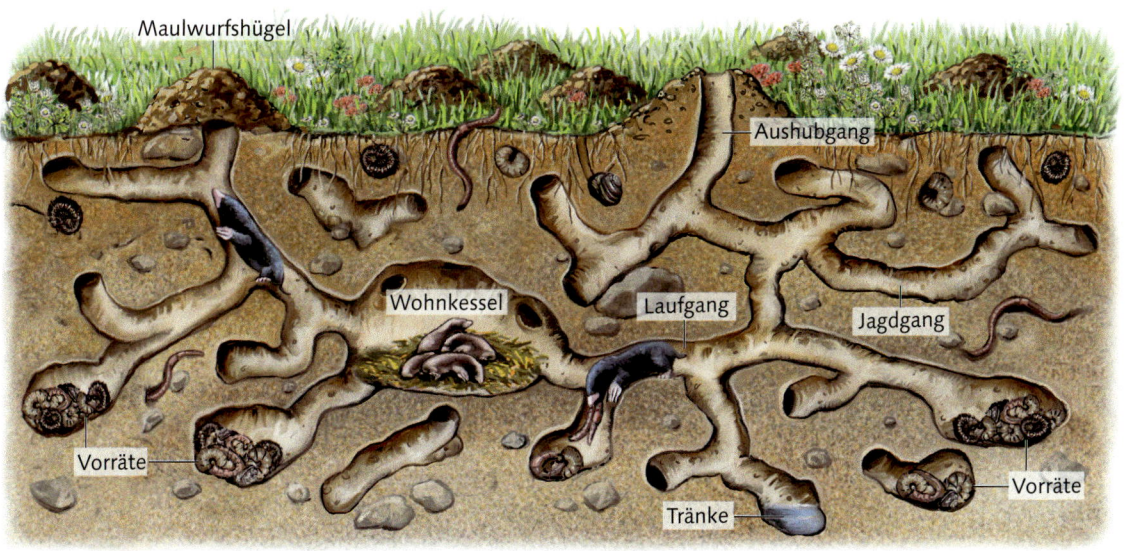

5 Gangsystem eines Maulwurfs

Fledermäuse

1 Fledermaus im Flug

Die Frage, ob Fledermäuse tatsächlich Menschenblut saugen, beschäftigt viele Menschen. In Wirklichkeit gibt es nur drei blutsaugende Fledermausarten. Sie leben in Mittel- und Südamerika und sind für den Menschen ungefährlich. Bei uns sind zum Beispiel das Große Mausohr und die Zwergfledermaus heimisch.

Fell und Flügel

Der Rumpf von Fledermäusen ist mit einem kurzhaarigen Fell bedeckt. Ihre Vordergliedmaßen sind zu Flügeln umgebildet. Zwischen den stark verlängerten Mittelhand- und Fingerknochen sowie zwischen Arm-, Bein- und Schwanzskelett ist eine durchblutete *Flughaut* gespannt. Nur die Daumen und die Füße schauen aus der Haut hervor. Sie dienen dem Tier zum Festhalten, Kriechen und Klettern. Fledermäuse besitzen ein *Insektenfressergebiss* und ernähren sich von Mücken, Fliegen, Käfern und Nachtfaltern, die sie auf ihren nächtlichen Jagdflügen erbeuten.

Mit den Ohren »sehen«

Fledermäuse sind nachtaktive Tiere, die aber bereits in der Dämmerung mit der Jagd beginnen. Mit ihren kleinen Augen können sie nur schlecht sehen, trotzdem finden sie in der Dunkelheit ihre Beute und können Hindernissen ausweichen. Wie gelingt ihnen das? Während des Fluges stoßen die Fledermäuse in kurzen Abständen hohe Töne aus, die für uns

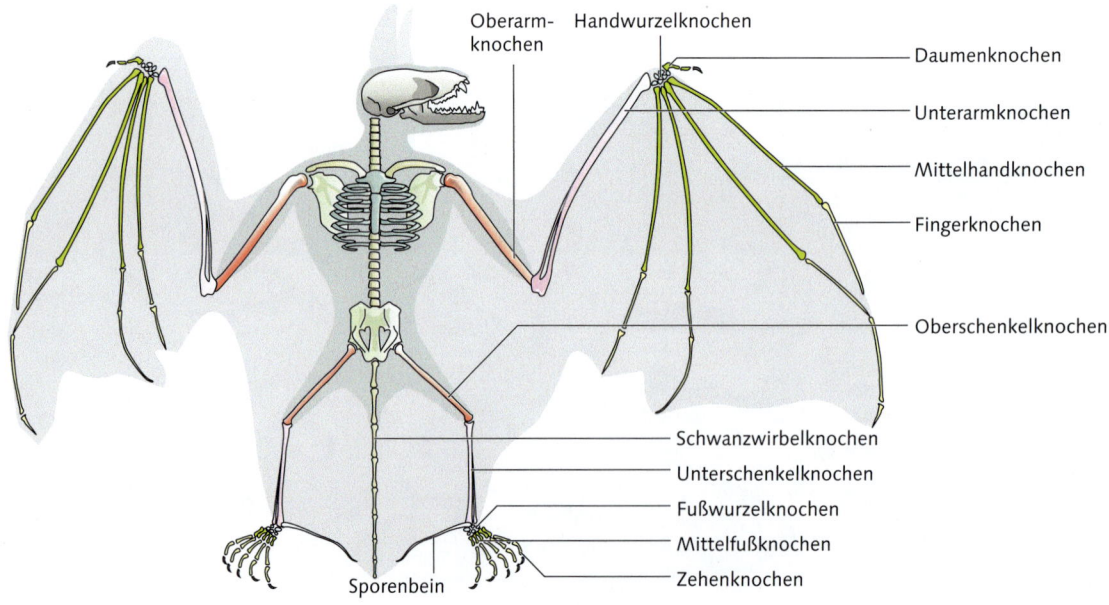

2 Skelett einer Fledermaus

Oberarm-knochen
Handwurzelknochen
Daumenknochen
Unterarmknochen
Mittelhandknochen
Fingerknochen
Oberschenkelknochen
Schwanzwirbelknochen
Unterschenkelknochen
Fußwurzelknochen
Mittelfußknochen
Zehenknochen
Sporenbein

nur mit technischen Mitteln hörbar sind. Solche hohen Töne nennt man *Ultraschall*. Trifft dieser Ultraschall auf ein Hindernis oder Beutetier, so wird er als Echo zurückgeworfen und von den großen Ohren der Fledermäuse aufgefangen. Anhand der Richtung und Stärke des Echos erkennen die Fledermäuse, wo und wie weit entfernt ein Gegenstand ist, welche Größe er hat und wie er sich bewegt. Sie nehmen ihre Umwelt als »Hörbild« wahr und passen ihr Flugverhalten daran an. Diese Art der Orientierung nennt man *Echopeilung*.

Fortpflanzung

Im Frühjahr bringt das Fledermausweibchen ein Junges zur Welt. Die Muttertiere bilden größere Gemeinschaften. Die Jungtiere sind noch nackt und blind. Sie klammern sich am Fell der Mutter fest und werden in den ersten Wochen gesäugt. Fledermäuse gehören zu den *Säugetieren*. Nach sieben Wochen können sich die Jungtiere selbst versorgen.

Fledermäuse in Gefahr

Die meisten Fledermäuse schlafen tagsüber in dunklen Verstecken. Man findet sie in Höhlen, unter Dachziegeln, in Türmen und auf Dachböden oder auch in hohlen Bäumen. Mit ihren Füßen krallen sie sich fest und hängen dort ruhend mit dem Kopf nach unten. Um den Winter zu überstehen, halten Fledermäuse in Höhlen *Winterschlaf*. Dort bilden sie große Kolonien und wärmen sich gegenseitig. Da geeignete Unterschlupfmöglichkeiten immer mehr verschwinden und ihre Beutetiere mit Giften bekämpft werden, ist ihr Bestand stark gefährdet. Deshalb stehen sie unter Naturschutz.

In Kürze

Fledermäuse sind die einzigen Säugetiere, die aktiv fliegen können. Sie sind Insektenfresser und jagen nachts ihre Beute. Im Dunkeln orientieren sie sich durch Echopeilung.

Aufgaben

1 ☐ Nenne die besonderen Angepasstheiten der Fledermaus an ihren Lebensraum.
2 ◪ Vergleiche den Flügel einer Fledermaus mit deinem Arm. Notiere Unterschiede und Gemeinsamkeiten.
3 ◪ Beschreibe, wie sich Fledermäuse in der Dunkelheit orientieren.

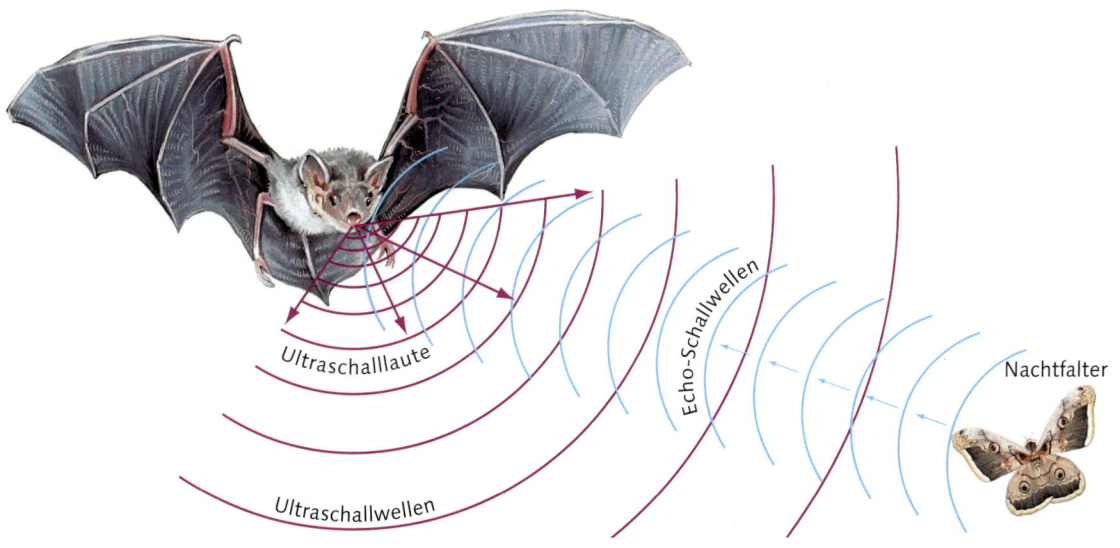

Ultraschalllaute

Echo-Schallwellen

Nachtfalter

Ultraschallwellen

3 Mit Hilfe der Echopeilung ortet die Fledermaus bei Dunkelheit die Beute.

Der Seehund

Seehunde leben an Küsten mit ausgedehnten Sandbänken, auf denen sie sich ausruhen, sonnen und ihre Jungen säugen. An Land können Seehunde sich nur mühsam mit Hilfe ihrer Vorderflossen robbend fortbewegen. Sie gehören zur Familie der Hundsrobben.

1 Seehunde auf einer Sandbank

Der Körperbau der Seehunde

Durch ihren *stromlinienförmigen* Körper und den zu Flossen umgebildeten Gliedmaßen sind sie schnelle und wendige Schwimmer. Die Vorderflossen dienen dabei zum Steuern. Die Hinterflossen sind für den Antrieb verantwortlich. Ihre Haut ist mit einem wasserdichten, kurzhaarigen Fell bedeckt. Darunter befindet sich eine dicke Fettschicht. Diese schützt die Tiere vor Kälte. Mit ihren Barthaaren können sie feinste Wasserbewegungen wahrnehmen und sich so orientieren.

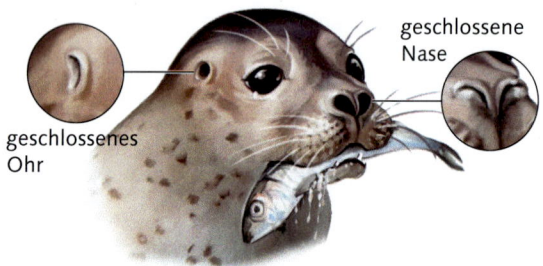

geschlossenes Ohr

geschlossene Nase

2 Beim Tauchen schließen sich Ohren und Nase.

Tauchen, um zu jagen

Seehunde atmen mit Lungen und können auf ihren Beutezügen bis zu 45 Minuten tauchen. Beim Tauchen werden die Nasenlöcher durch den Wasserdruck und die Ohröffnungen durch einen Schließmuskel verschlossen.

Gleichzeitig verlangsamen die Seehunde ihren Herzschlag von 150 auf zehn bis 15 Pulsschläge pro Minute. Dadurch verbrauchen die Tiere weniger Sauerstoff. Zu ihren Beutetieren zählen überwiegend Fische, aber auch Muscheln und Krabben.

Fortpflanzung von Seehunden

Die Paarung der Seehunde findet im Wasser statt. Anschließend ist das Weibchen elf Monate trächtig. Im Juni und Juli werden die Jungen auf den Sandbänken geboren. Eine Seehündin säugt ihr Junges vier bis sechs Wochen. Dabei verdoppelt es sein Gewicht auf etwa 25 Kilogramm und baut eine mindestens 3 Zentimeter dicke Fettschicht auf. In dieser Zeit hält sich das Jungtier meistens an Land auf.

In Kürze

Seehunde gehören zu den Robben und sind Säugetiere. Mit ihrem stromlinienförmigen Körper und den Lungen sind sie an ein Leben im Wasser und an Land gut angepasst.

Aufgaben

1 ▢ Nenne Angepasstheiten der Seehunde an ein Leben im Wasser und an Land.

2 ◪ Beschreibe mit Hilfe von Bild 3, wie sich der Seehund an Land fortbewegt.

3 Fortbewegung des Seehundes an Land

Wale

Wale gehören zu den größten Tieren der Erde. Sie verbringen ihr ganzes Leben im Meer. Als Säugetiere bringen sie ihre Jungen unter Wasser lebend zur Welt und ernähren sie mit Muttermilch.

Angepasstheit an den Lebensraum Meer

Der Körper der Wale ist wie bei Fischen stromlinienförmig gebaut, ihre Haut ist glatt und unbehaart. Dadurch ist der Widerstand beim Schwimmen gering. Eine dicke Fettschicht unter der Haut schützt die Tiere vor Wärmeverlust. Die große quer gestellte Schwanzflosse, die Fluke, dient als Antrieb. Die Vordergliedmaßen sind zu Flossen, den Flippern, umgebildet und dienen der Steuerung im Wasser. Die Hintergliedmaßen fehlen. Wale atmen mit Lungen. Sie müssen regelmäßig zum Luftholen an die Oberfläche auftauchen. Anschließend können sie wieder lange unter Wasser bleiben und tauchen erst nach etwa 45 Minuten erneut auf. Anstatt einer Nase haben sie oben am Kopf ein oder zwei Blaslöcher. Beim Ausatmen wird die Luft unter hohem Druck ausgestoßen, dabei entsteht ein fontäneartiger Nebel, der Blas.

Verständigung und Orientierung

Wale »sehen« mit ihren Ohren. Sie orientieren sich mit Hilfe der Echopeilung. Dazu erzeugen sie verschiedene Laute, durch die sie mit Artgenossen kommunizieren, sich unter Wasser orientieren und ihre Nahrung suchen. Der von Schiffen erzeugte Lärm stört die Orientierung der Wale. Dies kann dazu führen, dass die Tiere stranden und sterben.

Ernährung der Wale

Wale teilt man aufgrund ihrer Ernährungsweise in *Zahnwale* und *Bartenwale* ein. Bartenwale, zu denen die Blauwale und Buckelwale gehören, haben hornartige Anhänge am Oberkiefer. Durch das weit geöffnete Maul nehmen sie riesige Mengen Wasser auf und pressen es

1 Buckelwal mit Kalb

mit der Zunge durch die *Barten* aus. Dabei filtern sie winzige Krebstiere, den *Krill*, heraus. Die größte Gruppe bilden die *Zahnwale,* zu denen auch die Delfine und die Pottwale gehören. Sie ernähren sich von Fischen, die sie mit ihren kegelförmigen, spitzen Zähnen fangen.

In Kürze

Wale sind Meeressäugetiere, die verschiedene Angepasstheiten an das Leben im Wasser aufweisen. Es gibt Zahnwale und Bartenwale.

Aufgaben

1 ☐ Nenne Angepasstheiten der Wale an ihren Lebensraum.

2 ◰ Beschreibe, wie sich Lärm unter Wasser auf die Orientierung der Wale auswirken kann.

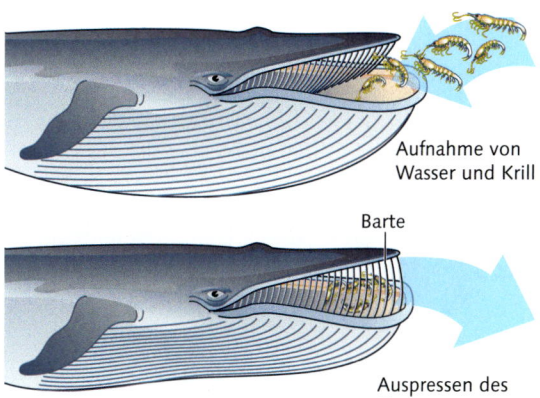

Aufnahme von Wasser und Krill

Barte

Auspressen des filtrierten Wassers

2 Filterprinzip bei Bartenwalen

Das Igeljahr

Es ist Nacht. Im Garten sucht ein Igel nach Nahrung. Neben Insekten ernährt er sich auch von Schnecken, Spinnen, Regenwürmern und selten von Obst. Igel sind nachtaktive Einzelgänger. Sie leben in Gärten, Parks oder an Waldrändern. Tagsüber schlafen Igel in einem Nest aus trockenem Laub.

Durch Stacheln geschützt
Der Rücken des Igels ist vom Kopf bis zum Schwanz mit mehreren Tausend Stacheln bedeckt. Der Igel kann vor Feinden mit seinen kurzen Beinen nicht fliehen. Deshalb richtet er bei Gefahr die Stacheln auf und rollt sich zu einer Stachelkugel ein. Die meisten Angreifer können sie nicht durchdringen.

Im Sommer ist Paarungszeit
Im Juni wandern die Igelmännchen umher und kämpfen gegeneinander um ein Weibchen. Nach der Begattung bauen die Igelweibchen ein geschütztes Nest unter Laubhaufen. Dort bringen sie im August fünf bis sieben Junge zur Welt. Igel gehören zu den Säugetieren. Die Jungen werden nach der Geburt sechs bis sieben Wochen von der Mutter gesäugt. Ihre Augen öffnen sich nach drei Wochen. Igeljunge sind Nesthocker. Nach etwa sieben Wochen können sie sich selbst versorgen.

1 Igel auf Futtersuche

Vorbereitungen für die kalte Jahreszeit
Im Herbst sind alle Igel besonders intensiv auf Nahrungssuche. Zu dieser Jahreszeit ist das Angebot an Insekten reichhaltig und die Igel müssen sich eine dicke Fettschicht anfressen. Sie schützt die gleichwarmen Tiere im Winter vor Wärmeverlust und dient gleichzeitig als Energiereserve. Wenn die Tage im Spätherbst kürzer und kälter werden, baut sich jeder Igel ein trockenes, vor Nässe und Frost geschütztes Nest. Geeignete Plätze finden sie in dichtem Gebüsch, Laub- oder Komposthaufen. Deshalb sollten Holzhaufen vor dem Abbrennen erst umgeschichtet werden. Oft überwintern Igel auch in verlassenen Kaninchenbauten.

Igel im Winter
Wenn die Temperatur im November häufig unter 10 °C fällt, rollt sich der Igel in seinem Nest zusammen. So verbringt er die Zeit bis zum nächsten März im Winterschlaf. Dabei sinkt seine Körpertemperatur auf etwa 5 °C ab. Auch die Anzahl der Herzschläge vermindert sich von 200 auf zwei bis zwölf Schläge pro Minute. Er atmet nur noch sehr wenig. So spart der Igel Energie. Während des Winterschlafs erhält er die benötigte Energie aus einem Fettdepot unter der Haut am Rücken. Dieses weiße Fett dient als Energiereserve und schützt auch vor Wärmeverlust.

2 Eingerollter Igel von unten

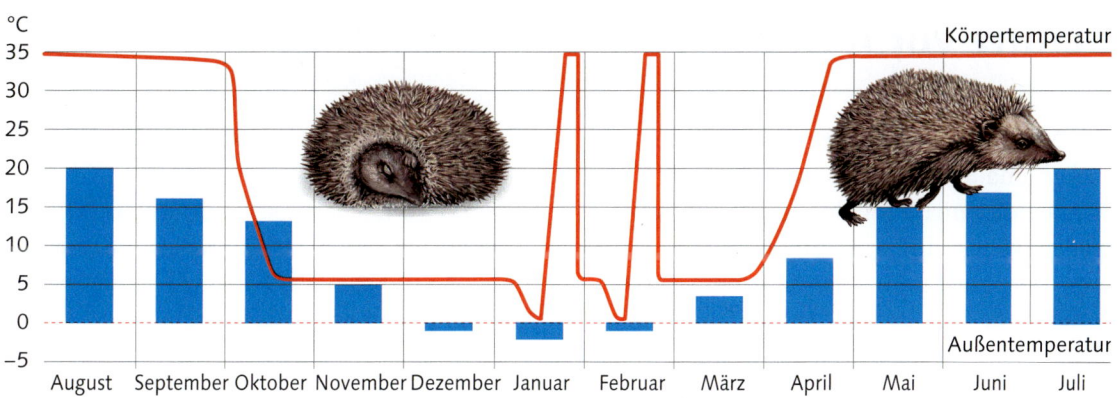

3 Körpertemperatur des Igels im Jahresverlauf

Achsenbeschriftung: °C: 35, 30, 25, 20, 15, 10, 5, 0, −5 — Körpertemperatur, Außentemperatur — August, September, Oktober, November, Dezember, Januar, Februar, März, April, Mai, Juni, Juli

Erwachen im Winter

Manchmal erwachen Igel für kurze Zeit aus dem Winterschlaf. Dann benötigt ihr Körper besonders viel Energie. Diese liefert ihm ein spezielles _braunes Fettgewebe_, das zwischen den Schultern und am Hals eingelagert ist. Das Wachwerden schützt den Igel vor dem Erfrieren, da die Körpertemperatur kurzzeitig wieder auf 35 °C erhöht wird.

Erwachen im Frühling

Wenn die Igel zwischen März und April aus ihrem Winterschlaf erwachen, haben sie etwa ein Drittel ihres Körpergewichts verloren. Dann finden sie jedoch reichlich Nahrung, um ihre Energiereserven wieder aufzufüllen. Sobald ein Igel aufwacht, erhöhen sich Körpertemperatur, Herzschlag und Atmung.

Basiskonzept Regelung und Steuerung

Igel sind Winterschläfer. Das sind Säugetiere, die bei niedrigen Außentemperaturen ihre Körpertemperatur und den Herzschlag absenken. Diese Regelung führt dazu, dass sie während des Winterschlafs nicht erfrieren. Wenn aber die Körpertemperatur zu stark absinkt, kann der Körper aktiv die Temperatur erhöhen. Durch diese Steuerung wachen Winterschläfer kurz aus ihrem Winterschlaf auf. Durch Regelungen werden Zustände und Vorgänge im Körper im Gleichgewicht gehalten. Durch Steuerung können Lebewesen bestimmte Größen verändern.

Gefährdung des Igels

Jedes Jahr werden viele Igel von Autos überfahren, während sie auf der Suche nach Nahrung über eine Straße laufen. Da sie sich vor Angreifern zusammenrollen und nicht fliehen, stellen Autos eine besondere Gefahr dar.

Igel finden in unseren aufgeräumten, laubfreien Gärten oft keine Schlafmöglichkeiten mehr. Ebenso fehlen ihnen die Hecken zwischen den Äckern und Wiesen.

Durch den Einsatz von Giften zur Schädlingsbekämpfung wird die Nahrung der Igel vergiftet.

In Kürze

Igel fressen vor allem Insekten. Ihre Stacheln schützen sie vor Feinden. Igel halten Winterschlaf. Dabei werden der Herzschlag und die Atmung stark heruntergesetzt. Die Jungen werden nach der Geburt sechs bis sieben Wochen gesäugt. Igel sind besonders durch Autos gefährdet.

Aufgaben

1 ☐ Beschreibe einen igelfreundlichen Garten.
2 ☑ Werte das Diagramm in Bild 3 aus. Suche nach Gründen, warum nicht alle Igel den Winterschlaf überleben.
3 ☑ Gerade im Herbst, aber auch im Sommer liegen oft tote Igel auf den Straßen. Begründe.

Schutz vor Kälte

Wir Menschen ziehen uns dicke Pullover, Jacken und Stiefel an, wenn uns kalt ist. Tiere können dies nicht. Mit den folgenden Versuchen kannst du herausfinden, welche Strategien Tiere zum Schutz vor Kälte entwickelt haben.

A Je enger desto wärmer

Material großes Becherglas, 10 Reagenzgläser, 3 Thermometer, Gummiband, Eiswasser, Wasserkocher, warmes Wasser (60 °C)

Durchführung Fülle alle Reagenzgläser mit warmem Wasser. Binde neun von ihnen mit dem Gummiband zusammen. Stelle alle Reagenzgläser in das große Becherglas. Fülle das Eiswasser in das Becherglas. Miss die Temperatur alle drei Minuten:
- in dem einzelnen Reagenzglas,
- in dem mittleren Reagenzglas,
- in einem der Randreagenzgläser.

Protokolliere deine Messergebnisse in einer Tabelle.

Auswertung
1 Erstelle ein Kurvendiagramm aus den Messergebnissen (pro Reagenzglas eine andere Farbe).
2 Erkläre das enge Zusammenstehen vieler Tiergruppen im Winter.

B Isolierung schützt vor Kälteverlust

Material 6 Bechergläser (600 ml), 6 Bechergläser (250 ml), 6 Thermometer, 6 Styropordeckel mit Loch, glatte Schnur, flauschige Wolle, Öl, Wasser, Wasserkocher

Durchführung Fülle je ein Becherglas mit folgendem Material: Luft, kaltes Wasser, glatte Schnur, flauschige Wolle, nasse Wolle, Öl. Stelle in jedes Becherglas ein kleineres Becherglas, sodass es vom Füllmaterial gleichmäßig umgeben ist. Erwärme Wasser im Wasserkocher auf 60 °C. Verteile das heiße Wasser auf die kleinen Bechergläser. Verschließe sie mit einem Styropordeckel und stecke ein Thermometer durch das Loch. Lies die Temperatur alle drei Minuten ab, bis sich das Wasser im letzten Becherglas auf 20 °C abgekühlt hat. Protokolliere die Messergebnisse in einer Tabelle.

Auswertung
1 Erstelle ein Kurvendiagramm aus den Messergebnissen (pro Becherglas eine andere Farbe).
2 Überlege, welche Materialien sich am besten als Schutz vor Kälte eignen.
3 Übertrage das Modell auf die Wirklichkeit. Vergleiche die Füllmaterialien mit den Angepasstheiten von Tieren vor Kälte.

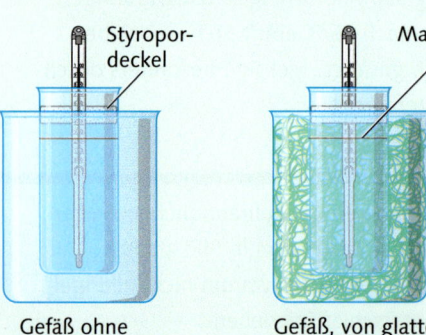
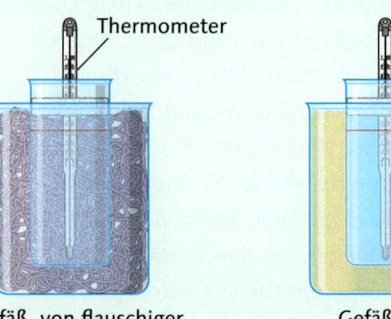

Styropordeckel — Markierung — Thermometer — Becherglas

Gefäß ohne Wärmeschutz Gefäß, von glatter Schnur umgeben Gefäß, von flauschiger Wolle umgeben Gefäß mit Ölmantel

1 Modellversuch zur Wärmeisolierung

Säugetiere im Winter

1 Warmes Winterfell

Fast alle Säugetiere wechseln vor dem Winter ihr Fell. Dieses Winterfell ist besonders dicht und schützt dadurch besser vor der Kälte.

a ☐ Beschreibe die Unterschiede zwischen dem Sommerfell und dem Winterfell des Hermelins.

b ☑ Erläutere den Zusammenhang zwischen den dichten Wollhaaren und der Luft als schlechtem Wärmeleiter.

c ☑ Nenne Gründe, die für den Farbwechsel des Hermelinfells sprechen.

d ■ Nenne Gründe, weshalb es so wichtig ist, dass die Grannenhaare wasserabweisend sind. Erläutere.

2 Überwinterungsstrategien

Säugetiere überwintern auf unterschiedliche Arten. Einige sind den gesamten Winter aktiv, andere halten Winterschlaf. In den Diagrammen sind die Körpertemperatur und die Herzschläge pro Minute im Jahresverlauf für das Eichhörnchen und die Fledermaus angegeben.

a ☐ Ordne den beiden Tierarten jeweils eine Überwinterungsstrategie zu.

b ☑ Vergleiche die Kurven von Eichhörnchen und Fledermaus miteinander.

c ■ Eichhörnchen ernähren sich von Nüssen und Samen. Fledermäuse sind Insektenfresser. Suche Zusammenhänge zwischen der Nahrung und der Überwinterungsstrategie.

1 Hermelin im Sommerfell

Außentemperatur 27°C
Woll-haar / Grannenhaar 30°C
35°C
35°C

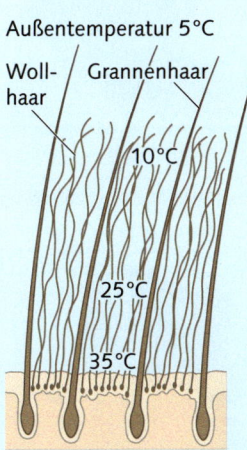

2 Hermelin im Winterfell

Außentemperatur 5°C
Woll-haar / Grannenhaar
10°C
25°C
35°C

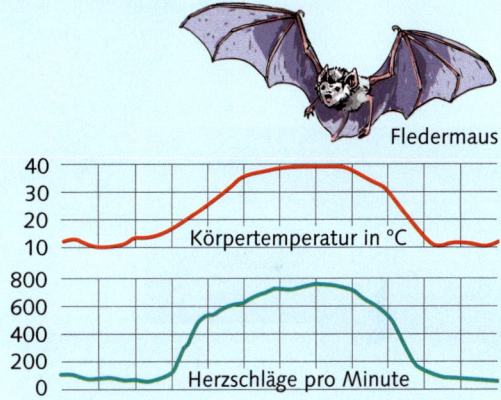

Fledermaus

Körpertemperatur in °C

Herzschläge pro Minute

Außentemperatur in °C

Jan. März Mai Juli Sept. Nov.
Febr. April Juni Aug. Okt. Dez.

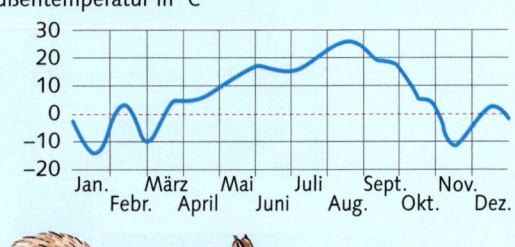

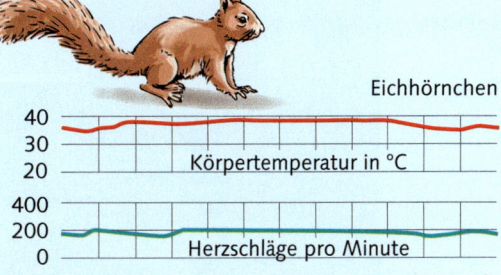

Eichhörnchen

Körpertemperatur in °C

Herzschläge pro Minute

3 Körpertemperatur und Herzschläge von Eichhörnchen und Fledermaus im Jahresverlauf

Schutz bedrohter Säugetiere

In der Roten Liste sind alle gefährdeten Tierarten aufgeführt. Sie soll zum Beispiel Politikern Entscheidungshilfen für die Aufstellung von Artenschutzprogrammen liefern. Von unseren 93 heimischen Säugetierarten ist rund die Hälfte gefährdet. Viele sind sogar vom Aussterben bedroht. Bedrohte Tierarten wie Fischotter, Fledermaus, Wildkatze oder Wolf stehen unter Naturschutz. Doch auch ihre Lebensräume müssen bewahrt werden, damit sie überleben können. Dazu werden vielfach Naturschutzgebiete eingerichtet.

1 Die Rote Liste gibt Auskunft über gefährdete Tier- und Pflanzenarten.

Der Feldhamster – Meister der Vorratshaltung

Der Feldhamster ist in Europa stark gefährdet. Sein Lebensraum sind fruchtbare Felder. Durch die moderne Erntetechnik wird dieser Lebensraum jedoch mehr und mehr zerstört. Die Erntemaschinen hinterlassen die Felder komplett leer geräumt, sodass der Feldhamster keinen Schutz vor Feinden findet. Da kaum Körner zurückbleiben oder schnell wieder untergepflügt werden, findet er nicht ausreichend Nahrung für seine Wintervorräte.

2 Bedrohte Säugetiere:
- **A** Fischotter
- **B** Fledermaus
- **C** Wildkatze
- **D** Wolf
- **E** Feldhamster
- **F** Biber
- **G** Luchs

Der Biber – unser größtes Nagetier

Der Biber lebt in Feuchtgebieten, an Bächen und Flüssen. Biber bauen Dämme und Burgen aus Bäumen, die sie mit ihren ständig nachwachsenden Nagezähnen fällen. So tragen sie zur Gewässerreinigung und zum Hochwasserschutz bei. Wegen ihres besonders dichten Fells und ihres schmackhaften Fleischs wurden sie in Deutschland so stark bejagt, dass sie ausstarben. Außerdem hat der Mensch ihren Lebensraum durch Flussbegradigungen und den Bau von Straßen zerstört. Seit einigen Jahren werden Biber aus nördlichen Ländern wieder erfolgreich bei uns angesiedelt.

Der Luchs – unsere größte Raubkatze

Den Luchs erkennt man an dem beige bis rotbraun getupften Fell und den charakteristischen Pinseln auf den Ohren. In Deutschland war der Luchs ausgerottet. Ursache hierfür war die Verfolgung durch den Menschen. Wegen seines Fells und auch aus Angst wurde er unerbittlich gejagt. In einigen Mittelgebirgen Deutschlands hat man den Luchs inzwischen wieder angesiedelt. Der Luchs jagt nachts Rehe, Füchse, Kaninchen und Vögel. Für den Menschen stellt er keine Gefahr dar.

Bedrohung durch den Menschen

Die größte Bedrohung unserer Säugetierarten geht von uns Menschen aus, indem wir ihre Lebensräume zerstören. So werden durch Flussbegradigungen wichtige Überschwemmungsgebiete in Flussnähe beseitigt. Der Verlust dieser Auenlandschaften zerstört den Lebensraum vieler Tiere. Sie finden an den verbleibenden Flussufern kaum Nahrung, Schutz und Unterschlupf.

Die moderne Landwirtschaft gefährdet die Tiere durch Überdüngung, Gifte, Maschinen und einseitige, großflächige Bewirtschaftung. Auf Straßen und an Gleisen besteht die Gefahr, überfahren zu werden.

Nicht wenige Menschen haben Angst vor wilden Raubtieren. Allein aus diesem Grund wurden viele Arten gejagt.

3 Hinweisschild an einem Naturschutzgebiet

Schutzmaßnahmen

Naturschutzverbände, wie der NABU und der WWF, helfen den bedrohten Tierarten, indem sie viele Aktionen organisieren und durchführen. Sie werden dabei von der Politik unterstützt. Zu diesen Schutzmaßnahmen zählen Wiederansiedlungen, wie zum Beispiel bei Luchs und Biber. Inzwischen gibt es sehr viele Artenschutzgesetze, die von den Bürgern und der Wirtschaft beachtet werden müssen. In Wäldern werden häufig schwer zugängliche Bereiche sich selbst überlassen, sodass naturnahe Waldgebiete entstehen. Entlang von Autobahnen werden Zäune errichtet, sodass die wandernden Tiere nicht auf die Straßen laufen können.

Schutzgebiete

Die Flächen der Naturschutzgebiete wurden in den letzten Jahren immer weiter ausgedehnt. Dabei handelt es sich um Bereiche, in denen der Lebensraum von Pflanzen und Tieren besonders geschützt werden muss. Hier können Pflanzen und Tiere ohne Gefährdung durch den Menschen leben. Neben sehr vielen kleinen oder größeren Natur- und Landschaftsschutzgebieten in jeder Stadt gibt es auch sehr große Schutzgebiete, die Nationalparks. Der Nationalpark Wattenmeer ist seit 2009 UNESCO-Weltnaturerbe.

Ein Plakat erstellen

Du kennst Plakate meist als Werbung für bestimmte Produkte oder Veranstaltungen. Besonders auffällig sind die großen Fotos und die klaren Überschriften. Auch im Biologieunterricht kannst du Plakate gestalten, um die Klasse über ein Thema zu informieren.

A Vorbereitung

1 **Informationen beschaffen** Suche in Fachbüchern und dem Internet nach Informationen zu deinem Thema.
2 **Texte strukturieren** Lies alle Texte gründlich und teile sie in Abschnitte ein. Ordne den Abschnitten Überschriften zu und unterstreiche wichtige Schlüsselbegriffe.
3 **Inhalte ordnen** Bringe die Abschnitte und Inhalte nach Wichtigkeit in eine sinnvolle Reihenfolge.
4 **Skizze erstellen** Fertige eine grobe Skizze des Plakats auf einem DIN-A4-Blatt an, auf dem du den Platz für deine Unterpunkte aufteilst.

B Gestaltung

1 **Überschrift** Finde eine passende Überschrift für dein Thema und schreibe sie groß und deutlich auf das Plakat.
2 **Unterpunkte** Verteile die Unterpunkte sinnvoll strukturiert unter der Überschrift. Notiere die Inhalte kurz und eindeutig darunter. Meist sind Stichpunkte übersichtlicher.
3 **Schrift** Schreibe groß und mit dicken Stiften. Achte darauf, dass sich die Farbe vom Untergrund abhebt.
4 **Fotos und Zeichnungen** Stelle viele Informationen durch aufgeklebte Fotos oder ordentliche Zeichnungen dar. Sie helfen beim Erklären, Verstehen und Behalten.

Aufgabe

1 ☑ Gestalte ein Informationsplakat zu einem Säugetier. Suche dir dazu ein Tier aus, das dich besonders interessiert, oder eins, das bedroht ist und auf der Roten Liste steht.

Der Große Panda

Körperbau
- Familie der Großbären
- 1,70 Meter groß
- 100–160 Kilogramm schwer
- dichtes, wolliges Fell
- Grundfarbe weiß; Arme, Beine, Ohren und Augen schwarz
- Vorderpfoten mit einer Art Daumen

Ernährung
- Der Panda ernährt sich fast ausschließlich von Bambus.
- 20–30 Kilogramm am Tag
- Er frisst meistens im Sitzen.

Fortpflanzung
- Einzelgänger
- Paarungszeit: Frühling
- vier Monate Schwangerschaft
- ein bis zwei Junge

Lebensraum
Er lebt in den westlichen Bergwäldern Chinas.

Bedrohtes Säugetier
Weltweit leben ungefähr 1500 Tiere in Freiheit.
Er ist in China gesetzlich geschützt. Auch sein Lebensraum, die Bambuswälder, sind geschützt.

1 Wie gestalte ich ein Informationsplakat zum Großen Panda?

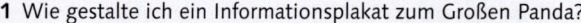

Merkmale der Säugetiere

Skelett

Kennzeichnend für das Skelett der Säugetiere ist die *Wirbelsäule*. Als Stütze durchzieht sie den gesamten Körper. Je nach der Art der Ernährung gibt es unterschiedliche Gebissarten: Fleischfressergebiss, Pflanzenfressergebiss und Allesfressergebiss.

Körperbedeckung

Alle Säugetiere haben ein *Fell* aus Haaren. Es schützt den Körper vor Wärmeverlust. Säugetiere sind *gleichwarme* Tiere. Sie haben stets eine gleichbleibend hohe Körpertemperatur. Ihr Körper wird durch eine mehr oder weniger dicke Hautschicht zusätzlich isoliert. Bei einigen Säugetieren ist das Fell zurückgebildet.

Atmung

Säugetiere atmen durch *Lungen*. Hier erfolgt der *Gasaustausch:* Das Blut nimmt beim Atmen Sauerstoff aus der Atemluft auf und gibt beim Ausatmen Kohlenstoffdioxid ab.

Fortbewegung

Die vier senkrecht stehenden Beine heben den Säugetierkörper deutlich vom Boden ab. Abhängig von der Lebensweise können Säugetiere mit ihren Gliedmaßen laufen, klettern, graben, schwimmen oder fliegen.

Fortpflanzung und Entwicklung

Fast alle Säugetiere sind *lebend gebärend*. Die Weibchen umsorgen nach der Geburt ihre Jungen und säugen sie mit Milch aus ihren *Milchdrüsen*. Sie betreiben *Brutpflege*. Eine Besonderheit stellen die *Beuteltiere* oder *Beutelsäuger* dar. Bei der Geburt sind die Jungen sehr klein und noch unterentwickelt. Sie wandern sofort in den Beutel der Mutter und saugen sich an einer ihrer Zitzen fest.

Vielfalt

Weltweit gibt es über 5000 verschiedene Säugetierarten. Ihre Größe reicht von wenigen Zentimetern bei der Etruskerspitzmaus bis zu 30 Metern beim Blauwal, dessen Junges, das Kalb, bei der Geburt über eine Tonne wiegt.

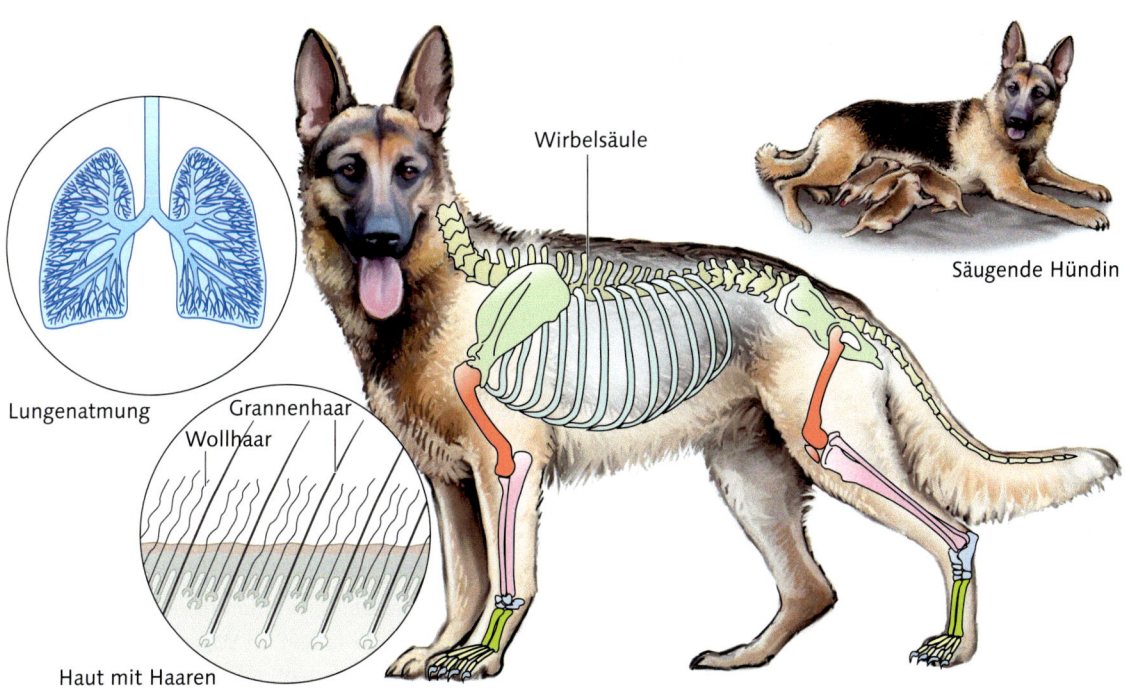

Lungenatmung

Wirbelsäule

Säugende Hündin

Grannenhaar

Wollhaar

Haut mit Haaren

1 Merkmale der Säugetiere

Säugetiere in ihren Lebensräumen

1 Vielfalt der Säugetiere

1 Kennst du diese Tiere?

a ☐ Benenne die in den Bildern 1–5 dargestellten Säugetiere.

b ☐ Nenne je zwei Merkmale, die sie als Säugetiere kennzeichnen.

c ☑ Beschreibe, wie jedes dieser Tiere an seinen Lebensraum angepasst ist.

d ■ Bei zwei dieser Tiere kann man ein typisches Säugetiermerkmal kaum erkennen. Erläutere, worum es sich dabei handelt.

2 Ernährung

Bei Säugetieren kann man unterschiedliche Gebissarten unterscheiden.

a ☐ Nenne drei verschiedene Gebissarten und ordne ihnen je eine Tierart sowie ihre Nahrung zu.

b ☑ Nicht immer gibt der Gebissname einen Hinweis auf die Art der Nahrung. Stelle dies am Beispiel Fuchs dar.

c ☑ Rehe und Hirsche sind Wiederkäuer. Erläutere, was man darunter versteht. Nenne einen weiteren Wiederkäuer.

3 Säugetiere im Wasser

Delfin

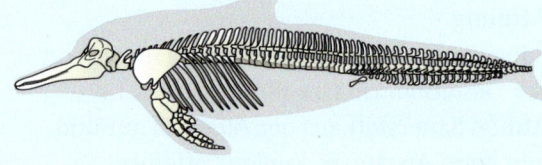

Fisch

2 Vergleich von Delfin und Fisch

a ☐ Nenne Merkmale der Säugetiere, die der Delfin besitzt.

b ☐ Ein typisches Merkmal fehlt ihm. Nenne es.

c ☑ Vergleiche die beiden in Bild 2 dargestellten Skelette und Körperformen. Liste die Gemeinsamkeiten und die Unterschiede auf.

d ☑ Beschreibe Körpermerkmale, durch die der Delfin an das Leben im Wasser angepasst ist.

e ☑ Erläutere, weshalb Delfine auftauchen müssen.

4 Fortpflanzung

Bei den Jungen der Säugetiere unterscheidet man zwischen »Nesthocker« und »Nestflüchter«.

a ☐ Beschreibe kurz, was man darunter jeweils versteht.

b ☐ Nenne je ein Beispiel für einen Nesthocker und einen Nestflüchter.

c ☑ Begründe, weshalb man diese Tiergruppe Säugetiere nennt.

5 Bedrohte Säugetiere

Etwa die Hälfte der heimischen Säugetierarten ist in ihrem Fortbestand bedroht.

a ☐ Nenne eine Informationsquelle, die dir darüber Auskunft gibt.

b ☐ Liste drei Beispiele für bedrohte heimische Säugetiere auf.

c ☑ Die größte Bedrohung geht vom Menschen aus. Nenne Beispiele hierfür.

6 Säugetiere im Winter

a ☐ Benenne die unterschiedlichen Überwinterungsstrategien der dargestellten Säugetiere.

b ☑ Beschreibe die Unterschiede zwischen Winterruhe und Winterschlaf.

c ■ Erläutere die Veränderungen der Körperfunktionen während des Winterschlafs.

3 Verschiedene Säugetiere

Säugetiere in ihren Lebensräumen

- Säugetiere gehören zu den Wirbeltieren. Alle Säugetiere haben gemeinsame Merkmale. Dazu gehören das Fell und die Lungenatmung. Sie gebären lebende Junge. Die Nachkommen werden nach der Geburt mit Muttermilch aus den Milchdrüsen gesäugt.

- Trotz der gemeinsamen Merkmale unterscheiden sich alle Säugetierarten in ihrem Aussehen, ihrem Verhalten und ihrer Nahrung.

- Säugetiere sind durch besondere körperliche Merkmale an ihre Umgebung angepasst. Gebissarten, Flügel und Flossen sind Beispiele für besondere Angepasstheiten. Dadurch können sie die unterschiedlichen Lebensräume an Land, im Wasser und in der Luft besiedeln.

- Säugetiere sind gleichwarme Tiere. Sie schützen sich durch unterschiedliche Strategien vor der Kälte im Winter.

- Viele Säugetierarten und ihre Lebensräume sind vom Menschen bedroht. Durch besondere Schutzmaßnahmen und Naturschutzgebiete werden ihre Bestände gesichert.

Vielfalt der Wirbeltiere

Die Bachforelle

Scheinbar reglos »steht« die Bachforelle im Wasser des Baches. Bei genauem Hinsehen erkennt man aber, dass sich die Flossen leicht bewegen. Die Bachforelle schwimmt gegen die starke Strömung an. Mit einem kräftigen Schlag der Schwanzflosse ist sie blitzschnell verschwunden.

Leben in schnell fließendem Wasser
Bachforellen leben in Bächen, dort wo das Wasser kalt, sauber und sauerstoffreich ist. Das schnell fließende Wasser umströmt sprudelnd die Steine und nimmt dabei aus der Luft Sauerstoff auf.

Der Körperbau der Bachforelle
Der lang gestreckte, spindelförmige Körper ist seitlich abgeflacht. Diese Form bietet dem Wasser wenig Widerstand. Mit Ausnahme der Flossen ist der gesamte Körper schützend von *knöchernen Schuppen* bedeckt. Sie überlappen sich wie die Ziegel eines Daches. Darüber liegt eine zähe Schleimschicht, die den Körper noch besser durch das Wasser gleiten lässt.

Farbveränderungen
Bachforellen passen die Farbe ihres Körpers dem Untergrund an. Dabei verändert sich die Zahl der roten und schwarzen Punkte und die Größe der dunklen Flecken auf ihrem Körper. Je nach Untergrund werden die Tiere heller oder dunkler.

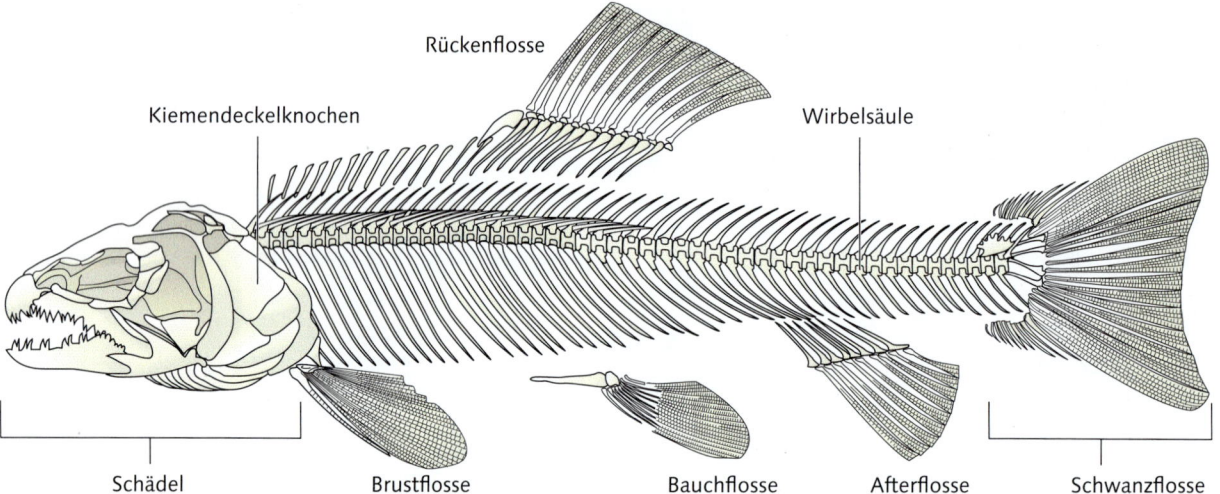

1 Skelett der Bachforelle

2 Bachforelle

Fortbewegung durch Flossen

Ein kennzeichnendes Merkmal für alle Fische sind ihre *Flossen*. Bei der Bachforelle bestehen sie aus langen, dünnen Knochen, die durch eine Haut miteinander verbunden sind.

Durch Hin- und Herschlagen der Schwanzflosse schwimmt die Forelle schlängelnd durch das Wasser. Je zwei Brust- und Bauchflossen dienen zum Steuern. Rücken- und Afterflosse halten den Fisch im Gleichgewicht.

Die Bachforelle ist ein Raubfisch

Die Bachforelle jagt kleinere Tiere, zum Beispiel Insekten, kleinere Fische und Molche. Sie schnappt aber auch nach Insekten, die knapp über der Wasseroberfläche fliegen.

Die Fortpflanzung der Bachforelle

Mit ihrer Schwanzflosse schlägt das Forellenweibchen eine flache Grube in den Boden des Bachbettes. Hier legt es bis zu 1000 Eier, den *Laich,* ab. Das Männchen gibt eine milchige Flüssigkeit darüber, die die männlichen Geschlechtszellen enthält. Das Verschmelzen von Eizelle und männlicher Geschlechtszelle nennt man *Befruchtung.* Aus den befruchteten Eiern schlüpfen die *Larven*. Sie ernähren sich anfangs von ihrem Dottersack.

Erkennen der Umwelt

Mit den nach außen vortretenden Augen haben Forellen einen guten »Rundumblick«. Auch der Geruchs- und Geschmackssinn sowie das Gehör sind gut entwickelt. An jeder Seite des Fischkörpers kann man eine dünne Linie erkennen, das *Seitenlinienorgan.* Dieses besteht aus winzig kleinen Löchern. Sie münden in einen Kanal dicht unter der Haut. Dort liegen Sinneszellen. Mit ihnen nimmt die Forelle einen sich nähernden Fisch wahr: Dieser schiebt Wasserwellen vor sich her. Sie dringen durch die Löcher in das Seitenlinienorgan der Forelle ein und reizen dort die Sinneszellen.

In Kürze

Bachforellen leben in sauberen Gewässern. Ihr spindelförmiger Körper bietet der Strömung wenig Widerstand. Mit dem Seitenlinienorgan orientieren sie sich im Wasser. Aus den befruchteten Eiern schlüpfen die kleinen Larven.

Aufgaben

1 ☐ Nenne Eigenschaften, die ein Gewässer haben muss, in dem Forellen leben können.

2 ◪ Erläutere, wie Forellen auch im Dunkeln jedem Hindernis rechtzeitig ausweichen können.

3 ◼ Begründe, weshalb man bei Forellen von einer »äußeren Befruchtung« spricht.

Ausheben der Laichgrube

Ablaichen und Befruchtung der Eier

befruchtetes Ei

Larve mit Dottersack

erwachsene Forelle

3 Fortpflanzung und Entwicklung der Bachforelle

Fische sind an das Leben im Wasser angepasst

Wie wir Menschen, so brauchen auch die Fische Sauerstoff zum Leben. Mit speziellen Organen, den *Kiemen,* können sie diesen Sauerstoff unter Wasser aufnehmen.

Atmen unter Wasser

Die Kiemen liegen seitlich hinter dem Kopf, geschützt unter den harten Kiemendeckeln. Auf jeder Seite sind vier *Kiemenbögen* mit den stark durchbluteten *Kiemenblättchen.* Öffnet ein Fisch sein Maul, fließt frisches Wasser zu den Kiemenblättchen. Dort tritt der im Wasser gelöste Sauerstoff ins Blut über. Das im Blut enthaltene Kohlenstoffdioxid wird zugleich an das vorbeiströmende Wasser abgegeben. Diesen Vorgang nennt man *Atmung* oder *Gasaustausch.*

Schweben im Wasser

Fische können ohne Kraftaufwand im Wasser schweben. Dies gelingt ihnen mit Hilfe der

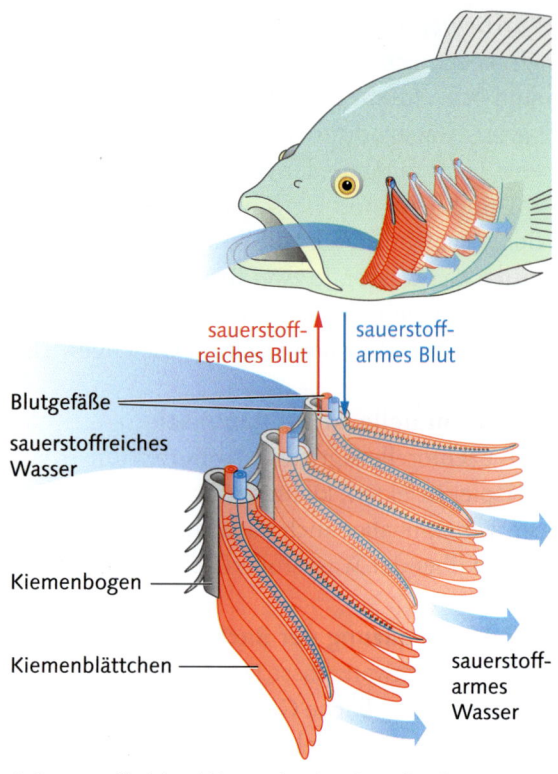

sauerstoffreiches Blut **sauerstoffarmes Blut**

Blutgefäße

sauerstoffreiches Wasser

Kiemenbogen

Kiemenblättchen

sauerstoffarmes Wasser

1 Sauerstoffreiches Wasser durchströmt die Kiemen.

Schwimmblase. Das ist ein mit Gas, meist Luft, gefüllter Hautsack im Innern des Körpers. Durch Aufnahme oder durch Abgabe von Gas verändert sich die Schwimmblase. Um in der Tiefe nicht abzusinken, geben die Fische etwas Luft in die Schwimmblase und behalten so ihren Schwebezustand bei.

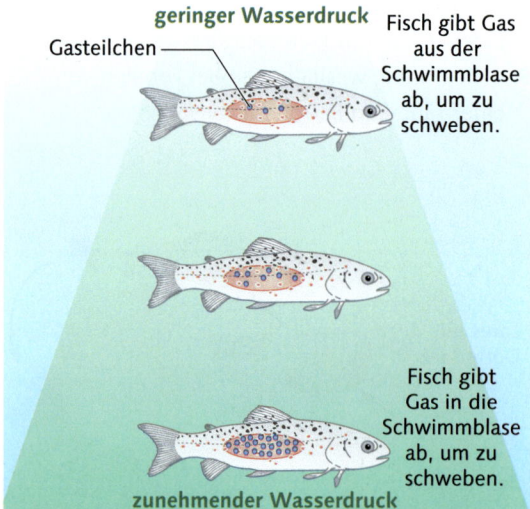

geringer Wasserdruck
Gasteilchen
Fisch gibt Gas aus der Schwimmblase ab, um zu schweben.

Fisch gibt Gas in die Schwimmblase ab, um zu schweben.

zunehmender Wasserdruck

2 Mit Hilfe der Schwimmblase schweben Fische im Wasser.

In Kürze

Fische atmen mit Kiemen. Dort erfolgt der Gasaustausch, die Aufnahme von Sauerstoff und die Abgabe von Kohlenstoffdioxid. Mit Hilfe der Schwimmblase können Fische im Wasser schweben.

Aufgaben

1 ☐ Liste auf, wie Fische an das Leben im Wasser angepasst sind.
2 ◪ Stelle am Beispiel der Atmung bei Fischen dar, was man unter »Gasaustausch« versteht.
3 ■ Stelle Vermutungen an, warum am Boden lebende Fische keine Schwimmblase haben.

Schwimmen

A Bedeutung der Körperform

Material Knetmasse, Waage, mit Wasser gefüllter Standzylinder (mindestens 30 cm hoch), langer Stab, Stoppuhr, Körpercreme

Durchführung

- Stellt mit Hilfe der Waage fünf gleich schwere Teile aus Knetmasse her. Bildet daraus die abgebildeten Körperformen.
- Lasst nun jeden Knetmassekörper in den mit Wasser gefüllten Standzylinder zu Boden sinken.
- Ermittelt mit der Stoppuhr, wie lange jeder Körper braucht, bis er am Boden ankommt. Tragt die gemessene Zeit in die Tabelle ein.
- Mit dem Stab könnt ihr die Körper wieder aus dem Wasser holen.
- Fettet die Form mit dem besten Versuchs-ergebnis mit Creme ein und ermittelt die Absinkzeit erneut.

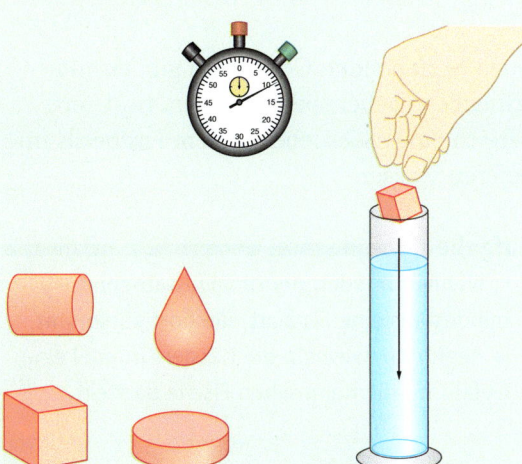

1 Versuch zur Bedeutung der Körperform

Auswertung

1 Vergleicht die ermittelten Absinkzeiten der verschiedenen Körper miteinander.
2 Stellt einen Zusammenhang her mit der Körperform der Forelle.
3 Sucht nach einer Entsprechung für die Creme beim lebenden Fisch.

B Schwimmblase: Schweben im Wasser

Material Wasserbecken, Erlenmeyerkolben, Gummischlauch, Luftballon, Bindfaden

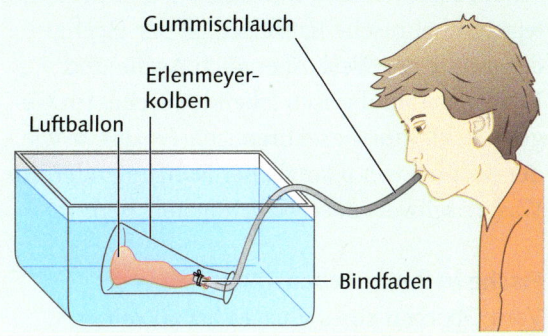

Gummischlauch
Erlenmeyer-kolben
Luftballon
Bindfaden

2 Versuch zum Schweben im Wasser

Durchführung

- Steckt den Gummischlauch etwa 3 cm tief in den Luftballon und bindet den Ballon mit dem Faden fest.
- Steckt den Schlauch mit dem Luftballon in den Kolben und legt diesen in das Becken.
- Blast nun langsam Luft in den Ballon. Protokolliert, was ihr beobachten könnt.
- Was geschieht, wenn ihr vorsichtig Luft aus dem Ballon entweichen lasst?

Auswertung Vergleicht das Modell mit einem Fischkörper. Nennt Gemeinsam-keiten und Unterschiede.

Versuchsprotokoll Anna Halmen, Klasse 5 c

<u>Frage:</u>
Welche Körperform sinkt am schnellsten ?

Absinkzeit in Sekunden

Würfel:
Tropfenform, Spitze nach unten:
Tropfenform, Spitze nach oben:
Zylinder:
Spindel:

Form mit schnellster Sinkzeit:
»Absinkzeit eingecremt«:

3 Beispiel für ein Versuchsprotokoll

Fische einheimischer Gewässer

Friedfische und Raubfische

Raubfische ernähren sich von kleineren Fischen, Insekten und Weichtieren. Der bekannteste einheimische Raubfisch ist der Hecht, der größte der Wels. Aber auch Äsche und Forelle sind räuberisch lebende Fische. Im Gegensatz zu ihnen ernähren sich *Friedfische* wie der Karpfen von pflanzlicher Nahrung oder im Wasser schwebenden Nahrungsteilchen.

Fische in ihrem Lebensraum

Vom Oberlauf eines Flusses bis zu seiner Mündung ändern sich die Lebensbedingungen für die Fische. In den einzelnen Flussabschnitten leben nur ganz bestimmte Fische, die an die hier jeweils herrschenden Lebensbedingungen angepasst sind. Das Wasser im Oberlauf ist meist sauberer als in den sich anschließenden Flussabschnitten, weil hier weniger Menschen und Industrie die Gewässer belasten. Das hier schneller fließende Wasser ist kühler und sauerstoffreicher. Die Äsche ist ein typischer Fisch des Oberlaufs. Im Mittellauf ist das Wasser wärmer und weniger sauerstoffreich. Hier leben unter anderem Hechte oder Rotaugen. An die Lebensbedingungen im Unterlauf sind Aal, Karpfen und Wels angepasst.

Auch in stehenden Gewässern gibt es unterschiedliche Lebensbedingungen. Im Uferbereich eines Sees leben andere Fische als im tieferen Wasser.

Aufgaben

1 ☐ Nenne für jeden der drei Flussabschnitte je mindestens eine Fischart, die dort vorkommt.

2 ☑ Begründe, weshalb die Kessler Grundel eine Gefahr für die heimischen Fische darstellt.

A Äsche
B Hecht
C Aal
D Wels
E Karpfen

Merkmale der Fische

Skelett

Fische gehören zu den Wirbeltieren. Die lang gestreckte Wirbelsäule stützt den Körper. Die paarigen Brust- und Bauchflossen entsprechen den Vorder- bzw. Hintergliedmaßen bei den anderen Wirbeltieren.

Körperbedeckung

Die Haut der Fische ist von Knochenschuppen bedeckt. Sie liegen dachziegelartig übereinander und bilden eine äußere Schutzschicht. Darüber befindet sich eine drüsenreiche Schleimhaut. Diese schützt zusätzlich und lässt den Fisch leichter durchs Wasser gleiten.

Atmung

Fische atmen mit Kiemen. Sie nehmen Wasser durch ihr Maul auf und drücken es an den stark durchbluteten Kiemenblättchen vorbei. Diese nehmen den im Wasser gelösten Sauerstoff auf. Das Blut transportiert ihn zu den Organen. Im Gegenzug tritt das im Blut enthaltene Kohlenstoffdioxid ins Wasser über. In den Kiemen erfolgt also ein Gasaustausch.

Fortbewegung

Die Flossen sind das kennzeichnende Merkmal aller Fische. Die Schwanzflosse dient hauptsächlich der raschen Vorwärtsbewegung. Mit den Brust- und Bauchflossen steuern sie und halten den Körper im Gleichgewicht. Die meisten Fische haben eine Schwimmblase. Mit ihr können sie auch ohne Flossenbewegungen im Wasser schweben.

Fortpflanzung und Entwicklung

Die meisten Fische vermehren sich durch äußere Befruchtung. Dabei spritzt das Männchen seine milchig weiße Samenflüssigkeit über die zahlreichen vom Weibchen ins Wasser abgelegten Eier, den Laich. Aus den befruchteten Eiern entwickeln sich kleine Fischlarven.

Vielfalt

Die Fische gehören zur Gruppe der Wirbeltiere. Ihre Größe reicht von wenigen Millimetern bis zu 20 Metern beim Walhai. Der größte heimische Fisch ist der Wels. Er kann bis zu 3 Meter lang und über 100 Kilogramm schwer werden.

Wirbelsäule

Laich

Schleimdrüsen

Knochenschuppe

Kiemenatmung

Haut mit Knochenschuppen

1 Merkmale der Fische

Der Teichfrosch

Du musst schon genau hinschauen, um ihn zu entdecken, den Teichfrosch. Regungslos sitzt er zwischen den Wasserpflanzen. Mit seiner grünen Körperfarbe und den dunklen Flecken ist er sehr gut getarnt. Langsam kommst du näher. Plötzlich springt er ins Wasser und taucht unter.

Leben im Wasser und auf dem Land

Der *Teichfrosch* ist wie alle Frösche in zwei Lebensräumen heimisch, auf dem Land und im Wasser. Kennzeichnend für ihn ist zudem, dass er sich im Wasser vom Ei über die Larve zum Frosch entwickelt. Solche Tiere nennt man *Amphibien* oder *Lurche*. Das Wort »Amphibien« kommt aus dem Griechischen und heißt frei übersetzt »in beiden lebend«.

Körperbau und Bewegung

Das Skelett kennzeichnet den Teichfrosch als Wirbeltier. Auffallend sind die sehr langen und muskulösen Hinterbeine. Sie machen ihn zu einem guten Springer auf dem Land und zu einem guten Schwimmer und Taucher im Wasser. Zwischen den langen Zehen der Hinterbeine sind Schwimmhäute. Beim Springen federn die vorgestreckten kurzen Vorderbeine bei der Landung den Sprung ab.

1 Der Teichfrosch ist gut getarnt.

Atmen unter Wasser und an Land

Frösche können sehr lange tauchen, weil sie durch ihre dünne, stark durchblutete Haut den im Wasser gelösten Sauerstoff aufnehmen. Diese Atmung nennt man *Hautatmung*. An Land atmen sie zusätzlich mit ihren Lungen. Das Luftholen kann man als rasch pochende Bewegungen der Haut am Unterkiefer deutlich sehen. Das Maul ist dabei geschlossen. Beim Atmen saugen die Frösche über die Nasenlöcher Luft in die Mundhöhle und schlucken sie in ihre Lungen. Die *Lungenatmung* der Lurche nennt man daher auch »Schluckatmung«.

Frösche findet man nur dort, wo es feucht ist. Ihre dünne Haut würde sonst zu viel Feuchtigkeit verlieren. Sie sind *Feuchtlufttiere*.

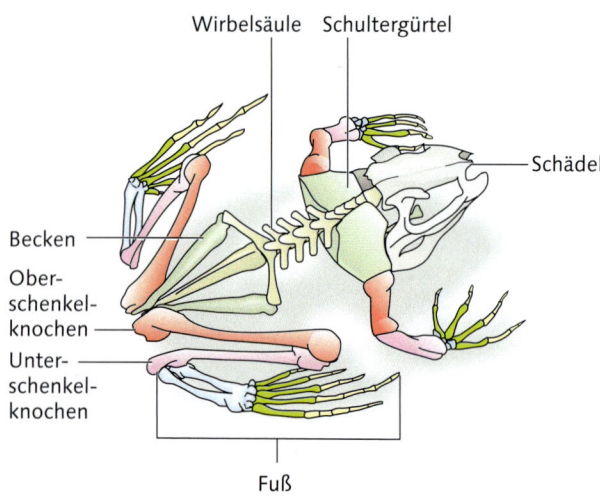

2 Skelett eines Frosches

Wirbelsäule — Schultergürtel
Schädel
Becken
Oberschenkelknochen
Unterschenkelknochen
Fuß

3 Fortbewegung beim Frosch:
Sprungphasen (oben), Schwimmbewegung (unten)

Der Teichfrosch ist ein Fleischfresser

Insekten, Schnecken und Würmer sind die Hauptnahrung des Teichfroschs. Allerdings muss sich seine Beute bewegen, sonst kann er sie nicht wahrnehmen. Befindet sie sich im richtigen Abstand von ihm, dann schleudert er blitzschnell seine lange, klebrige Zunge in Richtung Beute. Die Zunge ist vorne im Maul angewachsen. Wie mit einem Lasso zieht der Frosch die Beute zurück ins Maul und verschluckt sie unzerkaut.

Natürliche Feinde des Teichfroschs

Der Teichfrosch hat wie alle Lurche sehr viele natürliche Feinde. Bereits während seiner Entwicklung als Larve im Wasser wird er oft zur Beute von Insekten und Fischen. Auch auf die ausgewachsenen Frösche wartet eine Vielzahl von Feinden: Schlangen, Vögel und auch größere Säugetiere, wie der Fuchs, machen Jagd auf ihn. Aus 1000 Eiern entwickeln sich deshalb nur etwa zwei bis drei Tiere zu geschlechtsreifen Teichfröschen.

Wahrnehmen der Umwelt

Die großen, halbkugeligen Augen ragen deutlich aus dem Kopf hervor. Dadurch hat der Teichfrosch einen guten Rundumblick. Seine als *Trommelfell* bezeichneten Ohren erkennt man als zwei dunkle Flecken hinter den Augen. Mit ihnen kann er sehr gut hören,

4 Froschzunge beim Beutefang

zum Beispiel das Summen einer Fliege, aber auch das Annähern eines Feindes. Mit dem feinen Tastsinn spürt er geringste Erschütterungen des Bodens und kann so meist rechtzeitig fliehen.

Teichfrösche im Winter

Frösche sind wechselwarme Tiere. Ihre Körpertemperatur ändert sich mit der Umgebungstemperatur. Die kalte Jahreszeit überstehen sie an frostfreien Stellen, meist in selbst gegrabenen Erdhöhlen. Hier überwintern sie in Kältestarre. Das Herz schlägt dann höchstens zweimal in der Minute. Jetzt atmen die Tiere nur noch über die Haut.

In Kürze

Der Teichfrosch gehört zu den Amphibien. Man nennt sie auch Lurche. Das sind Lebewesen, die an zwei Lebensräume angepasst sind. Sie gehören zu den Wirbeltieren. Lurche haben eine Haut- und eine Lungenatmung. Sie sind Feuchtlufttiere. Ihre Umwelt nehmen sie mit Hilfe der Augen und Ohren wahr.

Aufgaben

1 ☐ Der Teichfrosch gehört zu den Amphibien. Stelle dar, was man damit über ihn aussagen kann.

2 ◪ Beschreibe, wie sich der Teichfrosch vor seinen Feinden schützt.

3 ◼ Begründe, weshalb Frösche bei dauernd geöffnetem Maul an Land ersticken würden.

Fortpflanzung der Lurche

Es ist eine der ersten milden Nächte im Frühjahr. Plötzlich hören wir leises Rascheln im Laub. Im Licht einer Taschenlampe erkennen wir die Ursache: Um uns kriechen zahlreiche Erdkröten in dieselbe Richtung über den Weg. Welches Ziel haben sie wohl?

Die Krötenwanderung

Wenn im März die Nächte milder werden, verlassen die Erdkröten ihr *Winterquartier*, das sind Erdhöhlen oder andere frostsichere Stellen. Sie wandern meist zu dem Teich, in dem sie »geboren« wurden. Die Männchen locken mit ihren Rufen Weibchen an. Begegnen sie sich, springen die Männchen auf den Rücken der Weibchen. In dieser Huckepackstellung wandern sie zum Laichgewässer. Hier pressen die Weibchen die in *Laichschnüren* verpackten Eier aus. Die Männchen auf ihrem Rücken besamen sie sogleich. Es kommt zu einer *äußeren Befruchtung*. Erst danach lösen sich die Tiere voneinander und wandern in ihr *Sommerquartier*. Das sind Felder und feuchte Wiesen.

1 Hier ist es nicht nur für Kröten gefährlich!

Vom Laich zum Lurch

Lurche legen ihren Laich in Teichen oder anderen Gewässern ab. Aus den befruchteten Eiern schlüpfen kleine, fischähnliche Lebewesen. Mit Lurchen haben diese noch keine Ähnlichkeit. Deshalb bezeichnet man sie als *Larven*. Die Larven von Fröschen und Kröten nennt man *Kaulquappen*. Sie haben einen langen Ruderschwanz und atmen mit Kiemen, die zu beiden Seiten außen am Kopf hängen. Nach etwa drei Wochen entwickeln sich die Hinterbeine, wenig später auch die Vorderbeine. Nachdem sich der Ruderschwanz zurückgebildet hat, sehen die Kaulquappen ähnlich wie kleine Frösche aus. Jetzt entwickeln sich auch die Lungen. Erst wenn diese voll ausgebildet sind, verlassen die kleinen Fröschchen das Wasser. Die Entwicklung, in der Lurche ihre Gestalt verändern, nennt man *Verwandlung* oder *Metamorphose*.

2 Die Entwicklung vom Laich zur Kröte: A Laichschnüre; B Kaulquappe; C Kaulquappe mit Hinterbeinen; D Jungkröte

In Kürze

Erdkröten legen ihre Eier in Laichschnüren im Wasser ab. Aus den befruchteten Eiern schlüpfen Kaulquappen. In einer mehrmonatigen Metamorphose entwickeln sich diese Larven allmählich zu kleinen Fröschen.

Aufgaben

1 □ Beschreibe mit Hilfe von Bild 2 die Entwicklung der Erdkröte.

2 ☑ Begründe, weshalb man Kaulquappen Larven, aber nicht »Fröschchen« nennt.

3 ☑ Die meisten Lurche haben eine äußere Befruchtung. Erläutere, was du darunter verstehst.

Vielfalt der Lurche

In Deutschland kommen 20 verschiedene Lurcharten vor. Allen gemeinsam ist, dass sie Wirbeltiere sind, in zwei unterschiedlichen Lebensräumen leben und durch die Haut, aber auch mit Lungen atmen. Insgesamt unterscheidet man zwischen den schwanzlosen *Froschlurchen* und den *Schwanzlurchen*. Zu den Froschlurchen gehören *Frösche*, *Kröten* und *Unken*. Frösche haben eine glatte, Kröten und Unken eine warzige Haut. Die Körperunterseite der Unken ist zudem auffällig gefärbt.

    Schwanzlurche haben einen lang gestreckten Körper. Die vier Gliedmaßen sind gleich lang. Zu ihnen gehören die *Molche*. Sie leben im Gegensatz zu den *Salamandern* hauptsächlich im Wasser. Der Schwanz der Molche ist seitlich abgeflacht.

1 Lebensraum der Lurche

Aufgaben

1 ☐ Beschreibe kurz den Unterschied zwischen Fröschen und Kröten.

2 ◩ Erstelle einen Steckbrief für einen weiteren Lurch deiner Wahl.

3 ◩ Das Männchen der Geburtshelferkröte betreibt Brutpflege. Erläutere dies anhand der Abbildung unten.

Laubfrosch
etwa 5 cm groß

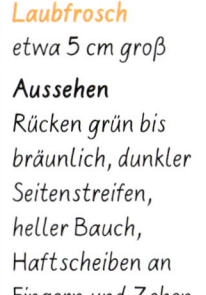

Aussehen
Rücken grün bis bräunlich, dunkler Seitenstreifen, heller Bauch, Haftscheiben an Fingern und Zehen

Lebensweise *tagaktiv, lebt in Sträuchern, überwintert meist unter Steinen*

Feuersalamander
bis 25 cm lang

Aussehen
Körper schwarzgelb gefleckt, Haut enthält Giftdrüsen

Lebensweise *besonders bei Regen aktiv, lebt gesellig in der Nähe eines Gewässers, nachtaktiv, Weibchen legt geschlüpfte Larven ins Wasser, überwintert an Land*

Geburtshelferkröte
bis 5 cm groß

Aussehen *Körper grau mit schwarzen Punkten*

Lebensweise
nachtaktiv, das Männchen trägt den Laich am Rücken, die schlüpfenden Larven werden ins Wasser abgesetzt

---

Bergmolch
8 bis 10 cm lang

Aussehen *oranger Bauch, Rücken beim Weibchen bräunlich, beim Männchen blau mit dunklen Flecken*

Lebensweise *lebt dauernd im Gewässer, überwintert meist im Schlamm*

Vergleichen und Ordnen

Vergleichen und Ordnen sind zwei wichtige Arbeitsweisen in der Biologie. Mit ihrer Hilfe können Biologen herausfinden, dass zum Beispiel zwei so unterschiedlich aussehende Tiere wie der Teichfrosch und der Feuersalamander zu den Lurchen gehören. Um wie ein Biologe zu vergleichen und zu ordnen, solltest du nach den folgenden Schritten vorgehen:

1 Vergleichen nach bestimmten Kriterien
Überlege dir vorher genau, was du miteinander vergleichen willst. Beschränke dich dabei auf ein bestimmtes Kriterium. Vergleiche alle Tiere nach demselben Kriterium: nur ihren Körperbau, nur das Aussehen, nur die Entwicklung oder nur ihr Verhalten.

2 Festhalten der Ergebnisse des Vergleichs
Die Ergebnisse kannst du in Form einer Tabelle festhalten. Versuche möglichst genau und kurz zu beschreiben. Du kannst auch Skizzen, Zeichnungen oder Fotos anfertigen.

3 Auswerten der Ergebnisse Frage dich nun, welche Gemeinsamkeiten und welche Unterschiede du durch Vergleichen feststellen konntest. Markiere sie mit zwei unterschiedlichen Farben.

4 Ordnen der Auswertungsergebnisse Stelle jetzt mit Hilfe der farbigen Markierungen alle Gemeinsamkeiten den Unterschieden in einer neuen Tabelle oder Liste gegenüber. Du kannst auf der Seite der Unterschiede weiter ordnen.

Aufgaben

1 ☐ Benenne die unten dargestellten und beschriebenen Tiere, die du bereits kennst.
2 ☑ Nenne Gemeinsamkeiten, die diese Tiere als Lurche kennzeichnen.
3 ■ Überlege, nach welchen Kennzeichen man diese Tiere miteinander vergleichen kann.
4 ■ Versuche nun die unten abgebildeten Lurche in vier Gruppen zu ordnen: Frösche – Kröten – Salamander – Molche.

1 Lurche gehören unterschiedlichen Gruppen an.

Lurche sind bedroht

In Deutschland sind alle Lurche besonders geschützt. Weder die Tiere selbst noch den Laich oder die Larven darf man aus ihrem Lebensraum entnehmen. Dennoch geht der Bestand an Amphibien drastisch zurück. Über die Hälfte der bei uns vorkommenden Lurcharten ist vom Aussterben bedroht. Dazu gehört auch der Moorfrosch.

Vom Menschen verursacht

Wegen ihrer dünnen, empfindlichen Haut und aufgrund ihrer Wanderungen zwischen Gewässer und Land, aber auch wegen ihrer vielen natürlichen Feinde sind die Lurche stark gefährdet. Die größte Gefahr geht aber vom Menschen aus. Er zerstört die Lebensräume der Lurche oder durchschneidet sie durch Straßen. Viele Lurche werden auf ihren Laichwanderungen Opfer des Straßenverkehrs. Durch die Kanalisierung von Flüssen verschwinden die Flussauen mit ihren Altwasserarmen. Um neues Bauland zu gewinnen, werden Feuchtgebiete trockengelegt und Tümpel zugeschüttet. Durch den Einsatz von Unkraut- und Schädlingsbekämpfungsmitteln sind die Tiere zusätzlich bedroht. Viele Lurche vertrocknen unentdeckt in Kellerschächten, in die sie gefallen sind.

1 Moorfrosch

2 Menschengemachte Bedrohungen der Lurche

In Kürze

Die Lurche sind die bei uns am stärksten bedrohte Tiergruppe. Hauptverursacher ist der Mensch, der durch Eingriffe in die Umwelt die Lebensräume der Lurche verändert oder zerstört. Alle heimischen Lurche sind besonders geschützt.

Aufgaben

1 ☐ Beschreibe mit Hilfe der Bilder, wie der Mensch den Fortbestand der Lurche gefährdet.
2 ◪ Informiere dich zum Beispiel im Internet anhand der Roten Liste, welche Lurcharten bei uns vom Aussterben bedroht sind.
3 ■ Lurche dienen vielen anderen Tieren als Nahrung. Erläutere, welche Folgen das im Hinblick auf das Amphibiensterben hat.

Weiter gedacht
Eine rätselhafte Pilzerkrankung

Seit 1998 kann man weltweit ein massenhaftes Amphibiensterben beobachten. Australien und Südamerika sind besonders stark betroffen. Die Wissenschaftler befürchten, dass von den etwa 6500 Amphibienarten bald mehr als 4000 Arten ausgestorben sein werden. Verursacher ist ein Pilz, der die Haut der Lurche befällt. Neben der Atmung wird dadurch insbesondere die Wasseraufnahme so stark gestört, dass die Tiere sterben. Vermutlich begünstigt der Klimawandel die Ausbreitung des Pilzes. Inzwischen treten auch in Deutschland derartige Pilzerkrankungen bei den Lurchen auf. Für Menschen ist der Pilz ungefährlich.

Hilfe für Lurche

A Auffinden möglicher Gefahrenstellen

Material Landkarte des Heimatraums im Maßstab 1:25 000, Schreibmaterial, Fotoapparat

1 Umgebungskarte

Durchführung Die folgenden Arbeiten sollten bis spätestens Anfang März abgeschlossen sein.
- Sucht auf der Karte mögliche Laichgewässer für Lurche.
- Achtet auf die Nähe von Sommer- und Winterquartier.
- Markiert die Stellen, an denen die Lurche auf ihrem Weg zum Laichgewässer Straßen überqueren müssen.

Auswertung
1 Nehmt Kontakt mit einer örtlichen Naturschutzgruppe auf. Hier sind alle Laichgebiete der Umgebung bekannt.
2 Vergleicht, ob eure markierten Stellen mit denen von der Naturschutzgruppe übereinstimmen.
3 Wählt eines dieser Gebiete aus und schaut es euch vor Ort an.
4 Überprüft, ob es durch einen Krötenschutzzaun gesichert ist. Zeichnet eine Lageskizze des Gebiets. Macht Fotos von der Umgebung.

B Rettungsaktion am Krötenschutzzaun

Material Gummihandschuhe, Plastikeimer, Warnwesten, helle Kleidung, Warndreiecke, Bestimmungsbücher, Schreibmaterial

Durchführung
- Besprecht mit dem Betreuer des Zaunes, wann genau im Frühjahr ihr die Rettungsaktion durchführen könnt.
- Sichert den Straßenabschnitt, an dem ihr sammeln wollt, durch Warndreiecke.
- Sucht den Zaun sorgfältig nach Lurchen ab.
- Ermittelt mit Hilfe der Bestimmungsbücher, welche Lurche ihr gefunden habt.
- Tragt in eine Zählliste ein, wie viele Tiere ihr von jeder Lurchart gefunden habt.
- Setzt die gezählten Tiere wieder in die Eimer und tragt sie über die Straße. Lasst sie dort frei.

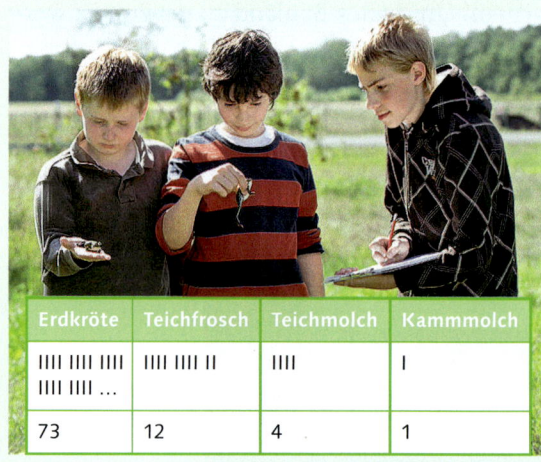

Erdkröte	Teichfrosch	Teichmolch	Kammmolch
IIII IIII IIII IIII IIII ...	IIII IIII II	IIII	I
73	12	4	1

2 Schüler beim Krötenzählen und ihre Zählliste

Auswertung
1 Ermittelt das Gesamtergebnis der Aktion.
2 Informiert die Naturschutzgruppe über die Ergebnisse der Rettungsaktion.
3 Gestaltet eine Ausstellung über eure Aktion. Geht auf die Gefährdung der Lurche durch den Menschen ein und überlegt mögliche Gegenmaßnahmen.

Merkmale der Lurche

Skelett

Lurche sind *Wirbeltiere*. Die Wirbelsäule läuft bei den *Schwanzlurchen* in einem langen Schwanz aus. *Froschlurche* haben keinen Schwanz.

Schwanzlurche haben vier gleich lange Beine, bei den Froschlurchen sind die Hinterbeine länger als die Vorderbeine.

Körperbedeckung

Die dünne Haut ist nackt und gut durchblutet. *Schleimdrüsen* halten sie ständig feucht. Lurche findet man nur in feuchter Umgebung, da sonst ihre Haut austrocknen würde. Sie sind *Feuchtlufttiere*.

Als *wechselwarme* Tiere verbringen Lurche den Winter in frostsicheren Winterquartieren, zum Beispiel in Erdhöhlen.

Atmung

Im Wasser atmen Lurche durch die *Haut*. Deshalb können sie sehr lange tauchen. An Land nehmen sie den Sauerstoff über die *Lungen* auf. Während der *Kältestarre* im Winter atmen sie nur durch die Haut.

Fortbewegung

Froschlurche bewegen sich an Land meist langsam und schwerfällig, oft aber mit weiten Sprüngen fort. Im Wasser stoßen sie die Hinterbeine kräftig nach hinten. Schwanzlurche kriechen an Land langsam schlängelnd vorwärts. Im Wasser dient ihr Schwanz als Ruder.

Fortpflanzung und Entwicklung

Lurche entwickeln sich im Wasser. Aus den befruchteten Eiern schlüpfen kleine *Larven,* die *Kaulquappen*. Sie atmen mit Kiemen und haben einen Ruderschwanz. Im Laufe ihrer Entwicklung verändern die Larven ihr Aussehen. Diese Umgestaltung nennt man *Metamorphose*. Die Jungen der meisten Lurche verlassen das Wasser und wandern in ihr *Sommerquartier*.

Vielfalt

Es gibt etwa 6500 verschiedene Lurcharten. Ihre Größe reicht von wenigen Millimetern bei tropischen Fröschen bis zu zwei Metern bei Riesensalamandern.

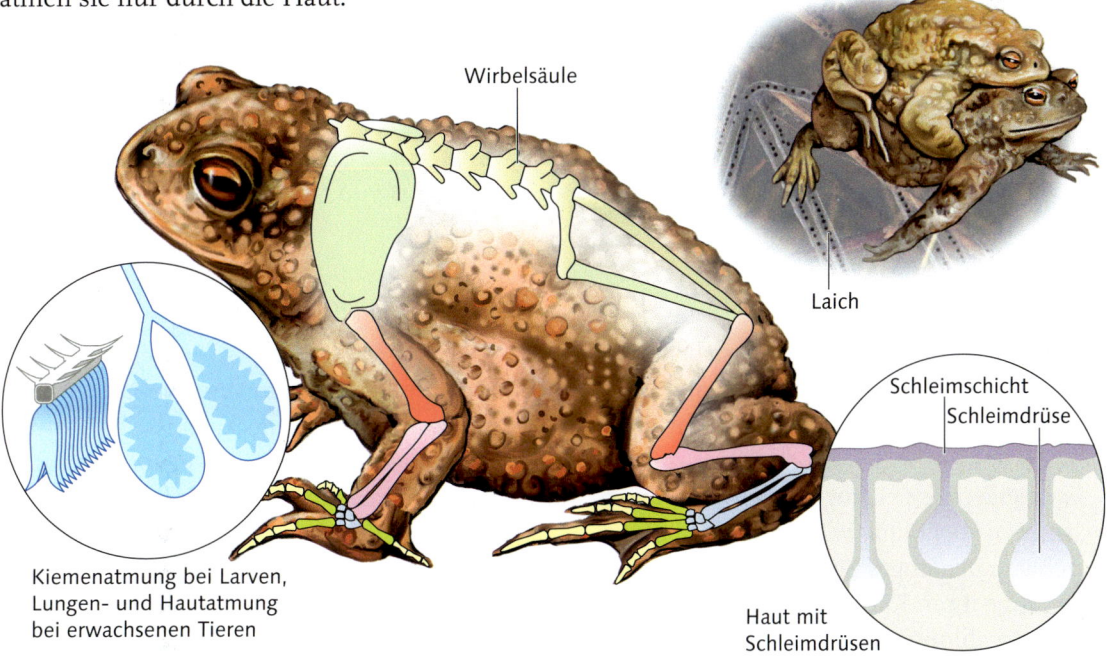

Wirbelsäule

Laich

Schleimschicht
Schleimdrüse

Kiemenatmung bei Larven, Lungen- und Hautatmung bei erwachsenen Tieren

Haut mit Schleimdrüsen

1 Merkmale der Lurche

Die Zauneidechse

Bei einem Ausflug huscht plötzlich etwas vor dir über den Weg. Mit etwas Glück kannst du die Zauneidechse sehen, bevor sie zwischen Steinen verschwindet.

Gut getarnt

Zauneidechsen leben an Wegrändern, auf trockenen Waldlichtungen, sonnigen Hängen und in Gärten mit Steinmauern. Die grün schillernden Männchen und unscheinbar graubraun gefärbten Weibchen können durch ihre *Tarnfärbung* kaum von der Umgebung unterschieden werden.

Fortbewegung und Körperbau

Die Beine der Zauneidechsen sitzen seitlich am Körper und können das Gewicht nicht vollständig tragen. Daher berührt der Bauch den Boden. Beim schnellen Lauf wird der Körper schlängelnd bewegt. Diese Art der Fortbewegung gab der ganzen Wirbeltierklasse, zu der auch die Zauneidechse gehört, den Namen: *Kriechtiere* oder *Reptilien*.

1 Zauneidechse beim Sonnenbaden

Umgebungstemperatur. Zauneidechsen sind *wechselwarme* Tiere.

Im Spätherbst ziehen sie sich in ein frostgeschütztes Erdloch oder eine Felsspalte zurück und fallen dort in die *Winterstarre*.

Fressen und Gefressenwerden

Zauneidechsen fressen Insekten, Spinnen, Würmer und Schnecken. Entweder erspähen sie die Beute mit ihren Augen oder sie »erzüngeln« ihre Nahrung. Durch Züngeln gelangen aufgenommene Duftstoffe ins Maul zum Riechorgan. Nehmen Eidechsen ein Beutetier in der Nähe wahr, so schnappen sie zu und verschlucken es unzerkaut.

2 Fortbewegung einer Zauneidechse

Je wärmer, desto schneller

Aufgeheizte Eidechsen bewegen sich sehr schnell. Bei kühlen Temperaturen sind ihre Bewegungen jedoch langsam und schwerfällig.

Zauneidechsen erzeugen nur wenig Eigenwärme. Die benötigte Wärme erhalten sie durch stundenlanges Sonnenbaden. Dabei flachen sie ihren Körper ab, um möglichst viel Sonnenstrahlung aufzunehmen. Ihre Körpertemperatur steigt und sinkt mit der

Ein Schuppenkleid zum Wechseln

Der Körper der Zauneidechsen ist von Hornschuppen bedeckt. Sie schützen vor Austrocknung und Verletzungen. Das Schuppenkleid kann nicht mitwachsen, wenn die Eidechse größer wird. Daher bildet sich unter dem alten Schuppenkleid ein neues. Wird die alte Haut brüchig, streift die Zauneidechse sie an Steinen ab. Dies nennt man *Häutung*.

Fortpflanzung von Eidechsen

Im Frühling suchen sich die Weibchen einen Partner. Die Männchen verteidigen ihr Revier gegen andere Männchen oft in heftigen Kämpfen. Hinter dem Kopf verbissen, zerren sie sich hin und her, bis ein Gegner flüchtet. Wenn im Juni Männchen und Weibchen aufeinandertreffen, findet die Paarung statt. Das Weibchen gräbt in einem trockenen

Versteck ein Erdloch, legt dort bis zu 17 Eier ab und verlässt das Gelege. Durch die Sonnenstrahlen, die den Boden erwärmen, werden die weichschaligen Eier ausgebrütet. Im August schlüpfen die Jungen. Sie sind sofort selbstständig.

Ein besonderes Ablenkungsmanöver

Zu den Fressfeinden der Zauneidechsen gehören Greifvögel, Krähen, Igel, Marder und auch Katzen. Wenn sie von einem Fressfeind ergriffen werden, können sie einen Teil ihres Schwanzes abwerfen. Der zuckende Schwanz lenkt den Feind ab und die Eidechse kann meist entkommen. Er wächst einmalig wieder nach, ist jedoch kürzer.

4 Natursteinmauern bieten Eidechsen einen Lebensraum.

Eidechsen sind gefährdet

Zauneidechsen stehen unter Naturschutz. Durch die zunehmende Bebauung verringert sich ihr Lebensraum, sodass die Zahl der Zauneidechsen stetig sinkt. Durch Steinzäune und Natursteinmauern kann man im Garten neue Lebensräume schaffen und so dazu beitragen, Zauneidechsen vor dem Aussterben zu bewahren.

In Kürze

Zauneidechsen sind wechselwarme Kriechtiere. Kriechende Fortbewegung, Schuppenkleid, Häutung und Eiablage kennzeichnen sie als Reptilien. Die geschlüpften Jungtiere sind sofort selbstständig.

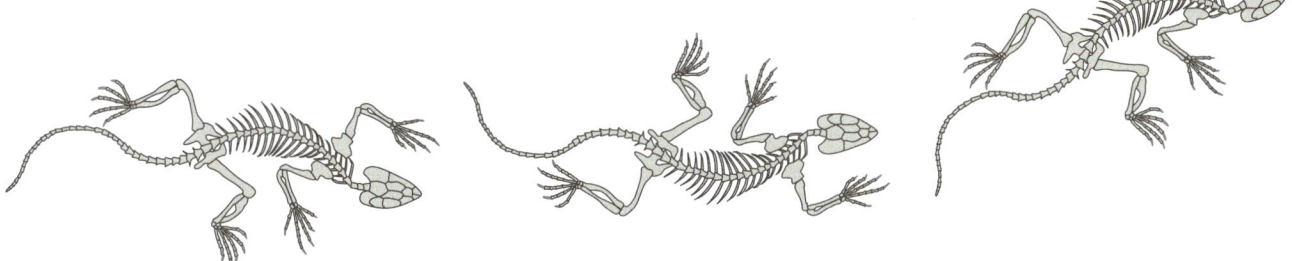

3 Zauneidechse mit nachgewachsenem Schwanz

Aufgaben

1 ☐ Beschreibe die Fortbewegung der Eidechse. Nimm Bild 2 zu Hilfe.

2 ◪ Erläutere, wie sich die Zauneidechse vor Fressfeinden schützt.

3 ◼ Begründe, weshalb das Eidechsenweibchen seine Eier nicht ausbrütet.

Ringelnatter und Kreuzotter

Beim Zelten am See schlängelt sich in deiner Nähe eine Schlange lautlos durch das Gras. Du siehst sie noch ins Wasser gleiten und machst deine Freunde darauf aufmerksam. Nur ihr Kopf ragt aus dem Wasser heraus.

1 Ringelnatter schwimmend

Eindeutige Merkmale

An den deutlich sichtbaren gelblich weißen Flecken am Hinterkopf lässt sich die Ringelnatter sehr gut erkennen. Ihr Körper ist unscheinbar grau-braun gefärbt. Die Bauchseite ist weißlich gelb. Ringelnattern werden bis zu 150 Zentimeter lang.

Eine andere heimische Schlange, die Kreuzotter, wird mit 80 Zentimetern nur etwa halb so groß. Über ihren Rücken verläuft ein dunkles Zickzackband. Die hellen Flecken am Kopf fehlen.

Die Haut der Schlangen ist von Hornschuppen bedeckt und schützt vor Austrocknung. Die Schlangenhaut wächst nicht mit. Sie wird während der Häutung im Ganzen abgestreift.

Fortbewegung ohne Beine

Schlangen besitzen keine Gliedmaßen. Sie bewegen sich schlängelnd auf dem Boden fort. Ihre Rippen und ihre Bauchschuppen sind durch Muskeln verbunden. Diese Muskeln heben einzelne Bauchschuppen schräg an, sodass diese sich im Untergrund verkeilen. Dann spannt die Schlange die seitlichen Muskeln an ihrem Körper an, schiebt sich vorwärts und zieht den restlichen Körper nach. Da die Muskeln auf beiden Körperseiten immer abwechselnd zusammengezogen werden, entsteht die wellenförmige Schlängelbewegung.

Fortpflanzung und Entwicklung

Die Paarungszeit von Ringelnatter und Kreuzotter ist im Mai. Das Ringelnatterweibchen legt im Juli oder August 25 bis 30 weichschalige Eier in den Boden. Sie werden durch die Bodenwärme ausgebrütet. Im Herbst schlüpfen die Ringelnatterjungtiere aus ihren Eiern.

Im Gegensatz zur Ringelnatter trägt ein Kreuzotterweibchen nur acht bis 15 Eier im Körper. Im Herbst schlüpfen die Jungtiere kurz vor der Geburt noch im Körper der Mutter aus ihren Eihüllen. Das Kreuzotterweibchen bringt lebende Junge zur Welt.

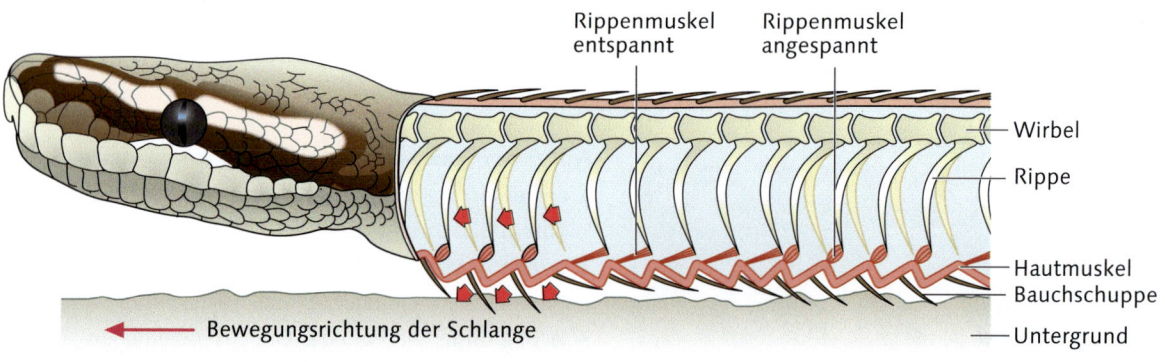

Rippenmuskel entspannt

Rippenmuskel angespannt

Wirbel

Rippe

Hautmuskel
Bauchschuppe

Untergrund

← Bewegungsrichtung der Schlange

2 Fortbewegung bei Schlangen

Fressen ...

Schlangen jagen recht große Beutetiere und sind nach einem Fang tagelang gesättigt. Um die Beute im Ganzen verschlingen zu können, besitzen Schlangen Besonderheiten im Kieferbau: Der Unterkiefer ist geteilt und vorne durch ein elastisches Band verbunden. Beide Seiten können seitlich verschoben werden. Das Maul kann durch einen zusätzlichen Knochen im Schädelskelett, das Quadratbein, ausgehebelt und stark vergrößert werden.

Die Kreuzotter hat spitze Giftzähne im Oberkiefer. Mit dem Gift tötet sie ihre Beute, zu der zum Beispiel Kleinsäuger, Lurche und Reptilien gehören.

Die Ringelnatter hat keine Giftzähne. Sie bevorzugt Lurche als Nahrung. Ringelnattern fallen ihre Beute an, halten sie mit kleinen, nach hinten gerichteten Zähnen fest und verschlingen sie.

... und gefressen werden

Zu den Feinden beider Schlangenarten zählen Greifvögel, heimische Raubtiere sowie Wildschweine und frei laufende Hauskatzen.

Wird eine Ringelnatter aufgespürt, so flieht sie schnellstens in ein Versteck.

Fühlt sich eine Kreuzotter bedroht, wenn sie angefasst oder getreten wird, erfolgt unmittelbar ein Zubiss. Das Gift der Kreuzotter ist für den Menschen nicht tödlich. Trotzdem sollte man nach einem Biss einen Arzt aufsuchen.

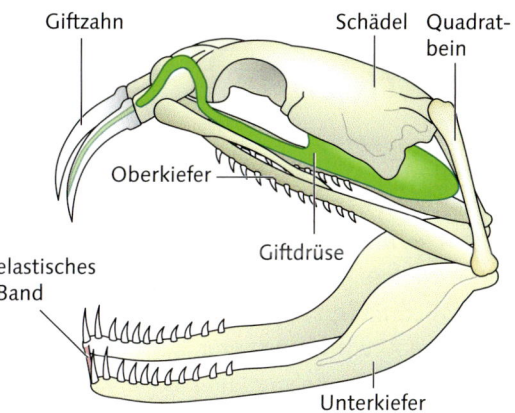

4 Schädelknochen und Giftapparat einer Kreuzotter

Sichere Überwinterung

Ende Herbst suchen sich Ringelnatter und Kreuzotter frostfreie Verstecke in Mäuselöchern oder Laubhaufen. Dort fallen sie meist mit anderen Artgenossen in Winterstarre. Zum Frühlingsbeginn verlassen die wechselwarmen Tiere dieses Versteck.

Lebensraum und Naturschutz

Wie alle einheimischen Kriechtiere stehen Ringelnatter und Kreuzotter unter Naturschutz. Die lungenatmenden Landtiere bevorzugen warme, sonnige Lebensräume wie Heiden, lichte Wälder oder Moore. Durch den Eingriff des Menschen in die Natur wird ihnen zunehmend der Lebensraum genommen.

> **In Kürze**
>
> Schlangen sind wechselwarme Kriechtiere ohne Gliedmaßen. Ihre Körperoberfläche ist mit schützenden Hornschuppen bedeckt. Regelmäßiges Häuten gehört zum Wachstumsprozess. Schlangen sind Fleischfresser. Sie können ihr Maul stark vergrößern, um Beutetiere im Ganzen zu verschlingen. Jungtiere entwickeln sich in weichschaligen Eiern.

Aufgaben

1 ☐ Nenne Merkmale von Ringelnatter und Kreuzotter.

2 ◩ Vergleiche Ringelnatter und Kreuzotter.

3 ◩ Schlangen »laufen« auf ihren Rippen. Erkläre dies mit Hilfe von Bild 2

3 Ringelnatter verschlingt einen Frosch.

Merkmale der Kriechtiere

Skelett

Kriechtiere besitzen eine Wirbelsäule, die verlängert ist und einen Schwanz bildet. Sie gehören zu den *Wirbeltieren*. Meist sind zwei Paar Gliedmaßen ausgebildet, die den Körper bei vielen Arten nicht tragen können. Bei Schlangen zum Beispiel fehlen sie ganz.

Körperbedeckung

Die Haut der Kriechtiere wird von Hornschuppen bedeckt. Sie schützen den Körper vor Austrocknung und Verletzungen. Da ihre Haut nicht mitwachsen kann, müssen sich Kriechtiere häuten. Die Häutung erfolgt nach jedem Wachstumsschub. Die Hornschuppen schützen aber nicht vor Wärmeverlust.

Kriechtiere sind wechselwarm und bevorzugen warme, sonnige Lebensräume. Ihre Körpertemperatur passt sich der Umgebungstemperatur an, weil der Schuppenpanzer die Wärme nicht speichert. Im Herbst verkriechen sie sich in frostsichere Verstecke, wo sie in Winterstarre fallen.

Atmung

Kriechtiere sind Lungenatmer und somit typische Landbewohner. Dennoch jagen einige unter Wasser nach Beute.

Fortbewegung

Die meisten Kriechtiere bewegen sich kriechend fort. Einige Kriechtiere bewegen sich schlängelnd. Ihre Gliedmaßen sind zurückgebildet oder fehlen vollständig.

Fortpflanzung und Entwicklung

Die Befruchtung erfolgt im Körperinnern. Die Entwicklung der Jungtiere findet in weichschaligen Eiern statt. Viele Kriechtiere legen ihre Eier im warmen Erdreich ab. Manche Reptilien sind lebend gebärend.

Vielfalt der Kriechtiere

Es gibt etwa 8000 Reptilienarten. Die Schildkröten fallen mit ihrer Panzerung auf. Außerdem zählen auch Krokodile, Schlangen und Echsen zu den Kriechtieren. Schlangen haben keine Gliedmaßen. Ihr Maul lässt sich zum Verschlingen der Beute stark erweitern.

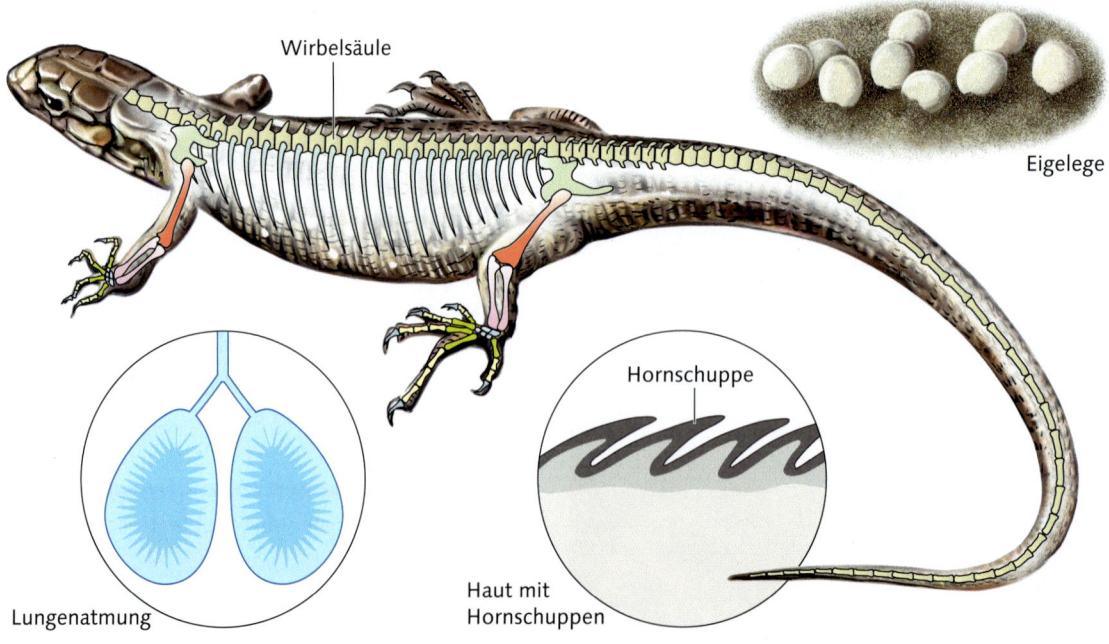

Wirbelsäule

Eigelege

Hornschuppe

Lungenatmung

Haut mit Hornschuppen

1 Merkmale der Kriechtiere

Vom Kriechen und Schlängeln

1 Fortbewegungen im Vergleich

1 A Spur einer Eidechse, B Spur einer Schlange

a ☑ Betrachte die Spuren in Bild 1. Nenne die Körperteile, mit denen die jeweilige Spur entstanden ist.

b ☑ Weshalb ist die Schlangenspur unterbrochen? Erkläre die Entstehung dieser Spur.

2 Reptilien als exotische Haustiere

a ☐ Beschreibe das Terrarium in Bild 2.

b ☑ Ziehe Rückschlüsse auf die Lebensweise der Bartagame.

2 Terrarium einer Bartagame

3 Die Blindschleiche – ein Reptil?

3 Blindschleiche, schlängelnd am Boden

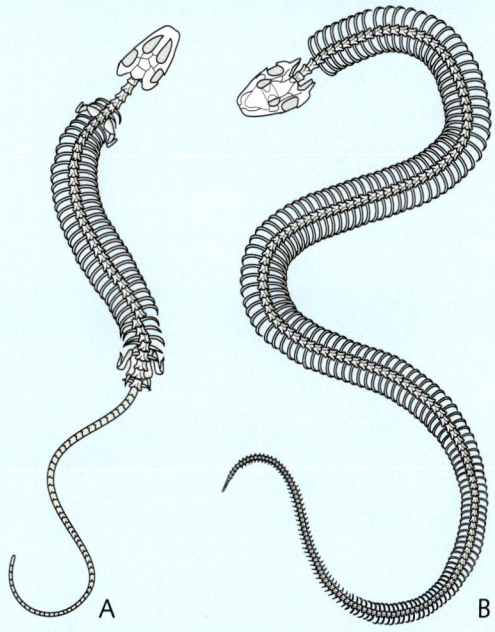

4 Skelett: A Blindschleiche; B Ringelnatter

a ☑ Informiere dich über die Blindschleiche und erstelle einen Steckbrief.

b ☑ Vergleiche die Skelette von Blindschleiche und Ringelnatter in Bild 4. Nenne Gemeinsamkeiten und Unterschiede.

c ■ Begründe mit Hilfe der Bilder 3 und 4 dass Blindschleichen die Merkmale von Kriechtieren aufweisen.

Eine Mindmap erstellen

Ihr schreibt einen Test über die Zauneidechse. Um dir im Vorfeld einen Überblick über den Stoff zu verschaffen, eignet sich eine Mindmap. Mit einer Mindmap kann man Wissen sowohl mit Worten als auch mit Bildern sinnvoll gliedern und übersichtlich darstellen. Für eine Mindmap solltest du ausreichend Zeit einplanen. Bei der Erstellung kannst du nach den folgenden Schritten vorgehen:

1 Begriffe sammeln Zunächst musst du dir Gedanken über das Thema machen. Hier sind Stichwörter ausreichend. Notiere je ein Stichwort auf einen Notizzettel. Verwende dafür die Fachbezeichnungen.

2 Ordnen der Begriffe Nun musst du deine Notizzettel in Teilbereiche einordnen. Überlege, wie die Oberbegriffe für jeden Teilbereich heißen sollen. Erstelle zu jedem Oberbegriff einen neuen Notizzettel und nutze zur Kennzeichnung jeweils eine andere Stiftfarbe.

1 Eine Mindmap anfertigen

3 Vollständigkeit überprüfen Kontrolliere nun sorgfältig, ob deine Oberbegriffe für die einzelnen Teilbereiche vollständig sind. Hast du alle wesentlichen Inhalte des Themas berücksichtigt? Ergänze fehlende Begriffe, falls notwendig, auf weiteren Notizzetteln. Überprüfe, ob die Stichwörter richtig zugeordnet sind. Überlege, in welcher Reihenfolge du die einzelnen Oberbegriffe anordnest.

4 Material zurechtlegen Du benötigst zur Erstellung der Mindmap einen leeren Papierbogen, einen Bleistift, einen Radiergummi, verschiedenfarbige Stifte und, sofern du auch bildlich arbeiten möchtest, verschiedene Abbildungen.

2 Vorgehensweise beim Mindmapping:
A Sammeln; B Ordnen; C Erstellen

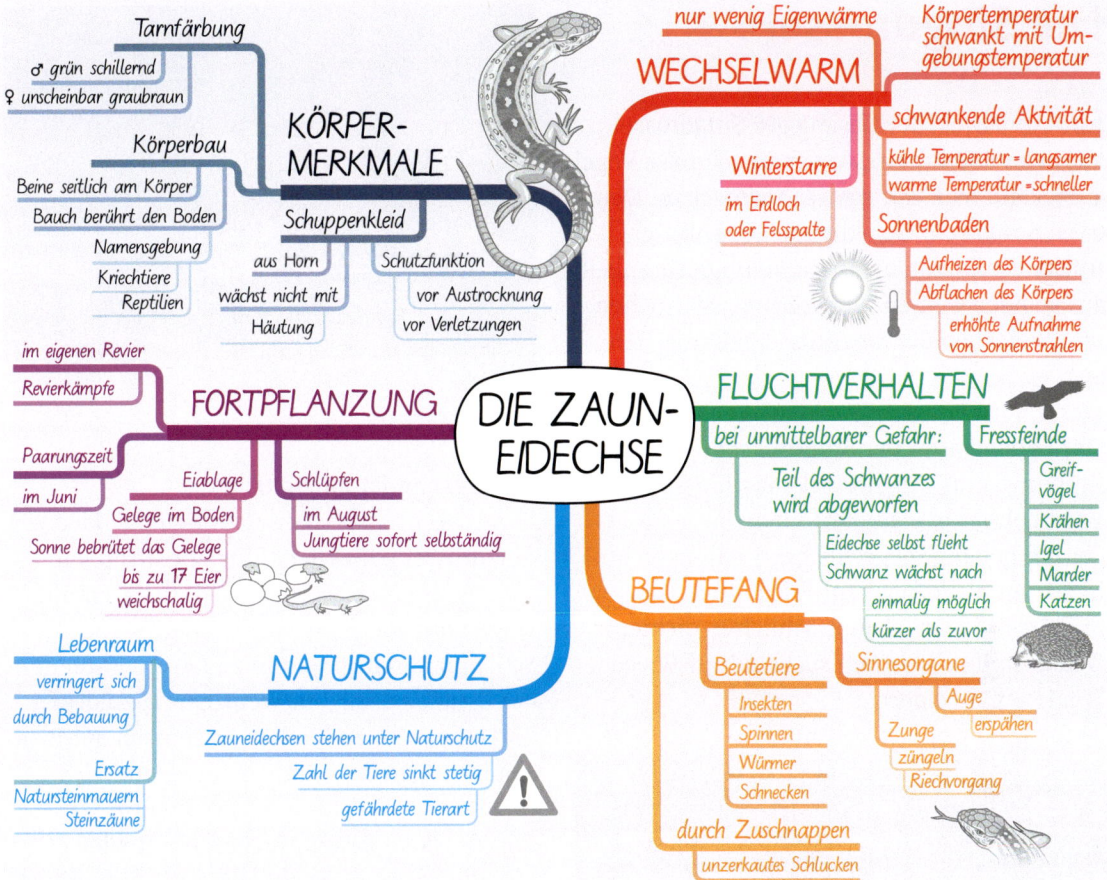

3 Mindmap zum Thema »Die Zauneidechse«

5 Mindmap erstellen   Lege den leeren Papierbogen im Querformat vor dich. Notiere in der
Mitte das Thema. Vom Thema abzweigend
werden die einzelnen Oberbegriffe als soge-
nannte Hauptäste im Uhrzeigersinn angeordnet.

Mindmap-Regeln

- Möglichst waagerechte Äste zur besseren
  Lesbarkeit verwenden.
- Schlüsselwörter auf den Hauptästen
  platzsparend um die Mitte anordnen.
- Saubere Handschrift einhalten.
- Thema und Hauptäste in Blockbuchstaben
  schreiben.
- Nebenäste, Nebennebenäste … in Druck-
  buchstaben schreiben.
- Verschiedene Farben verwenden.
- Bildliche Elemente einfügen.

4 Regeln zur Erstellung einer Mindmap

Von jedem Hauptast zweigen weitere Unter-
begriffe ab. Diese Abzweigungen werden als
Nebenäste bezeichnet. Achte auf die Mindmap-
Regeln links unten in Bild 4.

6 Vergleichen mit den Vorüberlegungen
Kontrolliere nun deine Mindmap noch einmal.
Hast du alle Inhalte der Thematik aufgenommen? Ergänze, falls dir neue Stichwörter ein-
fallen.

7 Mindmap mit Abbildungen versehen
Sofern du deine Mindmap bildlich gestalten
willst, ergänze nun Abbildungen, Skizzen und
weitere Symbole, die dir beim Lernen der
Thematik hilfreich sind.

Aufgabe

1 ▱ Erstellt gemeinsam eine Mindmap über die
Kreuzotter.

Die Singdrossel

Im Frühjahr ist der Gesang der Singdrossel kaum zu überhören. Wo der amselgroße Vogel sitzt, kann man nur schwer ausmachen. Denn er ist durch sein Gefieder gut getarnt: Der Rücken ist braun, die Brust braun gesprenkelt auf gelblich weißem Untergrund. Männchen und Weibchen der Singdrossel sehen gleich aus.

Der Lebensraum der Singdrossel

Früher war die Singdrossel ausschließlich im Wald heimisch. Heute trifft man sie auch in der Umgebung menschlicher Siedlungen an, in Gärten, Parks oder auf Friedhöfen. Die Singdrossel brütet hauptsächlich in dichtem Gebüsch. Ihre Nahrung sucht sie auf Wiesen, Weiden und Feldern.

1 Singdrossel

Der Gesang ist einzigartig

Unverwechselbar ist das laut flötende Lied der Singdrosselmännchen. Einzelne Strophen werden zwei- bis viermal wiederholt. Häufig singen die Vögel von einer hohen Warte aus. So ist ihr Gesang weithin zu hören. Er dient in der Brutzeit dazu, ein Weibchen anzulocken und es an sich zu binden. Auch nach der Brutzeit hört man die Männchen singen.

Singdrosseln beanspruchen ein Revier

Mit Hilfe des Gesangs grenzen die Singdrosselmännchen ihre *Reviere* ab. Das Revier ist das Gebiet, das ein Tier besetzt und gegen Artgenossen verteidigt. Dort sucht der Vogel Nahrung und einen Nistplatz. Diese Aufteilung des Lebensraums stellt die Ernährung der Vögel sicher und ermöglicht ihnen, ihre Jungen ungestört aufzuziehen. Ist die Nahrung knapp, müssen die Reviere viel größer sein als unter günstigen Bedingungen. Singdrosseln besetzen jedes Jahr das gleiche Revier.

Der Nestbau ist Sache des Weibchens

Das Weibchen baut das Nest meist auf Zweigen oder in Astgabeln in ein bis drei Meter Höhe. Sehr selten findet man Singdrosselnester auch an Gebäuden.

Das Nest wird aus Zweigen und Grashalmen gefertigt. Anschließend kleidet die Singdrossel es mit einem Brei aus eingespeicheltem, morschem Holz und Lehm aus, sodass die Innenseite wie glatt verputzt erscheint.

2 Reviere von Singdrosseln

3 Eier im Nest einer Singdrossel

4 Junge Singdrosseln

5 Drosselschmiede

Die Jungen werden gemeinsam aufgezogen

Singdrosselpärchen brüten zwischen April und Juli zweimal. Das Gelege besteht aus drei bis sechs Eiern. Das Weibchen brütet 14 Tage lang. Die frisch geschlüpften Jungen sind nackt und hilflos. Beide Eltern schaffen Nahrung heran. Nach etwa zwei Wochen verlassen die flügge gewordenen Jungtiere das Nest.

Die Ernährung ist vielfältig

Singdrosseln fressen bevorzugt Regenwürmer, Insekten und Schnecken. Schneckenhäuser werden zum Öffnen auf spitze Steine geschleudert, bis sie zerbrechen. Solche Steine, um die herum sich Schneckenhäuser ansammeln, nennt man *Drosselschmiede*. Im Herbst sind auch Beeren eine willkommene Nahrung. Ab September wird die Nahrung knapp und die Singdrosseln verlassen ihre Brutgebiete. Sie verbringen den Winter in Gebieten, die an das Mittelmeer grenzen.

Heimische Verwandte

Die bekannteste Verwandte ist die Amsel. Die braunen Weibchen sehen der Singdrossel ähnlich. Die schwarzen Männchen erkennt man an ihrem gelben Schnabel. Amseln finden im Winter genug Futter, sie überwintern bei uns. Etwas größer als die Singdrossel sind die Misteldrossel und die Wacholderdrossel.

In Kürze

Der Gesang von Singdrosseln ist auffällig. Sie besetzen Reviere, die sie für die Brut benötigen. Singdrosseln ziehen im Winter nach Süden.

Aufgaben

1 □ Nenne die Schritte von Reviergründung bis Flüggewerden der Jungvögel. Beachte die Rollenverteilung von Männchen und Weibchen.

2 ◲ Begründe, warum man im Winter Amseln, aber keine Singdrosseln am Futterplatz sieht.

3 ◲ Vergleiche die Singdrossel mit ihren Verwandten.

6 Heimische Verwandte der Singdrossel:
A Amsel; B Misteldrossel; C Wacholderdrossel

Wie Vögel fliegen

Vögel gleiten scheinbar schwerelos durch die Luft. Dies hat die Menschen seit jeher fasziniert. Als man daranging, erste Fluggeräte zu konstruieren, dienten Vögel als Vorbilder.

Eine Körperform zum Fliegen

Alle flugfähigen Vögel haben eine spindelförmige Gestalt. Entlang dieser *Stromlinienform* »fließt« die Luft ohne Verwirbelungen um den Körper, sodass der Luftwiderstand gering ist.

Ein Skelett in Leichtbauweise

Vogelknochen sind hohl, anders als die Markknochen der Säugetiere. Feine Verstrebungen sorgen für Stabilität. Einige Knochen werden von *Luftsäcken* durchzogen. Diese Ausstülpungen der Lunge füllen große Teile des Vogelkörpers aus. Deshalb sind Vögel viel leichter als Säugetiere ähnlicher Größe. Der innere Aufbau des Flügels und

1 Erste Flugversuche gegen Ende des 19. Jahrhunderts

des menschlichen Arms ähneln sich. Sie bestehen aus Oberarm-, zwei Unterarm- und den Handknochen. Die Fingerknochen sind zum Teil verwachsen.

Nur Vögel haben Federn

Vögel sind außer am Schnabel und an den Füßen vollständig von Federn bedeckt. Kleine *Daunenfedern* umhüllen den Körper. Sie bilden ein Luftpolster, das vor Wärmeverlust schützt. Darüber bilden dachziegelartig angeordnete *Deckfedern* eine glatte Oberfläche.

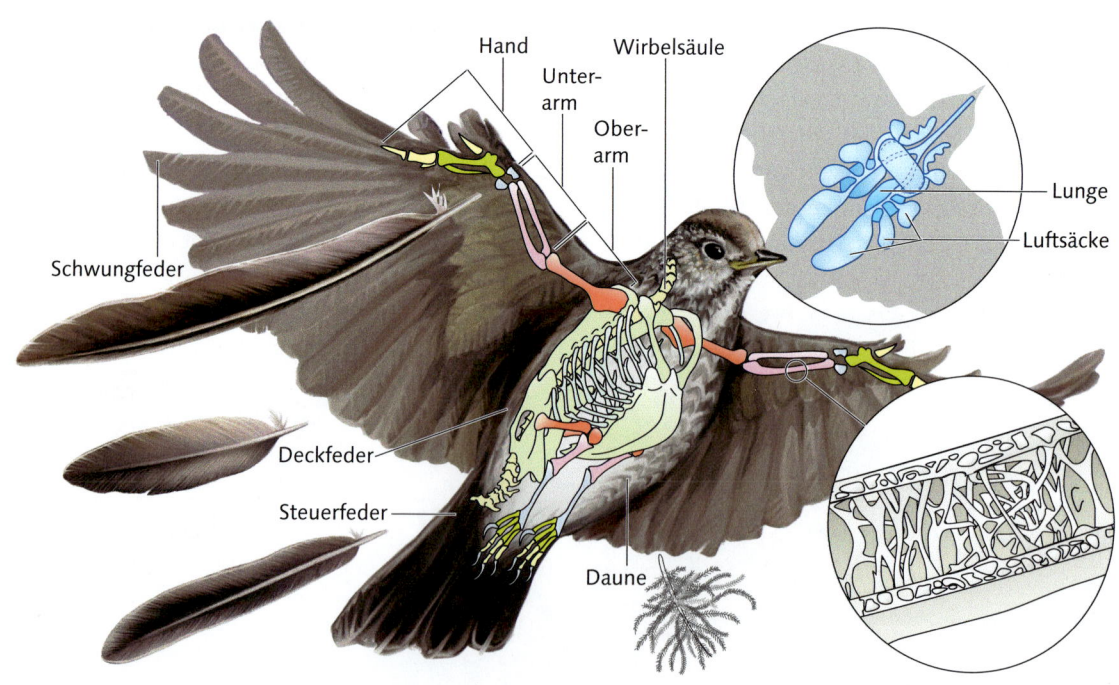

2 Flügel und Federn eines Vogels

Luftröhre

vordere Luftsäcke

Lunge   hintere Luftsäcke

→ sauerstoffarme Luft   → sauerstoffreiche Luft

3 Beim Einatmen (links) und beim Ausatmen (rechts) strömt sauerstoffreiche Luft durch die Lunge.

Mit den langen Schwanzfedern lenken die Vögel ihre Flugbahn und bremsen die Geschwindigkeit ab. Sie heißen daher *Steuerfedern*. An den Flügeln bilden die *Schwungfedern* die zum Fliegen notwendigen Tragflächen.

Ständige Bewegung, hoher Stoffwechsel

Kleine Vögel bewegen sich ständig. Dabei wird viel *Energie* umgesetzt. Deshalb benötigen Vögel nahrhafte Kost. Sie fressen häufig, aber kleine Portionen. Die Nahrung wird rasch verdaut. So bleibt das Körpergewicht gering.

Vögel haben ein besonderes Atmungssystem, das die Muskeln ausreichend mit Sauerstoff versorgt: Beim Einatmen und beim Ausatmen strömt sauerstoffreiche Luft durch die *Lunge*. Beim Einatmen fließt sauerstoffreiche Luft in die Lunge und in die hinteren *Luftsäcke*. Sauerstoffarme Luft gelangt von der Lunge in die vorderen Luftsäcke. Atmet der Vogel aus, entleeren sich die vorderen Luftsäcke. Gleichzeitig strömt »frische« Luft aus den hinteren Luftsäcken in die Lunge.

Fliegen – Arbeit gegen die Schwerkraft

Trotz der Leichtbauweise hält die Schwerkraft den Vogel am Boden. Um fliegen zu können, müssen Kräfte erzeugt werden, die entgegengesetzt zur Schwerkraft wirken. Solche Kräfte entstehen, wenn Luft über eine Fläche strömt. Je schneller der Luftstrom, umso stärker sind die Kräfte.

Der Vogelflügel bildet eine geschlossene Fläche aus Federn. Durch seine nach oben gewölbte Form muss die Luft auf der Oberseite sehr schnell fließen. Hier entsteht ein starker *Sog*. Auf der Unterseite des Flügels fließt die Luft langsamer. Es entsteht ein *Druck*. Der Sog auf der Oberseite und der Druck auf der Unterseite ergeben zusammen den *Auftrieb*, der den Vogel in die Luft hebt.

In Kürze

Der Körper der Vögel ist von Federn bedeckt. Er ist durch die dünnen, hohlen Knochen und die Luftsäcke sehr leicht. Diese ermöglichen zudem eine gute Sauerstoffversorgung, die aufgrund des hohen Stoffwechsels nötig ist. Durch Luftströmungen am Flügel entsteht der Auftrieb.

Aufgaben

1 ☐ Nenne zwei Aufgaben der Federn.
2 ☐ Beschreibe den Aufbau eines Vogelknochens.
3 ◪ Nenne Merkmale der Vögel, die das Fliegen ermöglichen oder erleichtern.

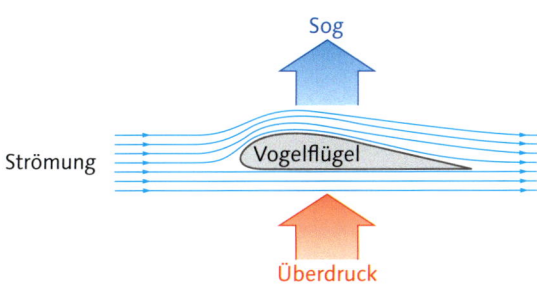

Sog

Strömung

Vogelflügel

Überdruck

4 Luftströmungen am Flügel erzeugen Auftrieb

Flugformen

Der große Mäusebussard gleitet scheinbar schwerelos und ohne Bewegung durch die Lüfte. Der kleine Zaunkönig dagegen flattert mit schnellen, kurzen Flügelschlägen, ehe er im Gebüsch verschwindet. Vögel können sich auf sehr unterschiedliche Weise durch die Luft bewegen.

Gleitflug:
Fliegen ohne Flügelbewegungen

Wenn ein Vogel von einem hohen Punkt aus starten kann oder sich schon in der Luft befindet, gleitet er ohne Flügelbewegungen dahin. Je nach Größe des Vogels und der Form der Flügel können mit dieser energiesparenden Art des Fliegens weite Strecken zurückgelegt werden. Bei diesem *Gleitflug* verlieren die Vögel aber stets an Höhe.

Segelflug: Gleitflug im Aufwind

Erwärmt die Sonne Äcker, Felsen oder Wiesen, so steigt erwärmte Luft in die Höhe. Solche Aufwärtsbewegungen der Luft werden als *Aufwinde* bezeichnet. Auch wenn der Wind von einem Berg nach oben gelenkt wird, entstehen Aufwinde. Gewinnen Vögel an diesen Orten auch ohne Flügelbewegungen an Höhe, so spricht man vom *Segelflug*.

Ruderflug:
Fortbewegung durch Muskelkraft

Beim *Ruder-* oder *Schlagflug* werden die Flügel mit Hilfe der kräftigen Brustmuskeln auf- und abgeschlagen. So fliegt ein Vogel, um vom

1 Mäusebussard im Gleitflug

Boden abzuheben und nach Gleitphasen wieder an Höhe zu gewinnen. Die Flügel werden mehrmals pro Sekunde auf und ab bewegt. Der Ruderflug ist sehr energieaufwendig.

Rüttelflug: auf der Stelle fliegen

Der Rüttelflug ist ein Ruderflug auf der Stelle. Durch heftiges Flügelschlagen und Aufstellen des Körpers »stehen« die Vögel in der Luft.

In Kürze

Vögel fliegen beim Gleit- und beim Segelflug ohne Flügelschlag. Das Schlagen mit den Flügeln beim Ruderflug erfordert Muskelkraft. Beim Rüttelflug steht der Vogel auf der Stelle.

Aufgaben

1 ☐ Nenne Flugformen und beschreibe sie stichpunktartig.

2 ☑ Ein Greifvogel überfliegt zunächst einen Acker, überquert einen kleinen See und kreist anschließend über einem Berghang. Gib an, welche Flugtechnik er jeweils einsetzt.

Abschlag   Aufschlag

2 Ruderflug

Vogelfedern und Flügelform

A Eigenschaften von Federn

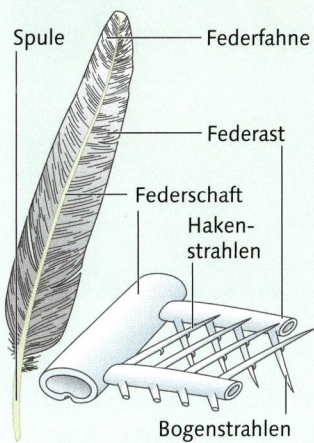

1 Aufbau einer Feder

Material Deck- oder Schwungfeder, Lupe, Kerze, Feuerzeug, Trinkhalm, Schreibzeug

Durchführung
- Fertige eine Übersichtsskizze der Feder an. Beschrifte deine Zeichnung mit Hilfe von Bild 1.
- Betrachte nun die Feder durch die Lupe. Welche Bestandteile sind erkennbar, welche nicht?
- Versuche eine brennende Kerze mit dem Trinkhalm auszupusten. Halte zwischen Blasrohr und Flamme eine Feder.

> **Achtung: Brandgefahr!** Der Kerze mit der Feder nicht zu nahe kommen!

Auswertung
- Beschreibe das Ergebnis.
- Stelle die Bedeutung für den Vogelflug dar.

B Auftrieb

Material Blatt Papier DIN A5, Bleistift, Büroklammern

Durchführung
- Halte ein Blatt Papier wie in Bild 2 gezeigt. Puste über das Blatt hinweg.
- Wiederhole den Versuch mit eingehängten Büroklammern (wie in Bild 2). Notiere deine Beobachtungen. Wie viele Büroklammern kannst du an das Blatt hängen?

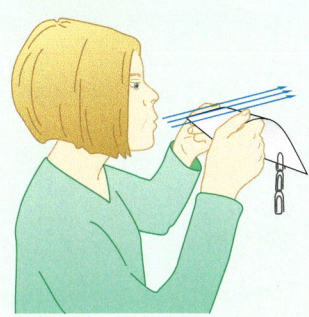

2 Versuch zum Auftrieb

Auswertung
- Vergleiche das Papierblatt mit einem Vogelflügel.
- Erkläre die Beobachtungen.

C Künstliche Flügel

3 Künstliche Flügel

Material feste Pappe, Holzleisten, Spanngurte, Stoppuhr

Durchführung
- Erstelle aus den Materialien künstliche Flügel.
- Schlage die künstlichen Flügel eine Minute lang möglichst häufig auf und ab. Ein Partner zählt deine Flügelschläge.

Auswertung
Vergleiche dein Ergebnis mit der Tabelle.

Vogelart	Flügelschläge pro Minute
Amsel	330
Taube	480
Haussperling	780
Storch	120

Wie sich Vögel fortpflanzen

Ein Hühnerküken ist geschlüpft. Kurze Zeit später ist sein Gefieder getrocknet und es läuft munter umher. Piepsend sucht es den Kontakt zu seiner Mutter. Die Entwicklung des Kükens begann aber schon viel früher.

Henne und Hahn paaren sich

Nach der Balz des Hahns duckt sich die Henne und breitet die Flügel aus. Während der *Begattung* sitzt der Hahn auf dem Rücken der Henne. Beide pressen die *Kloaken* aneinander. Die Kloake der Vögel dient der Ausscheidung, sie ist aber auch die Geschlechtsöffnung. Sie ist bei beiden Geschlechtern gleich gebaut. Durch die Begattung gelangen männliche Geschlechtszellen in den Eileiter der Weibchen und wandern in Richtung Eierstock.

Ein Ei entwickelt sich

Trifft eine männliche Geschlechtszelle auf eine befruchtungsfähige Eizelle, *verschmelzen* beide miteinander, die *Befruchtung* ist erfolgt. Sogleich bildet sich ein winziger heller Fleck auf dem Eidotter, die *Keimscheibe*. Aus ihr entwickelt sich der Embryo und daraus das Küken. Das befruchtete Ei, die *Dotterkugel*, wandert den Eileiter entlang. Nun wird der

1 Hühnerküken

Dotter mit Eiklar umhüllt. Im Endabschnitt des Eileiters bildet sich die Kalkschale. Am stumpfen Ende des Eies befindet sich immer eine Luftkammer. Sie dient zur Sauerstoffversorgung des heranwachsenden Kükens. Eier sind im Vergleich zum Körpergewicht der Vögel sehr schwer und deshalb beim Fliegen hinderlich. Da die Entwicklung des Eies nur einen Tag dauert, ist die Flugfähigkeit kaum eingeschränkt.

Das Küken wächst im Ei heran

Um nach dem Legen das ganze Ei gleichmäßig auf einer Temperatur von etwa 38 °C zu halten, wird es von der Henne bebrütet und mit dem Schnabel regelmäßig gewendet.

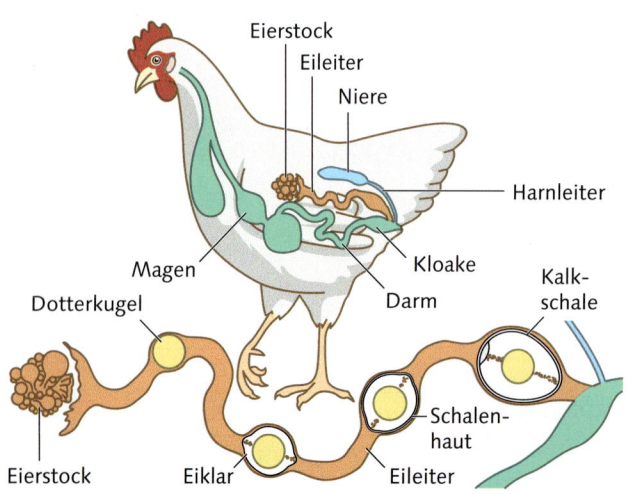

2 Unterschiedliche Entwicklungsstadien des Eies im Eileiter

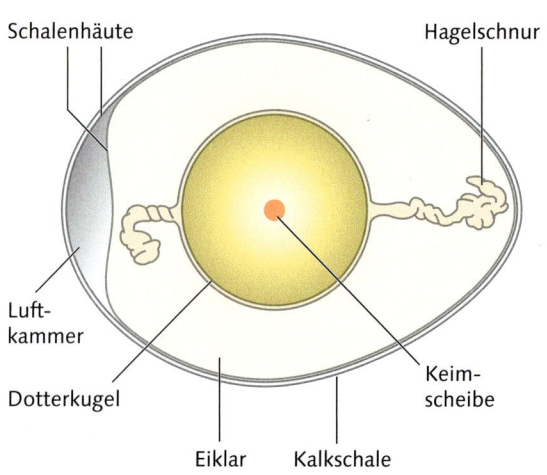

3 Aufbau eines Hühnereies

Betrachtet man ein herangewachsenes Küken, so erkennt man sowohl Ähnlichkeiten mit seiner Mutter als auch mit dem Vater. Einige Merkmale sind jedoch ganz einzigartig.

Bei der *geschlechtlichen Fortpflanzung* werden weibliche und männliche Geschlechtszellen gebildet. Nach deren Verschmelzung entwickeln sich Lebewesen, die sowohl Kennzeichen der Eltern als auch neue Eigenschaften besitzen.

Werden dagegen keine Geschlechtszellen gebildet, spricht man von *ungeschlechtlicher Fortpflanzung*. Die Nachkommen entstehen aus nur einem Elternteil und sind mit diesem identisch. Ableger von Erdbeeren oder die Vermehrung bei Blattläusen aus unbefruchteten Eiern sind Beispiele für die ungeschlechtliche Fortpflanzung.

Durch die Fortpflanzung entsteht eine neue Generation von Lebewesen.

Die *Hagelschnüre* sorgen dafür, dass der *Embryo* stets oben an der wärmsten Stelle liegt. Eiklar und Eidotter versorgen ihn mit Nährstoffen. Durch die Eischale gelangt Sauerstoff in das Ei. Nach 21 Tagen ist die Entwicklung abgeschlossen und das Küken schlüpft. Die Kalkschale öffnet es mit dem *Eizahn,* einem winzigen Höcker auf dem Schnabel.

Vögel sorgen sich um ihren Nachwuchs

Vögel bauen Nester, in denen die Eier ausgebrütet werden. Sie betreiben *Brutpflege*. Manche Vogelküken verlassen bereits wenige Minuten nach dem Schlüpfen ihr Nest und suchen selbstständig Nahrung. Es sind *Nestflüchter*. Andere Vögel kommen nackt und hilflos auf die Welt. Als *Nesthocker* werden sie von den Eltern einige Zeit versorgt.

In Kürze

Nach der Begattung wird ein Ei befruchtet. Es entwickelt sich ein Embryo, der von Eidotter und Eiklar ernährt wird. Bis zum Schlüpfen wird das Ei bebrütet.

Aufgaben

1 ☐ Nenne die Aufgaben von Kalkschale, Dotterkugel, Eiklar, Hagelschnur und Luftkammer.

2 ▨ Stelle die Entwicklung von der Balz bis zum Schlüpfen des Kükens als Flussdiagramm nach folgendem Muster dar:

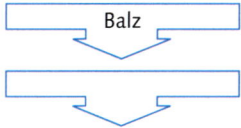

Balz

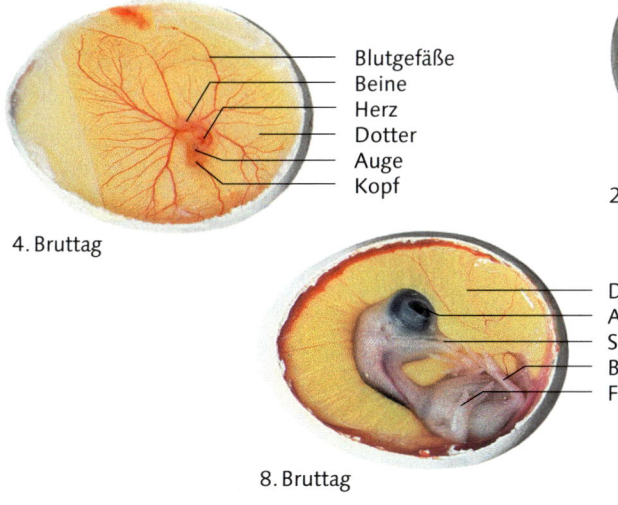

Blutgefäße
Beine
Herz
Dotter
Auge
Kopf

4. Bruttag

Dotter
Auge
Schnabel
Beine
Flügel

8. Bruttag

Dotter
Eizahn

20. Bruttag

4 Entwicklung eines Kükens im Ei

Wir untersuchen Hühnereier

A Blick in ein Hühnerei

1 Geöffnetes Hühnerei

Material frisches Hühnerei, Pinzette, Stück von einer Eierschachtel

Durchführung Zerschneide die Eierschachtel in Stücke, sodass ein Ei darin gut Halt findet. Lege das Ei quer und beginne mit der Pinzette kleine Stücke der Schale herauszubrechen.

Auswertung Finde alle Bestandteile, die in der Zeichnung des Eies auf Seite 112 eingezeichnet sind.

4 Frisch geschlüpftes Hühnerküken

B Ei ohne Schale

2 Wirkung von Essigessenz

Material frisches Hühnerei, Essigessenz

Sicherheitshinweis:
Essigessenz ist ätzend.

Durchführung Das Ei wird ein bis zwei Tage in Essigessenz eingelegt und anschließend mit Wasser gespült. Beschreibe das Ei. Drehe das Ei entlang der Längsachse und beobachte das Eigelb. Beschreibe deine Beobachtungen.

Auswertung Erläutere die Bedeutung für die Entwicklung des Kükens.

C Stabilität der Eierschale

3 Versuch zur Stabilität der Eierschale

Material 2 hartgekochte Eier, Löffel, Klebeband, scharfes Messer, dünnes Brett, Gewichte, z.B. Bücher, Messschieber

Durchführung Klebe um die Eier in der Mitte einen Klebebandstreifen (damit sie beim Schneiden nicht brechen). Schneide mit dem Messer die Eier längs in zwei gleich große Teile. Entferne Eiweiß und Eigelb. Lege die vier Eierschalenhälften auf eine ebene Unterlage. Nun können vorsichtig Gewichte aufgestapelt werden, bis die Eierschalen brechen. Wie viel Gewicht haben sie ausgehalten? Miss mit Hilfe eines Messschiebers die Wandstärke der Eierschalen.

Auswertung Beurteile die Stabilität der Eierschalen im Verhältnis zu ihrer Dicke.

Vögel

1 Pinguin

2 Singdrossel

3 Strauß

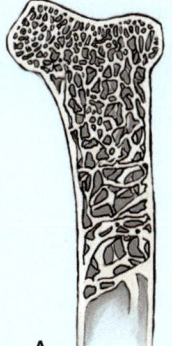
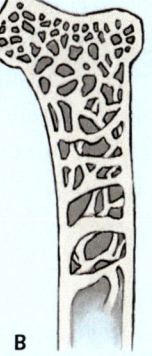
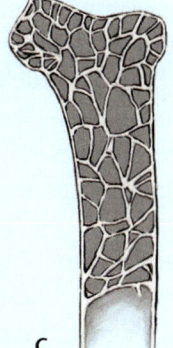

A   B   C

4 Oberschenkelknochen verschiedener Vögel

5 Brutpflege bei Pinguin, Singdrossel und Strauß

Pinguine und Strauße unterscheiden sich stark von der Singdrossel. Beide können nicht fliegen.

Pinguine besiedeln die südlichsten Küsten der Südhalbkugel, vor allem die Antarktis. Sie ernähren sich als geschickte Schwimmer und Taucher von Fischen.

Strauße leben in Afrika, in den heißen Regionen südlich der Sahara. Die großen Laufvögel können 70 km pro Stunde schnell spurten. Sie ernähren sich überwiegend von Pflanzen.

a ☑ Begründe, dass Singdrossel, Pinguin und Strauß Vögel sind, indem du drei typische Körpermerkmale der Vögel findest.

b ☑ Nenne Merkmale von Strauß und Pinguin, die sie vom normalen Körperbau der Vögel unterscheiden.

Die Bilder A bis C zeigen die Oberschenkelknochen eines Singvogels, eines Straußes und eines Pinguins.

c ▪ Ordne die Bilder den Vögeln zu und begründe deine Entscheidung.

Unsere einheimische Singdrossel legt 3 bis 6 Eier in ihr Nest. Beim Strauß finden sich 8 bis 12 Eier pro Nest. Das Weibchen des Kaiserpinguins legt nur ein Ei, das das Männchen mit Hilfe seines Schnabels auf die Füße hebt, wo er es in der Bauchfalte ausbrütet. Kaiserpinguine bauen keine Nester.

d ☑ Vergleiche die Nester von Singdrossel und Strauß. Begründe den Bauort.

e ▪ Suche nach Gründen für die unterschiedliche Anzahl an Eiern bei den drei Vogelarten.

Heimische Singvögel

Mit ihrem unverkennbaren Ruf »Zizibäh« gehört die Kohlmeise zu den ersten Frühlingsboten. Man erkennt sie an dem schwarzen Längsstreifen, der die gelbe Brust teilt, sowie dem schwarzen Kopf mit den weißen Wangen. Männchen und Weibchen sind kaum zu unterscheiden. In den Sommermonaten erbeutet unsere häufigste Meise im Geäst von Bäumen und Sträuchern Insekten. Im Winter öffnet sie Samen, die sie mit den Füßen festhält und mit dem Schnabel aufhackt.

1 Kohlmeise

Beobachtung von Singvögeln

Viele Singvögel sind in den frühen Morgenstunden und am Abend besonders aktiv. Dies sind die besten Beobachtungszeiten. Weil

Haus und Garten Lebensräume für viele Singvögel bieten, kann man sie im Vergleich zu anderen Wildtieren besonders gut beobachten. Hierfür sind Fernglas und Bestimmungsbuch hilfreich. Oft sieht man Vögel nicht, hört sie aber deutlich. Wer sich gründlich mit Vogelstimmen beschäftigt, erkennt die Singvögel seiner Umgebung an ihrem Gesang.

Der Haussperling

Mit seinem braunen Kehlfleck und dem grauen Scheitel ist das Sperlingsmännchen auffälliger als das schlicht grau-braun gefärbte Weibchen. Beide besitzen den kräftigen Schnabel der *Körnerfresser*.

Sperlinge bauen ihre Nester in Mauerlöchern, schadhaften Ziegeln, Mauervorsprün-

Buchfink

Scheitel

Rücken

Kehle

Brust

Flügelbinde

Bauch

Oberschwanzdecken

Unterschwanzdecken

Schnabelformen

zierlich — hakenförmig — kräftig

Gestalt

kräftig — rundlich — schlank

2 Merkmale zur Beschreibung von Vögeln

3 Haussperling: links Männchen, rechts Weibchen

gen oder in Nistkästen. Es sind *Höhlenbrüter*. Sie brüten gerne mit Artgenossen in Kolonien. Der Gesang beschränkt sich auf kurze »Tschilp«-Laute, die oft wiederholt werden.

Die Amsel

Das Amselmännchen ist an dem schwarzen Gefieder und dem leuchtend gelben, länglichen Schnabel leicht zu erkennen. Das Weibchen ist bräunlich, die Brust heller gefleckt, der Schnabel dunkel. Der laut flötende Gesang der Amsel ist sehr abwechslungsreich. Ihre Nester bauen Amseln oft in unmittelbarer Nähe des Menschen. Ihre Nahrung besteht im Sommer aus Regenwürmern und Insekten, im Winter aus Beeren und Samen.

Die Rauchschwalbe

Rauchschwalben erkennt man an der blauschwarzen Körperoberseite, der davon stark abgegrenzten weißen Unterseite und dem rotbraunen Kehlfleck. Erst wenn sie fliegen, sieht man die lange Schwanzgabel. Einen Großteil des Tages verbringen Rauchschwalben im Flug. Wenn die Sonne scheint, jagen sie in großen Höhen nach Insekten. Bei Regenwetter erbeuten sie ihre Nahrung mit eleganten Flugmanövern knapp über dem Boden.

Rauchschwalben leben in sehr enger Gesellschaft mit Menschen: Viele Paare nisten in Kuh- oder Schweineställen. Die kugeligen Nester werden auf Vorsprünge gebaut oder an Wände gehängt. Eine zementartige Masse aus lehmiger, feuchter Erde und Speichel macht die aus Halmen gebildete Form hart und stabil.

Schwalben werden immer seltener. Um nisten zu können, benötigen sie offene Fenster oder Türen, um in die Ställe zu kommen. Wege und andere Bereiche mit Pfützen und Schlamm tragen dazu bei, dass die Schwalben auch weiterhin ausreichend Nistmaterial finden.

Den Winter verbringen Rauchschwalben im Süden, weil sie bei uns keine Nahrung mehr finden.

In Kürze

Vögel halten sich häufig in der Nähe des Menschen auf und lassen sich daher gut beobachten. Jede Vogelart zeichnet sich neben dem Aussehen durch einen typischen Gesang und besondere Verhaltensweisen aus.

Aufgaben

1 ☐ Zeichne die Schnäbel der auf dieser Doppelseite abgebildeten Vögel und beschreibe sie mit Hilfe der Fachbegriffe von Bild 2.

2 ◩ Erstelle einen Steckbrief für einen heimischen Vogel deiner Wahl. Gestaltet eine Ausstellung.

4 Amselmännchen und -weibchen

5 Rauchschwalbe am Nest

Greifvögel

Greifvögel stehen seit jeher für Eigenschaften wie Kraft, Mut oder Weitblick. Daher verwendete man Greifvögel, vor allem den Adler, schon seit frühster Zeit als Wappentier. Früher bezeichnete man die Greifvögel auch als Raubvögel. Da »rauben« etwas Negatives ist, die Vögel aber lediglich ihre Nahrung erwerben, sollte der Begriff nicht mehr verwendet werden.

Kennzeichen von Greifvögeln

Einen Greifvogel erkennt man sofort an dem kräftigen Hakenschnabel. Die obere Schnabelhälfte ist größer und greift scherenförmig über den Unterschnabel. Die Füße sind als Greifwerkzeuge ausgebildet und werden als *Fänge* bezeichnet. An ihren Enden sitzen Zehen mit spitzen, dolchartigen Krallen. Greifvögel können sehr gut sehen. Beide Augen sind nach vorne gerichtet. Dadurch können sie Entfernungen ganz genau abschätzen.

Greifvögel *rupfen* ihre Beute. Dabei werden Haare, Federn oder Panzerteile von Insekten mehr oder weniger sorgfältig entfernt.

Anschließend reißen sie kleine Fleisch-

1 Greifvögel sind seit jeher ein beliebtes Wappentier.

brocken aus der Beute und verschlingen sie mitsamt den Knochen. Unverdauliche Reste werden ausgewürgt. Diese *Gewölle* enthalten keine Knochen, weil diese im Magen der Greifvögel zersetzt werden.

Unterschiedliches Jagdverhalten

Einige Greifvögel halten während des Fluges Ausschau nach Nahrung. Mit schnellem Flügelschlag können sie in der Luft stehen bleiben, sie rütteln. Blitzschnell stoßen sie dann herab und erlegen die Beute. Andere, wie Falken oder Sperber, verfolgen Vögel und fangen sie im Flug. Beides sind *Flugjäger*. Dagegen beobachten *Ansitzjäger*, wie der Mäusebussard, ihr Jagdrevier von einer erhöhten Stelle aus. Dies können Bäume, aber auch Zaunpfähle oder Verkehrsschilder sein. Von hier aus stürzen sie sich auf die Beute. Häufig zeigen Greifvögel beide Jagdarten.

Die Krallen des Habichts dienen neben dem Festhalten auch zum Töten der Beute. Als *Grifftöter* »knetet« er die Opfer in seinen Fängen. So werden lebenswichtige Organe im Körperinneren verletzt, was zum schnellen Tod führt. Falken dagegen sind *Bisstöter*, die ihre Beute in den Fängen nur festhalten. Sie töten die Tiere durch einen Biss in den Schädel oder in die Halswirbelsäule.

Greifvögel erbeuten hauptsächlich kranke und schwache Tiere. Sie verschmähen auch tote Tiere nicht. Auf diese Weise spielen sie eine wichtige Rolle in der Natur.

2 Steinadler im Landeanflug

3 An den Flugbildern lassen sich Greifvögel gut unterscheiden.

Habicht · Mäusebussard · Rotmilan · Sperber · Turmfalke

Der Mäusebussard

Der Mäusebussard ist der häufigste Greifvogel Europas. Er hat eine Körpergröße von etwa 55 Zentimetern, die Flügelspannweite beträgt 130 Zentimeter. Beide Geschlechter sind etwa gleich groß. Mäusebussarde nisten auf Waldbäumen. Ihr Nest wird Horst genannt. Zur Jagd suchen sie offene Landschaften mit Wiesen, Weiden, Feldern oder Mooren auf. Hier finden sie Mäuse, Maulwürfe, aber auch Amphibien und Reptilien.

Der Turmfalke

Mit einer Körperlänge von etwa 35 Zentimetern und einer Flügelspannweite von bis zu 80 Zentimetern gehört der Turmfalke zu den kleineren Greifvögeln. Männchen haben einen hellgrauen Kopf und einen rotbraunen Rücken. Beim Weibchen dagegen sind Kopf und Rücken rostbraun. Eigentlich leben Turmfalken in Landschaften mit Feldern, Wiesen und Baumgruppen sowie an Waldrändern. Ursprünglich brüteten sie nur an Felsen und in großen Bäumen. Heute bieten auch menschliche Siedlungen mit ihren hohen Kirchtürmen, Häusern und Scheunen günstige Nistplätze. So findet der Turmfalke in Städten und Dörfern neuen Lebensraum. In Parks und Industriegebieten oder auf Ödflächen sucht er nach Mäusen. Wird diese Nahrung knapp, jagt er auch kleinere Vögel.

Der Steinadler

Der Steinadler erreicht eine Länge von fast 90 Zentimetern. Die Spannweite misst über zwei Meter. In Deutschland brütet der Steinadler nur noch in den Alpen. Hier jagt er meist oberhalb der Baumgrenze Murmeltiere, Schneehasen, Kitze von Gämsen, aber auch Füchse oder Marder. Ist die Beute schwerer als sein Körpergewicht, muss der Adler sie zerteilen, um sie transportieren zu können.

> **In Kürze**
> Wichtigste Erkennungsmerkmale der Greifvögel sind ihr kräftiger Hakenschnabel und die Fänge mit starken Krallen.

Aufgaben

1 ☐ Nenne drei Kennzeichen von Greifvögeln.
2 ◪ Vergleiche Mäusebussard, Turmfalke und Steinadler nach folgenden Kriterien: Größe, Flugbild, Lebensraum, Nahrung. Erstelle eine Tabelle.

Der Vogelzug

Scharen von Vögeln fliegen durch die klare Nacht. Man kann sie eher hören als sehen und ahnt: Es sind sehr viele. Die Zeit des Vogelzugs hat begonnen. Zu Tausenden verlassen die heimischen Singvögel im Spätsommer und Herbst ihre Brutgebiete. Im Winter finden sie bei uns keine Nahrung, zum Beispiel keine Insekten.

Unterschiedliches Zugverhalten

Nach ihrem Zugverhalten teilt man die Vogelarten in drei Gruppen ein. *Standvögel* bleiben ganzjährig in den Brutgebieten und verlassen sie nur selten. Als *Zugvögel* bezeichnet man Arten, die regelmäßige Wanderungen über große Strecken in den Süden durchführen. Zu den *Strichvögeln* zählt man Vögel, die keine größeren Wanderungen unternehmen, wohl aber den Landstrich wechseln. Vor allem im Winter suchen zum Beispiel Wasservögel in wärmeren Regionen nach nicht zugefrorenen Gewässern.

Erforschung des Vogelzugs

Neben der einfachen Sichtbeobachtung fangen Forscher von Vogelwarten schon seit über hundert Jahren Vögel und *beringen* sie. Die federleichten Aluminiumringe sind mit einer Nummer versehen. Sie werden um den Vogelfuß gelegt und mit einer Zange verschlossen. Die Nummer jedes Tieres wird registriert. Wer einen toten, beringten Vogel findet, wird gebeten, den Ring unter Angabe des Fundortes an die Vogelwarte zu senden. Die Auswertung vieler Funde ermöglicht es, Zugrouten verschiedener Arten herauszufinden.

1 Zugvögel vor dem Mond

Moderne Methoden der Volgelzugforscher

Größere Vögel können mit Minisendern ausgestattet werden, deren Signale von Satelliten aufgefangen werden. Mit Hilfe dieser *Satellitentelemetrie* konnten die genauen Wanderwege und -gewohnheiten erforscht werden. *Radarmessungen* ermöglichen eine Abschätzung der Anzahl der ziehenden Vögel auch in der Nacht. Außerdem geben sie Auskunft über die Flughöhe und anhand der Flugmuster auch über die Vogelarten. Diese Informationen werden auch genutzt, um Zusammenstöße mit Flugzeugen möglichst zu verhindern.

Zeit für den Abflug

Zugvögel besitzen eine angeborene »innere Uhr«, die sie zu den Zugzeiten in Unruhe versetzt. Die kürzer werdenden Tage, zurückgehende Temperaturen sowie Nahrungsmangel lösen dann den Zeitpunkt des Abflugs aus.

2 Vogel mit Minisender

Orientierung der Zugvögel

Die Richtung und die Dauer des Vogelzugs sind zu großen Teilen angeboren. Während des Flugs orientieren sich *Tagflieger* am Stand der Sonne, *Nachtflieger* an den Sternen. Das Magnetfeld der Erde können manche Vögel ebenfalls zur Navigation nutzen. Große Gebirge, Städte, Seen oder Flüsse geben den Tieren weitere Orientierungsmöglichkeiten. Fliegen die Vögel in Gruppen, so lernen die Jungvögel von den Altvögeln beispielsweise geeignete Rastplätze kennen. Andere Vögel wie der Kuckuck fliegen alleine und finden auch beim ersten Mal den Weg ins Winterquartier und zurück zu den Brutplätzen.

Nach Afrika und wieder zurück

Auf ihrem Flug in den Süden bewegen sich die Vögel auf bestimmten *Zugrouten*, die

nicht immer der kürzeste Weg sind. Um nicht über das offene Meer, über Wüsten oder Gebirge fliegen zu müssen, nehmen sie Umwege von mehreren Hundert Kilometern in Kauf. Viele Zugvögel nutzen die Westroute über Frankreich, Spanien und Marokko. Die Ostroute verläuft über Südosteuropa nach Griechenland und die Türkei. Manche kleinere Arten überqueren Italien und fliegen direkt über das Mittelmeer.

Auf der Reise lauern Gefahren

Bei der Überquerung von Meeren, Wüsten oder Gebirgen drohen den Tieren vor allem bei schlechtem Wetter große Gefahren durch Erschöpfung und Nahrungsmangel.

Weitaus schwerwiegender ist die Jagd auf Singvögel in einigen Ländern und die Zerstörung von geeigneten Rastplätzen entlang der Wanderrouten.

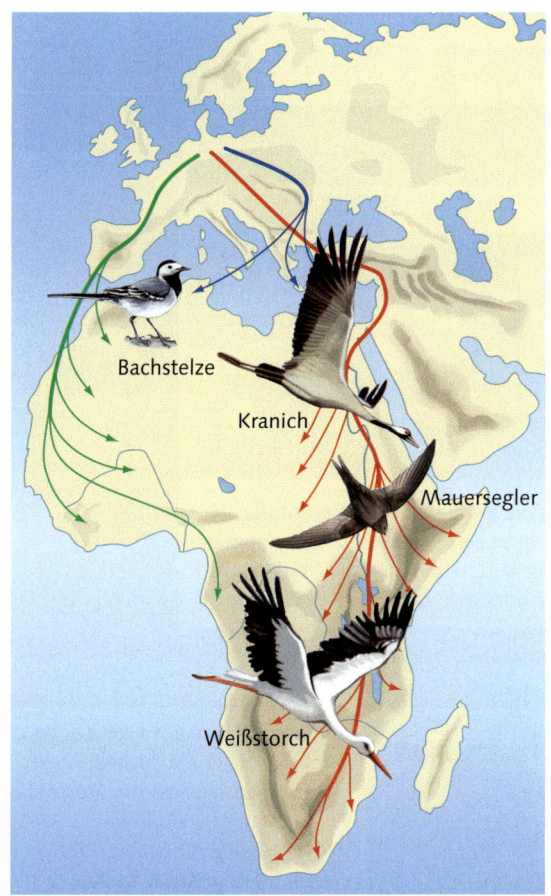

3 Überwinterungsorte verschiedener Vogelarten

> **In Kürze**
>
> Der Vogelzug ist die regelmäßige Wanderung von Vögeln zwischen ihrem Brutgebiet und einem weit entfernten Winterquartier. Die Vögel ziehen aufgrund der Nahrungsknappheit während der Wintermonate. Dabei orientieren sie sich an der Sonne, den Sternen und dem Magnetfeld der Erde. Viele Verhaltensweisen sind angeboren.

Aufgaben

1 □ Nenne Gründe, warum Zugvögel im Herbst ihre Brutgebiete verlassen und in warme Länder ziehen.
2 □ Beschreibe Möglichkeiten, wie der Vogelzug erforscht werden kann.
3 ☑ Verfolge auf einer Landkarte von Deutschland aus die Westroute und die Ostroute. Notiere die Länder, die ein Vogel dabei überfliegt.

Die erstaunliche Reise des Weißstorchs Nr. 14 554

Für die Satellitentelemetrie werden Vögel mit kleinen Sendern versehen. So kann das Zugverhalten über Satellit nachvollzogen werden. Die eindrucksvollen Wanderungen des Storchs mit dem Sender Nr. 14 554 wurden über vier Jahre aufgezeichnet. Dabei konnten viele bereits bekannte Erkenntnisse wie Wanderrouten, Wanderzeiten usw. bestätigt werden. Insgesamt hat sich aber gezeigt, dass das Verhalten der Tiere keinen strengen Gesetzen unterliegt, sondern sehr variabel ist.

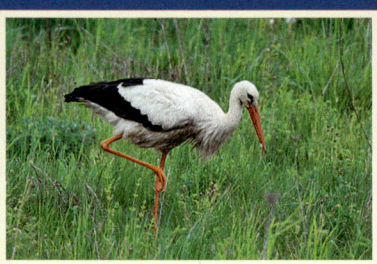

2 Herbst 2000: Erstmals nach Afrika
Am 7. September bricht der Jungstorch Richtung Südfrankreich auf. Am 7. Oktober wagt er den Flug über das Mittelmeer – in einem Bereich, in dem es weder eine Meerenge noch Inseln gibt – und erreicht nach 26,5 Stunden ununterbrochenem Flug und 752 km Tunesien.

1 Sommer 2000: Geburt und Aufwachsen In Olsztyn (Nordpolen) schlüpft der Storch und wächst heran. Er wird beringt und mit einem Sender ausgestattet, der die Nummer 14 554 trägt.

3 Winter 2000 bis Frühjahr 2002: Nordafrika
Den Winter 2000 und den Sommer 2001 verbringt das Tier in Nordafrika. Mitten im Sommer überfliegt der Storch die Sahara und überwintert am Tschadsee.

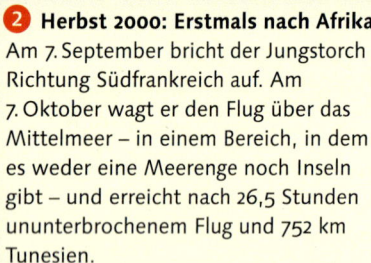

5 Sommer 2002 bis Frühjahr 2003: Spanien Der gesamte Sommer und Winter wird in Spanien verbracht, das er Anfang März Richtung Osten verlässt.

4 Sommer 2001 bis Frühjahr 2002: Winterquartier am Tschadsee Im Frühjahr 2002 verlässt der Storch das Winterquartier und überquert wie bei seinem Hinflug die Sahara. Nach einem Zwischenstopp an der marokkanischen Küste geht es im Mai weiter nach Spanien.

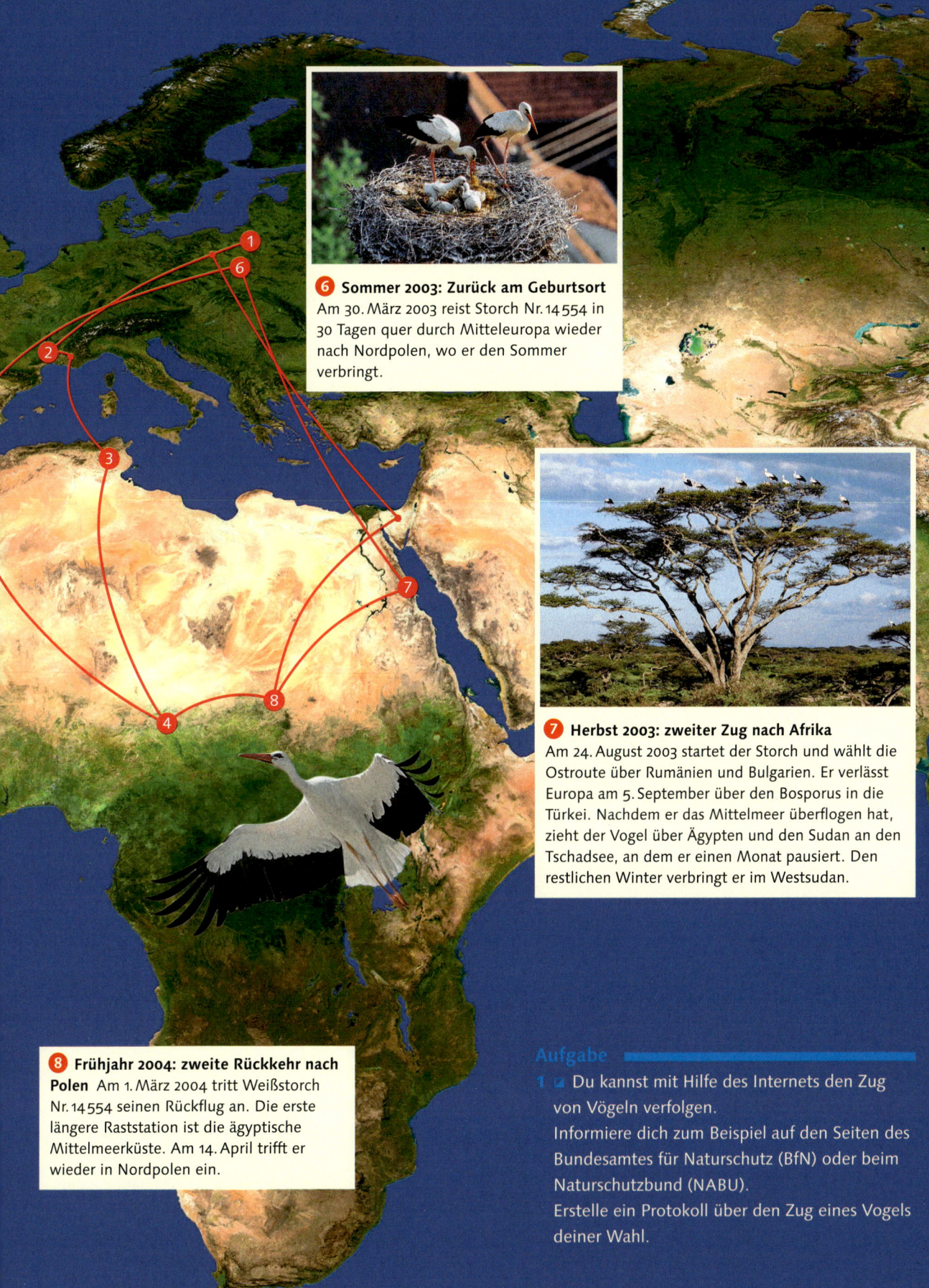

6 Sommer 2003: Zurück am Geburtsort
Am 30. März 2003 reist Storch Nr. 14 554 in 30 Tagen quer durch Mitteleuropa wieder nach Nordpolen, wo er den Sommer verbringt.

7 Herbst 2003: zweiter Zug nach Afrika
Am 24. August 2003 startet der Storch und wählt die Ostroute über Rumänien und Bulgarien. Er verlässt Europa am 5. September über den Bosporus in die Türkei. Nachdem er das Mittelmeer überflogen hat, zieht der Vogel über Ägypten und den Sudan an den Tschadsee, an dem er einen Monat pausiert. Den restlichen Winter verbringt er im Westsudan.

8 Frühjahr 2004: zweite Rückkehr nach Polen Am 1. März 2004 tritt Weißstorch Nr. 14 554 seinen Rückflug an. Die erste längere Raststation ist die ägyptische Mittelmeerküste. Am 14. April trifft er wieder in Nordpolen ein.

Aufgabe

1 ☑ Du kannst mit Hilfe des Internets den Zug von Vögeln verfolgen.
Informiere dich zum Beispiel auf den Seiten des Bundesamtes für Naturschutz (BfN) oder beim Naturschutzbund (NABU).
Erstelle ein Protokoll über den Zug eines Vogels deiner Wahl.

Diagramme erstellen

Um herauszufinden, wie häufig bestimmte Vögel bei uns vorkommen, werden regelmäßig Zählungen durchgeführt. Dabei fallen viele Messwerte oder Messergebnisse an. Diese Zahlen werden *Daten* genannt. Mit Hilfe von *Diagrammen* kann man Daten veranschaulichen. So werden Zusammenhänge oder Entwicklungen deutlicher und verständlicher.

Um ein Diagramm zu erstellen, gehst du folgendermaßen vor:

1 Sammle Daten Ermittle die Messdaten gewissenhaft, so bekommst du genaue Ergebnisse. Protokolliere die Daten sorgfältig.

2 Ordne die Daten Ordne zusammengehörige Daten und übertrage sie in eine Tabelle. Dies kann schon beim Protokollieren geschehen.

Vogelart	Anzahl
Habicht	183000
Sperber	393000
Schwarzmilan	81600
Seeadler	6000

1 Tabelle: Anzahl von Brutpaaren der Greifvögel in Europa im Jahr 2006

3 Entscheide die Diagrammart Verwende ein *Säulendiagramm*, wenn du *Größen* miteinander *vergleichen* und *Unterschiede* zeigen möchtest. Wähle für bekannte oder gegebene Werte die waagerechte, für die gemessenen Werte die senkrechte Achse.

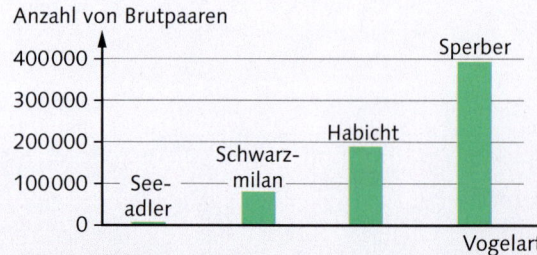

2 Säulendiagramm

Linien- oder *Kurvendiagramme* veranschaulichen die *Veränderung* eines Wertes. Die waagerechte Achse wird häufig als Zeitachse verwendet. So kannst du vor allem *Entwicklungen* oder *Verläufe* gut darstellen.

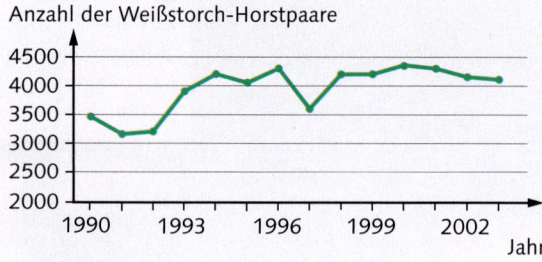

3 Liniendiagramm

4 Wähle einen Maßstab Bei der Einteilung der Achsen musst du berücksichtigen, dass die kleinsten und die größten Werte im Diagramm Platz finden müssen und die Unterschiede zwischen den Werten deutlich werden. Mit der Skalierung bestimmst du zu einem erheblichen Teil die Aussagekraft des Diagramms.

5 Zeichne das Diagramm Trage nun die Tabellenwerte in das Diagramm ein. Wenn du kariertes Papier oder Millimeterpapier verwendest, kannst du genauer arbeiten. Gestalte das Diagramm mit unterschiedlichen Farben für Linien oder Säulen. Dies dient der Übersichtlichkeit und der Eindeutigkeit.

6 Beschrifte das Diagramm Bei der Beschriftung der Achsen dürfen die Benennungen und die Einheiten nicht fehlen. Durch eine gut gewählte Überschrift weiß jeder sofort, was das Diagramm zeigt.

Aufgabe

1 ☑ Beobachte an deinem Wohnort oder auf dem Schulgelände Vögel unter verschiedenen Fragestellungen, zum Beispiel: Wie häufig kann ich eine Art in einer Stunde beobachten? Erstelle ein Diagramm zu den Ergebnissen deiner Beobachtungen.

Merkmale der Vögel

Skelett

Der Körper der Vögel wird von einer Wirbelsäule gestützt. Sie zählen daher zu den *Wirbeltieren*. Die vorderen Gliedmaßen dienen als *Flügel*, die hinteren als Beine. Vögel besitzen mit Luft gefüllte Röhrenknochen, die sehr *dünnwandig* sind. Im Vergleich zu anderen Wirbeltieren sind sie deshalb sehr leicht.

Körperbedeckung

Vögel besitzen eine gleichbleibend hohe *Körpertemperatur* von meist über 40 °C. Das *Federkleid* schützt den Körper vor Kälte und Hitze. Außerdem weist es Nässe ab und verleiht dem Körper eine strömungsgünstige Form. Federn bestehen aus Horn und werden von der Haut gebildet. Die Schwungfedern bilden die Tragfläche der Flügel.

Atmung

Vögel atmen durch die *Lungen*, die mit den *Luftsäcken* in Verbindung stehen. Dadurch sind sie besonders leistungsfähig, da das Tier sowohl beim Ein- als auch beim Ausatmen Sauerstoff aufnehmen kann.

Fortbewegung

Viele Körpermerkmale der Vögel sind auf das *Fliegen* ausgerichtet. Ihre Flügel dienen als Tragflächen. Hier erzeugen Strömungskräfte die *Auftriebskraft*, die die Vögel fliegen lässt. Einige Vögel sind flugunfähig.

Fortpflanzung und Entwicklung

Vögel haben eine *innere Befruchtung*: Die Eizelle wird im Eierstock des Weibchens von einem Spermium befruchtet. Im Körper der Mutter entwickelt sich ein Ei mit einem großen *Dottervorrat*, von dem sich der Embryo ernährt. Das Ei ist von einer festen *Kalkschale* umgeben. Die meisten Arten bauen zur Brutzeit ein Nest. Nach der Eiablage werden die Eier hier bebrütet, bis die Jungen schlüpfen. Vögel betreiben *Brutpflege*.

Vielfalt der Vögel

Zwischen den Vertretern der Vögel bestehen große Unterschiede. Die Flügel des winzigen Kolibris besitzen eine Spannweite von nur 7,5 Zentimetern, die des Albatros misst über 3 Meter. Unsere heimischen Singvögel zählen zu den Sperlingsvögeln. Dies ist die größte Gruppe der Vögel.

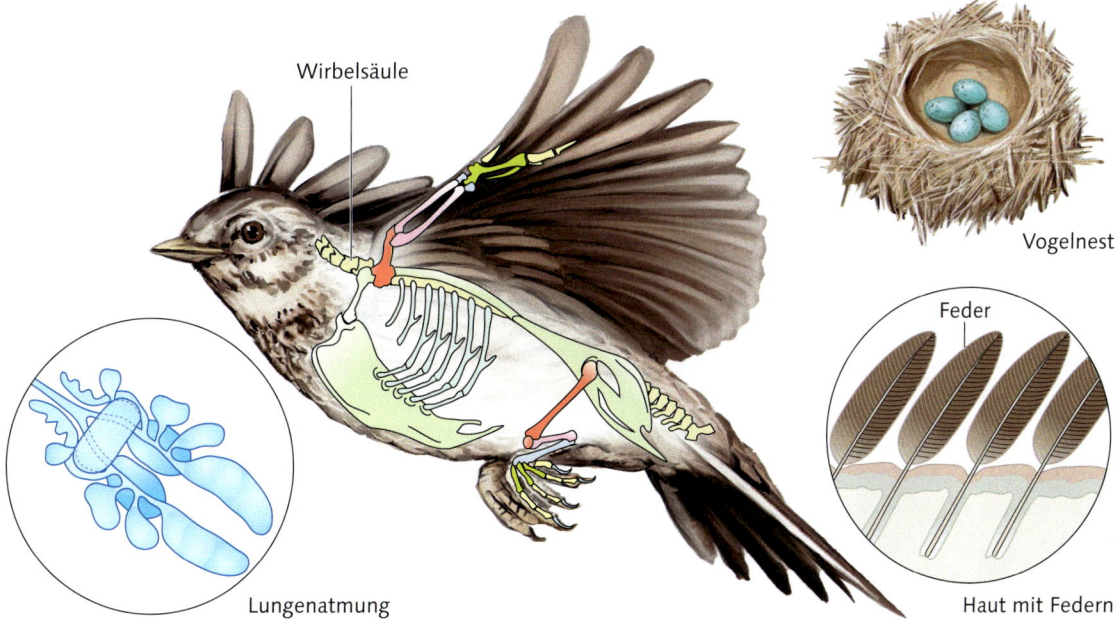

Wirbelsäule

Vogelnest

Feder

Lungenatmung

Haut mit Federn

1 Merkmale der Vögel

Verwandtschaft und Ordnung von Wirbeltieren

Heute sind über 1,5 Millionen Tiere und 500 000 Pflanzen bekannt. Man geht davon aus, dass die Zahl der noch unentdeckten Lebewesen um ein Vielfaches höher liegt. Um den Überblick über die vielen verschiedenen Lebewesen zu behalten, haben Naturwissenschaftler ein System entwickelt, mit dem sich die Tiere und Pflanzen ordnen lassen.

Erste Versuche

Vor über 2000 Jahren gab es erste Versuche, Lebewesen zu ordnen. Der griechische Philosoph Aristoteles unterteilte die ihm bekannten etwa 500 Tierarten in zwei Gruppen. Zu den Tieren mit Blut zählte er Vögel, Säugetiere und Fische. Zu den Tieren ohne Blut gehörten Insekten, Muscheln oder Schnecken.

Linnés Ordnung nach Ähnlichkeit

Die Entdeckung immer neuer Tiere und Pflanzen machte es notwendig, diese einfache Einteilung zu verbessern. Der erste wissenschaftliche Versuch stammt von dem schwedischen Naturforscher Carl von Linné (1707–1778). Er nahm an, dass es von Anbeginn der Welt eine unveränderte Anzahl von Arten gab.

Bei seinen Beobachtungen und Vergleichen konzentrierte er sich auf wenige äußerlich sichtbare Merkmale, wie die Anzahl der Staub-

Basiskonzept Gemeinsamkeiten und Unterschiede von Lebewesen

Wale und Forellen bewohnen Gewässer. Obwohl sie unterschiedlichen Arten angehören, besitzen sie viele Gemeinsamkeiten, wie den stromlinienförmigen Körper, die Flossen oder die Wirbelsäule. Beide gehören zur Gruppe der Wirbeltiere. Aber es gibt auch wesentliche Unterschiede: Wale atmen mit Lungen, Forellen mit Kiemen. Wale säugen ihre Jungen, Forellen nicht. Sie werden deshalb unterschiedlichen Klassen zugeordnet.

Alle Lebewesen atmen, nehmen Nahrung auf, bewegen sich und pflanzen sich fort. Dabei ist jedes Lebewesen so gebaut, dass es in seinem Lebensraum überleben kann. Lebewesen, die im gleichen Lebensraum in einer ähnlichen Lebensweise leben, sind ähnlich gebaut – auch wenn sie nicht zur selben Art gehören.

blätter bei Pflanzen. Gleich aussehende Pflanzen und Tiere bündelte er und bezeichnete sie als *Art*. Ähnliche Arten fasste er zu *Gattungen* zusammen. Ähnliche Gattungen bildeten *Familien,* diese wiederum *Ordnungen* und diese schließlich *Klassen*. So entstand ein System, das Lebewesen nach der Ähnlichkeit zufällig ausgewählter Merkmale ordnete.

Natürliches System der Lebewesen

Neuere Ordnungsprinzipien gehen davon aus, dass sich die Lebewesen auf der Erde aus einfachen Lebensformen entwickelt haben und dass dieser Prozess nicht abgeschlossen ist. Weisen Lebewesen in ihrem äußeren und inneren Körperbau Übereinstimmungen auf, geht man von einer gemeinsamen Abstammung aus. Diese Lebewesen nennt man *verwandt*. Je mehr Merkmale übereinstimmen, umso enger sind sie verwandt. So entsteht ein *natürliches System* der Lebewesen. Linnés Einteilungsbegriffe behielt man bei.

1 Hermelin: A Sommerkleid; B Winterkleid

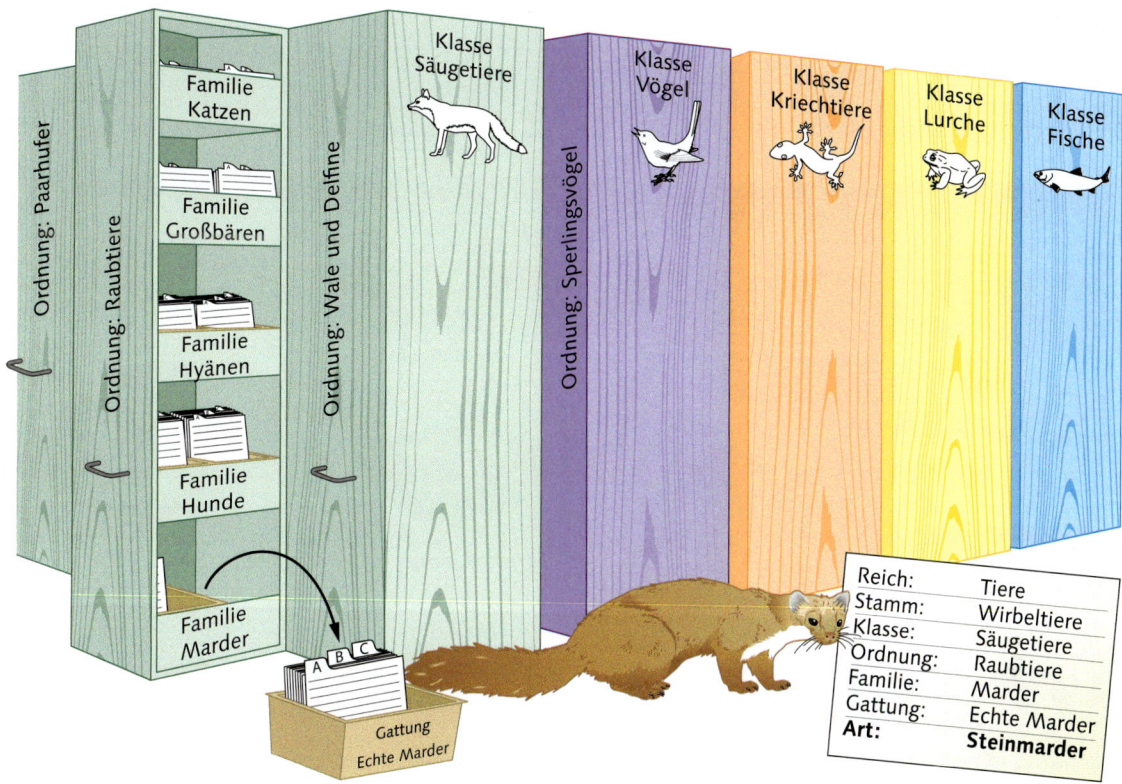

Reich: Tiere
Stamm: Wirbeltiere
Klasse: Säugetiere
Ordnung: Raubtiere
Familie: Marder
Gattung: Echte Marder
Art: Steinmarder

2 Einteilung der Wirbeltiere

Zugehörigkeit zu einer Art

Welche Lebewesen einer Art zugeordnet werden können, ist die wichtigste Frage bei der Erstellung einer Ordnung. Die Beschränkung allein auf körperliche Merkmale erwies sich nicht als sinnvoll. So besitzt beispielsweise das Hermelin im Sommer eine braune, im Winter aber eine weiße Fellfarbe. Um eine Art eindeutig festzulegen muss sie eine weitere Eigenschaft erfüllen. Neben der Übereinstimmung in allen wesentlichen Merkmalen, bringt eine Art untereinander Nachkommen hervor, die fortpflanzungsfähig sind. Heute geben Untersuchungen des Erbguts weitere Auskünfte über die Zugehörigkeit zu einer Art. Jedes Lebewesen besitzt einen wissenschaftlichen Namen, der sich aus zwei Wörtern zusammensetzt. Hierfür werden meist lateinische oder griechische Begriffe benutzt. So lautet der wissenschaftliche Name der Kohlmeise *Parus major*. Diese von Linné eingeführte Namensgebung ermöglicht es, jedes Lebewesen eindeutig zu benennen.

Weitere Einteilungen

Ausgehend von der Art werden Lebewesen nach ihrem Verwandtschaftsgrad zu Gruppen zusammengefasst. Die Kohlmeise bildet mit anderen Meisen, wie der Blaumeise, die Gattung der *Waldmeisen*. Sie gehören zu der Familie der *Eigentlichen Meisen*. Diese werden mit vielen anderen Familien zur Ordnung der *Sperlingsvögel* gezählt. Alle Vögel bilden die Klasse der *Vögel*.

In Kürze

Die Einteilung von Lebewesen erfolgt nach dem Grad der Verwandtschaft. Lebewesen einer Art stimmen in allen wesentlichen Merkmalen überein und bringen fortpflanzungsfähige Nachkommen hervor.

Aufgaben

1 ☐ Nenne die Definition des Begriffs ›Art‹.

2 ◪ Nenne Arbeitsweisen, die bei der Entdeckung einer Art bis zur Einordnung in das System eine Rolle spielen können. Erläutere ihre Bedeutung.

Vielfalt der Wirbeltiere

1 Unterschiedliche Wirbeltiere

1 Kennst du die Wirbeltiere?

a ☐ Alle abgebildeten Tiere sind Wirbeltiere. Nenne das gemeinsame Merkmal, das die Tiere besitzen.

b ☐ Ordne die Tiere der entsprechenden Wirbeltierklasse zu.

c ☑ Begründe deine Entscheidung anhand eines auf dem Bild erkennbaren Merkmals.

2 Unterschiedliche Fortpflanzung

2 Fortpflanzung bei Wirbeltieren

a ☐ Man unterscheidet zwei Arten der Befruchtung. Nenne die Befruchtungstypen, die bei den einzelnen Tiergruppen vorkommen.

b ☑ Ordne die Eier und Jungtiere von Bild 2 einander zu.

c ☑ Stelle in einer Tabelle den Befruchtungstyp und die Art der Eier gegenüber.

3 Zwei Raubtiere – eine Art?

3 Hermelin: A Sommerfell, B Winterfell

a ☐ Nenne die Definition für den Begriff ›Art‹.

b ☑ Vergleiche die beiden Tiere auf den Bildern.

c ☑ Nenne Gründe, die dafür- und dagegensprechen, dass sie zu einer Art gehören.

d ☑ Wie müsste man vorgehen, um zu beweisen, dass es sich um eine Art handelt?

4 Experiment mit einem Frosch

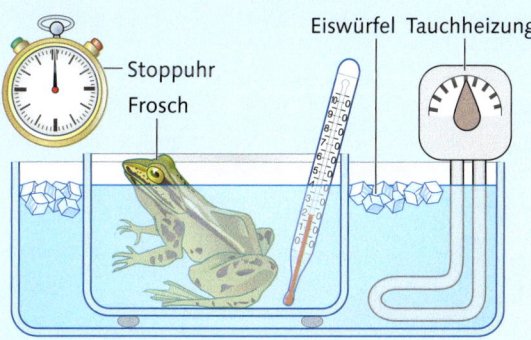

Temperatur in °C	0	5	10	15	20	25	30
Atemzüge pro Minute	0	0	0	4	10	30	90

4 Versuchsaufbau und Messergebnisse

a ☑ Beschreibe das Experiment. Erstelle aus den Werten ein Diagramm. Begründe das Ergebnis.

b ☑ Beschreibe die Ergebnisse ähnlicher Versuche mit Tieren anderer Wirbeltierklassen. Begründe.

5 Der Hecht im Karpfenteich

5 Hecht auf Jagd

a ☑ Beschreibe, inwieweit der Hecht an das Leben im Wasser angepasst ist.

b ■ Die Redensart »ein Hecht im Karpfenteich« bedeutet, dass jemand ein Unruhestifter ist, Angst verbreitet oder eine besondere Rolle spielt. Begründe aus der Lebensweise der beiden Fischarten, wie es zu der Redensart gekommen sein könnte.

Vielfalt der Wirbeltiere

■ Alle Wirbeltiere besitzen eine Wirbelsäule. Man unterscheidet fünf Wirbeltierklassen: Fische, Lurche, Kriechtiere, Vögel und Säugetiere.

■ Je mehr Übereinstimmungen in den Merkmalen zu beobachten sind, umso näher sind Tiere verwandt. Stimmen sie in allen wesentlichen Merkmalen überein und bringen sie fruchtbare Nachkommen hervor, zählt man die Tiere zu einer Art.

■ Wirbeltiere weisen Angepasstheiten auf, die ihnen helfen im jeweiligen Lebensraum zu überleben. Durch das Skelett, die Körperbedeckung, die Atmung, die Fortbewegung sowie Fortpflanzung und Entwicklung sind Wirbeltiere an ihren Lebensraum angepasst.

■ Die Körpertemperatur der Fische, Lurche und Kriechtiere hängt von der Umgebungstemperatur ab. Sie sind wechselwarm. Das Fell der Säugetiere und die Federn der Vögel ermöglichen eine gleichbleibende Körpertemperatur.

■ Die Eier von Fischen und Lurchen werden außerhalb des Körpers befruchtet. Kriechtiere, Vögel und Säugetiere dagegen haben eine innere Befruchtung.

Vielfalt der Pflanzen

Vielfalt und Gemeinsamkeiten bei Blütenpflanzen

Die Vielfalt der bunten Pflanzenwelt ist erstaunlich. Wer soll sich hier zurechtfinden? In Deutschland kennen wir etwa 2300 unterschiedliche Blütenpflanzen. Auf der Erde gibt es durch die unterschiedlichen Lebensräume etwa 240 000 Arten von Blütenpflanzen.

Gemeinsamer Grundbauplan

Die Blüten, Blätter, Stängel und Wurzeln verschiedener Pflanzenarten kommen in den vielfältigsten Formen, Farben und Größen vor, sie sind sich aber dennoch ähnlich.

Alle Blütenpflanzen haben den gleichen Aufbau, einen gemeinsamen Grundbauplan. Die drei *Grundorgane* einer Blütenpflanze sind *Wurzel*, *Sprossachse* und *Blatt*. Die Rapspflanze zum Beispiel zeigt den typischen Grundbauplan einer Blütenpflanze. Raps ist eine wertvolle Futterpflanze und darüber hinaus wichtiger Lieferant von Speiseöl, aber auch von Biodiesel.

1 Am Wegrand – eine wahre Blütenvielfalt

Die Wurzel gibt Halt und liefert Wasser

Die Wurzeln verankern die Pflanze im Boden. Von der Hauptwurzel zweigen die Seitenwurzeln ab. An diesen befinden sich feine Wurzelhärchen, mit denen die Pflanze Wasser und darin gelöste Mineralstoffe aus dem Boden aufnimmt. Beim Raps und bei manchen anderen Pflanzen ist die Hauptwurzel verdickt und dringt tief in den Boden ein. Man bezeichnet sie auch als Pfahlwurzel. Andere Pflanzen bilden Flachwurzeln aus, die dicht unterhalb der Bodenoberfläche bleiben. Wurzeln wachsen immer nur an ihrer Spitze.

Die Sprossachse trägt Blätter und Blüten

Bei krautigen Pflanzen bezeichnet man den meist saftigen Stängel als Sprossachse. Bei Sträuchern und Bäumen spricht man von Stamm, Ast oder Zweig. Die Sprossachse trägt Laubblätter und Blüten. In ihr verlaufen Leitungsbahnen, die das Wasser mit den Mineralstoffen und den Nährstoffen transportieren.

Die Laubblätter sind vielgestaltig

In ihrem Aussehen sind Laubblätter sehr vielfältig. Der Grundaufbau aller Blätter ist aber gleich: Sie haben eine *Blattspreite*, einen *Blattstiel* und einen *Blattgrund*. Besonders die Blattfläche kann sehr unterschiedlich gestaltet sein. Die *Blattadern* kann man mit

Wiesen-Knäuelgras Margerite Wiesen-Lieschgras Wilde Möhre

Rotklee

Wiesen-Glockenblume

2 Einige typische Blütenpflanzen

bloßem Auge erkennen. Sie durchziehen das gesamte Blatt regelmäßig. In den Laubblättern finden wichtige Stoffwechselvorgänge statt. Zum Beispiel erfolgt hier die Bildung energiereicher Nährstoffe.

Blüten sind besondere Blätter

Die Blüten werden aus besonderen Blättern gebildet: Sie bestehen aus *Kelchblättern*, *Kronblättern* und *Staubblättern* sowie einem oder mehreren *Stempeln*. Die Staubblätter sind die männlichen Teile der Blüte. Stempel sind die weiblichen Blütenteile. Sie enthalten in ihrem Fruchtknoten eine oder mehrere Samenanlagen. Die grünen Kelchblätter bilden eine schützende Blütenhülle. Bunte Kronblätter locken Insekten an.

In Kürze

Pflanzen zeigen in ihrem Erscheinungsbild eine erstaunliche Vielfalt. Dennoch haben alle Blütenpflanzen den gleichen Grundbauplan. Wurzel, Sprossachse und Blatt sind die Grundorgane einer Blütenpflanze. Sie erfüllen unterschiedliche Funktionen.

Aufgaben

1 ☐ Nenne die Grundorgane der Blütenpflanzen und deren wichtigste Funktionen.

2 ☑ Beschreibe Gemeinsamkeiten der auf Bild 2 abgebildeten Wiesenpflanzen.

3 ☑ Betrachte Pflanzen deiner Umgebung. Bei welchen Pflanzen hast du Schwierigkeiten, den Grundbauplan zu erkennen? Begründe.

Schemazeichnung einer Blüte im Längsschnitt

Kronblatt
Staubblatt
Narbe
Griffel
Fruchtknoten
Stempel

Schemazeichnung einer Blüte von oben

Kelchblatt
Kronblatt
Stempel
Staubblatt

Blüte
Frucht
Sprossachse
Blattader
Blattspreite
Blattgrund
Laubblatt
Wurzel

3 Die Rapspflanze und ihre Blüte zeigen den typischen Grundbauplan.

Untersuchen mit Lupe und Binokular

Beim Betrachten von Pflanzen und Tieren kannst du viele Merkmale mit bloßem Auge nicht oder nur schwer erkennen, da sie sehr klein sind. Mit einer Lupe kannst du diese Feinheiten so vergrößern, dass sie für dich besser erkennbar werden.

Originalgröße (1×)

Aus Klein wird Groß

Die Vergrößerung ist auf jeder Lupe mit einer Zahl angegeben. Beispielsweise bedeutet 5×, dass die Lupe um das Fünffache vergrößert. Rechts siehst du drei verschiedene Lupenarten, die sich im Einsatzbereich unterscheiden: Insekten lassen sich gut in der *Becherlupe* beobachten. Die *Klapplupe* passt für unterwegs in jede Hosentasche. Mit ihr kannst du sehr gut Pflanzenteile untersuchen.

Leselupe: 2- bis 3-fache Vergrößerung

Unter die Lupe nehmen

Um beispielsweise eine Blüte genauer zu betrachten, hält man eine Lupe zwischen Auge und Blüte. Man verkleinert den Abstand der Lupe zur Blüte, bis die Einzelheiten deutlich zu erkennen sind.

Becherlupe: 5-fache Vergrößerung

Arbeiten mit dem Binokular

Bei einem Binokular betrachtet man das Objekt mit beiden Augen gleichzeitig. Man nennt es daher auch *Stereolupe*. Einzelheiten sind wegen der starken Vergrößerung und des räumlichen Sehens besonders gut zu erkennen. Mit Hilfe eines Drehknopfs wird scharf gestellt. Meistens kann man den Gegenstand noch von oben beleuchten.

Beim Arbeiten mit dem Binokular legt man die zu betrachtenden Objekte am besten auf ein Stück Millimeterpapier. So bekommt man eine Vorstellung von der tatsächlichen Größe.

Klapplupe: bis zu 10-fache Vergrößerung

Aufgabe

1 □ Betrachte mit Lupe oder Binokular verschiedene Pflanzen oder auch Gegenstände. Erkennst du Strukturen, die du mit bloßem Auge nicht gesehen hast? Beschreibe.

Binokular: bis zu 20-fache Vergrößerung

1 Lupen und ihre Vergrößerungen

Die Kirsche

A Untersuchung einer Kirschblüte

Material Kirschblüten, Papier, Klebstoff, Lupe, Pinzette, Rasierklinge, schneidfeste Unterlage, durchsichtiges Klebeband

Durchführung

- Betrachte mit der Lupe den Bau der Staubblätter und des Stempels der Kirschblüte. Streife mit dem Finger über den Staubbeutel. Beschreibe deine Beobachtungen. Nenne Eigenschaften der Pollen.
- Fertige ein Legebild von der Kirschblüte an.
- Stelle mit der Rasierklinge (vorsichtig!) einen Längsschnitt durch die Blüte her, indem du die Blüte von oben nach unten durchschneidest. Vergleiche mit der Schemazeichnung.
- Klebe den Längsschnitt mit Klebeband in dein Heft und beschrifte ihn.

Auswertung Betrachte das Legebild der Kirsche in Bild 1. Stelle die Merkmale der Kirschblüte in einer Tabelle zusammen.

B Beobachtungen am Kirschzweig

Material frisch erblühter Kirschzweig, Wassergefäß

Durchführung Stelle einen frisch erblühten Kirschzweig in einer Vase auf das Fensterbrett. Beobachte ihn über einige Tage hinweg. Sorge dafür, dass der Zweig stets mit ausreichend Wasser versorgt ist.

Auswertung Protokolliere deine Beobachtungen und beantworte die folgenden Fragen:
1 Wie lange dauert es vom Aufblühen bis zum Verblühen der Blüte?
2 Welche Blütenteile fallen ab, welche bleiben erhalten?
3 Wie verändert sich der Fruchtknoten im Verlauf der Zeit?

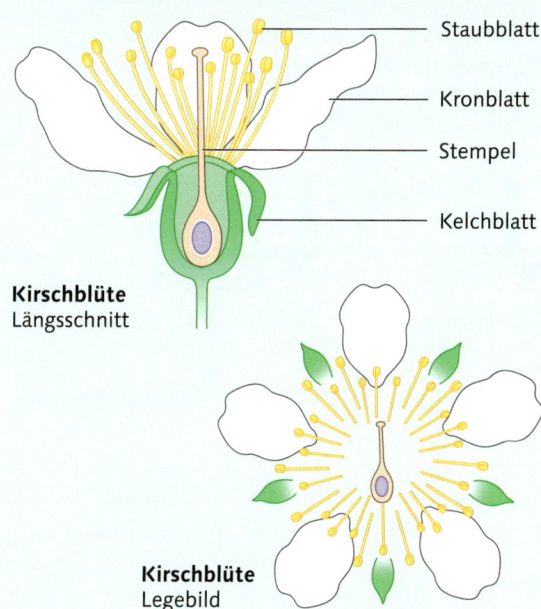

Staubblatt

Kronblatt

Stempel

Kelchblatt

Kirschblüte
Längsschnitt

Kirschblüte
Legebild

1 Längsschnitt und Legebild einer Kirschblüte

2 Kirschzweig und geöffnete Kirschblüte

Von der Blüte zur Frucht

Der ganze Kirschbaum, unter dem du stehst, scheint zu summen. An einem warmen Frühlingstag besuchen ihn unzählige Bienen. Zielstrebig steuern sie die duftenden Blüten an.

Bestäubung durch Insekten
Pflanzen, die von Bienen oder anderen Insekten bestäubt werden, haben meist auffällige, duftende Blüten. Sie locken die Insekten an. In den Blüten finden sie eiweißreichen *Pollen* und einen süßen Saft, den *Nektar,* der an der Innenseite der Kronblätter gebildet wird. Bienen sammeln Nektar, um daraus Honig herzustellen. Auf dem Weg in die Blüte bleibt Pollen von den Staublättern am Haarkleid der Bienen hängen. Besuchen sie andere Blüten der gleichen Art, werden einige Pollenkörner aus ihrem Haarkleid an der klebrigen Narbe des Stempels der neuen Blüte abgestreift. Die Blüte wird somit *bestäubt.*

Befruchtung
Aus dem Pollenkorn, das auf der Narbe liegt, wächst ein Pollenschlauch durch den Griffel bis in den Fruchtknoten. Im Innern des Fruchtknotens befindet sich eine Samen-

1 Eine Biene auf einer Kirschblüte

anlage, die eine Eizelle enthält. Der Pollenschlauch wächst auf die Eizelle zu. Eine männliche Keimzelle dringt aus dem Pollenschlauch in die Eizelle ein. Ihr Kern verschmilzt mit dem Kern der Eizelle. Damit ist die Eizelle *befruchtet.*

Geschlechtliche Fortpflanzung
Die Staubblätter werden als männliche Organe, die Stempel als weibliche Organe bezeichnet. Wenn bei der Zeugung von Nachkommen zwei Geschlechter beteiligt sind, spricht man von *geschlechtlicher Fortpflanzung.*

Blüten, bei denen männliche und weibliche Organe gemeinsam vorkommen, nennt man *zwittrig.* Aus den *Samen* können neue Pflanzen heranwachsen.

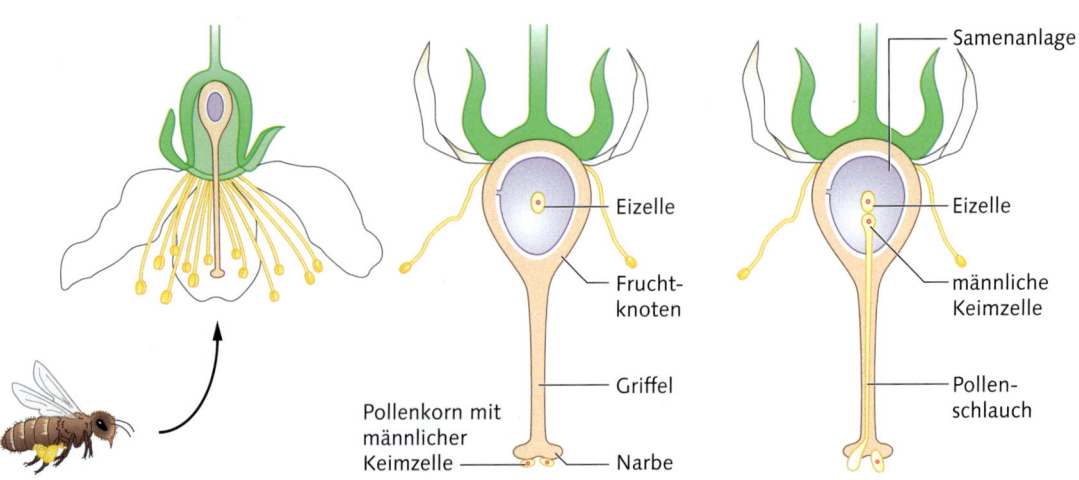

2 Von der Bestäubung zur Frucht

Verwandlung der Blüte

Nach der Befruchtung verändert sich die Blüte: Sie verblüht. Kelch-, Kron- und Staubblätter welken und fallen ab. Auch die Narbe vertrocknet. Im Innern des Fruchtknotens entwickelt sich aus der befruchteten Eizelle der Keimling. Er besitzt bereits eine Wurzel, einen Stängel und Blätter. Diese sind aber noch sehr klein.

Samen und Frucht

Der Samen besteht aus dem Keimling, einer Nährstoffreserve für dessen Entwicklung und der Samenschale.

Bei der Kirsche entsteht aus der inneren Schicht des Fruchtknotens die harte Schale des Steins um den Samen. Die mittlere Schicht lagert viel Wasser und Zucker ein. Sie wird zum süßen *Fruchtfleisch*. Die äußere Schicht entwickelt sich zur Haut der Kirsche. Der Samen und seine Hüllen bilden die Kirschfrucht. Der Reifungsvorgang dauert von Mai bis Mitte Juli. Die reifen Früchte einer Kirsche enthalten also jeweils einen einzelnen Samen, der von einer harten Steinschicht und von saftigem Fruchtfleisch umgeben ist. Man spricht, wie auch bei Pflaumen und Aprikosen, von einer *Steinfrucht*. Fällt eine reife Kirsche zu Boden, kann der Samen im nächsten Jahr keimen. Aus ihm wächst dann ein neuer Kirschbaum heran.

In Kürze

Bei der geschlechtlichen Fortpflanzung von Pflanzen sind Bestäubung und Befruchtung Voraussetzungen dafür, dass sich aus den Samenanlagen Samen entwickeln können. Sie bestehen aus Samenschale, Nährstoffreserve und dem Keimling. Teile des Fruchtknotens bilden die Hüllen, die den Samen umgeben. Samen und Hüllen bezeichnet man als Frucht.

Aufgaben

1 ☐ Beschreibe die Aufgabe der Bienen bei der Bestäubung der Kirschblüte.
2 ◪ Erläutere den Vorgang der Befruchtung.
3 ◪ Begründe, weshalb man hier von geschlechtlicher Fortpflanzung spricht.

Weiter gedacht Bestäubung durch den Wind

Bei vielen Pflanzen, zum Beispiel der Birke, übernimmt der Wind den Transport von Pollenkörnern auf die Narbe. Blüten, die vom Wind bestäubt werden, sind meist klein und unscheinbar. Sie produzieren jedoch riesige Mengen von Pollenkörnern, sodass zur Blütezeit oft ganze Blütenstaubwolken in der Luft zu beobachten sind. Durch die große Menge an Pollen ist es wahrscheinlich, dass trotz dieser eher zufälligen Verbreitung Pollen auf die klebrigen Narben fast aller weiblichen Blüten gelangt.

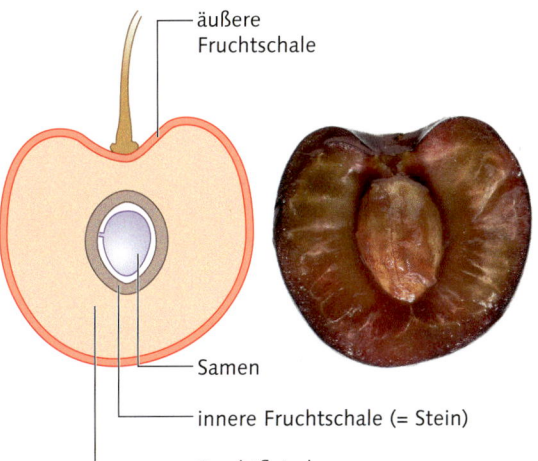

äußere Fruchtschale
Samen
innere Fruchtschale (= Stein)
Fruchtfleisch

Verbreitung von Samen und Früchten

Pflanzen kannst du an den ungewöhnlichsten Orten finden. So wächst Löwenzahn auch auf Mauern, und Birken manchmal sogar in Dachrinnen. Dort wurden sie sicher nicht hingepflanzt. Aber wie gelangen sie dorthin?

Fliegen und Schweben

Viele Samen werden vom Wind verbreitet. Die *Flugfrüchte* des Löwenzahns besitzen einen Schirm aus kleinen Härchen, der sie im Wind wie ein Fallschirm durch die Luft trägt.

Die dünnen Häute der Samen von Birke und Feldulme wirken wie die Flügel eines Segelfliegers. Mit dem Wind gleiten sie durch die Luft. Die Früchte von Ahorn und Esche dagegen haben nur einen Flügel. Sie drehen sich wie der Rotor eines Hubschraubers, wenn sie zur Erde schweben.

Die Pflanzen produzieren sehr viele Samen. Dadurch erhöht sich die Wahrscheinlichkeit, dass sie auf fruchtbaren Boden fallen.

Streuen und Schleudern

Einige Pflanzen sorgen selbst für die Verbreitung ihrer Samen. In den reifen *Schleuderfrüchten* des Springkrauts entsteht beim

1 Wie kommt die Birke auf das Dach?

Trocknen im Innern eine Spannung. Ist diese groß genug oder werden die Früchte berührt, platzt die Frucht auf und schleudert die Samen meterweit weg. Wenn sich die reifen Samenkapseln des Mohns im Wind neigen, verstreuen sie ihre Samen. Auch Glockenblumen und Löwenmäulchen besitzen solche *Streufrüchte*.

Schwimmen und Tauchen

Viele Wasserpflanzen wie der Wasserhahnenfuß und die Seerose bilden *Schwimmfrüchte*. Ihre Hohlräume sind mit Luft gefüllt. Dadurch treiben sie auf dem Wasser und können verbreitet werden. Kokosnüsse gelangen so oft über Tausende Kilometer zu neuen Stränden.

2 Das Springkraut hat Schleuderfrüchte.

3 Der Klatschmohn hat Streufrüchte.

4 Eichhörnchen legt Wintervorrat an.

Fressen und Verschleppen

Viele Pflanzen bilden farbige und schmackhafte Früchte. Dadurch werden Tiere angelockt, die sie verbreiten. Manchmal verlieren die Tiere Früchte beim Transport. Fressen sie die Früchte, werden die unverdaulichen Samen später mit dem Kot ausgeschieden. Einige Tiere, wie die Eichhörnchen, vergraben Samen als Wintervorrat. Da nicht alle Vorräte gefressen werden, können die übrigen im Frühjahr keimen. Andere Pflanzen wie das Schneeglöckchen, das Veilchen und die Taubnessel haben an ihren Samen fetthaltige Anhängsel, die den Ameisen als Nahrung dienen. Sie transportieren die Samen zu ihrem Bau. Dabei gehen einige verloren, die dann keimen können.

Klettfrüchte bleiben mit ihren Haken im Fell von Tieren hängen und werden so verbreitet.

5 Ameise trägt Samen mit Fettanhängsel.

Reisen und Transportieren

Auch der Mensch verbreitet die Samen vieler Pflanzen unbeabsichtigt. In den Profilen von Schuhen können die Samen des Breitwegerichs transportiert werden. Ebenso verbreiten Autos, Züge, Schiffe und Flugzeuge viele Samen weltweit. So wurden zum Beispiel der Riesen-Bärenklau und die Kanadische Goldrute unbeabsichtigt in Deutschland eingeschleppt. Hier breiten sie sich aus und verdrängen heimische Pflanzen.

In Kürze

Früchte und Samen können durch Wind, Wasser, Tiere und den Menschen verbreitet werden. Die Verbreitungsart hängt vom Bau der Samen ab. Je mehr Samen produziert werden, desto *größer* ist die Wahrscheinlichkeit, dass sie auf fruchtbarem Boden landen.

Aufgaben

1 ☐ Nenne Beispiele für die verschiedenen Verbreitungsarten von Pflanzen.

2 ☑ Begründe, weshalb die Birke in Bild 1 in der Dachrinne wachsen kann.

3 ■ Stelle Vermutungen darüber auf, weshalb für Pflanzen eine möglichst weite Verbreitung ihrer Samen von Vorteil ist.

Samen

A Flugverhalten von Früchten

Material Flugfrüchte verschiedener Waldbäume (Bergahorn, Linde, Hainbuche, Esche, Birke), Stoppuhr, Schere

Durchführung

- Lasst aus etwa zwei Meter Höhe nacheinander verschiedene Flugfrüchte zu Boden fallen. Beobachtet und vergleicht ihr Flugverhalten.
- Wiederholt den Versuch. Messt nun die Zeit mit der Stoppuhr, die jeder Samen für die gleiche Strecke benötigt. Protokolliert eure Beobachtungen und Messergebnisse.
- Entfernt mit einer Schere die Flugvorrichtungen der Früchte. Wiederholt den Versuch und messt wieder die Zeit. Protokolliert eure Beobachtungen.

Auswertung

1 Begründet die unterschiedlichen Flugzeiten.
2 Erläutert die Aufgaben der Flugvorrichtungen der Früchte.

1 Flugfrüchte verschiedener Pflanzen:
A Bergahorn; B Hainbuche; C Linde; D Esche; E Birke

B Bau eines Hubschraubermodells

Material Papier (DIN A5), Schere, Büroklammer

Durchführung

- Zeichne die Linien wie in Bild 2 auf dein Papier und schneide das Papier an den roten Linien ein. Die zwei Seitenteile des »Fußes« werden an den grünen Linien gefaltet. Unten wird eine Büroklammer angehängt. Die beiden Flügel müssen in die entgegengesetzte Richtung gefaltet werden.
- Lass deinen Papierflieger aus circa zwei Meter Höhe zu Boden fliegen. Beobachte.
- Wiederhole den Flugversuch, nachdem du die Büroklammer entfernt hast.

Auswertung

1 Beschreibe das unterschiedliche Flugverhalten.
2 Vergleiche die Bestandteile des Papierfliegers mit einer Ahornfrucht.

2 Papiermodell einer Flugfrucht des Ahorns

3 Große Klette und Frucht

5 Scharfer Mauerpfeffer

C Die Klettfrucht

Material Früchte der Großen Klette, Klettverschluss, Lupe

Durchführung
- Betrachte die Frucht der Großen Klette mit der Lupe. Schaue genau die Enden der Fruchtblätter an.
- Betrachte die Teile eines Klettverschlusses mit der Lupe und zeichne sie.

Auswertung
1 Beschreibe die Klettmechanismen der Pflanze und des Klettverschlusses.
2 Beschreibe, wie die Früchte der Klette verbreitet werden.
3 Stelle Vermutungen auf, wie sich die Samen vom Fell lösen können.

D Verbreitung bei Regen

Material reife Früchte des Scharfen Mauerpfeffers, Petrischale, Wasser

Durchführung
- Betrachte die trockenen Früchte des Mauerpfeffers genau und zeichne eine Frucht.
- Fülle die Petrischale zur Hälfte mit Wasser. Lege einige Früchte hinein.
- Protokolliere deine Beobachtungen.

Auswertung
1 Erkläre die Verbreitung des Mauerpfeffers.
2 Da Mauerpfeffer an trockenen Wegrändern und auf Mauern und Felsen wächst, kannst du nun begründen, bei welchem Wetter die Samen verbreitet werden.

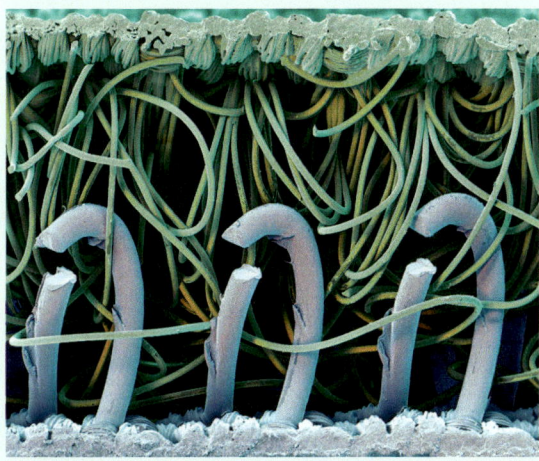

4 Mikroskopische Aufnahme: Klettverschluss

6 Scharfer Mauerpfeffer:
A Blütenstand; B Fruchtstand; C Frucht

Wie Naturwissenschaftler Lösungen finden

Hast du schon mal beobachtet, dass Grassamen auf Gartenerde keimen? Auf asphaltierten Wegen keimen die Samen aber nicht. Was sind die Voraussetzungen, damit Samen keimen? Biologen wollen das Leben auf der Erde verstehen. Wie alle Naturwissenschaftler beobachten sie die Natur, stellen Fragen und suchen deren Antworten. Dabei gehen sie nach einem festen Schema vor.

1 Beobachten Wenn du mit offenen Augen durch die Natur gehst, kannst du viele Dinge beobachten. Dazu musst du nur genau hinsehen. Auch Unwichtiges kann wichtig sein.

2 Fragen formulieren Leite aus deinen Beobachtungen Fragen ab. Formuliere die Fragen möglichst genau. Sie sollten nach einem bestimmten Ziel fragen.

3 Hypothesen aufstellen Versuche auf der Grundlage deiner Beobachtungen begründete Vermutungen aufzustellen. Das sind Hypothesen. Um diese Hypothesen zu überprüfen, plant man einen Lösungsweg. Dies kann zum Beispiel ein Versuch sein.

1 Im Garten wurde Rasen gesät.

4 Versuch planen Überlege dir einen Versuch, mit dem man die Hypothesen überprüfen kann. Beginne dazu ein Versuchsprotokoll wie in Bild 3.

5 Versuch durchführen Führe den Versuch nach der Anleitung durch. Arbeite sorgfältig und sauber. Räume nach dem Versuch alle Materialien wieder weg. Protokolliere deine Messergebnisse in einer Tabelle.

6 Beobachtungen protokollieren Alle Veränderungen, die du während eines Versuchs sehen kannst, sind Beobachtungen. Dabei können auch scheinbar unwichtige Beobachtungen später wichtig sein. Beobachte deshalb sorgfältig und protokolliere alle Veränderungen in deinem Versuchsprotokoll.

7 Fehlerdiskussion Überlege, ob es bei dem Versuch zu Fehlern in der Durchführung gekommen ist. Hast du alle Vermutungen überprüft? Falls du Fehler entdeckst, kannst du deine Planung anpassen und den Versuch erneut durchführen. Manchmal kann man auch trotz ungenauer Messergebnisse zu einem eindeutigen Versuchsergebnis gelangen.

2 Die Grassamen sind gekeimt.

Versuchsprotokoll

Problemfrage: . . .

Vermutungen: . . .

Material: Liste alle für den Versuch nötigen Geräte und Stoffe auf.

Skizze: Fertige eine übersichtliche Skizze mit Bleistift an. Achte darauf, dass alle Materialien in der richtigen Anordnung zu sehen sind. Beschrifte die Skizze.

Durchführung: Beschreibe kurz und präzise die Schritte der Durchführung des Versuchs. So können auch andere diesen Versuch nach der Anleitung durchführen.

Beobachtungen: Protokolliere deine Beobachtungen genau. Alle Veränderungen, die du während des Versuchs erkennen kannst, müssen protokolliert werden. Bei einigen Versuchen müssen auch Messergebnisse notiert werden. Dies macht man übersichtlich in einer Tabelle.

Auswertung: Leite hier aus deinen Beobachtungen deren Bedeutung in Bezug zu den Vermutungen ab.

Antwort: Formuliere eine Antwort auf die Problemfrage.

3 Vorlage für ein Versuchsprotokoll

8 Auswertung Deute deine Beobachtungen im Hinblick auf deine zuvor aufgestellte Hypothese. Formuliere eine Antwort auf die Problemfrage.

Aufgabe

1 ☑ Suche nach weiteren Möglichkeiten, Hypothesen auf ihre Richtigkeit zu überprüfen.

Keimung

Damit Samen keimen können, müssen mehrere Bedingungen erfüllt sein. Um diese Bedingungen einzeln zu untersuchen, musst du mehrere Versuche durchführen.

Material 6 Petrischalen, Kressesamen, Erde, Löffel, Wasser, Watte, Tiefkühlbeutel, Trinkhalm, Gummiband, Schuhkarton

Durchführung

In fünf Schalen werden mehrere Kressesamen ausgesät. In jeder Schale verändert man nur eine der Lebensbedingungen Wasser, Erde, Luft, Licht oder Wärme. Alle Petrischalen werden mit der jeweils fehlenden Bedingung beschriftet.

A Wasser
Fülle eine Schale mit trockener Erde und lege die Samen darauf.

B Erde
Lege eine Schale mit feuchter Watte aus und gib die Samen darauf.

C Luft
Fülle eine Schale mit feuchter Erde und gib die Samen darauf. Stelle die Schale in einen Tiefkühlbeutel und sauge die Luft mit einem Trinkhalm heraus. Verschließe den Beutel möglichst luftdicht mit einem Gummiband.

D Licht
Fülle eine Schale mit feuchter Erde und gib die Samen darauf. Stelle die Schale in einem Schuhkarton dunkel.

E Wärme
Fülle eine Schale mit feuchter Erde und gib die Samen darauf. Stelle die Schale in einen kalten, hellen Raum.

F Kontrollversuch
- Fülle eine weitere Schale mit feuchter Erde und gib die Samen dazu. Biete Luft, Licht und Wärme.
- Prüfe nach 3 bis 7 Tagen in jeder Schale, wie viele Samen gekeimt sind. Vergleiche die Keimlinge miteinander.
- Protokolliere deine Beobachtungen in einer Tabelle.

Auswertung
Nenne die Bedingungen, die erfüllt sein müssen, damit Kressesamen keimen können.

1 Versuch ohne Wasser

4 Versuch ohne Licht

2 Versuch ohne Erde

5 Versuch ohne Wärme

3 Versuch ohne Luft

6 Kontrollversuch

Die Keimung der Feuerbohne

»Chili con Carne« ist ein südamerikanisches Nationalgericht, das auch bei uns gerne gegessen wird. Eine wichtige Zutat ist die Feuerbohne. Sie stammt aus Südamerika, wo sie schon seit 8000 Jahren angebaut wird. Feuerbohnensamen enthalten viele Nährstoffe und können getrocknet einfach und lange gelagert werden.

1 Samen der Feuerbohne

Der Nährstoffvorrat dient dem Keimling

Im Innern jeder Bohne ist ein winziger *Keimling* angelegt. Steckt man eine Bohne in feuchte Erde, so nimmt sie Wasser auf und fängt an zu *quellen*. Damit beginnt die *Keimung*: Die *Keimwurzel* bricht durch die *Samenschale* und wächst mit der Schwerkraft nach unten in die Erde. Der *Keimstängel* streckt sich entgegengesetzt und zieht dabei die beiden *Keimblätter* aus der Samenschale. Die Stärkereserven in den beiden Keimblättern benötigt der Keimling zum Wachsen, bis er die ersten Laubblätter gebildet hat.

Die Feuerbohne ist eine Kletterpflanze

Die Feuerbohne ist eine schnell wachsende, buschige Kletterpflanze. Sie windet sich an Gegenständen empor. Die Blüten sind feurig rot oder weiß. Aus den bestäubten Blüten wachsen lange Hülsenfrüchte mit den neuen Bohnensamen heran.

In Kürze

Die Keimung der Bohnensamen beginnt mit der Quellung. Dann treiben die Keimwurzel und der Keimstängel aus. Die in den Keimblättern gespeicherten Nährstoffe werden vom Keimling während der Keimung zum Wachstum genutzt.

Aufgaben

1 ☐ Beschreibe in Stichpunkten den Vorgang der Keimung.
2 ☑ Wenn die ersten Laubblätter gebildet werden, verschwinden die Keimblätter. Suche nach einer Begründung.

Laubblatt
Keimstängel
Keimwurzel
Keimblatt
Samenschale

2 Die Keimung der Feuerbohne

Wie Pflanzen wachsen

A Wir messen das Pflanzenwachstum

Markierungen

1 Stängelwachstum

Material Becherglas, feuchte Erde, gequollene Samen der Feuerbohne, wasserfester Stift, Lineal

Durchführung Fülle das Becherglas mit feuchter Erde. Drücke eine Bohne am Rand des Glases in die Erde, sodass du sie sehen kannst. Stelle das Glas hell und warm. Halte die Erde im Glas feucht. Warte, bis der Keimstängel zwei Zentimeter aus der Erde ragt. Zeichne mit einem wasserfesten Stift im Abstand von zwei Millimetern Markierungsstriche vorsichtig auf den Keimstängel.

Miss täglich zwei Wochen lang die gesamte Länge des Stängels und die Abstände zwischen den Markierungen. Beobachte auch das Längenwachstum der Keimwurzel. Protokolliere deine Beobachtungsergebnisse in einer Tabelle.

Auswertung Beschreibe das Wachstum des Keimstängels. Erstelle wie im Beispiel unten eine Wachstumskurve.

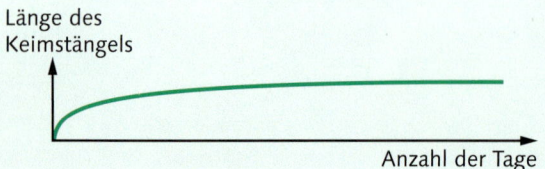

Länge des Keimstängels

Anzahl der Tage

2 Beispiel für eine Wachstumskurve

B Pflanzen orientieren sich zum Licht

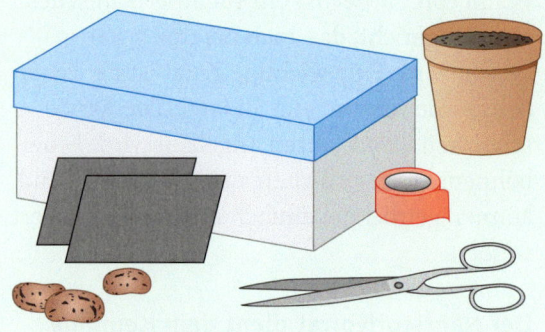

3 Material zum Versuch

Material Blumentopf, feuchte Erde, gequollene Samen der Feuerbohnen, Schuhkarton, Pappstreifen, Schere, Klebeband

Durchführung Pflanze die Samen in den Blumentopf. Warte, bis sich ein Keimling entwickelt hat. Klebe zwei Streifen Pappe versetzt in den Karton, sodass ein Labyrinth entsteht. In eine Ecke des Deckels schneidest du ein Loch. Stelle den Topf mit dem Keimling in den Schuhkarton. Lege den Deckel auf den Schuhkarton, sodass das Loch dem Keimling gegenüberliegt. Stelle den Schuhkarton an einen hellen, warmen Platz. Halte die Erde im Blumentopf feucht. Betrachte nach einer Woche die Pflanze im Schuhkarton.

Auswertung Beschreibe und zeichne das Wachstum der Pflanze. Erläutere das Wachstum der Pflanze im Labyrinth.

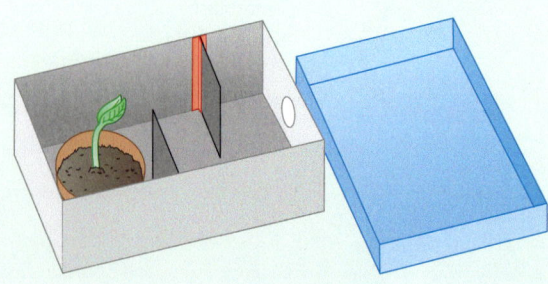

4 Pflanzen orientieren sich zum Licht.

Vermehrung ohne Samen

Die meisten Blütenpflanzen vermehren sich geschlechtlich, indem sich aus den bestäubten Blüten Früchte und Samen entwickeln. Einige Pflanzen können sich aber auch ohne Samen fortpflanzen. Diese *ungeschlechtliche Fortpflanzung* ermöglicht es ihnen, sich schnell an einem Standort auszubreiten.

Sprossausläufer

Die Erdbeere bildet *Sprossausläufer,* aus denen *Ableger* hervorgehen. Wenn die bogenförmigen Sprosse mit ihren Spitzen den Boden erreichen, beginnen sie zu wurzeln und bilden neue Sprosse. Auch die Grünlilie bildet an langen Sprossausläufern Ableger.

Bildung von Brutknospen

Die Brutblattpflanze bildet am Rand ihrer Blätter kleine Ableger. Das sind winzige Pflanzen mit Wurzeln und Blättern. Wenn sie auf die Erde fallen, wachsen sie zu ausgewachsenen Pflanzen heran.

Stecklingsvermehrung

Viele Pflanzen kann man durch *Stecklinge* vermehren. Die Blätter der Begonie bilden Wurzeln, wenn man sie in feuchte Erde steckt. Daraus wachsen neue Begonien heran. Da man Blätter in die Erde steckt, nennt man sie *Blattstecklinge*. Steckt man einen Zweig der Weide oder der Geranie in Wasser, bilden sich neue Wurzeln. Man spricht hier von *Sprossstecklingen*.

Knollen und Zwiebeln

Kartoffeln oder Tulpen bilden unterirdisch *Knollen* oder *Zwiebeln*. Daraus können sich neue Pflanzen entwickeln. An den Kartoffelknollen gibt es sichtbare Vertiefungen, die als »Augen« bezeichnet werden. In diesen Vertiefungen sitzen Seitenknospen, aus denen sich Sprosse und Blätter entwickeln.

In Kürze

Manche Pflanzen können sich auch ungeschlechtlich vermehren. Dazu bilden sie Knollen, Zwiebeln, Ausläufer oder Ableger. Bestimmte Pflanzen lassen sich auch über Stecklinge vermehren.

Aufgabe

1 ☐ Liste die Formen der ungeschlechtlichen Vermehrung auf und beschreibe sie. Erstelle dazu eine Tabelle.

2 ◩ Zäune, die aus in die Erde gesteckten Weidezweigen bestehen, schlagen aus und bekommen grüne Blätter. Erläutere.

1 Ableger der Grünlilie

2 Ableger der Brutblattpflanze

3 Blattsteckling der Begonie

Lebensgemeinschaft Wiese

Eine bunte Blumenwiese mit vielen unterschiedlichen Blüten und Farben ist ein Erlebnis für alle Sinne. Hier wachsen die verschiedensten Blütenpflanzen in einem scheinbaren Durcheinander und ergeben ein buntes Mosaik. Wo eine so große Vielfalt an Pflanzen herrscht, kommen auch zahlreiche Tiere vor, die das reiche Angebot von Nektar und Pollen nutzen.

Lebensbedingungen auf der Wiese

Zwischen den dicht stehenden Wiesenpflanzen bleibt es lange feucht. Es ist windstill und die Temperatur schwankt nur wenig. Wird die Wiese gemäht, ändern sich die Lebensbedingungen jedoch schlagartig: Den Tieren fehlen Unterschlupf und Nahrung, Wind und Sonne haben einen viel stärkeren Einfluss. Die Wiesentiere sind an diesen Wechsel angepasst: Beispielsweise haben Zikadenlarven dann gerade ihre Entwicklung abgeschlossen. Heuschrecken ziehen in tiefere Stockwerk näher am Wiesenboden. Viele andere Arten weichen auf ungemähte Nachbarwiesen oder Randstreifen aus und kehren später zurück.

Trotz dieser wechselnden Lebensbedingungen können vielfältige Beziehungen zwischen den Wiesenbewohnern entstehen: Sie bilden eine Lebensgemeinschaft.

Blüten und Blütenbesucher

Bienen, Hummeln, Schmetterlinge und Fliegen werden von den Blüten der Wiesenkräuter angelockt. In ihnen finden sie Nektar und Pollen als Nahrung. Gleichzeitig bestäuben sie die Blüten. Viele Wiesenblumen können sich ohne ihre Bestäuber nicht fortpflanzen. Ohne die Blumen müssten aber auch die Insekten verhungern.

1 Blütenreiche Wiese

Ein »Schlaraffenland« für Pflanzenfresser

Wiesen bieten vielen Pflanzenfressern ein reiches Nahrungsangebot. Der kleine Feuerfalter saugt den Nektar der Wiesenblumen. Feldmäuse fressen junge Grastriebe, Feldheuschrecken bevorzugen junge Grasblätter. Die Larven der Wiesenschnaken nagen an Graswurzeln. Der Feldhase findet auf der Wiese die abwechslungsreiche Kräuterkost, auf die er angewiesen ist. Säftesauger, wie Blattläuse, Kleinzikaden und Wiesenwanzen, stechen mit ihrem Saugrüssel verschiedene Pflanzenorgane an.

Sauerampfer · Kuckuckslichtnelke · Wiesen-Schwingel · Wiesen-Bocksbart · Wiesen-Storchschnabel

2 Typische Wiesenpflanzen

Räuber und Beute

Ein Hermelin verfolgt eine Feldmaus im Gras-
dickicht. Eine Wespenspinne schneidet eine
gefangene Feldheuschrecke aus ihrem Netz.
Jedes Mal wird ein Pflanzenfresser zur Beute
eines Fleischfressers, den man oft auch als
»Räuber« bezeichnet. Wenn
Räuber selbst das Opfer
anderer Fleischfresser
werden, entstehen
Nahrungsketten aus
mehreren Gliedern.
Die Nahrungskette:
Gras → Heuschrecke
→ Wespenspinne ist
nur ein Beispiel.
Die meisten Nahrungs-
ketten sind verzweigt: Das Gras wird nicht nur
von der Heuschrecke, sondern auch von der
Feldmaus gefressen. Die Wespenspinne fängt
neben Heuschrecken andere Insekten und hat
selbst Fressfeinde. So verzweigen sich die
Nahrungsketten zum Nahrungsnetz.

Vielfalt der Wiesen

Wiesen können je nach Standort, der Art der
Nutzung und den vorherrschenden Umweltbedingungen ganz unterschiedlich aussehen.
So wachsen auf *Magerwiesen* Pflanzen, die
an Trockenheit angepasst sind. Gräser und
Blumen mit hohem Mineralstoffbedarf sie-
deln sich auf *Feuchtwiesen* an.

A Mäusebussard
B Grauammer
C Blindschleiche
D Feldhase
E Feldmaus
F Maulwurf
G Kleiner Feuerfalter
H Ackerhummel
I Wespenspinne
J Wiesenschaumzikade
K Feldheuschrecke
L Goldlaufkäfer
M Ackerschnecke
N Regenwurm
O Wiesenschnakenlarve

In Kürze

In einer Wiese ist es feucht und windstill, die
Temperaturen schwanken kaum. Nach dem
Mähen ändert sich dies schlagartig. Die Tiere
und Pflanzen der Wiese sind daran angepasst.
Die Lebewesen der Wiese stehen untereinander durch Nahrungsketten und Nahrungs-
netze in Beziehung. Sie bilden eine Lebensgemeinschaft.

Aufgaben

1 ☐ Beschreibe die Lebensbedingungen auf einer
Wiese. Beachte dabei besonders die Einflüsse
des Menschen.

2 ☐ Nenne typische Pflanzenfresser und typische
Fleischfresser auf einer Wiese. Nimm Bild 3 zu
Hilfe.

3 ◪ Stelle mit den Angaben im Text und mit Hilfe
von Bild 3 weitere Nahrungsketten zusammen.

3 Beispiele für Nahrungsketten in der Wiese

Die Wiese im Jahresverlauf

Im Verlauf eines Jahres verändert sich das Aussehen einer Wiese deutlich. Wiesen werden mindestens einmal im Jahr zur Gewinnung von Grünfutter gemäht. Die Mahd ist die größte Veränderung, die du auf einer Wiese beobachten kannst.

Das Wiesenjahr beginnt
Mehr braun als grün sieht eine Wiese nach dem langen Winter aus. Doch schon bald bringen Frühblüher wie Veilchen und Schlüsselblumen Farbtupfer hinein. Ab Ende April beginnen die Wiesengräser zu wachsen. Bald erstrahlt die ganze Wiese in frischem Grün.

Erster Hochstand
Nun ändert die Wiese von Woche zu Woche ihr Aussehen. Blühen schließlich Anfang Juni Lichtnelken, Glockenblumen, Wiesensalbei und eine Fülle von Gräsern, zeigt die Wiese ihr reichstes Blütenkleid.

Diesen farbenprächtigen Hochwuchs bezeichnet man als *ersten Hochstand*.

Die Mahd – ein starker Einschnitt
Mit der Mahd findet die Blütenpracht ein jähes Ende. Das Mähen bedeutet einen plötzlichen

1 Heuwender bei der Arbeit

Einschnitt, dem nur die bodennahen Blätter und Stängel entgehen. Aus den oberirdischen Pflanzenteilen wird Viehfutter, meist Heu.

Zweiter Hochstand
Nach der Heuernte treiben die Wiesenpflanzen erneut. Wärme und Regen ermöglichen ihnen im Hochsommer meist ein rasches Wachstum. Viele Arten blühen sogar ein zweites Mal. Allerdings werden die Pflanzen nicht mehr so hoch. Wenn im August das Gras seinen *zweiten Hochstand* erreicht, erfolgt die zweite Mahd. Wo es mild und feucht ist, kann man sogar ein drittes Mal mähen.

Wiesenpflanzen überstehen den Schnitt
Nach der Mahd haben alle Pflanzen gleiche »Startbedingungen«. Die neuen Sprosse abgeschnittener Gräser wachsen aus tief sitzenden Seitenknospen, die das Mähmesser nicht erreicht. Gräser können so besonders schnell nachwachsen. Sie sind deshalb die vorherrschenden Wiesenpflanzen. Beim Weißklee werden höchstens Blätter und Blüten abgemäht, sein kriechender Spross entgeht dem Messer. Auch Gänseblümchen und Löwenzahn schmiegen ihre Blattrosetten eng an den Boden an. Nach dem Mähen haben sie wieder viel Licht.

Basiskonzept **Lebensräume verändern sich**
Wie die Wiese ändern alle Lebensräume ihr Aussehen mit dem Wechsel der Jahreszeiten. Ändern sich die Umweltbedingungen jedoch langfristig, beispielsweise als Folge des Klimawandels oder durch Eingriffe des Menschen, so ändert sich auch der Lebensraum in seiner Gesamtheit. So können bei ausbleibender Beweidung oder Mahd auf einer Wiese erst Sträucher und später auch Bäume wachsen. Die sich verändernden Umweltbedingungen haben weitreichende Folgen: Neue Pflanzen- und Tierarten können einwandern und bestehende Arten verdrängen.

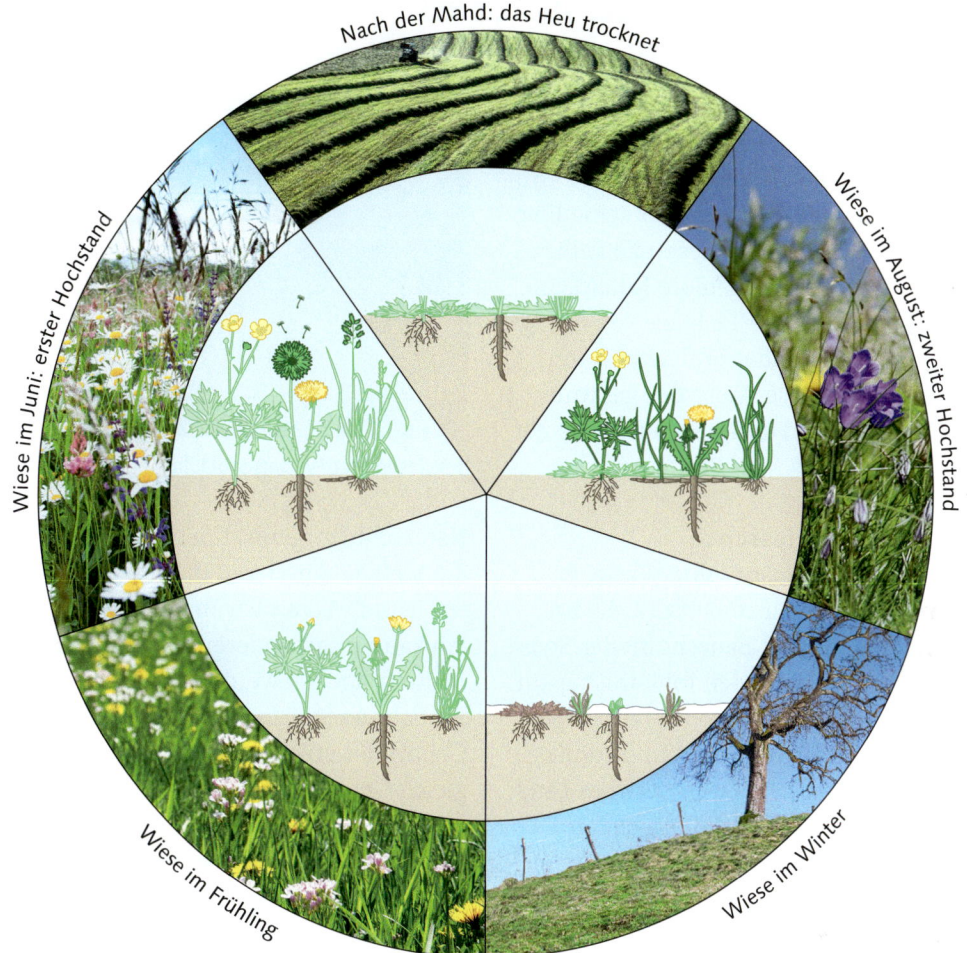

Nach der Mahd: das Heu trocknet

Wiese im Juni: erster Hochstand

Wiese im August: zweiter Hochstand

Wiese im Frühling

Wiese im Winter

2 Wiese im Jahresverlauf

Früchte sichern das Überleben

Ende Mai schweben die reifen Fallschirm-
früchte des Löwenzahns über die Wiese. Auch
die Frühblüher Schlüsselblume und Wiesenschaumkraut bilden noch vor der Mahd Früchte. Margerite und Sauerampfer, die erst im
Mai blühen, schaffen das ebenfalls, wenn das
Heu nicht zu früh geerntet wird.

Sommerblüher wie Kohldistel, Wilde Möhre
und Bärenklau überstehen den ersten
Schnitt mit grundständigen Blättern dicht
am Boden. Sie bilden erst im August Blüten.
Einen anderen Lebensrhythmus hat die
Herbstzeitlose: Sie blüht im Herbst nach
dem letzten Schnitt. Erst im nächsten Frühjahr bildet sie mit Hilfe der Speicherstoffe
in der Knolle Blätter und Früchte.

In Kürze

Wiesen werden jährlich ein- bis dreimal
gemäht. Die Pflanzen der Wiese halten dem
Mähen stand. Gräser bilden nach dem Schnitt
Ersatzsprosse. Andere Arten überleben mit
grundständigen Blättern oder wachsen erst im
Herbst vollständig heran.

Aufgaben

1 ☐ Beschreibe anhand von Bild 2 die jahreszeit-
lichen Veränderungen auf einer Wiese.

2 ☑ Vergleiche den ersten und zweiten Hochstand miteinander. Nenne Gemeinsamkeiten
und Unterschiede.

3 ☑ Stelle an zwei Pflanzen beispielhaft Angepasstheiten an die Veränderungen des Lebensraums durch die Mahd dar.

Mahd – Schaden und Nutzen

Der Wiesenknopf-Ameisenbläuling kommt auf wenig genutzten feuchten Mähwiesen vor. Ausschließlich in die Blütenköpfchen des Großen Wiesenknopfs legt er seine Eier. Werden die Wiesen zu früh gemäht, finden die Falter keine Blüten zur Eiablage vor. Erfolgt die Mahd großflächig, kann auf diese Weise der gesamte Bestand dieser Falter vernichtet werden.

1 Wiesenknopf-Ameisenbläuling

Wirtschaftliche Interessen ...

Milchbauer Petersen mäht seine Wiese. Er nutzt das Grünfutter für seine 60 Kühe im Stall. Früher mähten die Bauern mit der Sense ihre Wiesen erstmals um den Johannistag am 24. Juni. Heute wird der Zeitpunkt oft vorgezogen, um eine häufigere Mahd und somit mehr Futter zu erzeugen. Doch der vom Landwirt gewählte Zeitpunkt der Mahd hat große Auswirkungen auf einzelne Pflanzen und Tiere und damit auch auf die Lebensgemeinschaft Wiese.

... und Interessen des Naturschutzes

Der Wiesenknopf-Ameisenbläuling stellt nur ein Beispiel für viele gefährdete Arten dar, die durch intensive Landwirtschaft bedroht sind.

Naturschutzorganisationen haben zum Ziel, die Vielfalt von Tieren und Pflanzen zu erhalten. Durch Vereinbarungen mit den Landwirten kann unter anderem der Zeitpunkt der Mahd festgelegt werden. Sinken dadurch die Einnahmen der Landwirte, weil sie weniger Grünfutter ernten, bekommen sie zum Ausgleich Geld.

Aufgaben

1 ☐ Stelle die Interessen der Landwirte den Interessen des Naturschutzes gegenüber.

2 ☑ Begründe, warum die einmalige Mahd Ziel des Naturschutzes ist. Nimm Bild 2 zu Hilfe.

3 ■ Stelle Vermutungen darüber an, wie sich die Häufigkeit der Mahd auf das jeweilige Aussehen der Wiese auswirkt.

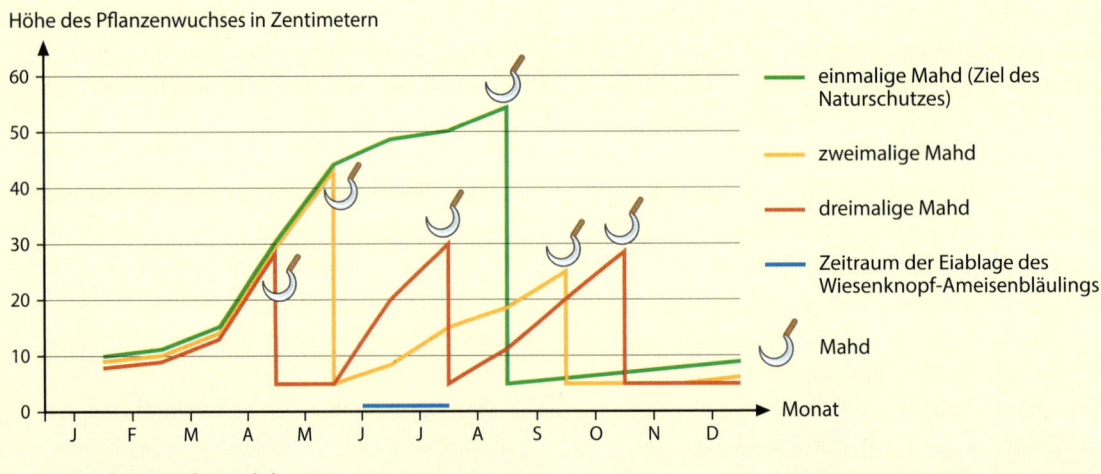

Höhe des Pflanzenwuchses in Zentimetern

— einmalige Mahd (Ziel des Naturschutzes)
— zweimalige Mahd
— dreimalige Mahd
— Zeitraum der Eiablage des Wiesenknopf-Ameisenbläulings
Mahd

2 Auswirkungen der Mahd

Rasen und Wiese

1 Ein gepflegter Rasen

1 Rasen im Fußballstadion

Im Gegensatz zu einer Wiese besteht ein gepflegter Rasen ausschließlich aus Gräsern. Will man einen Rasen erhalten, muss man ihn häufig mähen, düngen, wässern und belüften.

a ☑ Vergleiche den Verlauf der beiden Kurven in Bild 2.

b ☑ Beschreibe einen Versuch, mit dem man zu diesen Ergebnissen kommt.

c ☑ Ein Rasenstück im Garten soll in eine naturnahe Wiese umgewandelt werden. Beschreibe, wie man vorgehen müsste.

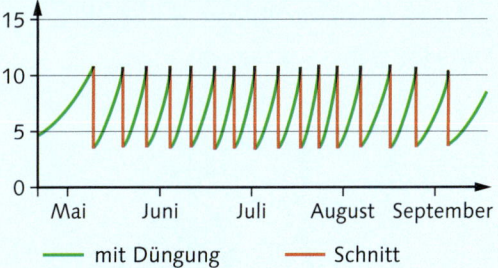

Höhe des Pflanzenwuches in cm

— mit Düngung   — Schnitt

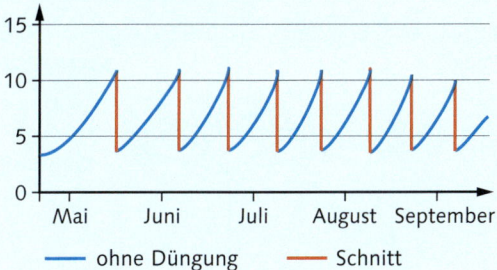

Höhe des Pflanzenwuches in cm

— ohne Düngung   — Schnitt

2 Pflege von Rasen mit und ohne Düngung

2 Düngung und Artenreichtum

3 A ungedüngte Wiese, B gedüngte Wiese

a ☑ Vergleiche die beiden Wiesen in Bild 3.

b ☑ Um Wiesen für die Futterproduktion intensiv nutzen zu können, werden sie häufig gedüngt und gemäht.
Beschreibe anhand von Bild 4 die Auswirkungen auf die Pflanzen und Tiere einer Wiese.

Anzahl Arten

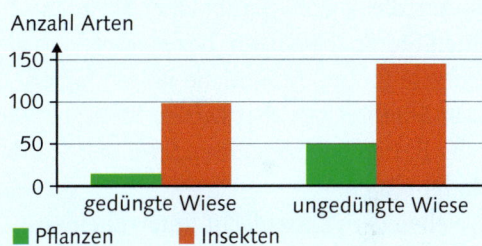

■ Pflanzen   ■ Insekten

4 Artenvielfalt von gedüngter und ungedüngter Wiese

c ■ Begründe, weshalb sich die Artenvielfalt der Insekten durch mehrmalige Mahd verändert.

d ☑ Ackerrandstreifen säumen Feldwege und Äcker und werden anders als die Ackerfläche nicht gedüngt. Beschreibe anhand von Bild 5 die Auswirkungen auf den Artenreichtum der Ackerrandstreifen.

5 Ackerrandstreifen

Bestimmungsmerkmale

Die Wilde Möhre gehört zur Pflanzenfamilie der Doldenblütengewächse. Im Bau der Blüten, aber auch der Blätter zeichnen sich die Angehörigen einer Pflanzenfamilie durch typische Merkmale aus.

Willst du den Namen einer Pflanze herausfinden oder bestimmen, zu welcher Familie oder Art eine bestimmte Pflanze gehört, musst du deren typische Merkmale erkennen. Dazu schaut man sich meist die Blüten und Blätter genauer an. Es reicht nicht aus, ein einziges Merkmal, beispielsweise die Blütenfarbe, zu beachten. Die ganze Pflanze, zumindest aber ihre oberirdischen Teile, müssen bei der Bestimmung berücksichtigt werden.

1 Wilde Möhre

Bau der Blüten

Blüten bestehen meist aus Kelchblättern, Kronblättern, Staubblättern und dem Stempel. Blüten, die sowohl Staubblätter als auch einen Stempel besitzen, bezeichnet man als *zwittrige* Blüten. Männliche Blüten haben zwar Staubblätter, aber keinen Stempel. Weibliche Blüten besitzen einen Stempel, Staubblätter fehlen.

Neben dem Geschlecht unterscheiden sich Blüten auch im Hinblick auf ihre Symmetrie. Beispielsweise erkennt man beim Wiesensalbei *achsensymmetrische* Blüten, die sich in einer Ebene spiegeln. Die *drehsymmetrische* Blüte des Gänseblümchens spiegelt sich dagegen in vielen Ebenen.

Viele Blüten – ein Blütenstand

Ein weiteres Bestimmungsmerkmal ist die Anordnung der Blüten. Selten stehen die Blüten einzeln, meist sind sie zu mehreren in *Blütenständen* angeordnet. *Traube, Ähre* und einfache *Dolde* bezeichnet man als einfache Blütenstände. *Rispe* und Dolde sind zusammengesetzte Blütenstände. Bei manchen Arten stehen die Blüten in Körbchen, die von Hüllblättern umgeben sind.

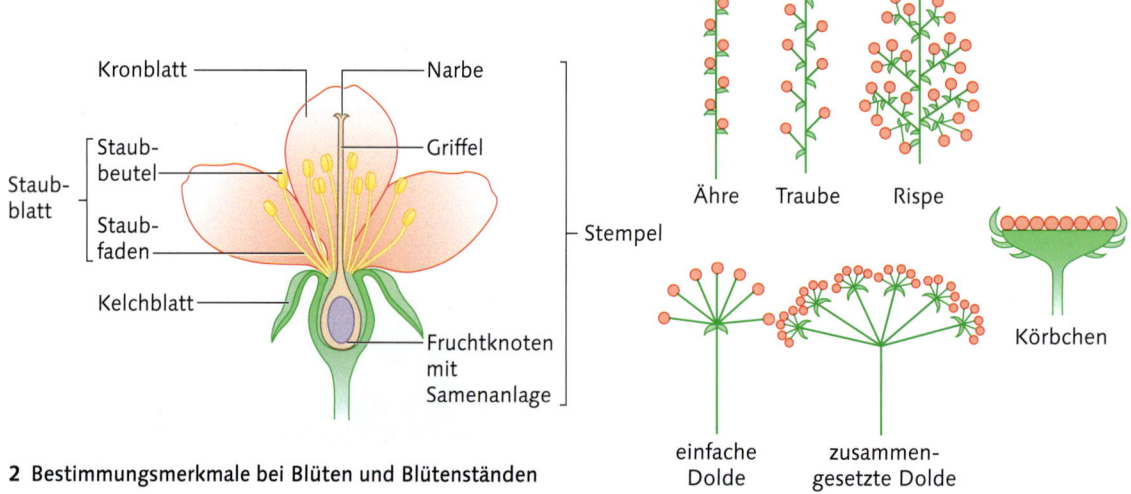

2 Bestimmungsmerkmale bei Blüten und Blütenständen

Aussehen der Laubblätter

Die Gestalt der Blätter kann sehr unterschiedlich sein. Bei einfachen Blättern ist die Blattfläche ungeteilt, der Rand jedoch oft *gelappt, gekerbt, gebuchtet, gezähnt* oder *gesägt*. Zusammengesetzte Blätter bestehen aus mehreren voneinander getrennten Blättchen. Sie werden als *gefingerte* oder *gefiederte* Blätter bezeichnet. Auch der Verlauf der Blattadern oder die Beschaffenheit der Blattoberfläche sind wichtige Merkmale.

Beschaffenheit des Stängels

Der Stängel kann rund oder kantig, glatt oder fein behaart sein. Ein weiteres Bestimmungsmerkmal ist die Stellung der Blätter am Stängel. Sie können *gegenständig, wechselständig* oder *quirlständig* sein.

In Kürze

Der Bau und die Anordnung der Blüten sowie die Blattform und Blattstellung sind eindeutige Bestimmungsmerkmale.

Aufgabe

1 ◱ Sammle Blätter, Blüten und Blütenstände verschiedener Pflanzen und betrachte sie. Zeichne und beschreibe sie. Verwende dabei die hier aufgeführten Begriffe.

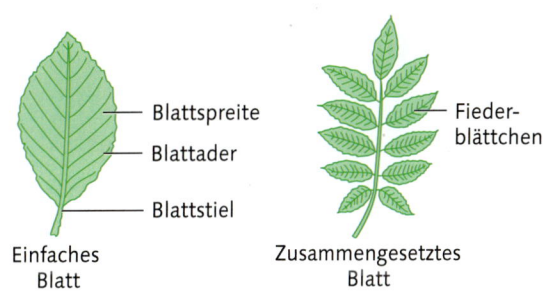

Einfaches Blatt — Blattspreite, Blattader, Blattstiel

Zusammengesetztes Blatt — Fiederblättchen

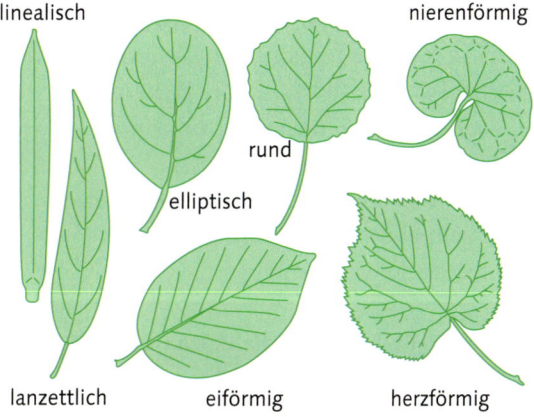

linealisch, nierenförmig, rund, elliptisch, lanzettlich, eiförmig, herzförmig

gelappt, gekerbt, gezähnt, gesägt, gebuchtet, ganzrandig

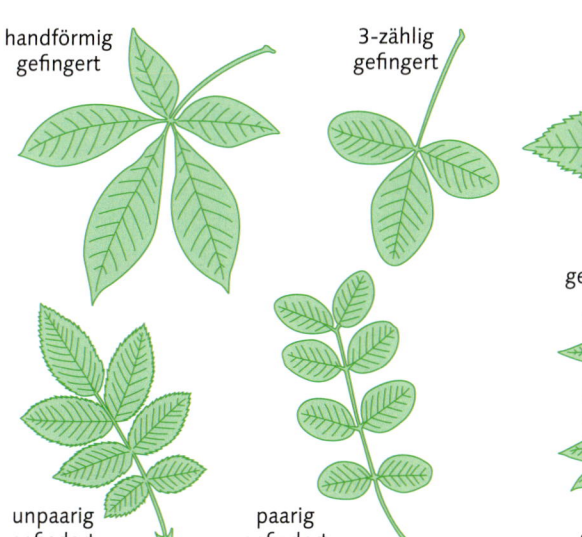

handförmig gefingert, 3-zählig gefingert, gekreuzt gegenständig, unpaarig gefiedert, paarig gefiedert, quirlständig, gegenständig, wechselständig

3 Blattmerkmale

Pflanzen bestimmen

Bestimmung nach Blüte und Standort

Die Namen häufiger Pflanzen kann man meist auf einfache Weise mit einem Bildbestimmungsbuch herausfinden. Da jedem Betrachter zunächst die Blütenfarbe auffällt, ist sie das leitende Merkmal. Für eine genaue Bestimmung müssen aber noch weitere Aspekte berücksichtigt werden, zum Beispiel der Standort und die Blütenform.

Zum Bestimmen ist es nicht nötig, die Pflanze abzupflücken!

Hast du auf einer Wiese beispielsweise eine gelb blühende Pflanze gefunden, kannst du so vorgehen:

1 Welche Farbe haben die Blütenblätter?
Suche im Buch die Markierungen, die der Blütenfarbe entsprechen.

2 Wo wächst die Pflanze?
Suche in der Kopfzeile den Standort.

3 Welche Form hat die Blüte? Auf den Seiten befinden sich verschiedene Blütensymbole. Über die Form der Blüte gelangst du zu verschiedenen Fotos oder Zeichnungen. Vergleiche sie mit der gefundenen Pflanze.

1 Bestimmen von Pflanzen im Gelände

Weitere interessante Informationen kannst du dem Text des Buches entnehmen. Diese zusätzlichen Informationen erleichtern das Bestimmen. So erfährst du zum Beispiel etwas über den Zeitpunkt der Blüte, den typischen Geruch der Pflanze und ob diese möglicherweise giftig ist.

Mit etwas Übung findet man sich im Bestimmungsbuch immer schneller zurecht.

Mögliche Probleme

Zwar ist die Bestimmung mit einem Bildbestimmungsbuch meist schnell und auch eindeutig. Mitunter bleiben aber Zweifel, da die gefundene Pflanze mit keinem der Bilder übereinstimmt. Dies kann mehrere Gründe haben. Manchmal sieht die Pflanze auf dem Bild vielleicht etwas größer oder kleiner aus als die echte Pflanze. Oder ihre Wuchsform ist unterschiedlich.

Handelt es sich bei der gefundenen Pflanze um eine seltene Pflanze, kann es sein, dass sie gar nicht im Bestimmungsbuch enthalten ist.

Manchmal sehen sich Bilder verschiedener Pflanzen sehr ähnlich, sodass sie leicht verwechselt werden können.

2 Bestimmungsbuch mit farbigen Randleisten und Blütensymbolen

Bestimmung mit einem Bestimmungs-schlüssel

Der Umgang mit einem Bestimmungs-schlüssel ist eine eindeutigere Methode der Pflanzenbestimmung.

Solche Schlüssel sind wie ein regelmäßig verzweigter Baum aufgebaut. An jeder Verzweigungsstelle gibt es zwei Entschei-dungsmöglichkeiten: Entweder trifft das eine genannte Merkmal zu oder das andere. So geht man Schritt für Schritt weiter, bis man zum Namen der gesuchten Pflanze gelangt.

Da ein Bestimmungsschlüssel alle typischen Merkmale der einzelnen Arten enthält, lernt man diese bei der Bestimmung kennen. Meist liefern auch hier Blüten und Blätter die Bestimmungsmerkmale.

Für einige der etwa 100 einheimischen Lippenblütler ist in Bild 3 ein Bestimmungs-schlüssel zusammengestellt.

A Weiße Taubnessel
B Kriechender Günsel
C Gundermann
D Wiesensalbei
E Rote Taubnessel

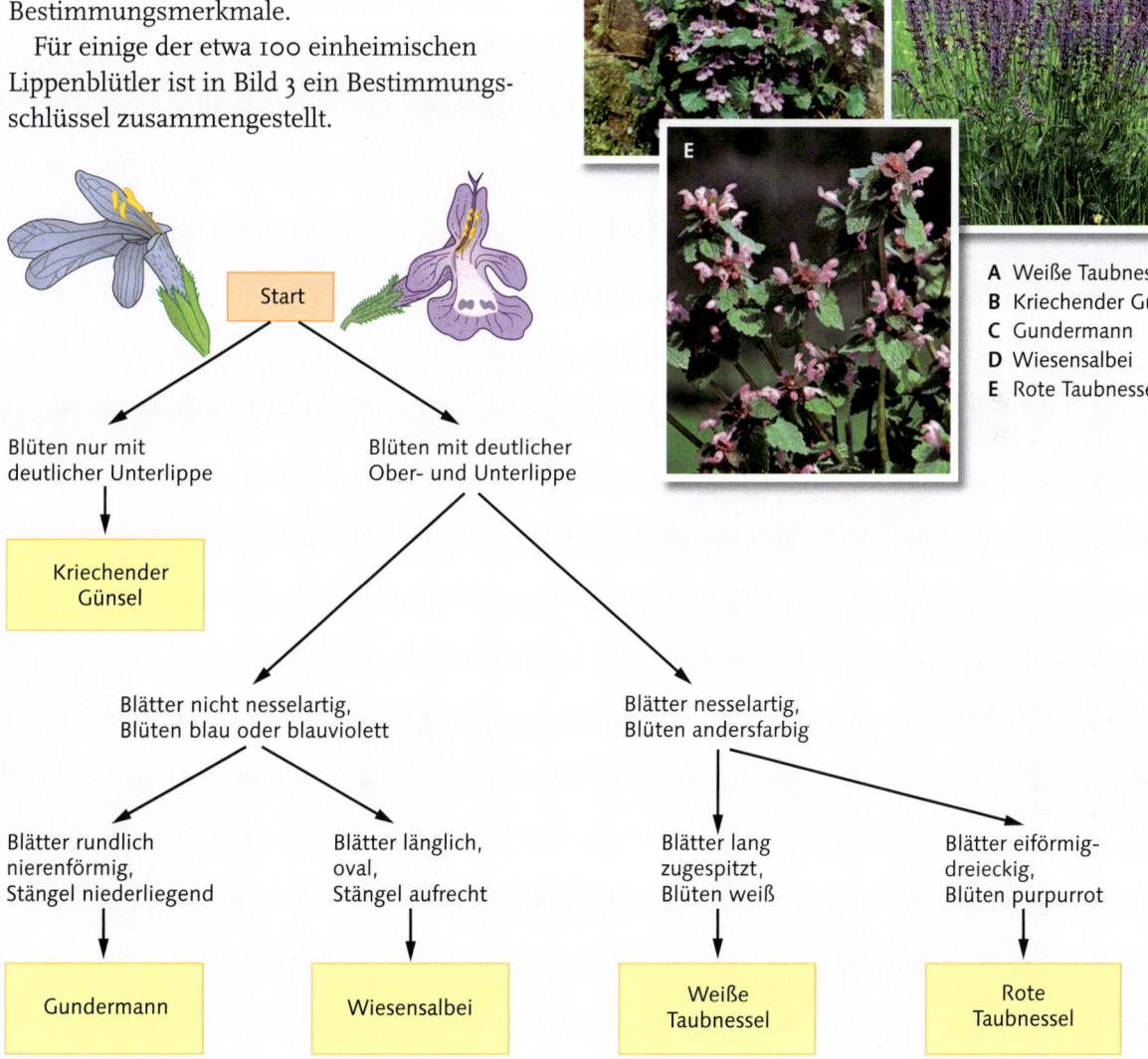

3 Bestimmungsschlüssel für häufige Lippenblütengewächse

Ein Herbar anlegen

Eine Sammlung von Blättern hilft dir, die Pflanzen deiner Umgebung kennenzulernen. Hast du ein solches Blattherbar erst einmal begonnen, bekommst du einen Überblick über die Pflanzenwelt der Umgebung.

Im Folgenden wird dir gezeigt, wie du die Blätter dauerhaft aufheben kannst.

Material Du benötigst eine Pflanzenpresse. Diese kannst du aus zwei Holzplatten und einem Stapel Tageszeitungen selbst herstellen. Zum Beschweren kann man Steine oder dicke Bücher verwenden. Später brauchst du noch DIN-A4-Zeichenkarton, durchsichtige Klebestreifen und Stifte.

Durchführung

A Sammeln und Bestimmen

Pflanzen sind Lebewesen! Überlege dir daher genau, was du sammeln möchtest. Nimm so wenig Blätter wie nötig! Folgende Fragen können dir bei der Auswahl der Pflanzen helfen:

- Welche Pflanzen sind bei euch häufig?
- An welchen Standorten kommen sie vor?

Versuche die Standorte zu beschreiben und mache dir Notizen.

1 Verschiedene Laubblätter

Bestimme die Pflanzen gegebenenfalls mit dem Bestimmungsbuch.

B Trocknen und Pressen

Trockne die Blätter vor dem Aufkleben gut, sonst rollen sie sich später ein. Lege sie dazu zwischen einen Stapel Zeitungen, den du oben mit einer Holzplatte bedeckst und mit einem Stein beschwerst.

Je länger die Blätter trocknen, umso besser ist es. Mindestens zwei Wochen sind dafür notwendig.

Holzplatten — Zeitungen — Blätter in die Pflanzenpresse legen. — Presse beschweren.

Stein — gesammelte Blätter

2 Schrittfolge für ein Herbar

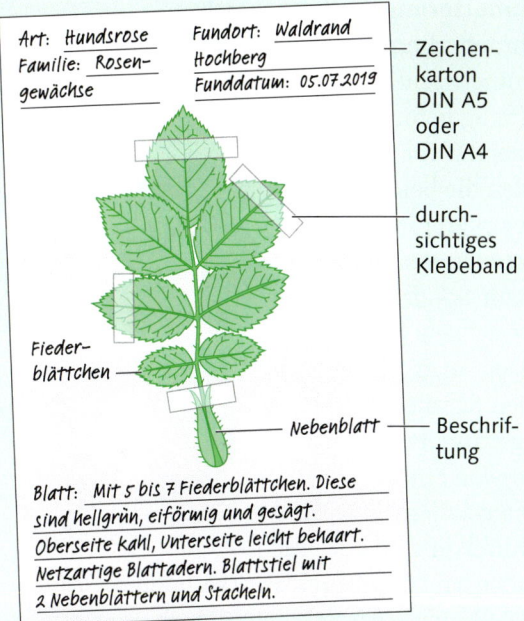

Art: Hundsrose
Familie: Rosen-
gewächse

Fundort: Waldrand
Hochberg
Funddatum: 05.07.2019

Zeichen-
karton
DIN A5
oder
DIN A4

durch-
sichtiges
Klebeband

Fieder-
blättchen

Nebenblatt

Beschrif-
tung

Blatt: Mit 5 bis 7 Fiederblättchen. Diese
sind hellgrün, eiförmig und gesägt.
Oberseite kahl, Unterseite leicht behaart.
Netzartige Blattadern. Blattstiel mit
2 Nebenblättern und Stacheln.

3 Fertiger Herbarbogen

4 Ausstellung im Klassenraum

C Beschriften

Notiere auf dem Blatt Datum und Fundort.
Beschreibe Blattform, Blattrand, Blattoberfläche, Behaarung und den Verlauf der
Blattadern. Denkbar ist auch eine Beschriftung mit dem Computer.

D Aufkleben

Jedes Blatt wird einzeln auf einen Zeichenkarton im Format DIN A4 gelegt. Klebe das
Laubblatt mit durchsichtigen Klebestreifen
vorsichtig auf den Zeichenkarton.

Denke daran, dass das Laubblatt nach dem
Trocknen hart ist und leicht bricht.

Ergebnisse vorstellen Überlegt euch, wie ihr
eure Ergebnisse vorstellen könnt. Vielleicht
gestaltet ihr mit einigen besonders schönen
Blättern eine kleine Ausstellung im Klas-
senraum oder im Schulgebäude.
Später kannst du die Sammlung in einer
Mappe aufbewahren oder die Wände deines
Zimmers damit verschönern.

2 Wochen
pressen.

Blatt
vorsichtig
entnehmen.

Zeichenkarton

Herbarbogen
beschriften,
Blatt aufkleben.

Stift

Klebe-
streifen

Pflanzenfamilien – eine Auswahl

Lippenblütengewächse

Die Lippenblütengewächse sind leicht zu erkennen: Die verwachsenen Kronblätter ihrer Blüten bilden eine *Oberlippe* und eine *Unterlippe*. In der Blüte verborgen liegt der Fruchtknoten, meist mit einem langen Stempel. Die Sprossachse ist vierkantig und innen hohl. Lippenblütengewächse haben gekerbte oder gezähnte Blätter. Immer zwei Blätter stehen einander gegenüber, einmal nach links und rechts, dann nach vorne und hinten. Beim Zerreiben entwickeln die Blätter einen jeweils typisch, würzigen Geruch.

Bekannte einheimische Arten sind Pfefferminze, Taubnesseln und Goldnessel, Wiesensalbei und Gundermann. Zu den Gewürzpflanzen zählen Bohnenkraut, Majoran, Thymian und Basilikum. In der Heilkunde werden Melisse und Wiesensalbei bei der Behandlung von Infektionen eingesetzt. Tee aus Pfefferminzblättern wirkt beruhigend und lindert Verdauungsstörungen. Lavendel und Rosmarin sind Bestandteile von Parfüms.

Schmetterlingsblütengewächse

Schmetterlingsblütengewächse haben spiegelsymmetrische Blüten. Die Kronblätter sind auffällig geformt: Das große, obere Kronblatt bildet die *Fahne*. Seitlich sitzen die beiden *Flügel*. Die unteren zwei Kronblätter sind zu einem *Schiffchen* verwachsen. Wegen dieser Form, die an einen Schmetterling erinnert, spricht man von einer *Schmetterlingsblüte*. Im Schiffchen sind der Fruchtknoten und die Staubblätter verborgen.

Die Früchte der Schmetterlingsblütler nennt man *Hülsen*. Im Innern der Hülsen befinden sich die Samen.

Bekannte Vertreter der Familie sind Bohnen, Erbsen, Linsen und Sojabohnen. Ihre *Hülsenfrüchte* sind nährstoffreiche Nahrungsmittel.

Häufige heimische Wildpflanzen sind Wicke und Klee, aber auch Luzerne und Lupine. Sie sind als Futterpflanzen für Tiere sehr geschätzt.

Zu den Schmetterlingsblütengewächsen gehören neben krautigen Pflanzen auch Bäume und Sträucher wie die Robinie, viele Ginsterarten und der giftige Goldregen.

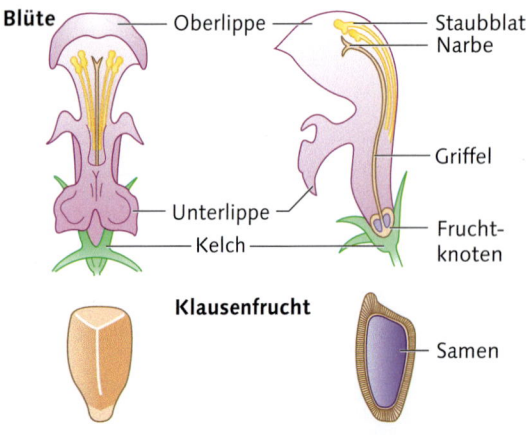

1 Blüte und Frucht der Lippenblütengewächse

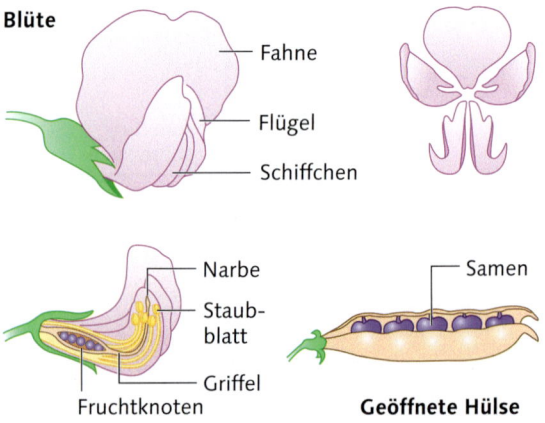

2 Blüte und Frucht der Schmetterlingsblütengewächse

Korbblütengewächse

Die Korbblütengewächse besitzen einen Blütenstand, den man für eine einzige Blüte halten könnte. Beispielsweise finden sich über 100 kleine Einzelblüten im »Kopf« der Sonnenblume. Da diese Blüten wie in einem Korb angeordnet sind, fasst man solche Pflanzen zur Familie der Korbblütengewächse oder *Korbblütler* zusammen.

Bei der Sonnenblume bilden *Zungenblüten* mit ihren gelben Blütenblättern einen auffälligen Rand. Dieser lockt Insekten zur Bestäubung an. Im Innern stehen viele kleine unauffällige *Röhrenblüten* dicht beieinander. Ihre Kelchblätter und winzigen Kronblätter sind jeweils zu einer Röhre verwachsen. Im Innern befinden sich Fruchtknoten und Staubblätter. Aus den Röhrenblüten entstehen nach der Bestäubung viele Früchte.

Bekannte Vertreter sind neben der Sonnenblume zum Beispiel Löwenzahn, Gemeine Wegwarte und Wiesenschafgarbe.

Der Mensch nutzt Teile einiger Korbblütengewächse als Nahrung, aber auch als Heilmittel oder Gewürzpflanze.

Rosengewächse

Die Familie der Rosengewächse ist sehr vielgestaltig. Ihr gehören neben Heckenrose, Erdbeere und Brombeere auch Obstbaumarten wie Apfel, Birne, Pfirsich, Pflaume und Kirsche an. Außerdem sind viele Wildkräuter und Heilpflanzen Rosengewächse. Allen gemeinsam ist eine Blütenhülle aus fünf Kelchblättern und fünf Kronblättern. Die Blätter der Blütenhülle sind nicht miteinander verwachsen. Nach innen folgt ein Kranz aus vielen Staubblättern. Der Blütenboden ist angefüllt mit zahlreichen Fruchtknoten.

Die Früchte der Rosengewächse werden *Nuss* oder *Nüsschen* genannt. Der Blütenboden verdickt sich zum Fruchtfleisch und schließt die Nüsschen im Innern ein. Man spricht daher von einer *Sammelfrucht*.

Aufgaben

1 ☐ Wähle eine Pflanzenfamilie und nenne ihre typischen Merkmale.
2 ◩ Zungenblüten sind unfruchtbar. Begründe.
3 ☐ Nenne die Bedeutung der Rosengewächse.

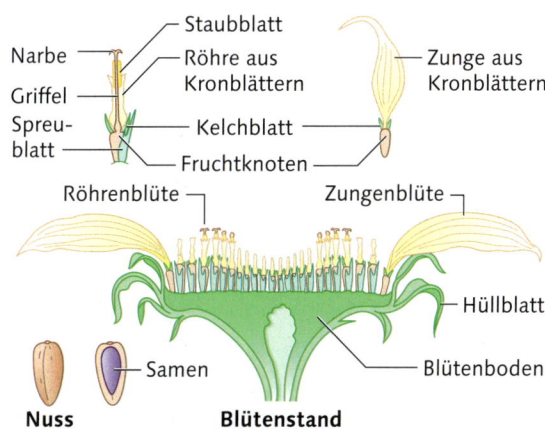

3 Blüte und Frucht der Korbblütengewächse

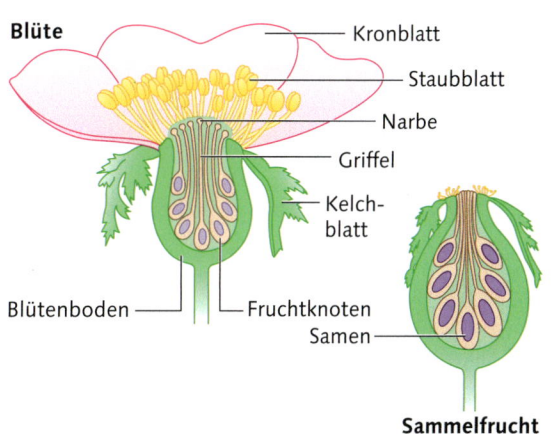

4 Blüte und Frucht der Rosengewächse

Pflanzen ernähren die Welt

Weizen- und Maisfelder prägen das Landschaftsbild in großen Teilen Deutschlands. Diese Nutz- oder Kulturpflanzen werden seit Jahrtausenden angebaut und gezüchtet. Sie stammen von Wildpflanzen ab.

Kulturpflanzen liefern uns Nahrung sowie Rohstoffe für Kleidung und sind Grundlage für Heilmittel und Arzneien.

Weizen

Weizen ist bei uns und in vielen anderen Ländern die wichtigste Nutzpflanze. Weltweit werden auf den Feldern jährlich mehr als 500 Millionen Tonnen Weizen geerntet. Durchschnittlich verzehrt jeder von uns im Jahr 52 Kilogramm Weizenmehl. Der größte Teil dient zur Herstellung von Brot und anderen Backwaren. Auch Nudeln werden aus Weizen hergestellt.

Die Früchte des Weizens, die Weizenkörner, stehen in dichten Ähren zusammen. Im Inneren enthalten sie den Keimling und den Mehlkörper. Sie bestehen zum großen Teil aus Stärke und zu einem geringen Teil aus Eiweiß.

Weizen stellt hohe Ansprüche an Temperatur, Feuchtigkeit und Bodenqualität. Er ist ein Getreide der gemäßigten Klimazonen.

Mais

Die Maispflanze ist eine der größten Getreidepflanzen. Sie wird bis zu zwei Meter hoch und ihr Stängel bis zu fünf Zentimeter dick.

Während die männlichen Blüten in einem Blütenstand an der Spitze der Pflanze sitzen, finden sich die weiblichen Blütenstände, die Kolben, in den Achseln von Blättern. Die Kolben sind von mehreren Blättern eingehüllt. An einem Kolben können bis zu 800 Körner ausgebildet werden. Noch bei der Ernte werden die Pflanzen klein geheckselt.

Mais wird bei uns vor allem als hochwertiges Viehfutter angebaut. Dabei werden nicht nur die Körner verfüttert, sondern die gesamte Pflanze.

In einigen Ländern backt man aus Maismehl Brot. In Italien wird aus Maisgrieß die nahrhafte Polenta gekocht. Bei uns werden Maiskörner meist als Gemüse gegessen.

In den letzten Jahren wird Mais als Energielieferant für die Biogasproduktion genutzt. Die Welternte beträgt etwa 400 Millionen Tonnen pro Jahr.

Mais wird seit Jahrtausenden in Mittel- und Südamerika angebaut. Die Europäer lernten den Mais erst im 16. Jahrhundert kennen, nachdem Christoph Kolumbus die Küste von Kuba erkundet hatte.

1 Weizenfeld

2 Maisfeld

3 Kartoffelpflanze mit Knollen

4 Reisfeld

Kartoffel

Die Kartoffelpflanze gehört zur Familie der Nachtschattengewächse. Sie hat große, zerteilte Blätter und einen kantigen Stängel. Blätter und Stängel sind giftig.

Die Kartoffeln sind die Knollen der Erdsprosse. Sie bilden sich an den Enden der unterirdischen Ausläufer des Sprosses. In den Knollen werden Vorratsstoffe in Form von Stärke gespeichert. Sie wurden oberirdisch in den grünen Blättern gebildet. Die Pflanzen gedeihen am besten in einem lockeren Boden. Es gibt eine große Sortenvielfalt. Die Kartoffel gehört zu unseren wichtigsten Grundnahrungsmitteln. Man kann diese Knolle auf unterschiedliche Weise zubereiten.

Neben der Verwendung als Gemüse wird aus Kartoffeln Stärkemehl gewonnen und in Fertigprodukten verarbeitet. Sie dienen darüber hinaus auch als Viehfutter. Die Welternte liegt bei etwa 290 Millionen Tonnen pro Jahr.

Ursprünglich stammt die Kartoffel aus Südamerika. Dort pflanzte man sie schon vor etwa 2000 Jahren in den Hochtälern der Anden an. Zu Beginn des 16. Jahrhunderts kam die Kartoffel durch die spanischen Eroberer nach Europa. In Deutschland wurde sie erst Ende des 17. Jahrhunderts als Gemüsepflanze bekannt und genutzt.

Reis

Reis ist eine Sumpfpflanze aus der Familie der Süßgräser. Seit mehreren Jahrtausenden wird in Ostasien Reis angebaut. Heute wird Reis in vielen Teilen der Welt angepflanzt, in denen genügend Wasser und Wärme vorhanden sind.

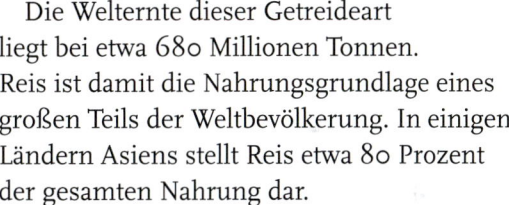

Die Welternte dieser Getreideart liegt bei etwa 680 Millionen Tonnen. Reis ist damit die Nahrungsgrundlage eines großen Teils der Weltbevölkerung. In einigen Ländern Asiens stellt Reis etwa 80 Prozent der gesamten Nahrung dar.

Das Reiskorn enthält neben Kohlenhydraten viele Mineralstoffe und Vitamine. Es gibt sehr viele Reissorten. In Europa wird hauptsächlich Langkornreis gegessen.

In Kürze

Weizen, Mais, Kartoffeln und Reis sind die wichtigsten Nutzpflanzen. Sie sind die Grundnahrungsmittel für große Teile der Weltbevölkerung.

Aufgaben

1 ☐ Nenne Getreidearten, die für die Ernährung der Weltbevölkerung wichtig sind.

2 ◪ Nenne Nahrungsmittel, die aus Kartoffeln hergestellt werden.

3 ◪ Vergleiche die Welternte von Weizen, Mais, Kartoffeln und Reis pro Jahr in einer Tabelle.

Bäume, Sträucher und Kräuter

Sattes Grün, so weit das Auge reicht. Landschaftsbilder sind geprägt durch die Pflanzen, die dort vorkommen. Die verschiedenen Pflanzen sehen ganz unterschiedlich aus. Anhand ihrer Wuchsform kann man sie gut unterscheiden.

Bäume

Bäume haben einen dicken Stamm aus Holz, der sich erst einige Meter über der Erde verzweigt. In unseren Breiten werden Bäume bis zu 40 Meter hoch. Die höchsten Bäume der Erde können bis zu 130 Meter hoch werden. Bäume tragen viele Blätter und bilden auch Blüten. Man unterscheidet Nadel- und Laubbäume. Häufige heimische Bäume sind Buche, Eiche, Fichte, Kiefer, aber auch alle Obstbäume.

Sträucher

Sträucher sind mit bis zu 15 Metern kleiner als ausgewachsene Bäume. Sie besitzen keinen Stamm, sondern verzweigen sich schon dicht über dem Boden in viele fast gleich starke, verholzte Äste. Sträucher wachsen oft in Hecken. Sie bilden den Übergang zwischen Wald und Wiese. Häufige heimische Sträucher sind Haselnuss, Weißdorn, Holunder und Schlehe.

1 Eine Strauchlandschaft

Kräuter

Kräuter wachsen niedrig und sind nicht verholzt. Man bezeichnet sie auch als krautige Pflanzen. Die Wiesenpflanzen zum Beispiel sind typische Kräuter. Nach ihrer Lebensdauer unterscheidet man einjährige Kräuter wie Kamille und Raps und mehrjährige Kräuter wie das Scharbockskraut.

In Kürze

Nach der Wuchsform und der Verholzung der Pflanzenteile unterscheidet man Bäume, Sträucher und Kräuter.

Aufgabe

1 ☐ Erstelle eine Tabelle, in der Bäume, Sträucher und Kräuter genannt werden, die in deiner Umgebung wachsen.

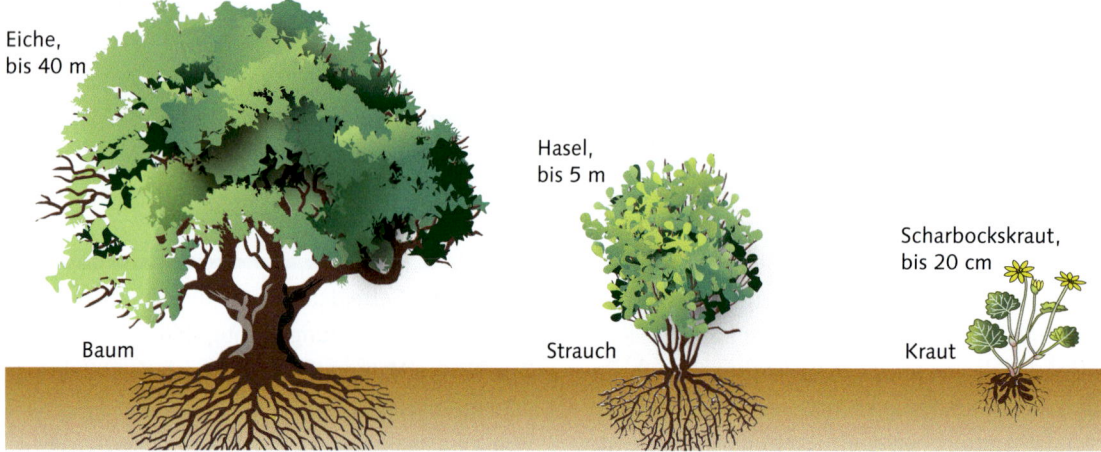

Eiche, bis 40 m

Hasel, bis 5 m

Scharbockskraut, bis 20 cm

Baum

Strauch

Kraut

2 Drei Wuchsformen: Baum, Strauch und Kraut

Kartieren auf dem Schulgelände

Auch das Schulgelände bietet vielen Tieren und Pflanzen einen Lebensraum. Um die Vielfalt der vorkommenden Pflanzen auf eurem Schulgelände zu dokumentieren, könnt ihr eine Kartierung des Geländes durchführen. Dabei helfen euch die folgenden Schritte:

1 Überblick verschaffen Zuerst müsst ihr euch einen Lageplan des Schulgeländes beschaffen. Er ist die Grundlage für die Kartierung.

2 Aufteilen in Kleinflächen Nun beginnt die praktische Arbeit auf dem Schulgelände. Teilt dazu das Schulgelände in kleinere Flächen auf. Eine Größe von 7 m × 7 m ist gut zu überschauen. Erstellt von einer solchen Kleinfläche eine Detailskizze. Messt dazu mit Maßband und Meterstab, um das Gelände zu erfassen.

3 Pflanzen bestimmen Sucht auf den Kleinflächen Pflanzen und bestimmt sie mit Hilfe der Bestimmungsbücher.

4 Eintragen in die Detailskizze Tragt in der Detailskizze alle Gebäude, Wege, Grünflächen, Spielgeräte und alle erfassten Pflanzen standortgetreu ein. Findet verschiedene Symbole und Farben zur eindeutigen Kennzeichnung der Begebenheiten auf dem Gelände. Deren Bedeutung klärt ihr in einer Legende. Kommen bestimmte Pflanzen häufig vor, tauchen deren Symbole mehrfach auf.

5 Legende erstellen Erstellt nun eine Legende. Übertragt die Symbole und Farben aus eurer Detailskizze und benennt diese.

6 Eintragen in den Lageplan Übertragt eure Kartierungsergebnisse in den Lageplan.

Aufgabe

1 ☑ Beschaffe dir einen Lageplan deines Wohnortes oder deiner Straße. Wähle eine Kleinfläche aus und kartiere diese.

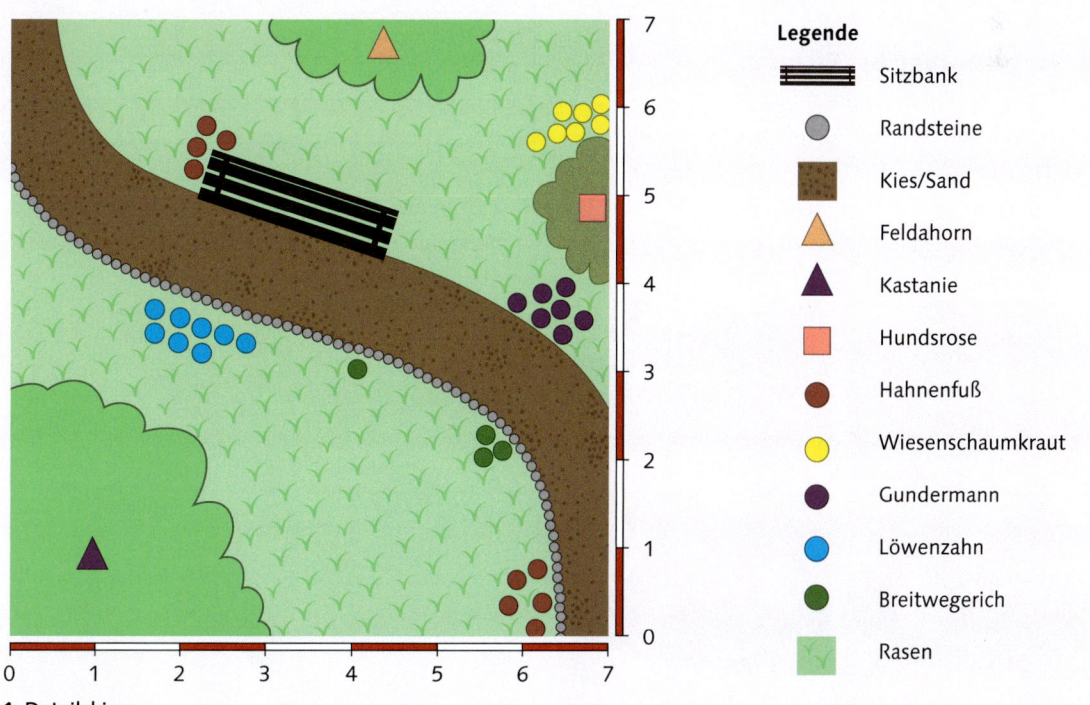

1 Detailskizze

Vielfalt der Pflanzen

1 Der Grundbauplan von Blütenpflanzen

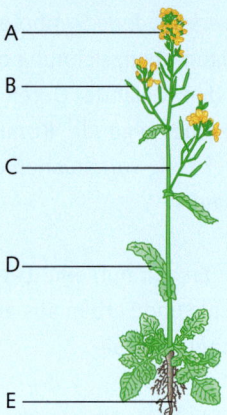

1 Bau einer Blütenpflanze

In Bild 1 ist eine typische Blütenpflanze dargestellt.

a ☐ Benenne die einzelnen Organe dieser Blütenpflanze.

b ☑ Ordne den einzelnen Bestandteilen entsprechende Funktionen zu.

2 Fortpflanzung bei Pflanzen

a ☐ Beschreibe die beiden Bilder unten.

b ☑ Welche Form der Fortpflanzung ist hier dargestellt?

c ☐ Nenne zwei weitere Beispiele dieser Fortpflanzungsform bei Pflanzen.

2 Fortpflanzung beim Geldbaum:
A Blatt auf dem Boden; B junger Geldbaum

3 Der Bau der Blüten

3 Legebild einer Apfelblüte

Bild 3 zeigt das Legebild einer Apfelblüte.

a ☐ Nenne drei Vertreter dieser Pflanzenfamilie.

b ☑ Ordne das Blütendiagramm einer Pflanzenfamilie zu. Begründe deine Entscheidung.

c ☑ Übertrage folgende Tabelle in dein Heft und vervollständige sie:

Teile einer Blüte und ihre Funktion		
Blütenteil	**Farbe**	**Funktion**
Fruchtblatt		
	Gelb	
		Schutz

d ☑ Leite aus dem Legebild unten die Blütenmerkmale der Kreuzblütengewächse ab.

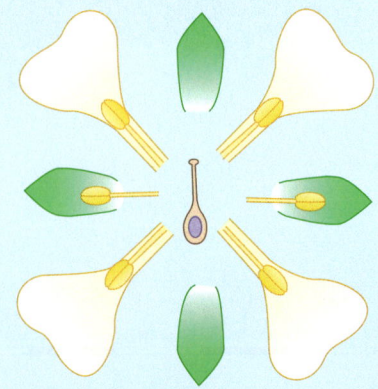

4 Legebild einer Kreuzblüte

4 Früchte und Samen

5 Welche Flugfrucht passt zu welchem Flugobjekt?

a ☑ Ordne den Flugfrüchten in Bild 5 ein Flugobjekt zu. Begründe.

b ☑ Stelle Vermutungen an, welche Verbreitungsform der Samen der Teufelskralle in Bild 6 nutzt. Nenne weitere Verbreitungsformen.

6 Samen der Teufelskralle

Vielfalt der Pflanzen

- Bäume, Sträucher und Kräuter gehören zu den Blütenpflanzen. Trotz unterschiedlichen Aussehens ist der Grundbauplan aller Blütenpflanzen gleich.

- Die drei Grundorgane einer Blütenpflanze sind Wurzel, Sprossachse und Blatt. Sie erfüllen unterschiedliche Funktionen für die Pflanze.

- Blüten dienen der geschlechtlichen Fortpflanzung. Bei der Bestäubung gelangt Pollen auf die Narbe des Stempels. Bei der anschließenden Befruchtung verschmelzen Pollen und Samenanlage. Jetzt entstehen Früchte mit Samen. Diese werden durch Tiere, Wind oder Wasser verbreitet.

- Samen enthalten neben dem Embryo Nährstoffe, die der Keimling während der Keimung zum Wachstum benötigt.

- Pflanzen können sich auch ohne Samen vermehren. Man bezeichnet dies als ungeschlechtliche Fortpflanzung.

- Blütenpflanzen werden nach entsprechenden Blütenmerkmalen in bestimmte Pflanzenfamilien eingeteilt.

Stoffwechsel
und Angepasstheit
der Pflanzen

Frühblüher

Wenn du im März durch den Wald spazierst, spürst du bereits die ersten wärmenden Sonnenstrahlen. Sie fallen durch die noch blattlosen Bäume direkt auf den Boden. Kaum sind die letzten Schneereste verschwunden, kannst du beobachten, wie sich am Boden ein weißer Blütenteppich ausbreitet: Die Buschwindröschen bilden fast alle gleichzeitig ihre weißen, sternförmigen Blüten aus.

Bunte Blüten im Frühjahr

Zwischen dem braunen Laub auf dem Waldboden finden sich nicht nur Buschwindröschen, sondern auch gelb blühendes Scharbockskraut, blau blühende Krokusse, gelb blühende Narzissen und weiß blühende Schneeglöckchen. Wenn man genau hinhört, kann man sogar die ersten Insekten summen hören. Sie finden in den Blüten dieser *Frühblüher* ihre erste Nahrung im Jahr.

1 Buschwindröschen im Frühlingswald

Schnelles Wachstum

Frühblüher sind die ersten Pflanzen, die im zeitigen Frühjahr wachsen. Sie nutzen die immer intensiver werdenden Sonnenstrahlen, die auf den Boden treffen. Später im Sommer hat sich ein dichtes Laubdach gebildet, sodass nur noch wenig Licht bis zum Boden gelangt. Deshalb müssen die Frühblüher zu Beginn des Frühjahrs besonders schnell wachsen und blühen. Dazu benötigen sie nicht nur Licht, sondern auch Wärme und Wasser. Die Laubschicht auf dem Boden schützt die kleinen Pflanzen vor der Kälte. Da der Boden nicht mehr gefroren ist, können sie Wasser aus dem Boden aufnehmen.

Speicherorgane liefern Energie

Frühblüher benötigen Energie zum schnellen Wachstum. Diese erhalten sie aus ihren unterirdischen Speicherorganen. Das Schneeglöckchen wächst aus einer *Zwiebel* im Boden. Diese ist aus vielen fleischigen Zwiebelblättern aufgebaut, die den neuen Spross des Schneeglöckchens schützen. In den Zwiebelblättern sind Nährstoffe gespeichert, die Energie liefern. Außerdem nimmt die Zwiebel über die feinen Wurzeln am Zwiebelboden Wasser auf. Beim Wachstum der Pflanze werden die Nährstoffe und somit das Speicherorgan verbraucht. Später produzieren die Schneeglöckchen mit Hilfe des Sonnenlichts neue Nährstoffe. Sie werden bis zum kommenden Frühjahr in einer neuen Zwiebel gespeichert.

2 Frühblüher:
A Scharbockskraut; B Narzisse; C Buschwindröschen; D Krokus

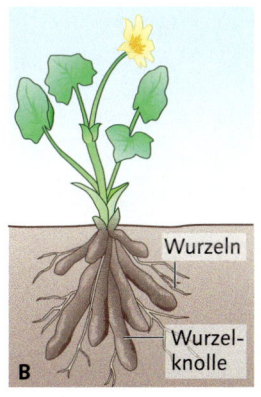
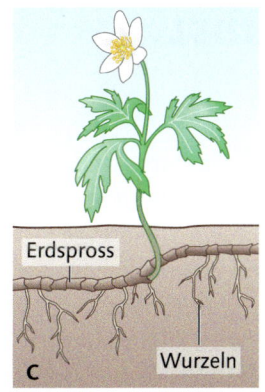

3 Frühblüher mit ihren Speicherorganen: A Krokus; B Scharbockskraut; C Buschwindröschen; D Narzisse

Verschiedenartige Speicherorgane

Bei Krokussen ist der unterirdische Teil des Stängels zu einer dicken, rundlichen *Sprossknolle* verdickt. Auch die Kartoffel ist eine Sprossknolle. Ein weiteres Beispiel für Speicherorgane sind die kleineren keulenförmigen *Wurzelknollen* des Scharbockskrauts. Buschwindröschen haben seitwärts wachsende *Erdsprosse* als Speicherorgane. Alle Speicherorgane liefern Nährstoffe für das Wachstum und werden jedes Jahr neu gebildet.

Fortpflanzung durch Erneuerung

Die Nährstoffe für das kommende Frühjahr werden beim Schneeglöckchen in einer Ersatzzwiebel gespeichert. Diese bildet sich in der verbrauchten Zwiebel. Gleichzeitig entsteht neben der Ersatzzwiebel eine Brutzwiebel. Aus dieser treibt im nächsten Frühjahr ein neues Schneeglöckchen aus. Die Blätter der alten Zwiebel vertrocknen.

Die Speicherorgane dienen den Pflanzen also auch zur Vermehrung. Auch Tulpen und Narzissen überwintern mit Hilfe von Zwiebeln.

In Kürze

Im Frühjahr fällt viel Licht durch die laublosen Bäume auf den Boden und erwärmt ihn. Dies nutzen Frühblüher. Sie können als erste Pflanzen im Frühlingswald wachsen und blühen. Sie besitzen unterirdische Speicherorgane, in denen die Nährstoffe für das Wachstum im nächsten Jahr gespeichert werden.

Aufgaben

1 ☐ Nenne Bedingungen, die das zeitige Wachstum des Schneeglöckchens begünstigen.
2 ◪ Beschreibe die Veränderungen der Schneeglöckchenzwiebel im Jahresverlauf.

4 Das Schneeglöckchen im Jahresverlauf

Bäume im Herbst und Winter

Im Herbst leuchten die Wälder, Parks und Gärten in unseren Breiten in den bunten Farben der Bäume und Sträucher. Die Tage werden langsam kürzer und es wird kälter. Die bunte Farbenpracht zeigt uns, dass der Winter bald beginnt. Die Bäume stellen sich auf den Winter ein.

1 In einem Herbstwald

Blätter verfärben sich im Herbst

Die Blätter enthalten den grünen Blattfarbstoff *Chlorophyll*. Er ist für die Herstellung von Nährstoffen zuständig. Im Herbst baut der Baum das Chlorophyll ab. Die Abbauprodukte speichert er im Stamm und in den Wurzeln. Von dort kann er sie im nächsten Frühjahr wieder für neue Blätter verwenden. Rote und gelbe Farbstoffe, die vorher von den grünen Farbstoffen überdeckt waren, färben das Blatt nun herbstlich.

Warum fallen die Blätter ab?

Im Winter benötigt der Baum die Blätter nicht mehr. Im Gegenteil, sie würden ihm sehr schaden, denn ein Baum verdunstet im Sommer über die Blätter viele Hundert Liter Wasser am Tag. Da der Boden im Winter gefroren ist, kann der Baum kein Wasser über die Wurzeln aufnehmen, um den Wasserverlust auszugleichen. Er würde vertrocknen. Außerdem ist es im Winter so kalt, dass auch das Wasser in den Blättern gefrieren würde. Da sich Wasser beim Gefrieren ausdehnt, würden die feinen Blattadern zerstört werden.

Auf den Blättern würde im Winter der Schnee liegen bleiben. Durch das Gewicht des Schnees könnten die Äste aber abbrechen.

Aus Laub wird Erde

Das Laub auf dem Boden schützt die Wurzeln vor der Kälte. Mit der Zeit wird die Laubschicht von Bodenlebewesen zu einer fruchtbaren Humusschicht abgebaut. Sie enthält wichtige Mineralstoffe, die der Baum im Frühjahr zum Wachstum benötigt.

Sollbruchstellen der Blätter

An den Stellen, wo vorher die Blätter an den Ästen saßen, findet man nun *Blattnarben*. Bevor die Blätter endgültig abfallen, bildet der Baum zwischen Blatt und Zweig eine Korkschicht. Sie ist die »Sollbruchstelle«, an der die Blätter sich vom Zweig lösen. Durch die Korkschicht ist der Zweig vor eindringenden Krankheitserregern geschützt. Außerdem kann so kein Wasser aus dem Zweig verdunsten.

2 Beim Spielen mit der Laubschicht

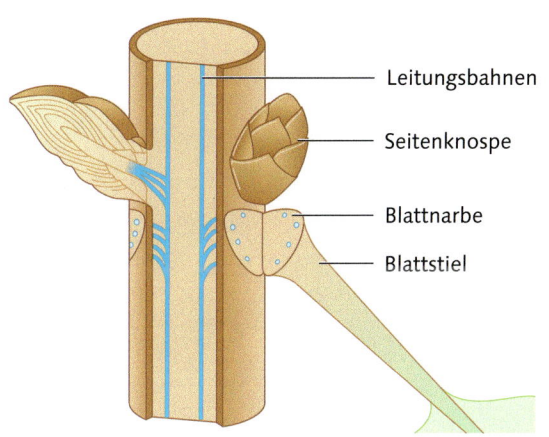

Leitungsbahnen

Seitenknospe

Blattnarbe

Blattstiel

3 Blattnarbe mit Leitungsbahnen

5 Nadelbäume im Schnee

Winterruhe in den Knospen

Nach dem Laubfall beginnt die Winterruhe des Baumes. In den Knospen sind die Blätter und die Blüten für das nächste Jahr angelegt. Es gibt Seitenknospen und Gipfelknospen. Gipfelknospen stehen immer am Ende eines Zweiges. Seitenknospen wachsen in den Blattachseln. Die Knospen sind von harten, oft verharzten oder behaarten Knospenschuppen umhüllt. Diese schützen die zarten Blattanlagen vor Kälte, Austrocknung und eindringenden Bakterien. Die Harze schützen die Knospen außerdem vor Rehen und anderen Waldbewohnern, denen unverharzte Knospen als Nahrung dienen.

Nadelbäume bleiben grün

Im Gegensatz zu Laubbäumen werfen Nadelbäume ihre Nadeln im Winter nicht ab. Deshalb nennt man sie immergrüne Bäume. Die Nadeln sind, anders als die großen Laubblätter, sehr schmal und mit einer dicken, wachsartigen Schutzschicht bedeckt. Dadurch kann auch im Winter über ihre kleine Oberfläche nur sehr wenig Wasser verdunsten. Die Nadeln sind so schmal, dass der Schnee an ihnen abrutschen kann.

An der Unterseite der Tannennadeln sind Wachsstreifen erkennbar. Diese schützen vor Kälte und dienen als zusätzlicher Verdunstungsschutz im Winter. Der einzige Nadelbaum, der seine Nadeln abwirft, ist die Lärche.

In Kürze

Laubbäume und Sträucher verlieren im Herbst ihre Blätter, um sich im Winter vor Kälte, Schnee und Wasserverlust zu schützen. In ihren Knospen sind bereits die neuen Triebe, Blätter und Blüten für das Frühjahr vorbereitet. Nadelbäume werfen ihre Blätter nicht ab, da sie im Winter vor Kälte und Trockenheit geschützt sind.

Aufgaben

1 □ Beschreibe, was im Laubblatt im Herbst passiert. Nenne den Grund für diese Vorgänge.
2 ◪ Erläutere, warum Laubbäume im Herbst ihre Blätter abwerfen.

Gipfelknospe

Seitenknospen

4 Kastanienzweig mit Seitenknospen und Gipfelknospe

Mikroskopieren

Mit dem Mikroskop kannst du Einzelheiten erkennen, die für das bloße Auge unsichtbar sind. Dabei unterscheidet sich das Mikroskop von der Lupe, weil es das Bild zweimal vergrößert: zunächst durch das *Objektiv* und anschließend durch das *Okular*. In Kriminallabors werden Mikroskope eingesetzt, um winzige Beweise sichtbar zu machen. Für Biologen ist das Mikroskop ein wichtiges Instrument, um die kleinsten Einzelheiten von Lebewesen zu untersuchen. Du kannst mit dem Mikroskop zum Beispiel den Aufbau eines Moosblättchens betrachten. Dabei gehst du folgendermaßen vor:

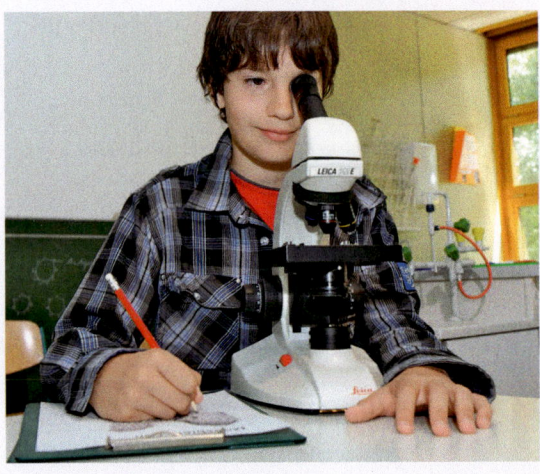

1 Schüler beim Mikroskopieren

1 **Präparat herstellen** Gib auf einen sauberen Objektträger mit der Pipette einen Wassertropfen. Lege ein Moosblättchen mit der Pinzette vorsichtig auf den Tropfen. Stelle ein sauberes Deckgläschen schräg an den Rand des Tropfens und senke es vorsichtig ab.

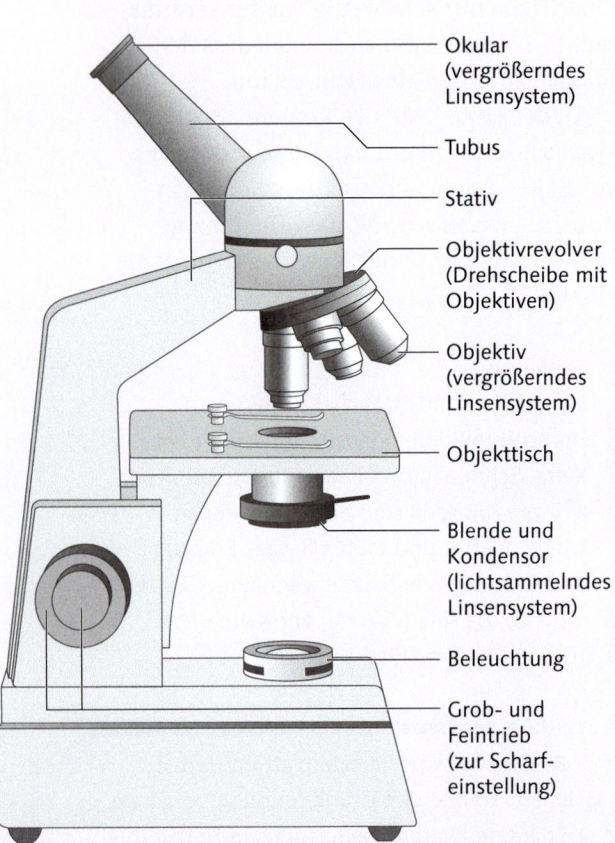

Okular
(vergrößerndes
Linsensystem)

Tubus

Stativ

Objektivrevolver
(Drehscheibe mit
Objektiven)

Objektiv
(vergrößerndes
Linsensystem)

Objekttisch

Blende und
Kondensor
(lichtsammelndes
Linsensystem)

Beleuchtung

Grob- und
Feintrieb
(zur Scharf-
einstellung)

2 Schemazeichnung Mikroskop

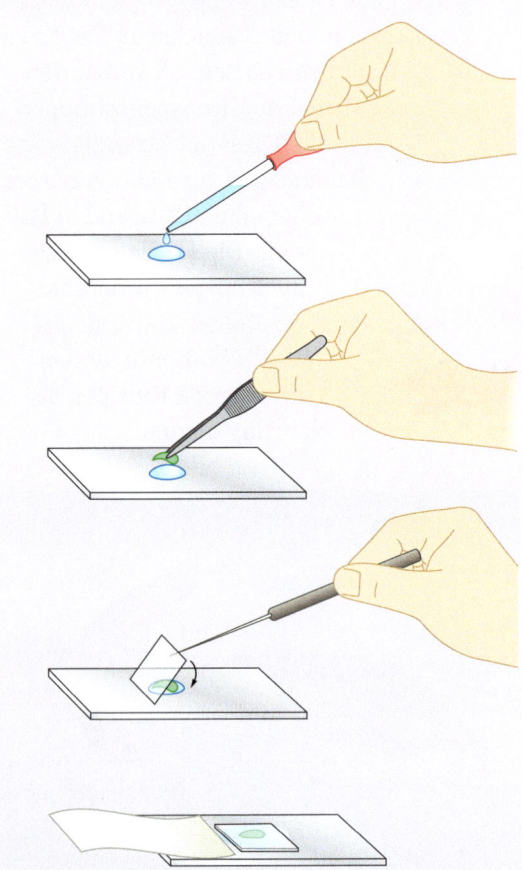

3 Herstellung des Präparats

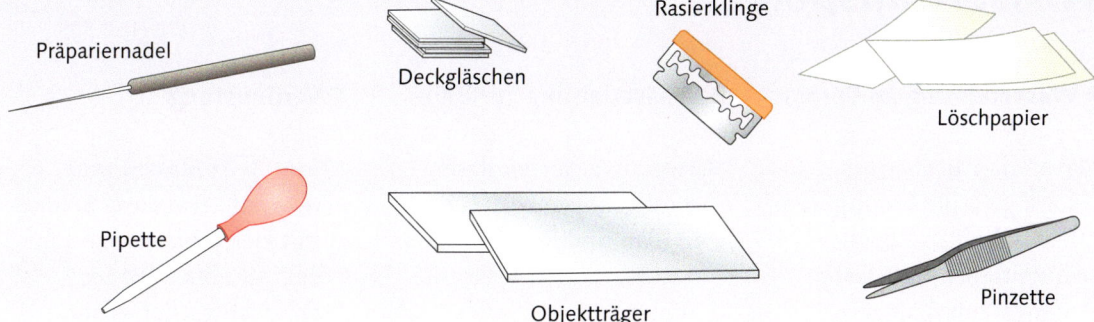

Präpariernadel

Deckgläschen

Rasierklinge

Löschpapier

Pipette

Objektträger

Pinzette

4 Material zum Mikroskopieren

2 Grundeinstellung Fahre den Objekttisch mit dem Grobtrieb ganz nach unten. Stelle die kleinste Vergrößerung ein. Schalte die Lampe ein und schließe die Blende zu einem Drittel.

3 Präparat auflegen Lege das Objekt so auf den Objekttisch, dass es über dem durchleuchteten Tischloch liegt.

4 Überblick verschaffen Drehe unter seitlicher Beobachtung den Objekttisch vorsichtig nach oben, bis sich Deckglas und Objektiv gerade noch nicht berühren. Schaue nun durch das Okular und bewege den Objekttisch mit dem Grobtrieb langsam nach unten, bis das Objekt sichtbar ist. Stelle das Bild nun mit dem Feintrieb scharf. Mit der kleinsten Vergrößerung

Regeln zum Umgang mit dem Mikroskop
- Trage das Mikroskop immer nur am Stativ.
- Beginne immer mit der kleinsten Vergrößerung.
- Drehe immer am Objektivrevolver, nie am Objektiv.
- Stelle das Bild zunächst mit dem Grobtrieb, dann erst mit dem Feintrieb scharf.
- Achte darauf, dass das Objektiv niemals das Objekt berührt.
- Berühre nie Okular- und Objektivlinsen mit den Fingern.
- Stelle nach dem Mikroskopieren wieder die kleinste Vergrößerung ein.

verschaffst du dir zunächst einen Überblick über das Präparat. Um eine besonders schöne Stelle genauer anzusehen, schiebe sie in die Mitte des Bildes.

5 Vergrößern und Scharfstellen Drehe den Objekttisch nach unten. Erst jetzt darfst du am Revolver die nächste Vergrößerung einstellen. Gehe wieder so vor, wie es unter Arbeitsschritt 4 beschrieben ist.

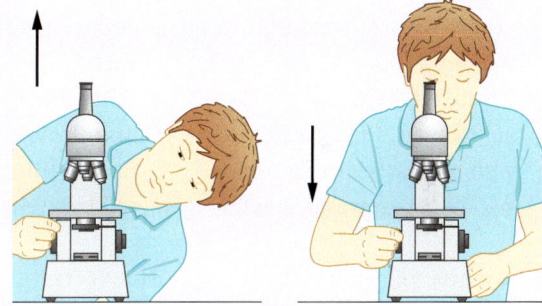

5 Scharfstellen des Bildes

6 Mikroskopische Bilder zeichnen Zeichne das Bild, das du im Mikroskop siehst, mit Bleistift auf weißes Papier. Die Strukturen sollten immer möglichst groß und genau zu erkennen sein. Jedes Bild erhält eine Überschrift und den Namen des Objekts. Auch Datum und Vergrößerung müssen auf dem Blatt vermerkt werden.

Aufgaben

1 ☑ Stelle ein Frischpräparat eines Moosblättchens her und mikroskopiere es.

2 ☑ Fertige eine Zeichnung des Moosblättchens an. Gib auch die Vergrößerung an.

Wassertransport

A Wasserleitung im Spross

Material 1 Becherglas, stark gefärbte Lösung in Blau oder Rot (Lebensmittelfarben in Wasser), Stängel mit Blättern (z. B. Fleißiges Lieschen, Zweig einer Silberpappel), Lineal

Durchführung

- Schneide den Stängel an und stelle ihn in ein Becherglas mit der farbigen Lösung. Nimm ihn nach 15 Minuten heraus und untersuche, wie weit er sich gefärbt hat. (Der Silberpappelzweig muss mit einem Messer entrindet werden.)
- Protokolliere deine Beobachtungen. Miss dazu, wie weit die Farbe im Stängel nach oben gewandert ist.

Auswertung Wie viel cm wandert das Wasser pro Minute?

B Wasserleitung zur Blüte

Material 2 Bechergläser, stark gefärbte Lösungen in Blau und Rot (Lebensmittelfarben in Wasser), Stängel mit weißer Blüte (z. B. Tulpe, Fleißiges Lieschen, Margerite, Nelke)

Durchführung

- Schneide ein kleines Stück vom Stängel ab. Teile ihn längs ca. 5 cm hoch. Stelle den frisch angeschnittenen Stängel in die Bechergläser mit den farbigen Lösungen. Eine Hälfte des Stängels taucht dabei in die rote, die andere Hälfte in die blaue Farbe.
- Betrachte die Blüte und protokolliere deine Beobachtungen alle 15 Minuten.

Auswertung Erkläre die Farbveränderungen in der Blüte.

C Verdunstung

Material 3 Messzylinder (100 ml), Wasser, 2 Stängel mit vielen Blättern, 1 Stängel mit 1 bis 2 Blättern, Folienstift, Öl, Gefrierbeutel (3 l), Gummiband

Durchführung

- Fülle alle Messzylinder zu zwei Dritteln mit Wasser. Stelle je einen Spross hinein. Markiere den Wasserstand mit einem Folienstift. Gib etwas Öl auf das Wasser, sodass die Oberfläche bedeckt ist. Stülpe einen Gefrierbeutel über einen Stängel mit vielen Blättern. Befestige ihn luftdicht mit einem Gummi am Rand des Zylinders.
- Protokolliere deine Beobachtungen nach einem Tag.

Auswertung Vergleiche und erkläre deine Beobachtungen.

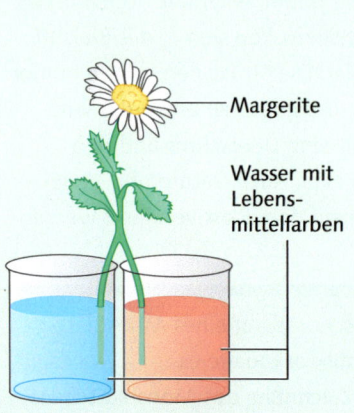

Margerite

Wasser mit Lebensmittelfarben

1 Versuch zur Wasserleitung

2 Versuch zur Verdunstung

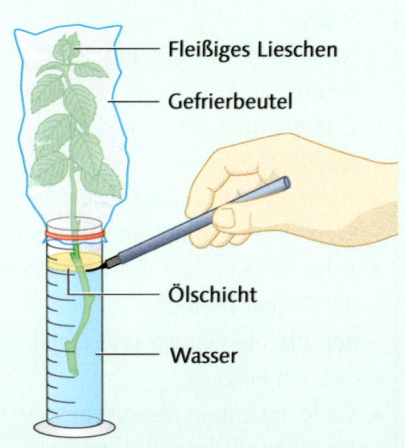

Fleißiges Lieschen

Gefrierbeutel

Ölschicht

Wasser

Bau und Funktion der Pflanzenorgane

Die Pflanzen sind sehr vielfältig aufgebaut, aber ihr Grundbauplan ist gleich. Sie bestehen aus Wurzeln, Sprossachse und Blättern. Diese Organe übernehmen bei jeder Pflanze wichtige Funktionen. Ohne einen dieser Bestandteile kann eine Pflanze nicht überleben.

Die Wurzel gibt Halt und nimmt Stoffe auf

Die Pflanze wird durch die stark verzweigten Wurzeln fest im Boden *verankert* und bekommt dadurch Halt. Oft haben Pflanzen eine dickere Hauptwurzel, von der viele kleine Nebenwurzeln abzweigen. Die *Stoffaufnahme* findet über die sehr feinen *Wurzelhaare* statt. Sie befinden sich an den dünneren Nebenwurzeln. Über sie nimmt die Pflanze Wasser und darin gelöste Mineralstoffe auf. Diese Wurzelhaare findet man als weißen Flaum über der *Wurzelspitze*. Sie wächst immer in Richtung der Schwerkraft.

Die Funktionen der Sprossachse

Der Stängel wird als *Sprossachse* bezeichnet. Sie leitet Wasser, Mineralstoffe und Nährstoffe durch die gesamte Pflanze. Die Sprossachse verleiht der Pflanze die nötige Stabilität.

1 Pflanzen sind aus Wurzeln, Sprossachse und Blättern aufgebaut.

Deshalb entspringen an ihr die Blätter und die Blüten. An der Spitze der Sprossachse wächst die Pflanze zum Licht.

Funktionen des Blattes

Laubblätter sind flach aufgebaut, um mit einer möglichst großen Fläche das Sonnenlicht aufzufangen. Mit seiner Hilfe können sie Nährstoffe herstellen. Dazu muss über die Blattunterseite Wasser aus der Pflanze verdunsten und Luft ausgetauscht werden. Dies geschieht über winzige *Spaltöffnungen*. Von außen kann man die *Blattadern* erkennen, die das gesamte Blatt regelmäßig durchziehen und es mit Wasser, Mineralstoffen und Nährstoffen versorgen.

In Kürze

Alle Blütenpflanzen sind durch Wurzeln in der Erde verankert, über die sie Wasser und Mineralstoffe aufnehmen. Diese werden über die Sprossachse in der Pflanze verteilt. In den Blättern werden mit Hilfe von Sonnenlicht Nährstoffe hergestellt.

Aufgabe

1 ☐ Nenne die Pflanzenorgane und ihre Funktionen.

2 Wurzelsystem und Wurzelhaare

Transportvorgänge in der Pflanze

Eine ausgewachsene Rotbuche gibt an einem schönen Sommertag ungefähr 300 Liter Wasser an die Luft ab. Das sind etwa 36 Kisten Mineralwasser. Die Pflanze nimmt das Wasser mit Hilfe ihrer Wurzeln aus dem Boden auf und gibt es über die Blätter an die Luft ab.

Stofftransport durch Leitungsbahnen

Der Wassertransport von den Wurzeln in die Blätter erfolgt durch *Leitungsbahnen,* die ohne Unterbrechung durch die gesamte Pflanze führen. Besonders in der Sprossachse befinden sich viele Leitungsbahnen, die dort zu *Leitbündeln* zusammengefasst werden. An den Blättern kann man diese Leitbündel gut als Blattadern erkennen.

Wasserabgabe durch Spaltöffnungen

Über jedes Blatt gibt die Pflanze Wasser in Form von Wasserdampf durch die Spaltöffnungen an die Luft ab. Diesen Vorgang nennt man *Verdunsten.* Die Spaltöffnungen können ihre Größe verändern. Dadurch regulieren sie die Menge des abgegebenen Wassers. Gleichzeitig muss der Austausch von Luft durch die Spaltöffnungen aufrecht erhalten werden.

Saugpumpe Blatt

Da alle Blätter ständig Wasser verdunsten, entsteht wie beim Trinken mit einem Strohhalm ein *Sog.* Er reicht bis in die Wurzeln einer Pflanze. Die Blätter wirken also als *Saugpumpe.* Wenn Leitungsbahnen verletzt werden, ist die Wasserleitung unterbrochen. Der Pflanzenteil oberhalb der Verletzung vertrocknet. Das kann man sich wie bei einem Strohhalm vorstellen: Mit einem Loch im Strohhalm kann kein Wasser mehr angesaugt werden und man würde verdursten.

1 Leitungsbahnen im Blattstiel

Druckpumpe Wurzel

Die meisten Pflanzen nehmen Wasser über die Wurzelhaare ihrer unterirdischen Wurzeln aus dem Boden auf. Die Wurzelhaare vergrößern die Oberfläche der Wurzeln. Dadurch kann mehr Wasser aus dem Boden in die Wurzel aufgenommen werden. Aus dem Zentrum der Wurzel wird das Wasser in die Sprossachse gedrückt. Die Wurzel wirkt dabei als *Druckpumpe.*

Transport der Mineralstoffe

Eine Pflanze benötigt für ihr Wachstum Mineralstoffe. Diese werden zusammen mit dem Wasser aus dem Boden in die Wurzel aufgenommen. Von dort werden sie mit dem Wasser in der gesamten Pflanze verteilt.

Luftaustausch über die Blätter

Eine Pflanze benötigt nicht nur Wasser und Mineralstoffe, sondern auch Kohlenstoffdioxid aus der Luft. Das ist wichtig, damit die Pflanze Nährstoffe herstellen kann. Die Luft kann die Pflanze über die Spaltöffnungen aufnehmen. Nicht verbrauchte Bestandteile und Abfallstoffe gibt sie über die Spaltöffnungen nach außen ab. Gleichzeitig wird auch verdunstendes Wasser über diese Poren nach außen transportiert.

Verteilung der Nährstoffe

In den Blättern stellt die Pflanze Nährstoffe her, die sie für ihr Wachstum und zur Fort-

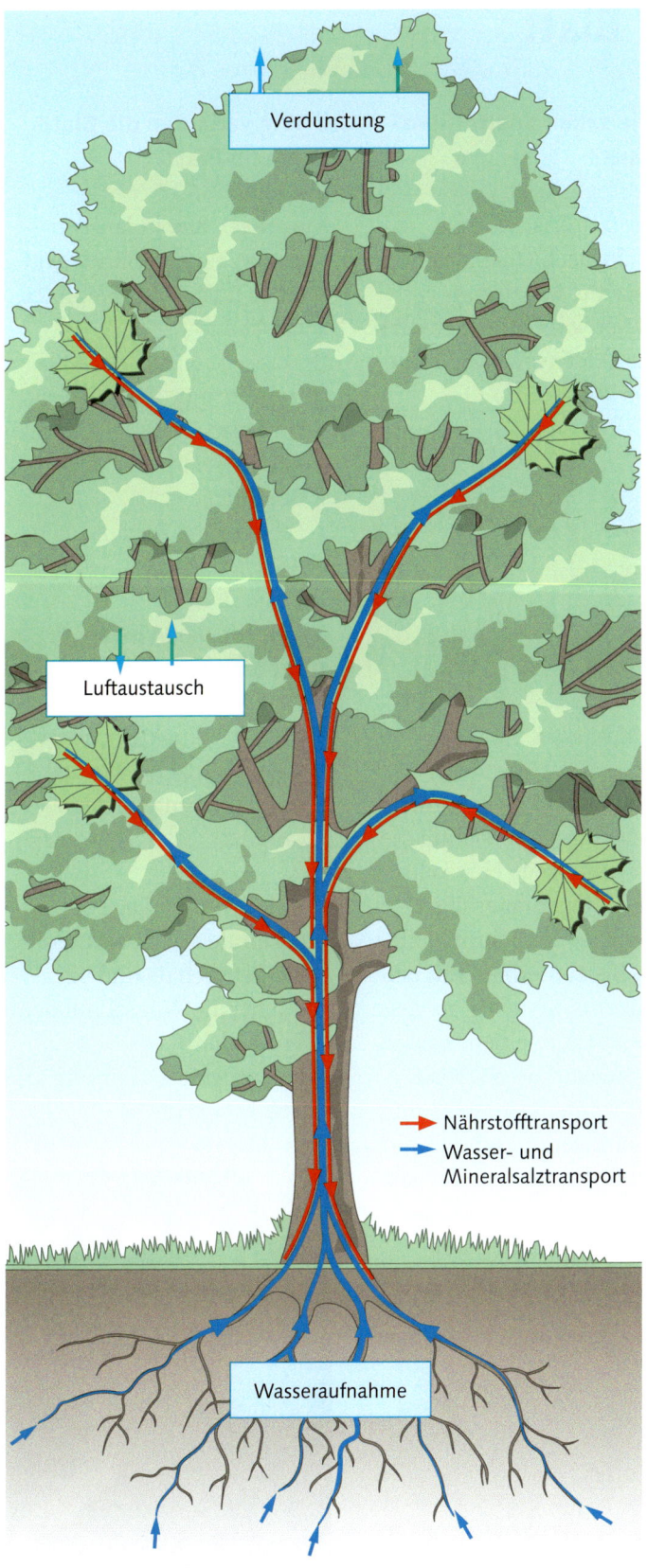

Verdunstung

Luftaustausch

→ Nährstofftransport
→ Wasser- und
   Mineralsalztransport

Wasseraufnahme

3 Stofftransport im Baum

pflanzung benötigt. Alle anderen Pflanzenteile müssen mit diesen Nährstoffen versorgt werden. Sie werden über andere Leitungsbahnen als die, in denen das Wasser transportiert wird, in der gesamten Pflanze verteilt. Viele Pflanzen speichern ihre Nährstoffe in Früchten oder den Wurzeln.

In Kürze
Die Pflanzen sind von der Wurzel bis zum Blatt von Leitungsbahnen durchzogen. Über sie werden Wasser, Mineralstoffe und Nährstoffe in der Pflanze verteilt. Über die Spaltöffnungen kann die Pflanze Luft austauschen und Wasser abgeben.

Aufgaben
1 ☐ Liste alle Stoffe auf, die durch die Pflanze transportiert werden.
2 ☐ Ordne den Stoffen die Transportwege zu.
3 ☑ Beschreibe, wie die Mineralstoffe aus dem Boden in die Blätter einer Pflanze gelangen.

Basiskonzept
Oberflächenvergrößerung
Die feinen Wurzelhaare der Pflanzenwurzeln vergrößern die Oberfläche der Wurzel, sodass die Pflanze ausreichend Wasser und Mineralstoffe aus dem Boden aufnehmen kann. Wenn man bei einer Rotbuche die Oberfläche aller Wurzeln mit ihren Wurzelhaaren zusammenzählt, erhält man eine sehr große Oberfläche. Je größer eine Oberfläche ist, desto mehr Stoffe können an ihr ausgetauscht werden. Dieses Bauprinzip findet man bei vielen Organen von Lebewesen verwirklicht.

Wurzel, Stängel und Blatt

Mit einem Binokular oder einem Mikroskop kann man den Aufbau von Pflanzenorganen untersuchen.

A Wo sind Leitungsbahnen?

Material Becherglas, Dreifuß, Gasbrenner, Rasierklinge, 2 Präpariernadeln, Objektträger, Deckglas, Mikroskop, Stängel von Wiesenschaumkraut oder Pfeifenwinde

Durchführung Fülle das Becherglas zu 1/3 mit Wasser und bringe es auf dem Dreifuß über der Brennerflamme zum Kochen. Gib etwa zwei cm lange Stücke des Stängels etwa zwei Minuten in das Wasser. Schneide dann die Stängelstücke mit einer Rasierklinge längs durch. Lege sie auf den Objektträger in einen Tropfen Wasser und zerrupfe sie mit den Präpariernadeln. Bedecke das Präparat mit dem Deckglas. Mikroskopiere es. Fertige eine Zeichnung an.

B Wie sehen Spaltöffnungen aus?

Material Rasierklinge, Deckgläser, Objektträger, Pinzette, Mikroskop, Blätter von Linde, Schwertlilie, Alpenveilchen, Tulpe oder Wein

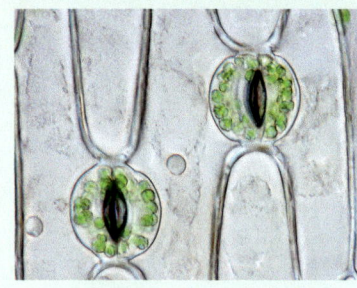

2 Spaltöffnungen

Durchführung Ritze mit der Rasierklinge vorsichtig die Blattunterseite ein, sodass du ein Quadrat erhältst. Ziehe an der Schnittstelle die Blattunterhaut mit der Pinzette vorsichtig ab. Lege das Stück in einen Wassertropfen auf dem Objektträger und bedecke es mit einem Deckgläschen. Mikroskopiere das Präparat und zeichne einen Ausschnitt der Unterhaut.

C Wie verlaufen die Blattadern im Blatt?

Material Binokular, Petrischale, Pinzette, Laubblatt einer Buche, des Fleißigen Lieschens ...

Durchführung Lege das Laubblatt in die Petrischale und betrachte es mit dem Binokular.
Fertige eine Zeichnung des Adernetzes an.

D Wie ist die Wurzel aufgebaut?

Material Binokular, Petrischale, Pinzette, Wurzel eines gekeimten Kressesamens

Durchführung Lege den gekeimten Kressesamen in die Petrischale und betrachte die Wurzel mit dem Binokular.
Fertige eine Zeichnung an und beschrifte sie.

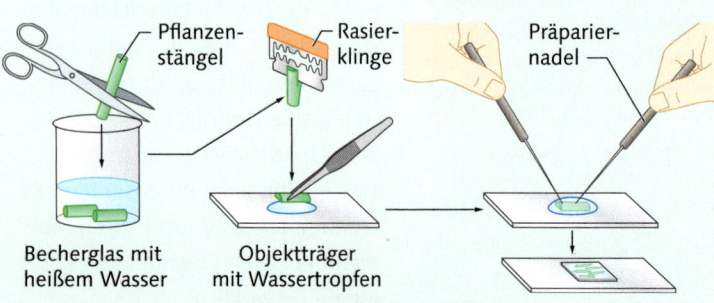

1 Herstellung eines Zupfpräparats vom Pflanzenstängel

Pflanzen-stängel · Rasier-klinge · Präparier-nadel

Becherglas mit heißem Wasser · Objektträger mit Wassertropfen

3 Wurzelspitze mit Wurzelhaaren

E Wie wachsen Wurzeln?

Material Marmeladenglas, Objektträger, Filterpapier, 2 Gummiringe, Fließpapier, Pinzette, vorgekeimte Kressesamen, Wasser

Durchführung
- Baue den Versuch zum Wurzelwachstum wie in Bild 4 dargestellt auf und verschließe das Marmeladenglas.
- Betrachte nach zwei Tagen die gewachsenen Wurzeln der Kressesamen.

Auswertung
1 Vergleiche die Wurzeln der Samen nah am Wasser mit denen, die weit vom Wasser entfernt liegen.
2 Erkläre die Unterschiede. Denke dabei an die Funktion der Wurzeln.

F Wasseraufnahme

Material 2 Messzylinder (100 ml), 1 Stängel mit Wurzeln und 1 Stängel ohne Wurzeln vom Fleißigen Lieschen (etwa die gleiche Anzahl Blätter), Wasser, Öl, Folienstift

Durchführung
- Stelle je einen Stängel in einen Messzylinder. Markiere mit einem Folienstift den Wasserstand.
- Gib etwas Öl auf das Wasser, sodass die Oberfläche bedeckt ist.

Auswertung
1 Beschreibe deine Beobachtungen und begründe sie.
2 Welche Funktion der Wurzel wird hier nachgewiesen?

G Wasserabgabe

Material Cobaltchloridpapier, Klarsichtfolie, Büroklammer, Topfpflanze

6 Nachweis der Wasserabgabe

Durchführung
- Befestige auf beiden Seiten des Blattes mit Hilfe der Klarsichtfolie und der Büroklammern einen Streifen Cobaltchloridpapier.
- Betrachte am nächsten Tag das Cobaltchloridpapier.

Auswertung
1 Beschreibe das Versuchsergebnis.
2 Erkläre deine Beobachtungen. Denke dabei an die Funktion des Blattes.

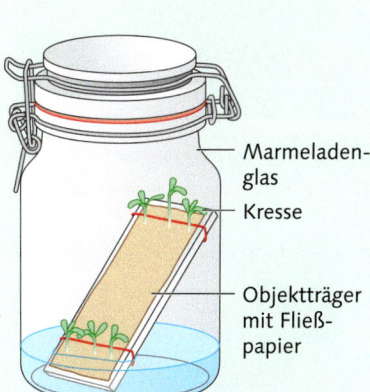

Marmeladenglas
Kresse
Objektträger mit Fließpapier

4 Versuch zum Wurzelwachstum

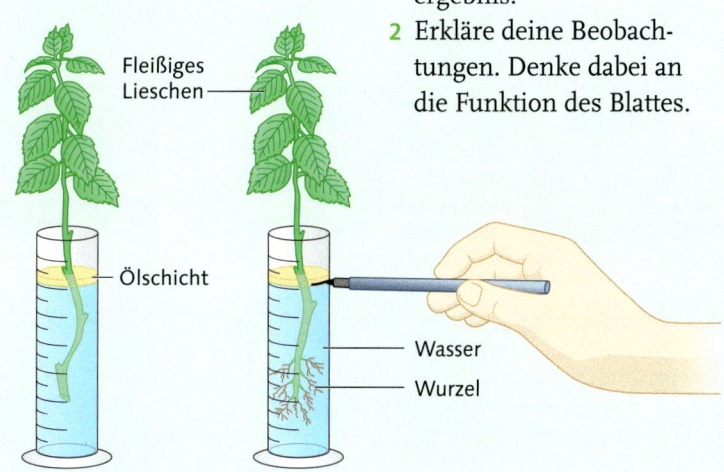

Fleißiges Lieschen
Ölschicht
Wasser
Wurzel

5 Nachweis der Wasseraufnahme

Pflanzen sind Selbstversorger

Bestimmt stehen bei dir zu Hause auch Pflanzen in der Wohnung. Sie wachsen in Blumentöpfen mit Erde und müssen regelmäßig gegossen werden. Die meisten Topfpflanzen stehen auf der hellen Fensterbank im Licht.

Aufbau von Traubenzucker
Pflanzen sind die einzigen Lebewesen, die Nährstoffe selbst herstellen können. Mit Hilfe von Licht, Kohlenstoffdioxid und Wasser stellen sie Traubenzucker her. Diesen Vorgang nennt man *Fotosynthese*. Sie läuft hauptsächlich in den grünen Blättern der Pflanze ab. Wasser wird über die Wurzeln aufgenommen. Kohlenstoffdioxid gelangt über die Spaltöffnungen in die Blätter. Neben Traubenzucker entsteht *Sauerstoff*, der über die Spaltöffnungen an die Luft abgegeben wird. Im Traubenzucker ist Sonnenenergie gespeichert.

Pflanzen orientieren sich zum Licht
Zimmerpflanzen drehen ihre Blattflächen dem Fenster zu. Auch Kressekeimlinge neigen sich dem Licht entgegen. Pflanzen, die im Dunkeln stehen, gehen ein.

1 Topfpflanzen auf der Fensterbank

Wachstum durch Mineralstoffe
Jede Pflanze nimmt über ihre Wurzeln Wasser und die darin gelösten Mineralstoffe aus der Erde auf. Diese benötigen die Pflanzen für den Umbau des Traubenzuckers in viele andere Stoffe. Mit Hilfe dieser Stoffe kann die Pflanze wachsen. Enthält der Boden zu wenig Mineralstoffe, so zeigen die Pflanzen Mangelerscheinungen und verkümmern. Topfpflanzen müssen gedüngt werden, um die verbrauchten Mineralstoffe im Boden zu ersetzen.

Nährstoffe werden gespeichert
Aus dem Traubenzucker und den Mineralstoffen aus dem Boden können die Pflanzen alle

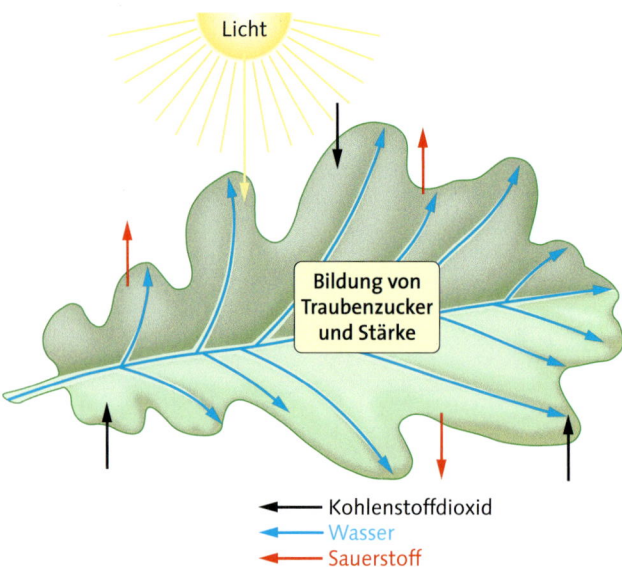

Bildung von Traubenzucker und Stärke

Kohlenstoffdioxid
Wasser
Sauerstoff

2 Fotosynthese im Blatt

3 Kressekeimlinge: A von oben beleuchtet; B von der Seite beleuchtet

4 Stickstoffmangel bei Zuckerrüben

Nährstoffe aufbauen, die sie zum Leben benötigen. Traubenzucker wird oft in den Früchten gespeichert. Ein Teil des Traubenzuckers wird häufig auch in *Stärke* umgebaut und in den Pflanzenteilen wie Körnern, Knollen, Zwiebeln oder Wurzeln gespeichert. Andere Pflanzen speichern ihre Nährstoffe als Fette zum Beispiel in Nüssen oder anderen Samen.

Kein Leben ohne Fotosynthese

Die Tiere und der Mensch können keine Fotosynthese betreiben. Sie müssen energiereiche Stoffe mit der Nahrung aufnehmen. In den Zellen werden die Nährstoffe mit Sauerstoff abgebaut. Dabei wird Energie frei. Sie wird für alle Lebensvorgänge genutzt. Gleichzeitig entsteht Kohlenstoffdioxid, das die Pflanzen wiederum für die Fotosynthese benötigen.

5 Viele Früchte sind Nährstoffspeicher

Weiter gedacht Sukkulenten

Pflanzen, die in einer sehr trockenen Umgebung leben, besitzen besondere Angepasstheiten, mit denen sie den Wassermangel überstehen können. Die kleinen Pflanzen des Mauerpfeffers besitzen dicke Blätter, die eng am Stängel anliegen und sich so vor dem Wind schützen. Durch die kleine Oberfläche der Blätter kann nicht so viel Wasser verdunsten. Die fleischigen Blätter können viel Wasser speichern.

Vor allem Wüstenpflanzen haben häufig kleine, dicke, zu Dornen umgewandelte oder gar keine Blätter. Außerdem können diese Pflanzen meist auch im dicken Stängel oder in den Wurzeln Wasser speichern. Sie besitzen häufig lange Wurzeln, mit denen sie an das Grundwasser gelangen können.

In Kürze

Pflanzen stellen aus Wasser und Kohlenstoffdioxid mit Hilfe des Chlorophylls und Sonnenlicht Traubenzucker und Sauerstoff her. Der energiereiche Traubenzucker wird mit Mineralstoffen umgewandelt und zum Wachstum verwendet. Energiereiche Nährstoffe werden in verschiedenen Organen gespeichert.

Aufgaben

1 □ Nenne Ausgangsstoffe und Endprodukte der Fotosynthese.
2 □ Lies die Angaben auf Verpackungen von Pflanzendüngern. Nenne darin enthaltene Mineralstoffe.
3 □ Liste in einer Tabelle verschiedene Pflanzenteile auf, in denen die Pflanze die Nährstoffe Zucker, Stärke oder Fett speichert.

Nährstoff	Frucht
Zucker	
Stärke	
Fett	

Was Pflanzen zum Wachsen brauchen

Vor allem im Sommer muss man die Pflanzen im Garten gießen, sonst vertrocknen sie. Aber Wasser allein genügt nicht, damit sie wachsen.

Mit diesen Versuchen kannst du herausfinden, welche Faktoren das Pflanzenwachstum bestimmen.

Material für alle Versuche: 5 Erlenmeyerkolben, destilliertes Wasser, Leitungswasser, Flüssigdünger, 5 Gemüsebohnenpflanzen mit Wurzeln, Alufolie, schwarze Pappe, Gefrierbeutel, Trinkhalm, Gummiband

1 Versuchsmaterialien

A Wasser

Durchführung Stelle die Bohnenpflanze in den Erlenmeyerkolben ohne Wasser. Verschließe ihn mit der Alufolie so, dass die Bohnenpflanze gerade im Kolben steht.
- Beschreibe deine Beobachtungen nach einer Woche.

B Licht

Durchführung Fülle den Erlenmeyerkolben mit Wasser und etwas Dünger. Stelle die Gemüsebohne in das Wasser. Verschließe den Erlenmeyerkolben mit der Alufolie so, dass die Bohnenpflanze gerade im Kolben steht. Stelle den Zylinder aus schwarzer

Pappe über den Erlenmeyerkolben, sodass kein Licht zur Pflanze kommt.
- Beschreibe deine Beobachtungen nach einer Woche.

C Mineralstoffe

Durchführung Fülle den Erlenmeyerkolben mit destilliertem Wasser. Stelle die Gemüsebohne in das Wasser. Verschließe den Erlenmeyerkolben mit der Alufolie so, dass die Bohnenpflanze gerade im Kolben steht.
- Beschreibe deine Beobachtungen nach einer Woche.

D Luft

Durchführung Fülle den Erlenmeyerkolben mit Wasser und etwas Dünger. Stelle die Gemüsebohne in das Wasser. Verschließe den Erlenmeyerkolben mit der Alufolie so, dass die Bohnenpflanze gerade im Kolben steht. Stülpe

den Gefrierbeutel über die Pflanze und sauge mit dem Trinkhalm vorsichtig möglichst viel Luft heraus. Dichte den Beutel mit einem Gummiband ab.
- Beschreibe deine Beobachtungen nach einer Woche.

E Kontrollversuch

Durchführung Fülle den Erlenmeyerkolben mit Wasser und etwas Dünger. Stelle die Gemüsebohne in das Wasser. Verschließe den Erlenmeyerkolben mit der Alufolie so, dass die Bohnenpflanze gerade im Kolben steht.
- Beschreibe deine Beobachtungen nach einer Woche.

Mineralstoffe

Wasser

Licht

Wärme

Luft

2 So wird der Kontrollversuch (E) angesetzt.

Auswertung
1 Vergleiche die Beobachtungen aus den Versuchen.
2 Begründe, weshalb man bei dieser Versuchsreihe von Mangelversuchen spricht.

Optimale Bedingungen für das Pflanzenwachstum

Du warst sicher schon einmal in einer
Gärtnerei und hast die vielfältigen, schön
gewachsenen Pflanzen bewundert.
Gärtner züchten Pflanzen in Gewächshäusern,
damit sie möglichst viele Pflanzen in kurzer
Zeit verkaufen können.

1 Pflanzen in der Gärtnerei

1 Pflanzen in Gewächshäusern

Die Wände der Gewächshäuser bestehen
aus großen Glasflächen. Die Dächer lassen sich
wie Fenster öffnen. Auf langen Tischen wachsen viele Pflanzen dicht nebeneinander.
Automatische Bewässerungssysteme versorgen
sie mit Wasser. Außerdem können sie mit
Kohlenstoffdioxid begast werden.

a ☑ Erläutere anhand Bild 2 und 3, weshalb
Gewächshäuser so große Glasflächen haben.

b ☑ Begründe, weshalb in großen Gewächshäusern Bewässerungssysteme wichtig sind.

c ☑ Suche Gründe für das Öffnen der Dach-
fenster.

d ☑ Erkläre mit Hilfe von Bild 4, weshalb Pflanzen
mit Kohlenstoffdioxid begast werden.

2 Unterschiedliche Bedürfnisse

a ☐ Geht in eine Gärtnerei oder in
die Gartenabteilung eines
Baumarkts und sucht eine
Pflanze aus, die sich gut für
euren Klassenraum eignet.

b ☐ Informiert euch über die
Bedürfnisse der Pflanze. Dabei
helfen euch die Verkäufer, Schilder,
Bücher oder auch das Internet.

c ☐ Erstellt einen Steckbrief zur Pflanze.

d ☑ Sucht im Klassenraum einen passenden
Standort für die Pflanze. Nutzt dazu
die Pflegeanleitung.

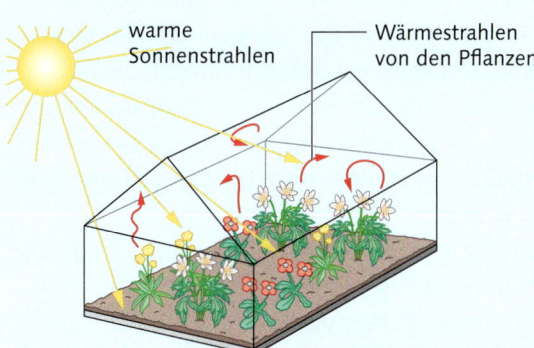

warme
Sonnenstrahlen

Wärmestrahlen
von den Pflanzen

Pflanzen und Boden nehmen Lichtstrahlen
auf und wandeln sie in Wärmestrahlung um.

2 Wärmestrahlung im Gewächshaus

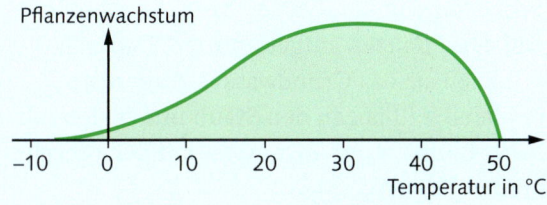

Pflanzenwachstum

Temperatur in °C

3 Pflanzenwachstum und Temperatureinfluss

4 Geranie: A mit CO_2 begast; B normal gewachsen

Pflanzen in Pflasterritzen

Schulhöfe und Parkplätze sehen häufig grau und öde aus. Sie sind meist asphaltiert oder gepflastert. In den Ritzen zwischen den Pflastersteinen sieht man ab und zu einige Farbtupfer, die die triste Fläche auflockern. Vielleicht findest du in der Umgebung deiner Schule auch Pflanzen, die in Pflasterritzen wachsen. Wie können sie in dieser für Pflanzen lebensfeindlichen Umgebung gedeihen und blühen?

Lebensraum Pflasterritze

Zwischen den Pflastersteinen sind die engen Ritzen häufig mit Sand aufgefüllt. Dieser enthält nur sehr wenige Mineralstoffe, die Pflanzen zum Wachstum benötigen. Erst unter dem Sandbett befindet sich sehr fester Boden, der das Wasser sammelt. Durch das Regenwasser werden immer wieder Mineralstoffe angespült. Dieses Regenwasser fließt über die Steine schnell in die Kanalisation ab, sodass der Boden rasch austrocknet. Außerdem kann die Sonne die Steine und den Boden ungehindert stark erwärmen. Die Pflanzen müssen sowohl starke Trockenheit als auch Nässe und Wärme aushalten. Durch Autos oder Fußgänger ist der Boden stark verdichtet. Hier können sich Wurzeln nur schwer verankern.

2 Pflaster mit Moos und Rispengras

1 Max freut sich über Pflanzen auf dem Parkplatz.

Leben unter ständigen Trittbelastungen

Einige Pflanzen haben besondere Angepasstheiten, die ihnen das Leben in Pflasterritzen ermöglichen. Sie müssen vor allem den Belastungen durch Befahren und Betreten standhalten, die hier sehr groß sind. Mastkraut und Silbermoos beispielsweise wachsen, wie viele andere *Trittpflanzen,* sehr niedrig am Boden. So sind sie vor Verletzungen geschützt. Breitwegerich und Vogelknöterich haben dicke, harte Stängel und Blätter, die nicht zertreten werden können. Durch den niedrigen und flachen Wuchs breiten sich die Blätter oft rosettenförmig auf den Steinen aus. Neben ihnen wachsen keine größeren Pflanzen, die sie beschatten. Die Strahlenlose Kamille und einige Gräser wachsen an weniger häufig betretenen Stellen. Hier können sie höher wachsen. Wurden sie platt getreten, richten sie sich rasch wieder auf. Der Löwenzahn und das Liegende Mastkraut besitzen lange Pfahlwurzeln, mit denen sie Wasser und Mineralstoffe aus tieferen Erdschichten aufnehmen können.

Bedeutung der Pflanzen in Pflasterritzen

Mit dem Regenwasser gelangen auch viele Schadstoffe in die Pflasterritzen. Sie werden von den Pflanzen aufgenommen. Dadurch schützen sie das Grundwasser. Außerdem binden die Pflanzen den Staub und bilden mit ihren Blüten bunte Farbtupfer auf den oft sehr grauen Flächen.

Bedrohung durch den Menschen

Die meisten Menschen bemerken die Trittpflanzen in den Pflasterritzen gar nicht. Für
viele sind sie aber ein großes Ärgernis. Deshalb werden sie häufig mit großem Aufwand
bekämpft. Oft werden sie auf Terrassen oder
Einfahrten ausgekratzt, mit Hausmitteln wie
Essig oder Salz bekämpft oder weggebrannt.
Die Anwendung von Gift ist gesetzlich verboten, weil das Gift in die Kanalisation gelangt
und das Wasser belastet.

In Kürze

Pflanzen in Pflasterritzen können aufgrund ihrer
Angepasstheiten unter den dortigen Bedingungen leben. Niedriger Wuchs und feste, elasti-
sche Blätter schützen sie vor Trittbelastungen.

Aufgaben

1 ☐ Nenne die besonderen Lebensbedingungen
in Pflasterritzen.
2 ◩ Ordne den Lebensbedingungen Angepasstheiten der Pflanzen zu.

A	Löwenzahn		**E**	Silber-Birnmoos
B	Einjähriges Rispengras		**F**	Strahlenlose Kamille
C	Vogelknöterich		**G**	Breitwegerich
D	Liegendes Mastkraut			

3 Lebensraum Pflasterritze

Bedeutung der grünen Pflanzen für das Leben

Auf der Erde leben über 500 000 verschiedene Pflanzenarten. Sie kommen überall vor: auf dem Land, im Wasser und manchmal sogar auf Tieren oder anderen Pflanzen. Ihre Größe ist genauso unterschiedlich wie ihr Aussehen.

Ein Mammutbaum kann über 100 Meter hoch wachsen. Die kleine Chlorella-Alge misst nur 0,002 Millimeter.

Pflanzen sind die »grüne Lunge« der Erde

Viele Wälder, besonders die Regenwälder, werden häufig als »grüne Lungen« bezeichnet. Gerade in den Regenwäldern herrscht ideales Klima, sodass die großen Bäume mit ihren zahlreichen Blättern sehr intensiv Fotosynthese betreiben können. Sie produzieren den für uns lebenswichtigen Sauerstoff. Diesen Sauerstoff atmen Menschen und Tiere ein und nutzen ihn, um aus ihrer Nahrung Energie zu gewinnen. Dabei entsteht Kohlenstoffdioxid, das ausgeatmet wird. Die Pflanzen nehmen das Kohlenstoffdioxid wieder auf und setzen es bei der Fotosynthese unter anderem in Sauerstoff um. So entsteht ein Kreislauf. Viele Wälder sind aber vom Menschen bedroht. Besonders die Regenwälder werden abgeholzt, um landwirtschaftliche Flächen zu gewinnen, Rinder zu züchten, Rohstoffe abzubauen oder das Holz zu verwenden.

1 Ein 100 Meter hoher Mammutbaum

Pflanzen als Nahrungsgrundlage

Während der Fotosynthese bilden Pflanzen Zucker und speichern einen Teil davon. Menschen und Tiere ernähren sich von den Pflanzen und erhalten so energiereiche Nährstoffe. In den Meeren sind Algen die Nahrungsgrundlage für viele Fische und sogar für große Wale. Der Mensch baut Pflanzen als Nahrung an. Selbst in Wüsten können Pflanzen große und lange Trockenheit überstehen und wachsen bei den seltenen Regenfällen schnell. An diesen Lebensraum sind sie zum Beispiel durch besondere Wasserspeicher in Blättern oder Wurzeln angepasst.

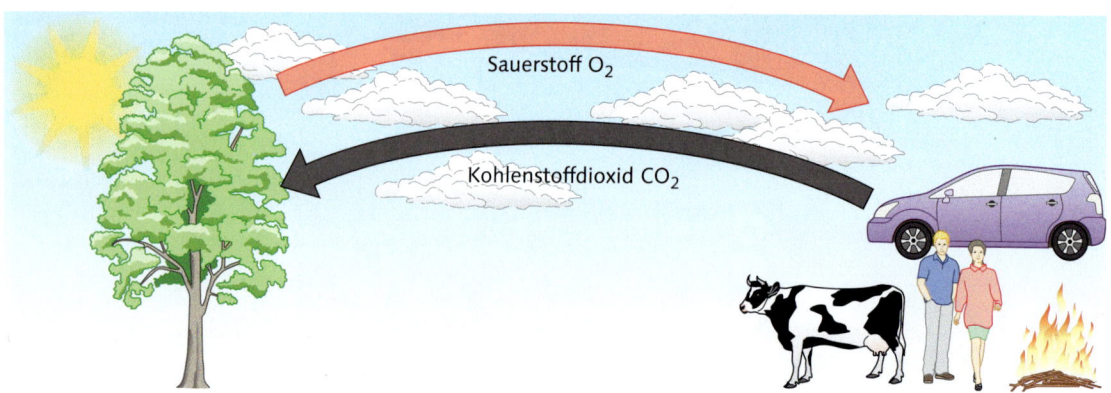

2 Sauerstoff- und Kohlenstoffdioxidkreislauf

3 Wasserfloh mit Algen im Darm

Das Prinzip der Nachhaltigkeit

Vor knapp 300 Jahren wurde das Prinzip der Nachhaltigkeit zum ersten Mal formuliert. Damals konnte in Sachsen kein Silbererz mehr abgebaut werden, da kaum noch Holz zur Silbergewinnung vorhanden war. Ein Hauptmann gab die Anweisung, dass nur noch so viel Holz geschlagen werden durfte, wie in dem gleichen Zeitraum wieder nachwachsen konnte. Dieses Prinzip der Nachhaltigkeit gilt auch heute noch. Es bezieht sich auf alle Bereiche. Ziel ist, dass die Natur und die Umwelt für die nächsten Generationen erhalten bleiben. Dazu gehört auch, dass Strom und Kraftstoffe aus nachwachsenden Pflanzen gewonnen werden.

In Kürze

Pflanzen dienen anderen Lebewesen als Nahrungsgrundlage und Sauerstofflieferant. Sie haben alle Lebensräume der Erde besiedelt. Der Mensch sollte nur so viele Pflanzen verbrauchen, wie in der gleichen Zeit wieder nachwachsen. Dadurch wird die Pflanzenwelt erhalten.

Aufgaben

1 ☐ Nenne Beispiele für Pflanzen, die die Lebensräume Meer, Regenwald und Wüste besiedeln.
2 ◪ Erkläre das Prinzip der Nachhaltigkeit an einem Beispiel.

Basiskonzept

Stoff- und Energieumwandlung

Wasserflöhe werden zur Reinigung von algenreichem Aquariumwasser eingesetzt. Algen wachsen bei Wärme und Licht gut und färben das Wasser grün. Da die wenigsten Aquarienfische Algen fressen, setzt man Wasserflöhe ein. Sie ernähren sich von den Algen und dienen den Fischen als Nahrung.

Pflanzen setzen während der Fotosynthese Kohlenstoffdioxid und Wasser in Zucker und Sauerstoff um. Tiere, die Pflanzen fressen, nehmen den Zucker auf und gewinnen daraus Energie. Energieärmere Stoffe und Kohlenstoffdioxid geben sie wieder an die Umwelt ab.

Alle Lebewesen nehmen Stoffe auf und wandeln sie um. Dabei gewinnen sie Energie für alle Lebensvorgänge. Die ausgeschiedenen Stoffe sind dann energieärmer.

4 Kohlekraftwerk

5 Biodiesel als Energielieferant

Stoffwechsel und Angepasstheit der Pflanzen

1 Pflanzen brauchen Wasser

Für Pflanzen ist die Aufnahme von Wasser lebensnotwendig. Das Wasser wird in der gesamten Pflanze verteilt und über Spaltöffnungen an den Blättern verdunstet.

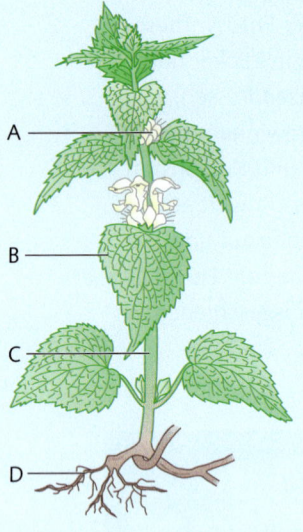

a □ Benenne die Pflanzenorgane, die am Wassertransport beteiligt sind.

b □ Beschreibe den Weg des Wassers aus dem Boden durch die Pflanze bis in das Blatt.

c ☑ Der Wassertransport der Pflanzen ist auch mit dem Trinken mit einem Strohhalm vergleichbar. Erkläre.

d ■ Erläutere, weshalb die Pflanze Wasser aufnimmt, wenn es doch wieder verdunstet wird.

1 Pflanzen brauchen Wasser.

2 Frühblüher nutzen Licht im Frühlingswald

Buschwindröschen findet man häufig in Laubwäldern. Sie blühen und wachsen zeitig im Frühjahr. Ihre unterirdischen Speicherorgane kann man im gesamten Jahr im Erdboden finden.

a □ Beschreibe, wie sich die Frühblüher auch ohne Samen verbreiten können.

b □ Benenne und beschreibe verschiedene Speicherorgane von Frühblühern.

c ☑ Erkläre mit dem Diagramm in Bild 2, welchen Vorteil es für die Frühblüher hat, direkt nach dem Winter auszutreiben und zu blühen.

d ☑ Erläutere, weshalb im Sommer nur noch wenige Pflanzen auf dem Waldboden wachsen.

e ☑ Frühblüher wachsen in vielen Laubwäldern, aber nicht in Nadelwäldern. Begründe.

f ☑ Schneeglöckchen besitzen an ihren Samen nährstoffreiche Anhängsel. Erläutere diese Strategie der Samenverbreitung.

Jan.	Febr.	März	April	Mai	Juni	Juli	Aug.	Sept.	Okt.	Nov.	Dez.
–2 °C	–1 °C	2 °C	5 °C	10 °C	15 °C	20 °C	25 °C	17 °C	10 °C	4 °C	1 °C

2 Lichtintensität in einem Laubwald im Jahresverlauf

3 Lebensbedingungen im Aquarium

3 Das Leben im Aquarium

In einem Aquarium betreiben Pflanzen Fotosynthese. Fische, Schnecken und andere Tiere müssen atmen und ernähren sich häufig von Algen und Pflanzenresten.

a ☐ Beschreibe die besonderen Lebensbedingungen in einem Aquarium für die Pflanzen.

b ☑ Beschreibe den Vorgang der Fotosynthese unter Wasser.

c ☑ Stelle den Kreislauf von Sauerstoff und Kohlenstoffdioxid zwischen Pflanzen und Tieren im Aquarium in einem Schaubild dar.

d ☑ Vergleiche diesen Kreislauf im Aquarium mit dem an Land.

4 Spaltöffnungen

4 Seerosen leben auf und im Wasser.

a ☑ Suche eine Erklärung, weshalb die Blätter der Seerose auf der Wasseroberfläche schwimmen können.

b ☑ Die Spaltöffnungen der Seerosenblätter befinden sich auf der Oberseite. Begründe.

Stoffwechsel und Angepasstheit der Pflanzen

- Pflanzen können mit Hilfe von Speicherorganen überwintern. Durch den Verlust der Blätter und die Bildung von Knospen können viele Pflanzen den Winter überstehen.

- Wurzeln nehmen Wasser und Mineralstoffe auf und verankern die Pflanze im Boden. Über Leitungsbahnen in der gesamten Pflanze werden Wasser, Nährstoffe und Mineralstoffe verteilt.

- In den grünen Blättern stellen Pflanzen bei der Fotosynthese energiereichen Traubenzucker und Sauerstoff her. Dazu benötigen sie Wasser, Kohlenstoffdioxid und Sonnenlicht.

- Über Spaltöffnungen im Blatt werden Kohlenstoffdioxid und Sauerstoff ausgetauscht. Wasser kann verdunsten.

- Ohne die grünen Pflanzen wäre kein tierisches und menschliches Leben auf der Erde möglich. Sie speichern die Sonnenenergie in Form von Zucker. Sie liefern Menschen und Tieren energiereiche Nährstoffe und Sauerstoff.

Mein Körper

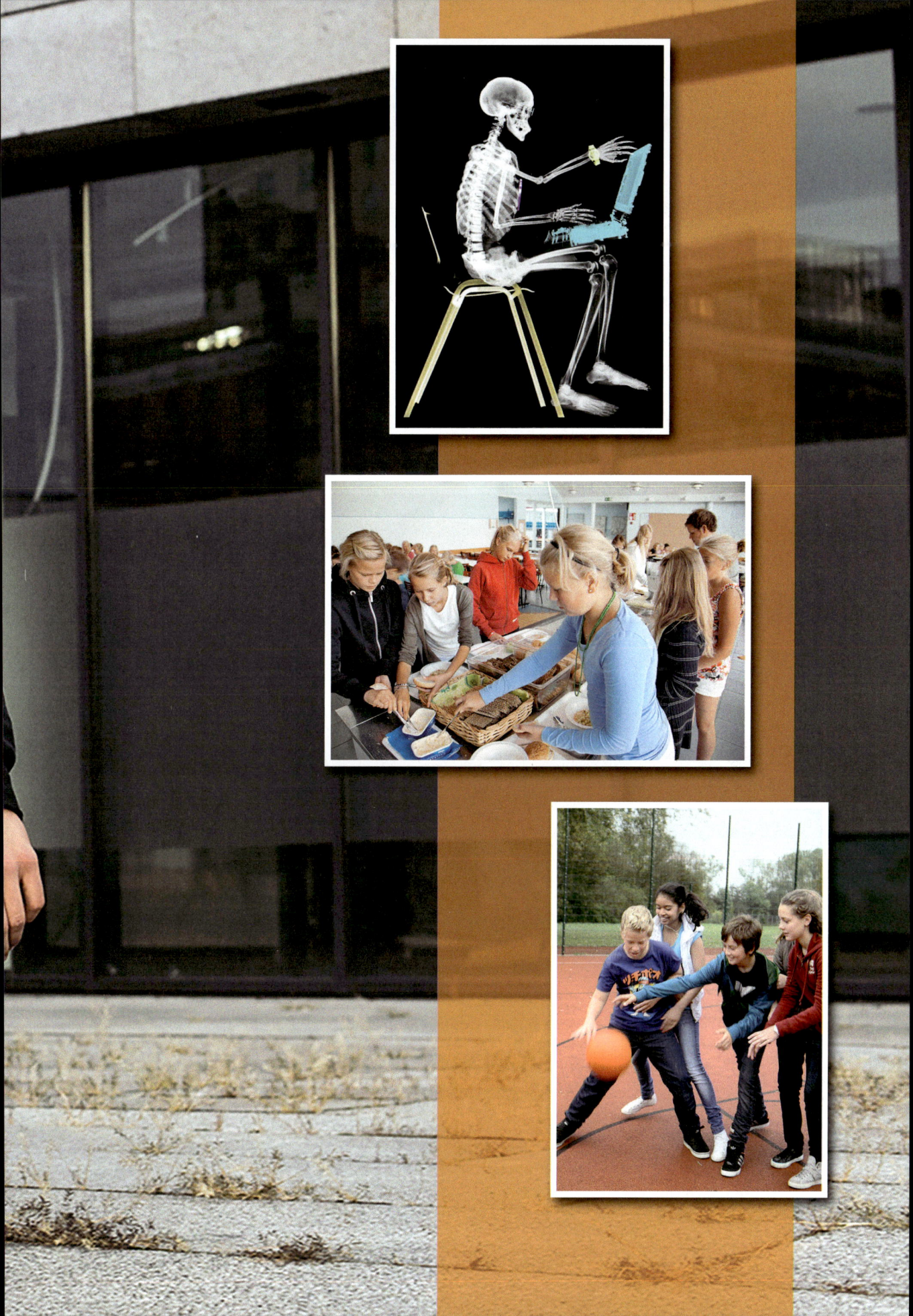

Knochen bilden das Skelett

Dein Körper wird in Schädel, Rumpf und Gliedmaßen unterteilt. Dein *Skelett* wird aus über 220 Knochen gebildet. Es stützt deinen Körper und schützt deine inneren Organe.

Knochen und ihre Aufgaben

Am Bau der Knochen lassen sich deren Aufgaben erkennen: Röhrenförmige Knochen halten großen Belastungen stand. Die flachen, plattenartigen Knochen schützen wichtige Organe. Die kleinen, unregelmäßig geformten Knochen sind besonders beweglich.

Schädelskelett

Der Schädel ist aus einzelnen Knochenplatten zusammengesetzt. An den Nahtstellen greifen diese wie Puzzlestücke ineinander. Der Schädel schützt das Gehirn. Der Unterkiefer ist als einziger Schädelknochen beweglich.

Rumpfskelett

Die Wirbelsäule ist die zentrale Achse des Körpers, trägt den Schädel, stützt den Körper und schützt wichtige Nervenbahnen. Die Rippen sind mit der Wirbelsäule und dem Brustbein verbunden und umschließen schützend die inneren Organe. Der Brustkorb ist nicht starr und lässt dadurch Atembewegungen zu. Der *Schultergürtel* besteht aus Schulterblättern und Schlüsselbeinen. Er verbindet das Rumpfskelett mit dem Armskelett. Der *Beckengürtel* wird aus Beckenknochen, Kreuzbein und Steißbein gebildet. Sie sind alle miteinander verwachsen und stützen die Organe des Bauchraumes. Der Beckengürtel verbindet das Rumpfskelett mit dem Beinskelett.

Arme und Beine – die Gliedmaßen

Armskelett und *Beinskelett* sind stabil und sehr beweglich. Sie ähneln sich in ihrem Aufbau und bestehen überwiegend aus Röhrenknochen.

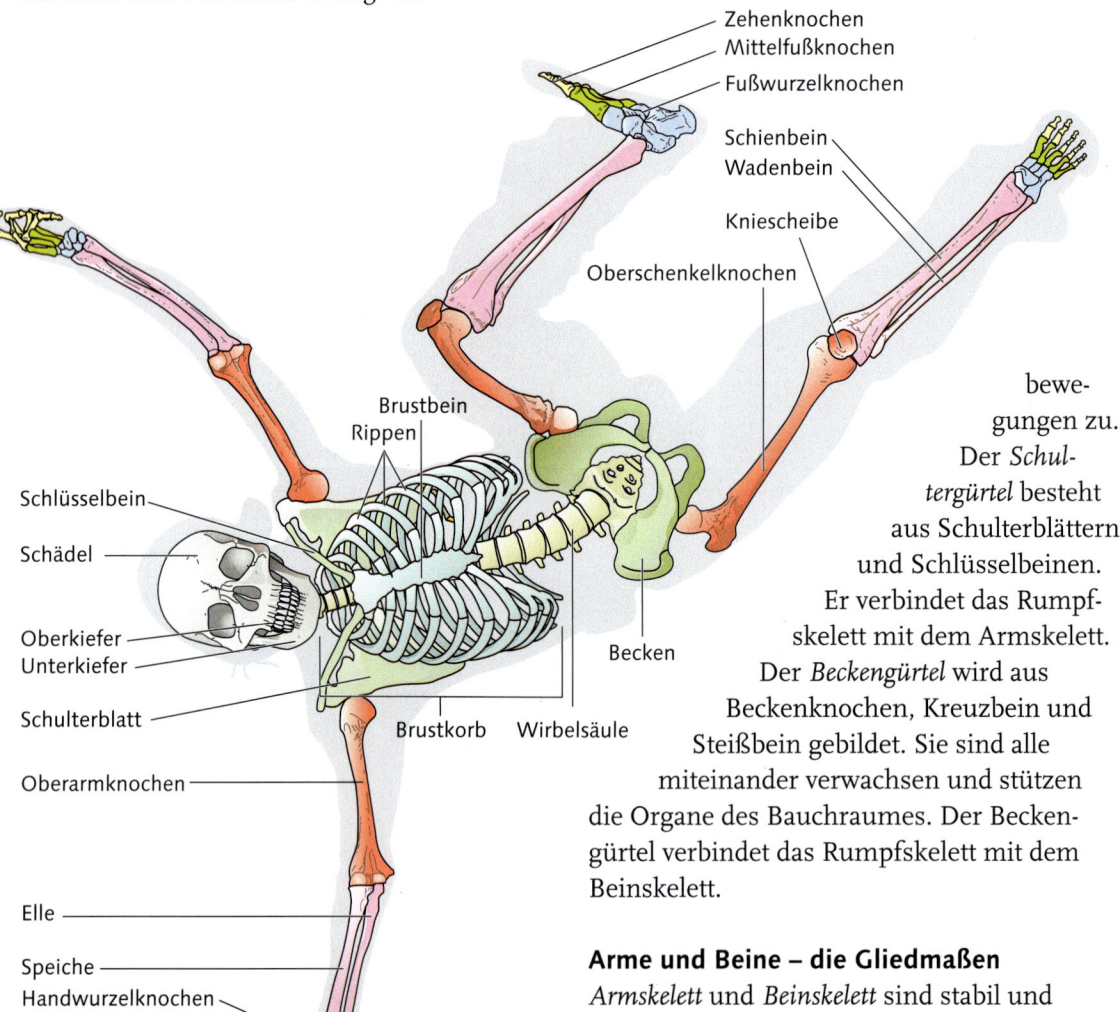

Zehenknochen
Mittelfußknochen
Fußwurzelknochen
Schienbein
Wadenbein
Kniescheibe
Oberschenkelknochen
Brustbein
Rippen
Schlüsselbein
Schädel
Oberkiefer
Unterkiefer
Schulterblatt
Oberarmknochen
Becken
Brustkorb
Wirbelsäule
Elle
Speiche
Handwurzelknochen
Mittelhandknochen
Fingerknochen

1 Skelett eines Menschen

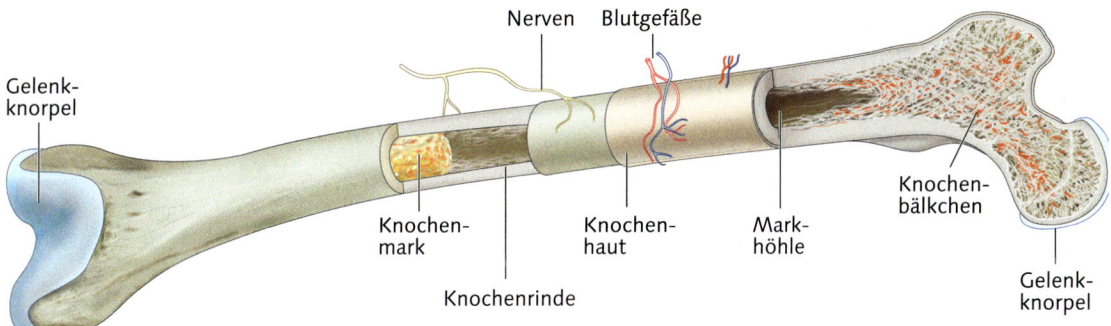

Nerven Blutgefäße

Gelenk-
knorpel

Knochen-
mark

Knochen-
haut

Mark-
höhle

Knochen-
bälkchen

Gelenk-
knorpel

Knochenrinde

2 Aufbau eines Röhrenknochens

Aufbau von Knochen

Knochen sind sehr hart und gleichzeitig elastisch. Sie bestehen aus Knorpelmasse, in die Kalk eingelagert ist. An den Enden sind die *Knochenbälkchen* zu erkennen. Ihre Anordnung ähnelt einem Baugerüst. Die Knochenenden sind sehr stabil.

Im Innern eines Röhrenknochens befindet sich die *Markhöhle,* gefüllt mit *Knochenmark.* In manchen Bereichen des Knochenmarks werden Blutzellen gebildet. Den Randbereich, wo der Knochen massiv erscheint, nennt man *Knochenrinde.* Hier liegen die Knochenbälkchen sehr dicht zusammen. Die stabile Knochenrinde ist umgeben von einer dünnen *Knochenhaut.* Sie ist mit Blutgefäßen und *Nerven* durchzogen.

Knochen sind lebendig

Die Knochen von Kindern und Jugendlichen wachsen noch. Aber auch bei Erwachsenen wird täglich altes Knochenmaterial abgebaut und erneuert. Durch Sport werden die Knochen stärker beansprucht. Als Folge lagert sich vermehrt Kalk ein, sodass die Knochen kräftiger werden. Damit dies ohne Probleme funktioniert, muss der Knochen ernährt werden. Deshalb befinden sich im Knochen Blutgefäße, sodass er über das Blut mit Nährstoffen versorgt wird.

4 Knochenbälkchen, stark vergrößert

Knochenbrüche verheilen

Bei einem Knochenbruch überprüft der Arzt die Bruchenden auf ihre Lage und korrigiert sie. Ein Gipsverband stützt und schützt die Bruchstelle, sodass der Knochen wieder gerade zusammenwachsen kann. Nach einiger Zeit ist der Bruch verheilt. Der Knochen kann wieder normal belastet werden.

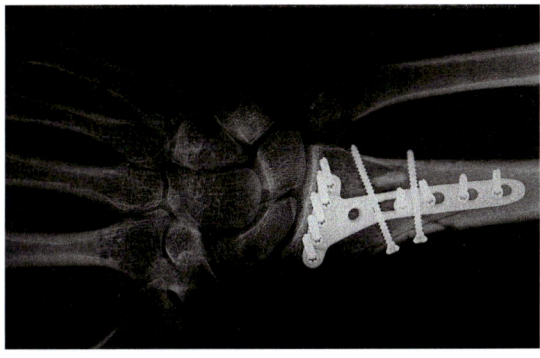

3 Röntgenbild eines operierten Knochenbruchs

In Kürze

Das Skelett ist die Stütze des Körpers. Es ist mit seinen unterschiedlichen Knochen sehr beweglich und schützt die inneren Organe. Knochen sind sehr stabil und elastisch. Sie sind lebendig und werden ständig umgebaut.

Aufgaben

1 ☐ Nenne die Aufgaben von Röhrenknochen und Plattenknochen.
2 ◿ Begründe anhand von zwei Merkmalen, dass Knochen lebendig sind.

Die Wirbelsäule stützt den Körper

Drehen, recken, beugen – bei fast jeder Aktivität deines Körpers bewegt sich deine Wirbelsäule in verschiedene Richtungen mit.

Aufbau und Funktion

Die Wirbelsäule wird aus den beweglichen *Wirbelknochen,* dem *Kreuzbein* und dem *Steißbein* gebildet. Sie sind durch Bänder und Muskeln verbunden und ermöglichen die Beweglichkeit. Die Wirbelsäule bildet seitlich gesehen eine *Doppel-S-Form.* Dadurch kann sie Erschütterungen gut abfedern. Am oberen Ende der Halswirbelsäule sitzt der Schädel. Mit der Brustwirbelsäule sind die Rippen beweglich verbunden. Zusammen mit der Lendenwirbelsäule stützt sie den Rumpf. Das Kreuzbein besteht aus fünf zusammengewachsenen Wirbeln. Den unteren Abschluss der Wirbelsäule bildet das Steißbein.

Wirbelknochen näher betrachtet

Die Wirbelknochen bestehen aus einzelnen *Wirbelkörpern,* die wie bei einem Bauklotzturm übereinandergestapelt sind. Sie tragen zur Stützfunktion der gesamten Wirbelsäule bei. Im *Wirbelkanal* verläuft das empfindliche *Rückenmark.* Die seitlichen *Querfortsätze* schützen die austretenden *Nerven* und bilden die gelenkigen Verbindungen der Wirbelkörper untereinander und zu den Rippen. Auf der Rückseite des Wir-

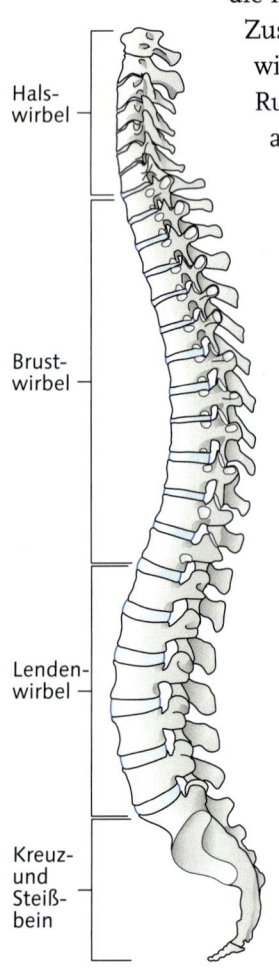

Hals-
wirbel

Brust-
wirbel

Lenden-
wirbel

Kreuz-
und
Steiß-
bein

2 Die Wirbelsäule

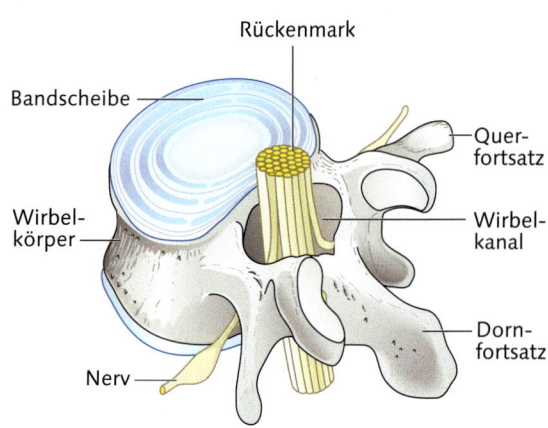

Rückenmark

Bandscheibe

Quer-
fortsatz

Wirbel-
körper

Wirbel-
kanal

Dorn-
fortsatz

Nerv

1 Aufbau eines Wirbelknochens

bels liegt der *Dornfortsatz.* Er bildet mit den Querfortsätzen die Ansatzpunkte für Bänder und Muskeln.

Bandscheiben sind »Stoßdämpfer«

Zwischen den Wirbelknochen liegen die *Bandscheiben.* Sie verhindern, dass die Wirbel aufeinanderreiben. Bandscheiben bestehen aus elastischen Knorpeln und enthalten viel Wasser. Bei Belastung wird ein Teil des Wassers ausgepresst. Beim Liegen saugen sie die verlorene Flüssigkeit wieder auf.

Haltungsfehler und Haltungsschäden

Durch einseitige Belastung der Wirbelsäule, wie häufiges falsches Tragen der Schultasche, wirkt auf die Wirbelsäule und das Rückenmark unnatürlicher Druck ein. So können Rückenschmerzen entstehen. Die Bandscheiben verformen sich dauerhaft. Haltungsfehler und Haltungsschäden sind die Folgen.

In Kürze

Die Wirbelsäule ist die zentrale Stütze des Körpers. Die Wirbel schützen das Rückenmark. Die Bandscheiben und die Doppel-S-Form federn Erschütterungen ab.

Aufgaben

1 ☐ Nenne die einzelnen Abschnitte der Wirbelsäule.

2 ☑ Begründe, weshalb du morgens knapp zwei Zentimeter größer bist als abends.

Knochen, Wirbelsäule und Fußgewölbe

A Knochen sind elastisch und stabil

Material 3 ausgekochte Geflügelknochen, ein Stück Eierschale, Becherglas, Essigessenz, Gasbrenner, Tiegelzange, Messer, Schutzbrille

Durchführung Der erste Knochen bleibt unbehandelt. Lege den zweiten Knochen und die Eierschale in das Becherglas und gib Essigessenz hinzu. Entnimm beide nach drei Tagen. Spüle mit viel Wasser und trockne sie. Halte den dritten Knochen in eine Flamme, bis er nicht mehr glüht.

> Sicherheitshinweis:
> Setze die Schutzbrille auf und arbeite unter dem Abzug!

Auswertung Vergleiche die drei Knochen hinsichtlich Biegsamkeit, Druck- und Schnittfestigkeit. Erkläre.

B Untersuchungen der Wirbelsäulenform

Material 3 Holzplatten gleicher Größe, dicker Blumendraht, Reißzwecke, 90 Büroklammern, Zange, Hammer, evtl. Gewichte

Durchführung Schneide mit der Zange drei 30 Zentimeter lange Drahtstücke ab. Biege an jedem Drahtstück je ein Ende zu einem Haken, das andere Ende zu einer Öse. Befestige mit der Reißzwecke und dem Hammer je einen Draht auf einer Holzplatte. Bringe die Drähte wie in Bild 2 in Form. Lege die Höhe der Haken fest und notiere sie. Hänge an jeden Haken 30 Büroklammern. Miss, wie sich die Höhe jedes Drahtstückes verändert.

Auswertung Gib an, welches Modell der Wirbelsäule des Menschen entspricht. Begründe.

C Wozu besitzt der Fuß ein Gewölbe?

Material 2 gleich dicke Bücher, 1 Zeichenkarton (150 g Gewicht), Schulskelett

Durchführung Führe den abgebildeten Versuch durch und notiere deine Beobachtungen.

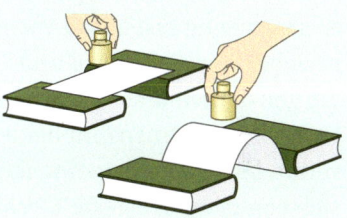

3 Modell zum Fußgewölbe

Auswertung

1 Beschreibe, was der Versuch mit dem Zeichenkarton veranschaulicht.
2 Vergleiche die Form des Fußskeletts mit dem oben dargestellten Versuch. Nenne Gemeinsamkeiten und Unterschiede.
3 Nenne die Vorteile, die die Gewölbeform des Fußes hat.

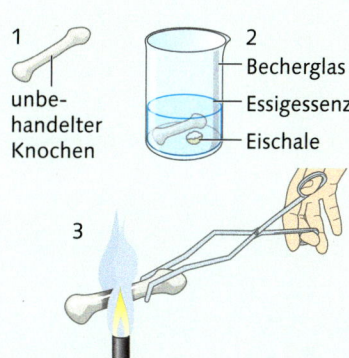

1 Bearbeitung der Geflügelknochen

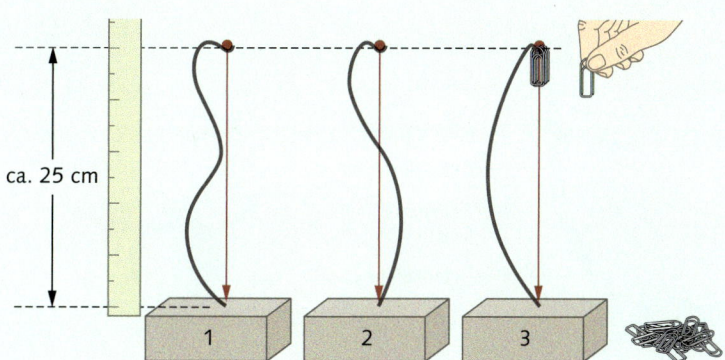

2 Wirbelsäulenmodelle

Beweglich durch Gelenke und Muskeln

Tim zeigt dem Publikum atemberaubende Sprünge und Figuren in der Halfpipe. Alle Bewegungen seines Körpers sind aufeinander abgestimmt und nur möglich durch das gute Zusammenspiel seiner Knochen, Muskeln, Sehnen, Bänder und Gelenke.

1 Skateboarder im Skatepark

Aufbau eines Gelenks

Gelenke sind die beweglichen Verbindungen von zwei oder mehreren Knochen. Sie ermöglichen dem Skelett Beweglichkeit und müssen es gleichzeitig fest zusammenhalten. Gelenke bestehen aus *Gelenkkopf* und *Gelenkpfanne,* die genau ineinanderpassen. Schützender *Gelenkknorpel* umspannt beide Enden und verhindert, dass sie aneinanderreiben und sich abnutzen. Die feste *Gelenkkapsel* und die *Gelenkbänder* sorgen dafür, dass diese Verbindung stabil bleibt. Im *Gelenkspalt* befindet sich die *Gelenkschmiere.* Sie verbessert die Beweglichkeit des Gelenks.

Verschiedene Gelenktypen

Gelenke lassen sich nicht in alle Richtungen gleich bewegen. Je nach ihrer Lage und der Anordnung ihrer Knochen gibt es verschiedene Gelenktypen. *Kugelgelenke,* wie zum Beispiel das Hüftgelenk oder das Schultergelenk, lassen besonders viele Bewegungen zu. Die Gelenke im Knie oder Ellenbogen können nur in zwei Ebenen bewegt werden. Man kann sie mit Türscharnieren vergleichen. Deshalb nennt man diese Gelenke auch *Scharniergelenke.* Es gibt im Körper noch viele weitere Gelenktypen. Meist treten sie in Kombination mit anderen Gelenktypen auf.

Muskeln bewegen den Körper

Der menschliche Körper besitzt über 600 *Skelettmuskeln,* mit denen er verschiedene Bewegungen ausführt. Zudem wirken sie zusammen mit den Gelenken als *Hebel.* Dadurch kann zum Beispiel der Unterarm sehr schnell beschleunigt werden. Bei einem Wurf wird die Hand bis zu 100 Stundenkilometer schnell.

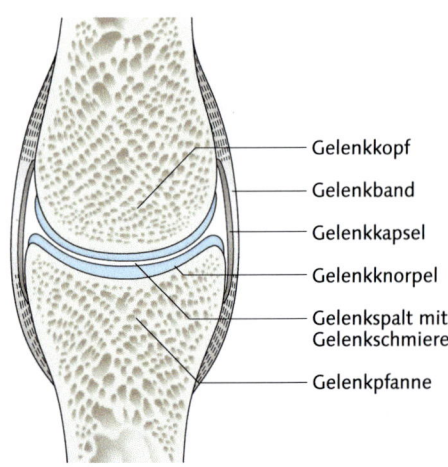

- Gelenkkopf
- Gelenkband
- Gelenkkapsel
- Gelenkknorpel
- Gelenkspalt mit Gelenkschmiere
- Gelenkpfanne

2 Feinbau eines Gelenkes

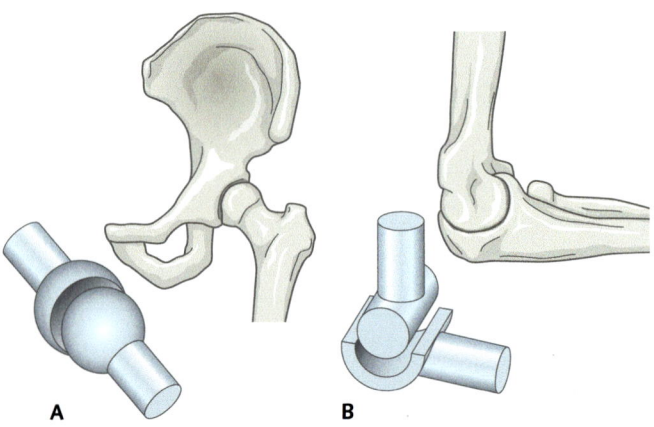

A   **B**

3 Verschiedene Gelenktypen: A Kugelgelenk; B Scharniergelenk

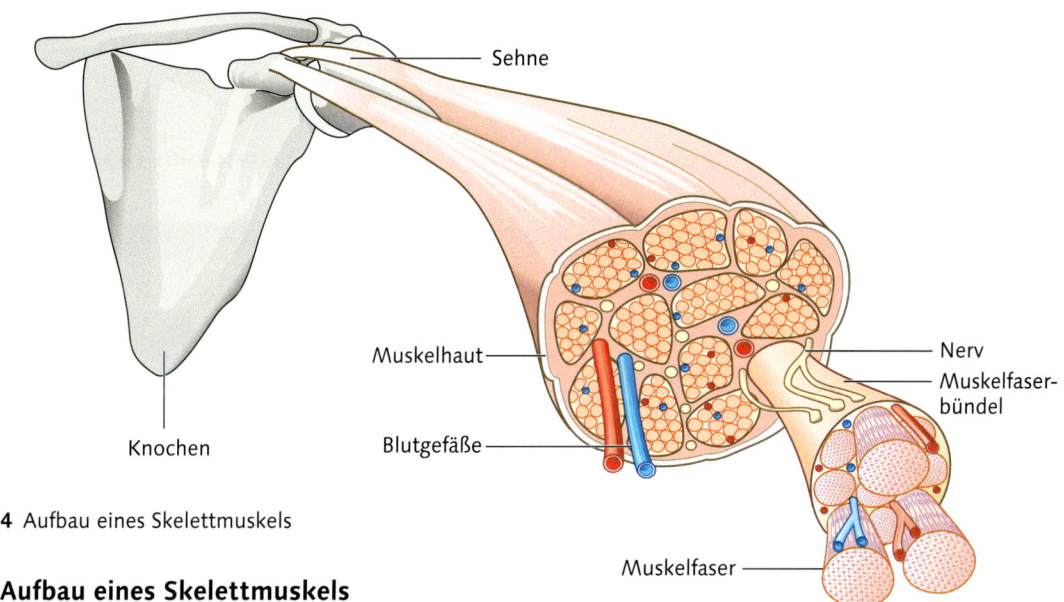

Sehne

Muskelhaut

Knochen

Blutgefäße

Nerv

Muskelfaser-
bündel

Muskelfaser

4 Aufbau eines Skelettmuskels

Aufbau eines Skelettmuskels

Muskeln bestehen aus vielen dünnen *Muskel-fasern,* die zu *Muskelfaserbündeln* zusammen-gefasst sind. Mehrere Muskelfaserbündel bilden einen Muskel. Er wird von einer festen *Muskelhaut* umschlossen. Über reißfeste *Sehnen* ist der Muskel mit den Knochen ver-wachsen. Die Sehnen übertragen die Muskel-kraft auf die Knochen.

Muskeln arbeiten zusammen

Um einen Arm zu beugen und wieder zu strecken, werden verschiedene Muskeln benötigt. Muskeln können sich nur *zusammen-ziehen* und sich nicht selbstständig strecken.

Wird der Oberarmmuskel oder Bizeps angespannt, ziehen sich seine Muskelfasern zusammen und der Arm wird am Ellenbogengelenk gebeugt. Den Bizeps nennt man deshalb *Beuger.* Auf der Unterseite des Oberarms liegt der Trizeps. Ist der Arm gebeugt, ist dieser Muskel erschlafft. Zum Strecken des Armes wird der Trizeps ange-spannt. Gleichzeitig entspannt der Bizeps. Man bezeichnet den Trizeps auch als *Strecker.* Beuge-und Streckmuskeln arbeiten paar-weise und abwechselnd zusammen. Da sie in entgegengesetzter Richtung arbeiten, sind es *Gegenspieler.*

In Kürze

Gelenke und Muskeln ermöglichen die Beweg-lichkeit des Körpers. Durch Bänder und Sehnen sind sie mit den Knochen verbunden. Muskeln können sich nur zusammenziehen und arbeiten nach dem Gegenspielerprinzip.

Aufgaben

1 ☐ Nenne die Gelenktypen und suche je ein Beispiel an deinem Körper.

2 ◪ Spiele mit den Fingern auf dem Tisch Klavier und beobachte den Handrücken und den Unterarm. Erkläre deine Beobachtungen.

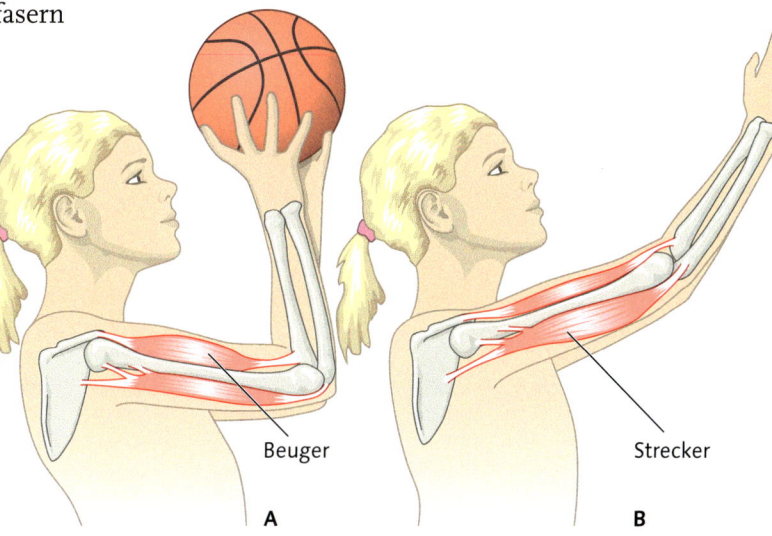

Beuger

Strecker

A

B

5 Zusammenspiel der Muskeln. A gebeugter Arm; B gestreckter Arm

Aktive Pause

A Ein Reisball zum Kicken

Material zwei Luftballons, Rundkornreis, Schere, Trichter

Durchführung

- Fülle mit Hilfe des Trichters den einen Luftballon mit Reis. Klopfe den Ballon auf einen Tisch, damit sich der Reis gut verteilt.
- Schneide die beiden Ballons wie in der Abbildung ab.
- Weite den zweiten Ballon vorsichtig und stülpe ihn dann über die Öffnung des reisgefüllten Luftballons. Jetzt kannst du alleine oder mit beliebig vielen Mitspielern Footbag spielen.
- Ziel des Spiels ist, dass der Ball nicht auf den Boden fällt.
- Spiele den Ball nur mit dem Fuß.
- Wenn ihr zu mehreren seid, wirf den Ball zu einem Mitspieler und los geht's.

1 Footbag ist cool.

B Gummitwist

Material Hosengummi oder Gummiband, mindestens drei Mitspieler

Durchführung

- Zwei Mitspieler spannen das Gummiband mit den Beinen.
- Überlegt euch verschiedene Hüpffiguren wie in Bild 2.
- Die Hüpffiguren kann man sich leichter merken, wenn man dazu einen Spruch dichtet.
- Bei einem Fehler wechselt der Springer.
- Variiert den Schwierigkeitsgrad durch unterschiedliche Hüpfhöhen: Knöchel, Wade, Knie, Oberschenkel, Taille.

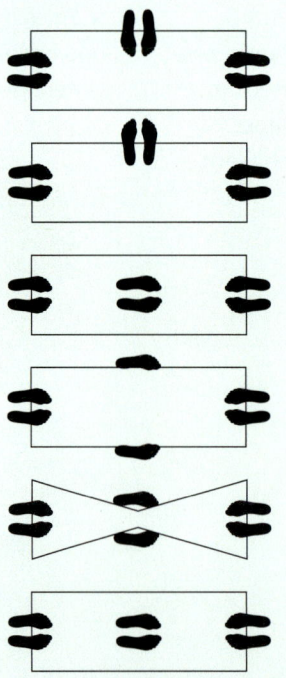

2 Gummitwist macht allen Spaß.

C Pflastersteine besetzen

Material Kreide, Spielstein, Markierungen (Stöcke oder verschiedenfarbige Steine), Gehsteig- oder Pflasterplatten

Durchführung

- Zeichnet auf die Platten ein Spielfeld. Je nach Anzahl der Spieler ungefähr 5 mal 5 Platten bei drei Spielern bis 10 mal 10 Platten bei fünf Spielern (die Felder können auch mit Kreide aufgezeichnet werden).
- Am Anfang ist es ganz leicht: Aus drei Metern Entfernung wirft der Spieler den Spielstein auf ein freies Feld und besetzt es mit seiner Markierung.
- Mit der Zeit wird es immer schwieriger, in ein freies Feld zu treffen.
- Bleibt der Spielstein in einem besetzten Feld oder außerhalb des Spielfeldes liegen, geht der Spieler in dieser Runde leer aus.
- Wer hat nach einer bestimmten Zeit oder nach einer bestimmten Rundenzahl die meisten Felder besetzt?

Fitness für die Wirbelsäule

A Aktivierung der Wirbelsäule

Material Stuhl

Durchführung

- Setze dich gerade und aufrecht auf den Stuhl. Ober- und Unterschenkel bilden einen rechten Winkel. Die Füße berühren mit der ganzen Sohle den Boden und zeigen nach vorne.
- Beuge dich *langsam* nach vorne, beginne mit dem Kopf, dann Wirbel für Wirbel langsam nach unten beugen. Kurz verharren und wieder Wirbel für Wirbel strecken. Die Arme hängen locker herunter.
- Lege die Hände nun übereinander auf die Brust. Drehe den Schultergürtel *langsam* nach links, kurz in der Endposition bleiben, dann nach rechts. Wichtig: Der Kopf bleibt dabei nach vorne gerichtet.
- Atme gleichmäßig weiter.

B Kräftigung der Wirbelsäule

Durchführung

- Grundstellung: Vierfüßlerstand
- Hebe nun den linken Arm und das rechte Bein hoch und strecke es weg. Halte diese Position für zwei bis drei Sekunden.
- Nun umgekehrt: rechter Arm und linkes Bein
- Führe diese Übung dreimal täglich mit jeweils fünf Wiederholungen pro Seite durch.

1 Einfache Übung zur Stärkung des Rückens

C Belastung der Wirbelsäule: richtiges Heben

Material ungefähr zehn Holzbretter (ø 10 cm, Stärke 1 cm), Schaumstoffstücke (gleiche Größe und Stärke), Gewicht

Durchführung

- Baut aus den Holzbrettern und den Schaumstoffstücken ein Wirbelsäulenmodell.
- Drückt nun mit Hilfe des Gewichts von oben auf das Modell.
- Setzt das Gewicht zentral auf und verstärkt den Druck nach unten.
- Setzt nun das Gewicht an den Rand des Wirbelsäulenmodells und drückt mit der gleichen Kraft nach unten.

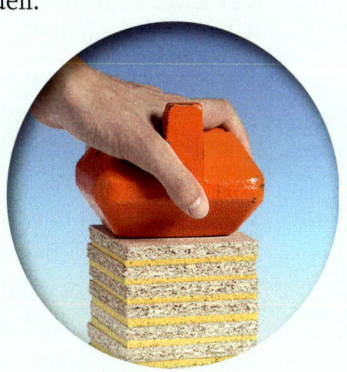

Auswertung

1 Ordnet den Bestandteilen des Modells die Bauelemente der Wirbelsäule zu.
2 Vergleicht die Wirkung des Drucks bei gleichmäßigem Druck (Gewicht in der Mitte) und bei ungleichmäßigem Druck (Gewicht außen).
3 Begründet mit Hilfe des Modellversuchs, welche der abgebildeten Personen richtig hebt.

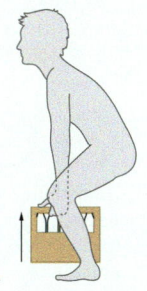

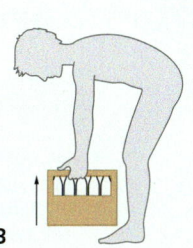

A   **B**

2 Wer hebt richtig?

Nahrung liefert Energie und mehr

Frische Erdbeeren, leckere Backwaren oder eine komplette Mahlzeit – all dies gehört zu einem genussvollen Leben. Menschen müssen, um zu überleben, mehrmals am Tag essen. Weißt du, warum das so ist?

Alles eine Frage der Energie

Egal ob man schläft, in der Schule arbeitet oder Sport treibt, der Körper benötigt dabei immer Energie. Die erforderliche Energie ist in der Nahrung gespeichert. Bestimmte Bestandteile der Nahrung dienen hauptsächlich als Energielieferanten. Sie werden als *Betriebsstoffe* bezeichnet. Ähnlich dem Kraftstoff für ein Auto stellen sie dem Körper Energie bereit.

Energie kommt in verschiedenen Formen vor

Licht, Strom und Bewegung sind sehr unterschiedliche Energieformen. Vereinfacht kann man sagen, dass Energie die Fähigkeit ist, Arbeit zu verrichten. Die Sonne liefert für das Leben auf der Erde die benötigte Energie. Pflanzen bilden mit Hilfe der Sonnenenergie energiereiche Stoffe, die in den Pflanzenteilen gespeichert werden. Diese gespeicherte Energie können wir durch unsere Nahrung aufnehmen und zum Beispiel in Bewegungsenergie oder Wärmeenergie umwandeln. Dabei geht die Energie nie verloren, sondern

1 Essen – Genuss und Energie

wird immer nur von einer Form in eine andere umgewandelt. Der Energiegehalt von Lebensmitteln wird mit den Maßeinheiten Joule oder Kalorien, ihre Nährwerte meist in den größeren Einheiten Kilojoule (kJ) oder Kilokalorie (kcal) angegeben.

Der Energiebedarf ist unterschiedlich

Der Energiebedarf eines Menschen ist abhängig von seiner Lebensweise. Wer körperlich aktiv ist und sich viel bewegt, setzt mehr Energie um als Menschen, die viel sitzen und wenig Sport treiben. Aber auch Alter, Geschlecht und Körpergewicht spielen eine große Rolle. So erfordert das Wachstum in Kindheit und Jugend sehr viel Energie. Mit zunehmendem Alter sinkt der Energiebedarf. Männer haben einen etwas höheren Energiebedarf als Frauen, da sie meist etwas mehr Muskelmasse besitzen.

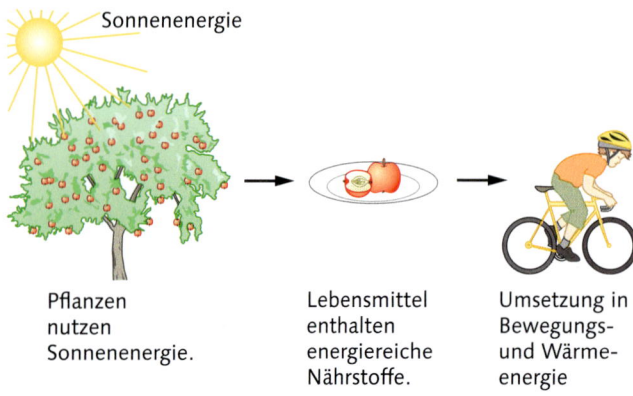

Sonnenenergie

Pflanzen nutzen Sonnenenergie.

Lebensmittel enthalten energiereiche Nährstoffe.

Umsetzung in Bewegungs- und Wärmeenergie

2 Lebensmittel enthalten gespeicherte Energie.

Durchschnittlicher Gesamtumsatz an Energie pro Tag		
Alter	weiblich kJ/kcal	männlich kJ/kcal
4–7	5800/1400	6200/1500
7–10	7000/1700	7900/1900
10–13	8300/2000	9500/2300
13–15	9100/2200	11 200/2700
15–19	8300/2000	10 400/2500
über 65	6600/1600	8300/2000

3 Der Energiebedarf ist von Lebensalter und Geschlecht abhängig.

Im Schlaf wird Energie umgesetzt

Auch in völliger Ruhe, zum Beispiel im Schlaf, braucht der Körper Energie, um alle Lebensvorgänge wie den Herzschlag, die Atmung und die Gehirntätigkeit sowie die Körpertemperatur aufrechtzuerhalten. Die Energiemenge, die ein Mensch in Ruhe in 24 Stunden benötigt, nennt man *Grundumsatz*. Der Grundumsatz in einer Stunde beträgt pro Kilogramm Körpergewicht ungefähr 4,18 Kilojoule oder 1 Kilokalorie. Ein Mensch mit einem Körpergewicht von 50 Kilogramm hat in 24 Stunden einen Grundumsatz von ca. 5000 Kilojoule oder 1200 Kilokalorien.

Aktivität benötigt mehr Energie

Jede körperliche oder geistige Aktivität erhöht den Energiebedarf, denn es muss zusätzliche Energie bereitgestellt werden. Je nach Anstrengung sind die Energiemengen, die erforderlich sind, sehr unterschiedlich. Um beispielsweise eine halbe Stunde zu schwimmen, wird zusätzlich eine Energiemenge von 1300 Kilojoule oder 320 Kilokalorien benötigt. Die Energiemenge, die zusätzlich zum Grundumsatz hinzukommt, wird als *Leistungsumsatz* bezeichnet. Die Gesamtmenge an Energie, die ein Mensch braucht, setzt sich

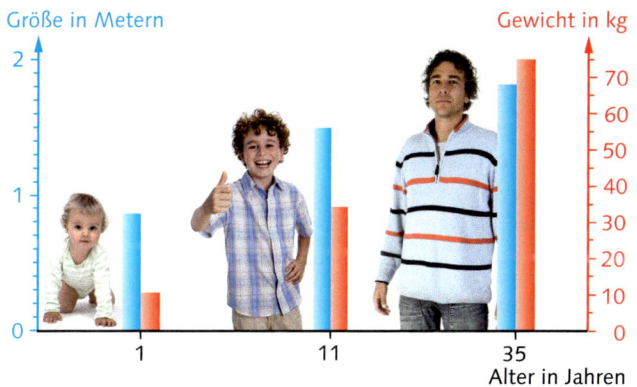

5 Entwicklung von Körpergewicht und Körperlänge

also aus Grund- und Leistungsumsatz zusammen. Dies ist dann der *Gesamtumsatz*.

Der Körper – eine ständige Baustelle

Der Körper wird ständig aufgebaut und erneuert. Dies geschieht ein ganzes Leben lang. Besonders gut erkennbar ist das am Wachstum von Haaren und Fingernägeln oder bei der Wundheilung. Stoffe, aus denen sich ein Körper aufbaut oder erneuert, werden als *Baustoffe* bezeichnet. Sie sind auch in der Nahrung enthalten. Betrachtet man die Entwicklung in der Kindheit und Jugend, wird klar, dass hier große Mengen Baustoffe erforderlich sind, um zum Beispiel das Knochenwachstum und damit das Körperwachstum sowie die Gewichtszunahme zu ermöglichen.

In Kürze

Die Nahrung liefert dem Körper Betriebsstoffe und Baustoffe. Der Energiebedarf, auch als Gesamtumsatz bezeichnet, errechnet sich aus der Summe von Grund- und Leistungsumsatz.

Aufgaben

1 ☐ Nenne die Aufgaben, die Betriebsstoffe und Baustoffe im Körper haben.

2 ◪ Jakob fährt jeden Tag 15 Minuten mit dem Rad in die Schule. Berechne mit Hilfe von Bild 4 seinen Energiebedarf für den Schulweg.

3 ◼ Iss, Kind, iss – damit aus dir was wird! Begründe diese Aussage mit Hilfe von Bild 5.

Energiebedarf bei verschiedenen Tätigkeiten (30 min)		
🏊	1300 kJ	320 kcal
⛸ mittleres Tempo	1580 kJ	380 kcal
🚣	250 kJ	60 kcal
🚴 15 km/h	830 kJ	200 kcal
🏃	1080 kJ	260 kcal
🧹	800 kJ	190 kcal
🧑‍🍳	380 kJ	90 kcal
🪑	170 kJ	40 kcal

4 Die Tätigkeit bestimmt den Energiebedarf.

Nährstoffe in unserer Nahrung

Die Lebensmittel in dem reich gefüllten Einkaufswagen unterscheiden sich in Farbe, Form und Geschmack deutlich. Jedoch enthalten alle Waren, die du siehst, fast immer die gleichen Inhaltsstoffe in unterschiedlicher Zusammensetzung und Menge. Diese bezeichnet man als Nährstoffe.

1 Lebensmittel liefern vor allem Nährstoffe.

Kohlenhydrate

Kohlenhydrate sind wichtige Energielieferanten für den Menschen. Sie liefern die Energie, die für die Muskel- und Gehirntätigkeit benötigt wird. Besonders in pflanzlichen Lebensmitteln kommen sie in großen Mengen vor. Die Kohlenhydrate Zucker und Stärke sind in vielen Lebensmitteln enthalten, zum Beispiel Brot, Nudeln und Reis. Aber auch Süßigkeiten enthalten viele Kohlenhydrate, hier vor allem in Form von Zucker. Ein Gramm Kohlenhydrate liefert dem Körper 17 Kilojoule oder 4 Kilokalorien.

Fette

Fette sind für den Körper von besonderer Bedeutung, da sie zum einen Energie liefern und zum anderen auch als Baustoff wichtig sind. Unter der Haut dient Fett als Speicherstoff und als Schutz vor Wärmeverlusten, aber auch als Stoßdämpfer an Ferse und Ballen. Öle und Butter liefern viel Fett. In Wurst- oder Käsesorten sind Fette oft versteckt enthalten. Sie sind mit 38 Kilojoule oder 9 Kilokalorien pro Gramm die energiereichsten Nährstoffe.

Eiweiße

Eiweiße dienen dem menschlichen Körper als Baustoffe. In der Kindheit und Jugend ist eine gute Versorgung mit Eiweißen besonders wichtig, da hier das Körperwachstum am größten ist. Eiweißreiche Lebensmittel sind Fleisch, Fisch, Käse und Milchprodukte. Aber auch pflanzliche Lebensmittel wie Linsen, Bohnen und Soja enthalten viel Eiweiß. Ein Gramm Eiweiß liefert dem Körper 17 Kilojoule oder 4 Kilokalorien.

> **In Kürze**
>
> Kohlenhydrate, Fette und Eiweiße sind die wichtigsten Bestandteile der Nahrung. Sie werden als Nährstoffe bezeichnet. Sie liefern dem Körper Energie und Baustoffe.

Aufgaben

1 ☐ Betrachte die Nährstoffangaben auf Lebensmittelverpackungen. Nenne Lebensmittel, die besonders viele Nährstoffe einer Gruppe enthalten.

2 ☑ Begründe, warum Neugeborene und Kleinkinder einen sehr hohen Eiweißbedarf haben.

3 ☑ Vor dem Wettkampf essen Sportlerinnen und Sportler bevorzugt Kohlenhydrate. Begründe.

Nährstoffe nachweisen

Erstelle eine Tabelle, in der du alle getesteten Lebensmittel sowie die Versuchsergebnisse einträgst. Protokolliere deine Beobachtungen.

Lebensmittel	Stärke	Fett	Eiweiß
Milch			
Nudeln			

1 Dokumentation der Versuchsergebnisse

A Stärkenachweis

Material Petrischalen, Pipette, Lugol'sche Lösung, Milch, Butter, Kartoffeln, Reis, Nudeln, Linsen (alle gekocht), Weißbrot, Salami, Käse, Gurke, Apfel

> Sicherheitshinweis:
> Lugol'sche Lösung ist gesundheitsschädlich.

Durchführung Gib jeweils zwei Tropfen Lugol'sche Lösung auf die zu testenden Lebensmittel.

Auswertung Stärke verfärbt die Lösung dunkelviolett-blau.

B Fettnachweis

Material Papier, Haarföhn, Stift, Milch, Butter, Kartoffeln, Nudeln, Linsen (beide gekocht), Salami, Käse, Nüsse, Gurke, Apfel

Durchführung Drücke und reibe das Testmaterial auf ein Blatt Papier. Markiere die Stelle mit einem Kreis und schreibe auf, welches Material du getestet hast. Lass die Proben trocknen. *Tipp:* Ein Föhn trocknet die Proben rasch.

Auswertung Fett hinterlässt auf Papier einen bleibenden durchscheinenden Fleck.

C Eiweißnachweis

Material Reagenzgläser, Glasstab, Pipette, Essig-essenz, Wasser, Milch, Apfelsaft, Sojamilch, Linsen (gekocht, püriert und filtriert)

> Sicherheitshinweis:
> Essigessenz ist ätzend.

Durchführung Fülle die Reagenzgläser 4 cm hoch mit dem Testlebensmittel. Gib jeweils 10–15 Tropfen Essig hinzu und rühre mit dem Glasstab um.

Auswertung Eiweiße verklumpen nach Zugabe von Essig. Dabei entstehen kleine Flocken in der Flüssigkeit.

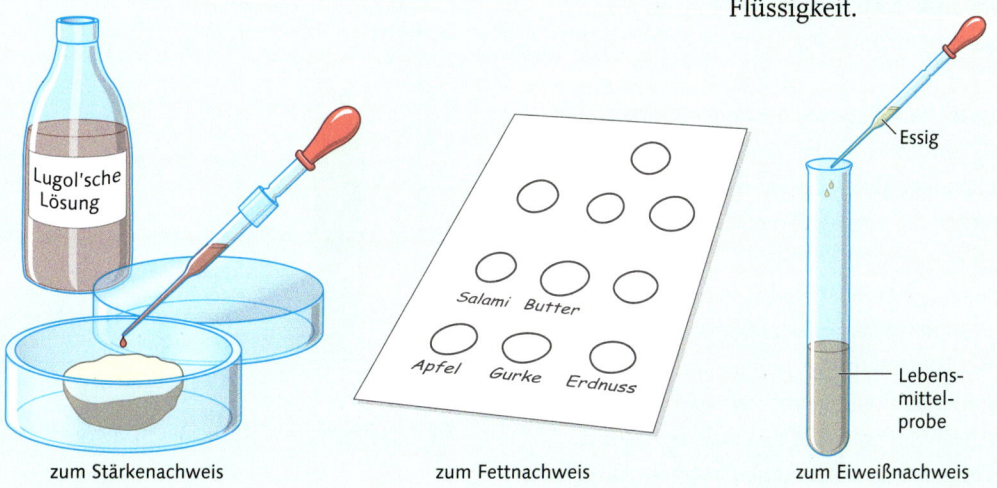

zum Stärkenachweis   zum Fettnachweis   zum Eiweißnachweis

2 Versuchsmaterialien

Ein Diagramm auswerten

Die Zusammensetzung von Lebensmitteln wird oft in Tabellen oder Diagrammen dargestellt. Meist werden die einzelnen Anteile der verschiedenen Nährstoffe für bestimmte Lebensmittel aufgeführt. Um die Zusammensetzung aller Nährstoffe in einem Lebensmittel oder den Anteil bestimmter Nährstoffe herauszufinden, musst du diese Diagramme auswerten. Dabei helfen dir die folgenden Schritte:

1 Thema erfassen Notiere zuerst das Thema des Diagramms. Die Überschrift und der Diagrammuntertitel geben dir Auskunft darüber, was in dem Diagramm dargestellt ist.

2 Beschreiben Beschreibe jetzt die Form der Darstellung. Um welche Art von Diagramm handelt es sich?

3 Legende und Achsen einbeziehen
Die Legende liefert weitere Einzelheiten zum Thema und zu den Inhalten des Diagramms. Bestimmte Farben oder Symbole stehen für die einzelnen Inhalte. An den Achsen kannst du die verwendeten Maßeinheiten, wie zum Beispiel Gewichts- und Zeiteinheiten, ablesen.

4 Ablesen Lies nun die verschiedenen Werte ab. Verwende dazu immer die richtigen Maßeinheiten oder Zeitwerte.

5 Auswerten Bewerte die abgelesenen Daten und vergleiche sie mit anderen Informationen. Stelle einen Bezug zu deinem Vorwissen her. Beachte die vorgegebene Aufgabenstellung.

Mögliche Aufgabenstellungen können sein:
- Beschreibe die Informationen, die du aus der Darstellung gewinnen kannst.
- Benenne die Regelmäßigkeiten oder Abweichungen, die du erkennen kannst.
- Ziehe Schlussfolgerungen aus dem Diagramm und erläutere diese.

Bei der Auswertung eines Diagramms helfen dir vielleicht folgende Satzanfänge:
- Es werden Informationen über …
- In der Legende werden … dargestellt.
- Besonders interessant ist, dass …
- Die höchsten/niedrigsten Werte besitzen …
- Der Vergleich von …
- Folgende Aussage kann man treffen …

1. Thema *Zusammensetzung eines Brötchens bezogen auf Nährstoffe und Wasser*

2. Beschreiben *Es handelt sich um ein Säulendiagramm.*

3. Legende und Achsen erklären *Kohlenhydrate sind in Grün, Eiweiße in Rot, Fette in Gelb und Wasser ist in Hellblau dargestellt. Die verwendete Maßeinheit ist Gramm bezogen auf 100 Gramm Brötchen.*

4. Ablesen *100 Gramm Brötchen enthalten 58 Gramm Kohlenhydrate, 7 Gramm Eiweiße, 1 Gramm Fett und 34 Gramm Wasser.*

5. Auswerten *Durch die Höhe der Säulen wird deutlich, dass ein Brötchen fettarm, aber kohlenhydratreich ist. Kohlenhydrate liefern Energie, daher ist ein belegtes Brötchen zum Frühstück oder als Picknick gut geeignet.*

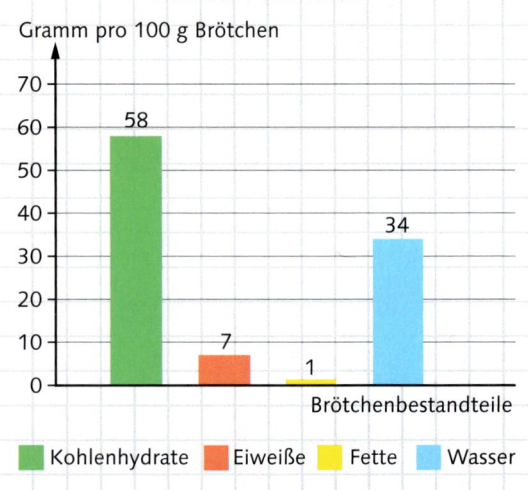

Zusammensetzung eines Brötchens
Nährstoffe und Wasser

1 So kann eine Auswertung aussehen.

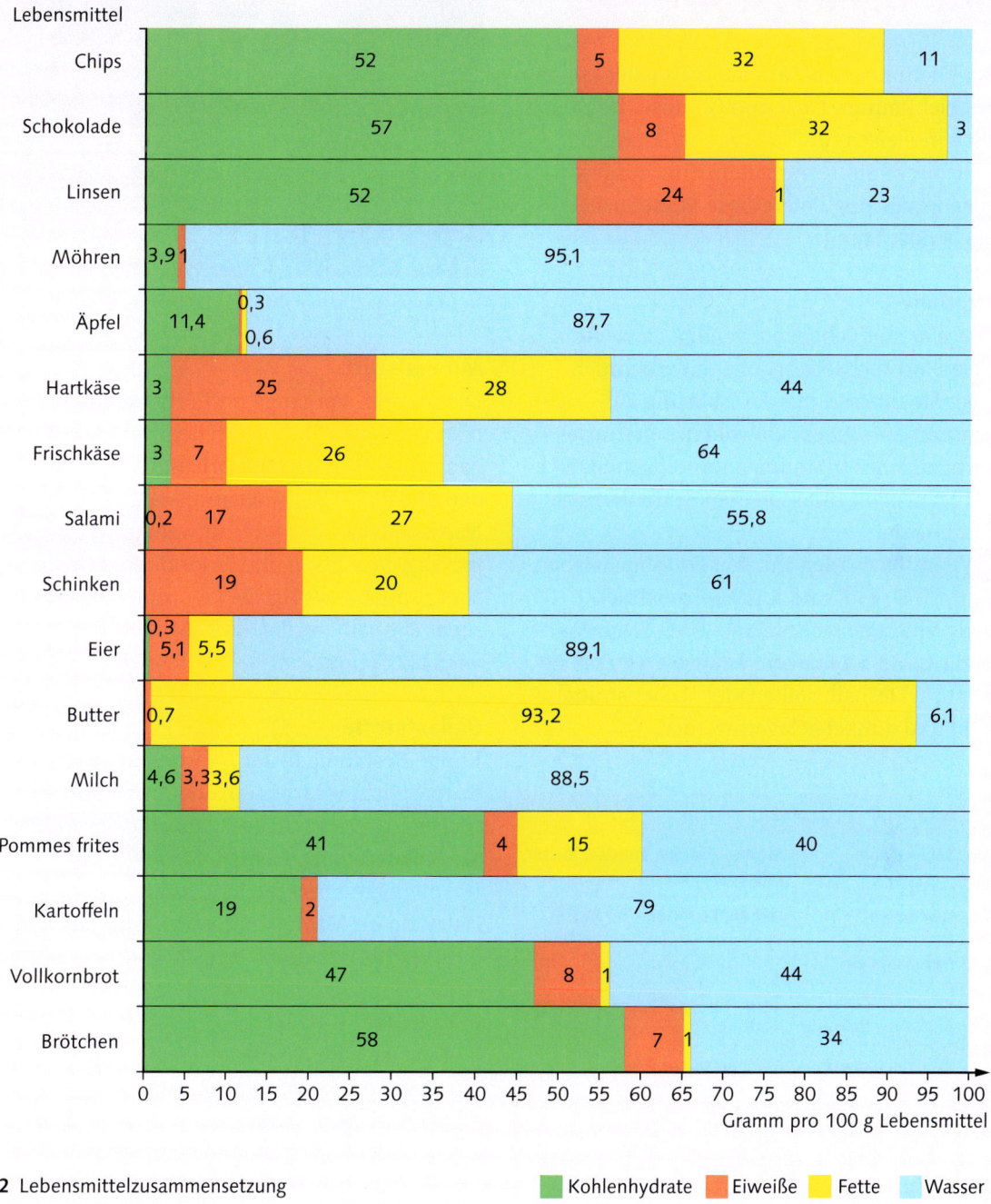

Zusammensetzung verschiedener Lebensmittel
Nährstoffe und Wasser

Lebensmittel

Lebensmittel	Kohlenhydrate	Eiweiße	Fette	Wasser
Chips	52	5	32	11
Schokolade	57	8	32	3
Linsen	52	24	1	23
Möhren	3,9	1		95,1
Äpfel	11,4	0,3	0,6	87,7
Hartkäse	3	25	28	44
Frischkäse	3	7	26	64
Salami	0,2	17	27	55,8
Schinken		19	20	61
Eier	0,3	5,1	5,5	89,1
Butter	0,7		93,2	6,1
Milch	4,6	3,3	3,6	88,5
Pommes frites	41	4	15	40
Kartoffeln	19	2		79
Vollkornbrot	47	8	1	44
Brötchen	58	7	1	34

0 5 10 15 20 25 30 35 40 45 50 55 60 65 70 75 80 85 90 95 100

Gramm pro 100 g Lebensmittel

2 Lebensmittelzusammensetzung

■ Kohlenhydrate ■ Eiweiße ■ Fette ■ Wasser

Aufgabe

1 Werte das oben stehende Diagramm schriftlich aus. Beachte dabei folgende Aufgabenstellungen:

a ☐ Nenne die Lebensmittel, die viele versteckte Fette enthalten.

b ☑ Linsen sind ein ganz besonderes pflanzliches Lebensmittel. Erläutere.

c ☑ Äpfel und Möhren sind auf einer Wanderung an einem warmen Sommertag eine gute Ergänzung des Picknicks. Begründe.

Vitamine, Mineralstoffe und Ballaststoffe

Bei Vitaminen und Mineralstoffen denkst du vielleicht nur an Obst und Gemüse. Doch auch in Fleisch- und Milchprodukten sind viele dieser Stoffe enthalten. Eine ausgewogene Ernährung liefert diese Stoffe in ausreichender Menge.

Vitamine

Vitamine sind lebensnotwendig, da sie für viele Stoffwechselvorgänge unentbehrlich sind. Sie müssen mit der Nahrung aufgenommen werden. Obwohl nur geringste Mengen eines Vitamins notwendig sind, ist ein Mangel oft mit schweren Erkrankungen verbunden.

Vitamine werden mit den Großbuchstaben A, B, C, D, E, F und K gekennzeichnet. Viele Vitamine sind wärme- oder lichtempfindlich. Bei zu starkem Erhitzen werden sie zerstört. Deshalb sollten viele Lebensmittel kühl und dunkel gelagert werden.

1 Vitamin- und mineralstoffreiche Lebensmittel

Mineralstoffe

Die meisten Vorgänge im Körper können nur ablaufen, wenn neben den Nährstoffen genügend *Mineralstoffe* vorhanden sind. Von den Mineralstoffen Calcium, Magnesium und Natrium benötigen wir nur wenige Gramm pro Tag. Von Eisen und Fluorid müssen wir aber nur ganz wenige Milligramm aufnehmen. Deshalb werden diese Mineralstoffe auch als *Spurenelemente* bezeichnet.

Ballaststoffe

Einige Bestandteile der Nahrung kann der Körper nicht verarbeiten, dennoch sind sie wichtig: Unverdauliche Pflanzenteile werden als *Ballaststoffe* bezeichnet. Sie regen die Darmtätigkeit und die Verdauung an. Da Ballaststoffe im Magen aufquellen, wird das Sättigungsgefühl schneller erreicht.

In Kürze
Vitamine und Mineralstoffe sind lebensnotwendig. Sie müssen mit der Nahrung aufgenommen werden. Ballaststoffe fördern die Darmtätigkeit und das Sättigungsgefühl.

Aufgaben
1 ☐ Nenne Lebensmittel, die besonders viele Vitamine und Mineralstoffe enthalten.
2 ◪ Auf langen Seereisen war die Mannschaft früher durch die Krankheit Skorbut gefährdet. Sie tritt durch Vitamin-C-Mangel auf und führt zu Muskelschwund und hohem Fieber. Überlege Gegenmaßnahmen und begründe sie.

Inhaltsstoff	wird benötigt für	enthalten in
Vitamin A	Sehen, Haut	Möhre, Paprika, Tomate, Butter, Milchprodukte
Vitamin B	Wachstum, Denken, Nervensystem	Fleisch, Eier, Gemüse, Nüsse, Vollkornprodukte
Vitamin C	Knochen, Zähne, Blut, Abwehrkräfte	Zitrusfrüchte, Brokkoli, Tomate, Kartoffel
Vitamin D	Knochenaufbau	Milchprodukte, Eier
Folgende Stoffe kommen in Verbindungen vor:		
Calcium	Zähne, Knochen	dunkelgrünes Gemüse, Milchprodukte, Hülsenfrüchte
Magnesium	Muskeln	Vollkornprodukte, Blattgemüse
Natrium	Wasserhaushalt, Nervensystem	Kochsalz
Eisen	Blutbildung, Sauerstoffversorgung	Fleisch, Eier, Hülsenfrüchte, grünes Blattgemüse
Fluorid	Zähne	Trinkwasser, Fisch

2 Bedeutung einiger Vitamine und Mineralstoffe

Nährwerttabellen geben wichtige Informationen

Bewusste Ernährung beginnt heute schon beim Einkauf. Nur wem bekannt ist, was in Lebensmitteln enthalten ist, kann sich ausgewogen und gesund ernähren.

Nährwerttabellen geben Informationen

Nährwerttabellen informieren über die Zusammensetzung sowie die Energiemenge der Nahrung bezogen auf 100 Gramm. Besonders wichtig ist die Angabe des Energiegehalts. Daran kann man abschätzen, ob die empfohlene tägliche Energiemenge eingehalten wird. Viele Hersteller geben weitere wichtige Informationen wie den Gehalt an Vitaminen, Mineralstoffen und Ballaststoffen an. Kohlenhydrate und Fette werden teilweise noch in Untergruppen aufgegliedert.

Eine Vielzahl von Darstellungsformen

Die Art und Weise der Darstellung von Nährwertangaben ist nicht vorgeschrieben. Oft sind sie sehr klein und an wenig auffälligen Stellen abgebildet, zum Beispiel auf der Seite, der Rückseite oder dem Boden der Verpackung. Einen schnellen Überblick über den Energiegehalt einer Portion des Lebensmittels geben die Kurzinformationen auf der Verpackung. Entscheidend ist hier die Portionsgröße, die gewählt wurde. Das können manchmal sehr geringe Mengen sein. Zudem wer-

1 Ein prüfender Blick beim Einkauf

den bestimmte nicht gesundheitsförderliche Inhaltsstoffe genannt, wie zum Beispiel Zucker.

Jede Portion von 250 g enthält ← Portionsgröße

Kalorien	Zucker	Fett	gesättigte Fettsäuren	Natrium	← Nährstoff
140 kcal	1,5 g	4,9 g	3,4 g	0,2 g	← Pro Portion enthaltene Menge eines Nährstoffs in Gramm
7%	2%	7%	17%	8%	← Anteil einer Portion an der empfohlenen Tageszufuhr eines Erwachsenen

des Richtwertes für → die Tageszufuhr (2000 kcal)

3 Kurzüberblick

Informationen für Betroffene

Einige Stoffe wie Milchzucker und Weizenkleber sind für manche Menschen unverträglich. Allergien und Krankheiten wie zum Beispiel die Zuckerkrankheit (Diabetes) nehmen immer mehr zu. Die Betroffenen müssen sich nach bestimmten Regeln ernähren. Durch ausführliche Nährwerttabellen können sie Lebensmittel auswählen, die verträglich sind.

Durchschnittliche Nährwerte	100 g	1 Portion 50 g	GDA pro Portion	GDA*
Brennwert	1438 kJ	719 kJ	9 %	
	341 kcal	170 kcal		2000 kcal
Eiweiß	9,6 g	4,8 g	10 %	50 g
Kohlenhydrate	61,3 g	30,6 g	11 %	270 g
davon Zucker	24,7 g	12,4 g	14 %	90 g
Fett	6,3 g	3,2 g	5 %	70 g
davon gesättigte Fettsäuren	1,1 g	0,6 g	3 %	20 g
Ballaststoffe	7,7 g	3,9 g	15 %	25 g
Natrium	0,065 g	0,033 g	1 %	2,4 g
Kochsalz	0,16 g	0,08 g	1 %	6 g

*GDA: Richtwert für die Tageszufuhr eines Erwachsenen basierend auf einer Ernährung von 2000 kcal. Der persönliche Bedarf variiert nach Alter, Geschlecht und körperlicher Aktivität.

2 Nährwertangaben geben wichtige Verbraucherinformationen.

Aufgaben

1 ☐ Nenne wichtige Informationen, die in Nährwerttabellen angegeben werden.

2 ☑ Begründe, warum es wichtig ist, dass Nährwerttabellen auf den Verpackungen abgebildet sind.

Zähne bilden das Gebiss

Wenn du herzhaft in einen Apfel beißt, können dabei Kräfte entstehen, die einer Gewichtskraft von bis zu 120 kg entsprechen. Das kommt dem Gewicht von etwa 15 Schulrucksäcken gleich. Wie muss ein Zahn gebaut sein, um diesen hohen Belastungen dauerhaft standhalten zu können?

Aufbau eines Zahns

Jeder Zahn lässt sich in drei Teile gliedern: die *Zahnkrone*, den *Zahnhals* und die *Zahnwurzel*. Die Zahnkrone ist der obere sichtbare Teil des Zahnes. Sie bildet die Kaufläche und ist vom *Zahnschmelz* schützend umhüllt. Zahnschmelz ist die härteste Substanz, die der menschliche Organismus herstellen kann. Darunter befindet sich das etwas weichere Zahnbein. Die Zahnwurzel ist mit einer dünnen Schicht Zahnzement überzogen und im Kiefer verankert. In jede Zahnhöhle führen Blutgefäße und Nerven. Die Blutgefäße dienen der Versorgung des lebendigen Zahnes.

Es gibt unterschiedliche Zähne

Mit den am weitesten aus dem Kiefer herausragenden spitzen *Eckzähnen* halten wir die

1 Alina lässt sich den Apfel schmecken.

Nahrung fest. Sobald sich der Mund weiter schließt, beißen die *Schneidezähne* mit ihren schmalen, gerippten Kanten ein Stück aus der Nahrung ab. Hinter den Eckzähnen befinden sich die *Backenzähne*. Ihre Oberfläche ist im Vergleich zu den Schneide- und Eckzähnen flach und breit. Während des Kauens wird das abgebissene Stück mit Hilfe der Zunge zwischen den Backenzähnen hin und her geschoben und dabei zerkleinert sowie mit Speichel vermischt. Schneidezähne, Eckzähne und Backenzähne bilden zusammen das *Gebiss*. Aufgrund seines Aufbaus und der Funktion seiner Zähne bezeichnet man es als Allesfressergebiss.

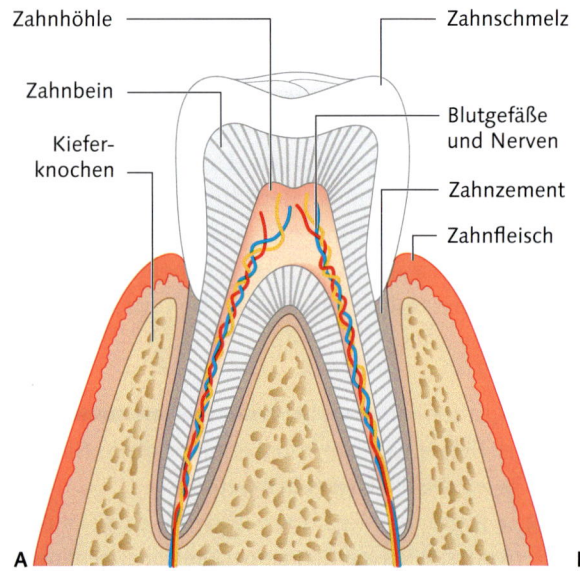
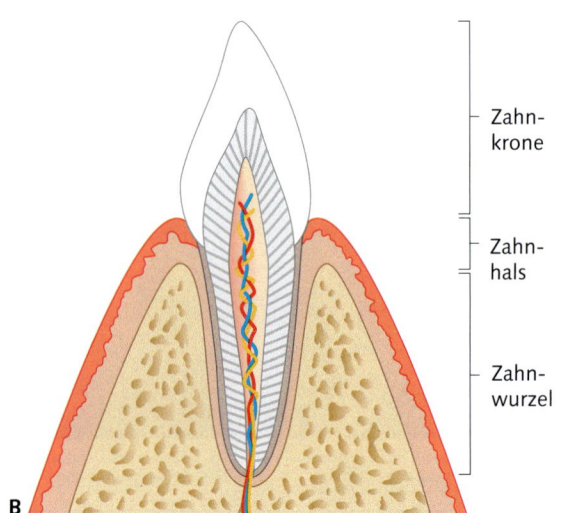

Zahnhöhle — Zahnschmelz

Zahnbein

Kieferknochen — Blutgefäße und Nerven

Zahnzement

Zahnfleisch

Zahnkrone

Zahnhals

Zahnwurzel

A B

2 Aufbau eines Backenzahnes (A) und eines Eckzahnes (B)

Das erste Gebiss

In der Regel werden Menschen zahnlos geboren. Im Alter von etwa zweieinhalb Jahren ist das *Milchgebiss* mit 20 Zähnen meist komplett. Gleichzeitig bilden sich im Kiefer bereits die Zähne des *Erwachsenengebisses*. Dies wird nötig, weil sich der Ober- und der Unterkiefer vergrößern. Zwischen dem 6. und 8. Lebensjahr werden die Wurzeln der Milchzähne langsam abgebaut. Die betroffenen Zähne beginnen zu wackeln. Die herauswachsenden zweiten Zähne drücken die Milchzähne nach und nach aus dem Kiefer und ersetzen sie.

Das zweite Gebiss

Das Erwachsenengebiss hat maximal 32 Zähne. Die Anzahl der Schneide- und Eckzähne bleibt im Vergleich zum Milchgebiss gleich. Im Ober- und Unterkiefer kommen auf jeder Seite zwei Backenzähne hinzu. Ab dem 16. Lebensjahr bekommen einige Jugendliche hinter den letzten Backenzähnen jeweils noch einen zusätzlichen Backenzahn, den *Weisheitszahn*.

Zahnschema

Bei zahnärztlichen Untersuchungen spricht der Arzt für uns meist in Rätseln: Er verwendet für die Zähne bestimmte Zahlenkombinationen. Dazu wird das Gebiss in Ober- und Unterkiefer und in linke und rechte Seite eingeteilt. Die Zähne werden jeweils von den Schneidezähnen beginnend nach hinten durchnummeriert.

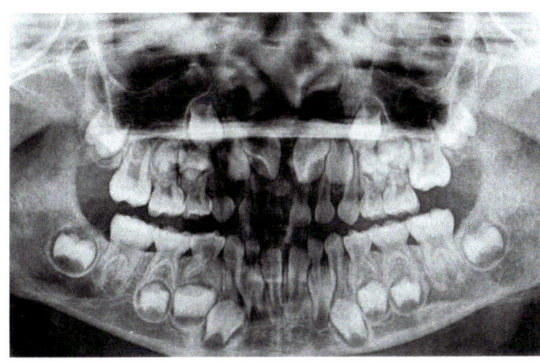

3 Röntgenbild eines Kinderkiefers

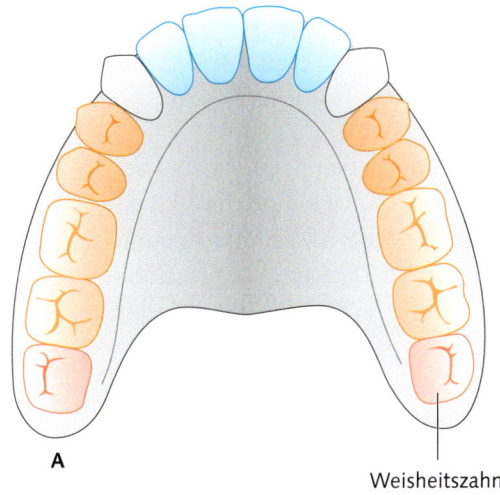

A

Weisheitszahn

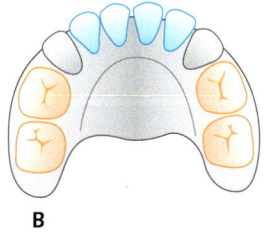

B

☐ Schneidezähne   ☐ vordere Backenzähne
☐ Eckzähne   ☐ hintere Backenzähne

4 Anordnung der Zähne im Oberkiefer:
A Erwachsenengebiss; B Milchgebiss

In Kürze

Schneidezähne, Eckzähne und Backenzähne bilden zusammen das Gebiss. Der harte Zahnschmelz schützt das weichere Zahnbein vor Abnutzung. Mit Zahnhals und -wurzel ist der Zahn im Kiefer verankert. Zwischen dem 6. und 8. Lebensjahr kommt es zum Zahnwechsel vom Milch- zum Erwachsenengebiss.

Aufgaben

1 ☐ Gib die Merkmale des Milch- und des Erwachsenengebisses wieder.

2 ◪ Benenne im Röntgenbild in Bild 3 die Zähne im Unterkierfer von der Mitte nach außen.

3 ■ Erläutere die Redewendung »Da muss man sich durchbeißen!«. Suche nach weiteren Sprichwörtern zum Thema Zähne.

Zähne können krank werden

Nicht alle Menschen haben bis ins hohe Alter ein gesundes, vollständiges und intaktes Gebiss. Durch regelmäßige Vorsorgeuntersuchungen beim Zahnarzt können Zahnerkrankungen meist rechtzeitig erkannt und behandelt werden.

Erkrankungen der Zähne

Aus Speichel und Resten der Mundschleimhaut bildet sich ein hauchdünner Belag auf den Zähnen. Diese Schicht wird als

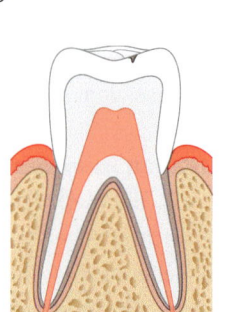

Zahnbelag oder *Plaque* bezeichnet und kann leicht abgebürstet werden. Wird der Zahnbelag nicht entfernt, entsteht daraus der feste *Zahnstein.* Dieser kann nicht mehr durch einfaches Putzen entfernt werden. Häufiger und lang anhaltender Konsum von zuckerhaltigen Nahrungsmitteln führt auf beiden Belägen zum Wachstum von Bakterien. Diese Bakterien bilden Säuren, die den Zahnschmelz angreifen, schließlich zerstören und damit *Karies* verursachen. Sobald das Zahnbein betroffen ist, beginnt der Zahn zu schmerzen. Breitet sich die Karies bis zum Nerv aus, ist der Zahn manchmal nicht mehr zu retten und muss gezogen werden.

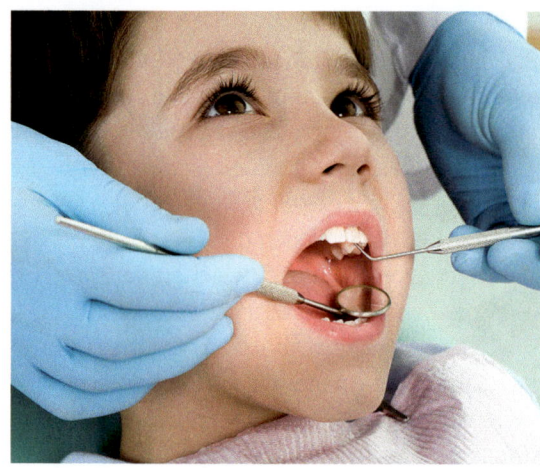

1 Vorsorgeuntersuchung beim Zahnarzt

Manche Menschen sind aufgrund ihrer angeborenen Eigenschaften besonders anfällig für die Entstehung von Karies.

Ein gesunder Zahn braucht Halt

Häufig beginnt eine Erkrankung der Zähne mit einer Entzündung des Zahnfleischs. Dies macht sich durch eine dunkelrote Färbung des Zahnfleischs und Zahnfleischbluten beim Zähneputzen bemerkbar. Ausgelöst wird die Entzündung durch Bakterien im Mundraum. Werden Zahnfleischentzündung und Karies nicht behandelt, kommt es in schlimmen Fällen zur *Parodontitis,* einer Rückbildung des Zahnfleischs und des Kieferknochens. Die Folgen der Erkrankung führen unweigerlich zur Lockerung und anschließend zum Verlust der betroffenen Zähne.

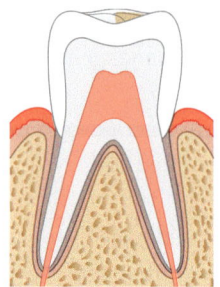

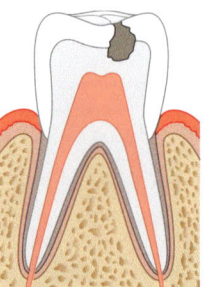

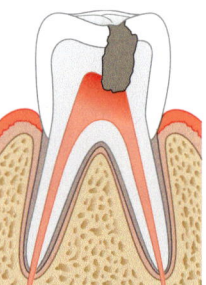

Kohlenhydrate (Zucker) im nicht entfernten Zahnbelag bilden die Nahrung für Kariesbakterien.

Die Bakterien vermehren sich und bilden Säuren, die Mineralien aus dem Zahnschmelz lösen.

Ohne Behandlung wird nun das Zahnbein angegriffen. Jetzt können erste Schmerzen auftreten.

Geht die Entzündung bis in die Zahnhöhle, muss der gesamte Wurzelkanal mit behandelt werden.

2 Entstehung von Karies

Fehlstellungen lassen sich korrigieren

Normalerweise passen Oberkiefer und Unterkiefer genau zueinander. Allerdings kann es aufgrund von angeborenen Eigenschaften oder auch durch zu langes Daumenlutschen zu Fehlstellungen kommen. Diese können die Zähne oder den Kiefer oder auch beide betreffen. Für dauerhaft gesunde Zähne ist eine Korrektur der Fehlstellung unbedingt notwendig. Der Zahnarzt oder Kieferorthopäde entscheidet, ob eine feste oder lose zu tragende Zahnspange geeignet ist.

Auf die Zahnpflege kommt es an

Zähne müssen richtig und dauerhaft gepflegt werden, damit sie bis ins hohe Alter gesund bleiben. Dazu gehört mehrmals tägliches Zähneputzen mit Zahncreme und die Reinigung der Zahnzwischenräume mit Zahnseide oder Zahnhölzern. Nur dadurch lässt sich die gefährliche Plaque entfernen. Gleichzeitig härtet die Zahncreme den Zahnschmelz. Am besten putzt man ein bis zwei Stunden nach jeder Mahlzeit, auf alle Fälle aber vor dem Schlafengehen.

Zweimal im Jahr sollte ein Zahnarzt das Gebiss kontrollieren und den gebildeten Zahnstein entfernen. Beginnende Karies kann der Zahnarzt so rechtzeitig erkennen und behandeln: Zunächst wird die Karies ausgebohrt. Anschließend reinigt der Zahnarzt das Loch und füllt es mit einer Masse aus Kunststoff oder einem Metallgemisch. Eine neue Methode der Kariesvorbeugung ist die Versiegelung der Kauflächen mit einem widerstandsfähigen Kunststoff.

In Kürze

Mehrmals tägliches Zähneputzen sowie regelmäßige Besuche beim Zahnarzt tragen dazu bei, dass Zähne gesund und funktionstüchtig bleiben.

Aufgaben

1 ☐ Nenne Erkrankungen des Mundraums.
2 ◪ Beschreibe, wie es zur Entstehung von Karies kommen kann.

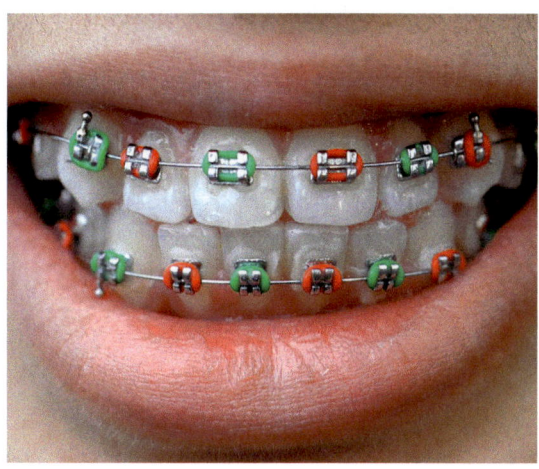

3 Feste Zahnspange

Jedes Zähneputzen sollte mindestens drei Minuten dauern.

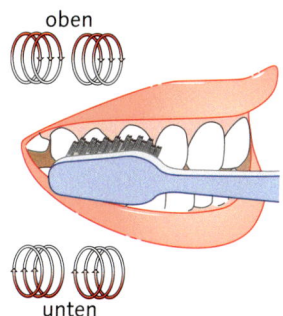

Erst die Außenflächen von hinten nach vorn mit leichtem Druck bürsten. Dazu kleine Kreisbewegungen ausführen und den Belag vom Zahnfleisch zur Zahnkrone (von Rot nach Weiß) hin abwischen. Bei jedem Zahn neu ansetzen.

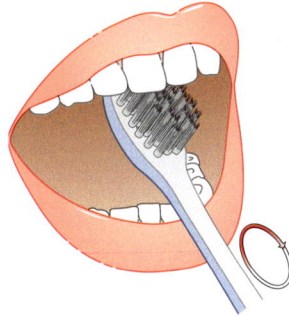

Dann die Innenflächen von hinten nach vorn bürsten. Ebenfalls mit kreisenden Putzbewegungen und von Rot nach Weiß.

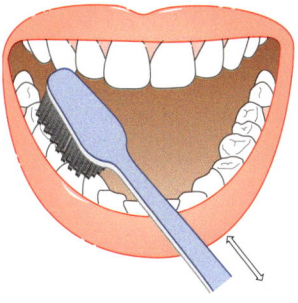

Anschließend die Kauflächen reinigen. Mit waagerechten Bewegungen kräftig hin und her bürsten.

Einmal täglich die Zahnzwischenräume vor dem Zähneputzen reinigen.

4 Richtiges Zähneputzen

Die Umwandlung der Nahrung

Hast du dir schon mal überlegt, welchen Weg ein Pausenbrot in deinem Körper zurücklegt? Nährstoffe, die du mit der Nahrung zu dir nimmst, müssen in ihre einzelnen Bestandteile zerlegt werden. Das geschieht bei der Verdauung.

Verdauung beginnt im Mund

Das Kauen der Nahrung regt die Speicheldrüsen an, sodass sich Nahrung und Speichel zu einem schluckbaren Nahrungsbrei vermischen. Kaut man das Brot lange, schmeckt es süßlich, weil die Stärke im Brot schon im Mund teilweise in Zucker zerlegt wird. Verantwortlich dafür ist ein im Speichel enthaltenes *Enzym*.

Förderband Speiseröhre

Die Speiseröhre ist von Muskeln ringförmig umhüllt. Nach dem Schlucken wird der Speisebrei durch rhythmisches Zusammenziehen der Muskeln in einer wellenförmigen Bewegung in den Magen gedrückt. Das funktioniert sogar, wenn man auf dem Kopf steht.

Sammelstelle Magen

Der etwa zwei Liter fassende Magen ist ein Hohlmuskel. In den Drüsen der Magenwand wird der *Magensaft* produziert. Er besteht aus Enzymen und verdünnter Salzsäure. Durch Zusammenziehen des Magens werden Nahrung und Magensaft gut durchmischt. Die Enzyme beginnen mit der Zerlegung der Eiweiße. Die Säure tötet viele mit der Nahrung aufgenommene Krankheitserreger ab. Die Magenschleimhaut verhindert, dass die eigene Magensäure die Magenwand angreift.

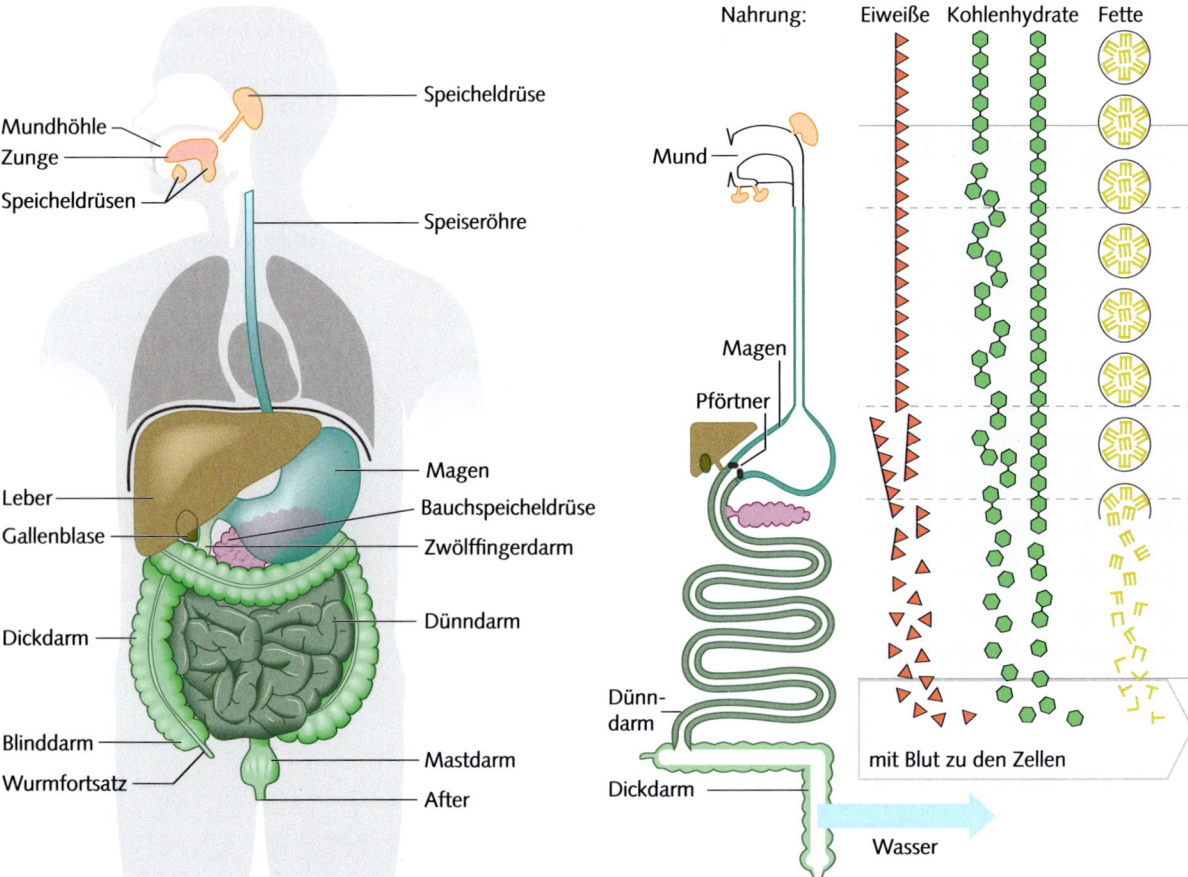

1 Verdauungssystem des Menschen

Aufspaltung im Dünndarm

Portionsweise entlässt der Schließmuskel des Magens, der *Pförtner*, den Nahrungsbrei in den *Zwölffingerdarm*. Dies ist der erste Abschnitt des Dünndarms. Hier münden die Ausführgänge von Gallenblase und Bauchspeicheldrüse. Die Gallenflüssigkeit wird in der Leber produziert und in der Gallenblase gespeichert. Sie bewirkt die Aufteilung der wasserunlöslichen Fette in kleinste Fetttröpfchen. Erst jetzt können die Verdauungssäfte der Bauchspeicheldrüse die Fette vollständig zerlegen.

Durch wellenförmige Bewegungen der Dünndarmwand wird der Speisebrei durch den etwa sieben Meter langen Darm weiterbefördert. Dabei erfolgt die endgültige Zerlegung von Eiweißen und Kohlenhydraten.

Aufnahme ins Blut

Die Innenseite des Dünndarms ist gefaltet. Jede Falte besitzt noch zusätzliche Ausstülpungen, die *Darmzotten*. Dadurch vergrößert sich die Kontaktfläche zwischen Nahrungsbrei und Darmwand auf ein Vielfaches. Diese Oberflächenvergrößerung ermöglicht eine weitgehend vollständige Aufnahme der zerlegten Nährstoffe, Vitamine und Mineralstoffe ins Blut. Der nährstoffarme Nahrungsbrei gelangt anschließend in den Dickdarm.

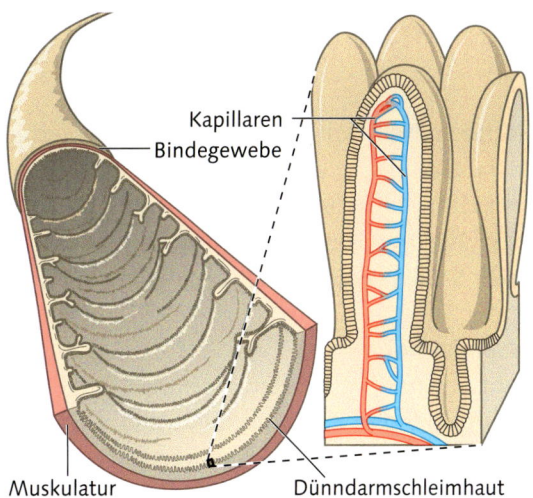

2 Dünndarm und Darmzotten

Labels: Kapillaren, Bindegewebe, Muskulatur, Dünndarmschleimhaut

Wasserentzug im Dickdarm

Auf dem Weg durch den etwa 1,5 Meter langen, muskulösen Dickdarm werden Wasser und Mineralstoffe aufgenommen und die unverdaulichen Reste zu Kot eingedickt. Dieser wird bis zu seiner Ausscheidung über den *After* im *Mastdarm* gesammelt. Am Übergang vom Dünndarm in den Dickdarm liegt der Blinddarm, der im Wurmfortsatz endet. Besonders im Jugendalter kann es in diesem Darmabschnitt zu schmerzhaften Entzündungen kommen.

> **In Kürze**
> Bei der Verdauung werden die Nährstoffe durch Enzyme in ihre kleinsten Bausteine zerlegt. Dieser Vorgang beginnt bereits im Mund, wird im Magen fortgesetzt und endet im Dünndarm. Durch die große Oberfläche des Dünndarms können die Nährstoffbausteine fast vollständig ins Blut aufgenommen werden. Im Dickdarm werden den unverdaulichen Resten Wasser und Mineralstoffe entzogen.

Basiskonzept System

Bei der Verdauung der Nahrung übernehmen Mund, Magen, Bauchspeicheldrüse und Dünndarm verschiedene Aufgaben. Sie gehören zum Verdauungssystem. Ihr Ziel ist die Zerlegung der Nährstoffe und deren Aufnahme in den Körper. Daneben gibt es noch viele weitere Systeme im Körper, zum Beispiel das Atmungssystem oder das Nervensystem. Sie bestehen aus unterschiedlichen Organen, die miteinander in Wechselwirkungen stehen und zusammenarbeiten. Fällt ein Teil eines Systems aus, funktioniert das gesamte System nicht mehr oder nur teilweise.

Aufgaben

1 ☐ Nenne für jeden Nährstoff den Ort, an dem seine Verdauung beginnt.

2 ◪ Beschreibe den Weg deines Pausenbrotes durch den Körper.

3 ◪ Erläutere die Funktion der Bauchspeicheldrüse bei der Verdauung.

Gesunde Ernährung

Nachdem Nelly mit ihren Hausaufgaben fertig ist, bekommt sie Lust auf etwas Süßes. Sie geht zum Kühlschrank, schenkt sich ein Glas Milch ein und nimmt sich anschließend ein Stück Schokolade. Das hat sie sich verdient.

1 Schokolade muss manchmal sein.

Essen ist notwendig

Nahrungsmittel enthalten die zum Leben wichtigen Stoffe in unterschiedlicher Zusammensetzung. Für eine ausgewogene und gesunde Ernährung ist es deshalb wichtig, die tägliche Nahrung richtig zusammenzustellen. Die *Ernährungspyramide* gibt dazu Hinweise. Lebensmittel, die auf den breiteren Stufen unten stehen, sollten häufig gegessen oder getrunken werden. Je weiter oben in der Pyramide die Lebensmittel eingeordnet sind, umso weniger sollte man davon essen.

Fette stehen an der Spitze

Fette und Öle sind sehr energiereiche und wertvolle Stoffe für den Körper. Nimmt man aber zu viel auf, können sie zu Übergewicht und Krankheiten führen. Einige Vitamine können nur in Anwesenheit von Fetten aufgenommen werden. Knabbereien und viele Süßigkeiten enthalten meist sehr viel Fett. Sie sind nicht verboten, sollten aber die Ausnahme bleiben.

Mittelbau Eiweiße

Unser Körper benötigt Eiweiße für sein Wachstum, für den Muskelaufbau und für Stoffwechselvorgänge. Milchprodukte, Fisch und Fleisch enthalten viel Eiweiß. Man muss daher relativ wenig von diesen Lebensmitteln essen, um den Bedarf zu decken.

Energielieferanten Getreide

Weizen, Roggen und Reis liefern Kohlenhydrate in Form von Stärke und damit Energie für den Körper. Man sollte so oft wie möglich auf Vollkornprodukte zurückgreifen. Sie enthalten mehr Vitamine, Mineral- und Ballaststoffe als bearbeitetes Getreide.

Basis Obst und Gemüse

Zu jeder Mahlzeit sollten Obst und Gemüse gehören. Ob gekocht oder in Form von Rohkost: Sie tragen dazu bei, den täglichen Bedarf an Vitaminen, Mineral- und Ballaststoffen zu decken.

Funktion des Wassers im Körper

Zu einer gesunden Ernährung gehören eineinhalb bis zwei Liter Flüssigkeit pro Tag. Durch die Abgabe von Urin und Kot, aber auch durch Schwitzen und Atmen verliert der Köper etwa zweieinhalb Liter Wasser am Tag. Dieser Verlust muss durch Essen und Trinken wieder ausgeglichen werden. Am besten sind Wasser, zuckerarme Fruchtschorlen und Früchtetees.

2 Die Ernährungspyramide

Esskultur

Nach einem anstrengenden Schultag hat der Körper einiges an Energie umgesetzt. Ein gemeinsames und ausgewogenes Mittagessen in der Familie oder unter Freunden dient nicht nur der Nahrungsaufnahme und Energiegewinnung, sondern kann auch lustig und unterhaltsam sein. Aufgrund von Zeitmangel, Bequemlichkeit oder fehlenden Kochkenntnissen kommt immer häufiger stark bearbeitetes und verändertes Essen auf den Tisch. Bei der Herstellung von Fertiggerichten gehen viele wichtige Inhaltsstoffe verloren oder werden zerstört. Mit künstlichen Geschmacksverstärkern und Aromastoffen wird versucht, dies auszugleichen.

Die richtige Verteilung der Mahlzeiten

Für eine gesunde Ernährung ist aber nicht nur wichtig, was, sondern auch wie regelmäßig und wie viel man isst.

Der Tag sollte stets mit einem Frühstück beginnen, damit dem Körper ausreichend Energie für die bevorstehenden Aufgaben zur Verfügung steht. Zur Pause können die bereits verbrauchten Stoffe durch ein gesundes Pausenbrot wieder aufgefüllt werden. Auch die folgenden Mahlzeiten sollten nicht ausgelassen werden, damit dem Körper den ganzen Tag genügend Energiereserven zur Verfügung stehen.

Der Vorteil von kleinen Portionen

Durch mehrere kleinere Mahlzeiten bleibt die notwendige Leistungsfähigkeit des Körpers erhalten. Kleinere Portionen werden außerdem leichter verdaut und sind deshalb weniger belastend für den Körper. Ein voller und mit schwer verdaulicher Kost gefüllter Magen macht dagegen müde und träge.

3 Gemeinsames Mittagessen

In Kürze

Zu einer gesunden Ernährung gehören eine abwechslungsreiche Nahrungsauswahl nach der Ernährungspyramide, ausreichend Flüssigkeit und eine gleichmäßige Verteilung der Mahlzeiten. Naturbelassene Nahrungsmittel enthalten mehr wertvolle Stoffe als Fertigprodukte oder Fast Food.

Regeln für die gesunde Ernährung

- Ernähre dich abwechslungsreich.
- Iss weniger, dafür aber häufiger.
- Achte auf ausreichende Eiweißversorgung.
- Beschränke dich bei den Fetten.
- Iss möglichst jeden Tag Obst, Gemüse und Vollkornprodukte.
- Greife selten zu Süßigkeiten.
- Trinke ausreichend viel, aber meide stark zuckerhaltige und alkoholische Getränke.

Aufgaben

1 ☐ Nenne die in der Ernährungspyramide dargestellten Nahrungsmittelgruppen.

2 ◪ Notiere in einer Tabelle drei Tage lang den Inhalt deiner täglichen Mahlzeiten. Überprüfe deine Gewohnheiten anhand der Regeln für gesunde Ernährung.

Gesunde Ernährung

Planung Wie ein guter Start in den Tag aussieht, könnt ihr in der Klasse ausprobieren. Plant ein gemeinsames gesundes Frühstück. Ihr könnt zum Beispiel die beiden Rezepte auf dieser Seite zubereiten. Bevor ihr beginnt, solltet ihr überprüfen, ob ihr alle benötigten Zutaten zur Verfügung habt.

Durchführung Stellt alle Zutaten bereit und wiegt sie nach den Vorgaben ab. Achtet auf die notwendige Hygiene: Wascht euch nach jedem Arbeitsgang gründlich die Hände.

A Kräuterquark

1 Kräuterquark

Zutaten (für vier Portionen) 250 Gramm Magerquark, 2 Becher Joghurt, 2 kleine Zwiebeln, 1 Knoblauchzehe, Schnittlauch, Petersilie, Salz, Pfeffer und Vollmilch

Zubereitung Verrührt Quark und Joghurt miteinander. Gebt Milch dazu, bis eine cremige Masse entstanden ist. Schält und schneidet die Zwiebeln in kleine Würfel. Die Knoblauchzehe wird geschält und gepresst. Wascht und schneidet den Schnittlauch. Nun vermischt ihr alle Zutaten und würzt den Quark mit wenig Salz und Pfeffer. Zur Dekoration könnt ihr gewaschene Petersilie auf den fertigen Quark legen.

B Obstsalat

2 Zubereitung von Obstsalat

Zutaten (für vier Portionen) 2 Bananen, 2 Äpfel, 4 Kiwi, ½ Ananas, 10 Erdbeeren, 2 Orangen, Honig, Zitronenmelisse. Nach Saison oder Geschmack sind auch andere Früchte möglich.

Zubereitung Die Früchte werden gewaschen, geschält und zerkleinert. Presst eine Orange aus und verrührt den Saft mit etwas Honig. Die andere Orange kommt in den Salat. Gebt den Saft über die Früchte und hebt ihn mit einem Löffel unter. Garniert mit Zitronenmelisse.

3 Eine Portion Obstsalat

Haltbarkeit und Aufbewahrung

Die Speisen sollten möglichst verbraucht werden. Die Reste müsst ihr auf jeden Fall abgedeckt in den Kühlschrank stellen.

Ernährung

Die Werbung vermittelt uns die Vorstellung, dass wir uns mit Fast Food bedenkenlos ernähren können. Aber ist Fast Food tatsächlich so unbedenklich?

1 Fast-Food-Menü

1 Energiebedarf und Ernährung

Ein Fast-Food-Menü besteht aus einem großen Hamburger, Chicken Sticks, Pommes frites (mit Ketchup und Mayonnaise), großer Cola, Salat, Obst und Joghurtdrink. Es hat etwa 6700 kJ (1600 kcal).

a ☑ Berechne, wie lange du unten stehende Aktivitäten ausüben musst, um den Energiegehalt dieses Menüs umzusetzen.

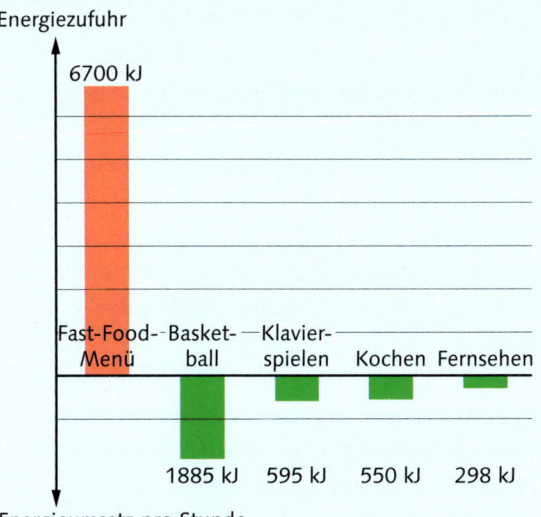

2 Durchschnittlicher Energieumsatz bei verschiedenen Tätigkeiten in einer Stunde

2 Auswirkung der Nahrung und der Essgewohnheiten auf das Befinden

Fast Food und Fertiggerichte enthalten im Vergleich zu Vollkornprodukten deutlich weniger Ballaststoffe.

a ☑ Erläutere mit Hilfe des Diagramms 3, welche Auswirkungen die Aufnahme von Vollkornprodukten auf das Hungergefühl haben. Vergleiche sie mit der Wirkung von ballaststoffarmen Gerichten.

b ☑ Nenne mit Hilfe von Bild 4 zwei mögliche Gründe, warum mehrere kleinere Mahlzeiten am Tag für die Leistungsbereitschaft besser sein könnten als wenige große.

c ■ Erkläre, warum häufiger Konsum von Fast-Food- und Fertigprodukten das Risiko, übergewichtig zu werden, erhöht.

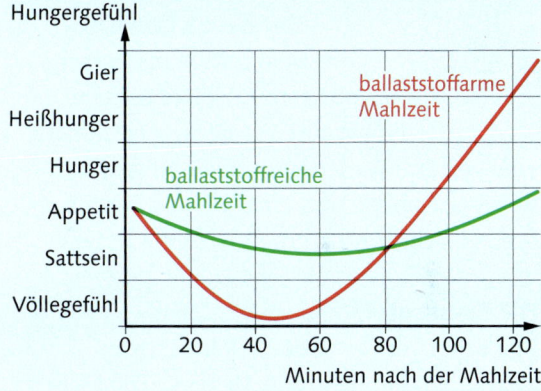

3 Hungergefühl in Abhängigkeit von der Mahlzeit

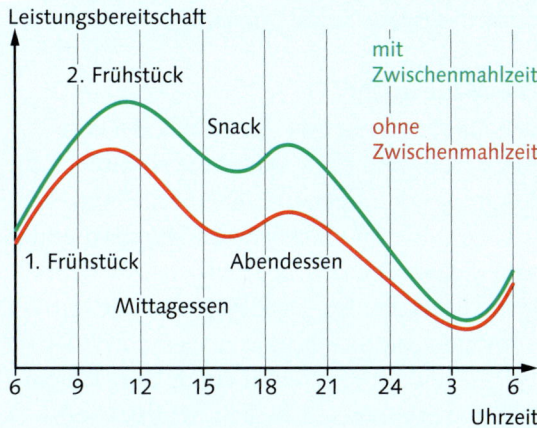

4 Leistungsbereitschaft in Abhängigkeit vom Essverhalten

Wenn Essen zum Problem wird

Malena ist 13. Jeden Morgen der gleiche Ablauf: Nach einem Blick in den Spiegel fühlt sie sich zu dick. Das Gewicht, das die Waage anzeigt, bestätigt scheinbar ihr Gefühl. Hat sie ihrer Meinung nach einmal zu viel gegessen, denkt sie, alle Leute starren sie an, weil sie zu dick ist.

Störung der Energiebilanz

Eine *Essstörung* liegt vor, wenn Energiezufuhr und Energieumsatz des Körpers nicht ausgeglichen sind. Wird dem Körper mehr Energie zugeführt, als er benötigt, wird er übergewichtig. Bekommt er zu wenig oder die falsche Nahrung, führt das zu Gewichtsverlust und Mangelerscheinungen. Auslöser für eine krankhafte Essstörung ist meist eine gestörte Wahrnehmung des eigenen Körpers. Denken und Handeln der Betroffenen drehen sich ständig um das Thema Essen.

Die Esssucht

Menschen, die an *Esssucht* leiden, essen zwanghaft und zu große Mengen. Die Folgen dieser Störung sind häufig Übergewicht, Erkrankungen zum Beispiel der Gelenke oder anderer Organe sowie Einsamkeit.

Die Magersucht

Die *Magersucht* ist eine Krankheit, bei der Menschen versuchen, durch die absolute Kontrolle der aufgenommenen Nahrungsmenge sowie durch bewusstes Hungern und sehr viel Sport einen Gewichtsverlust zu erreichen. Selbst bei festgestelltem Untergewicht empfinden sie sich immer noch zu dick. Die Folgen sind oft Muskelschwund, Unfruchtbarkeit und erhöhte Anfälligkeit für Infektionskrankheiten.

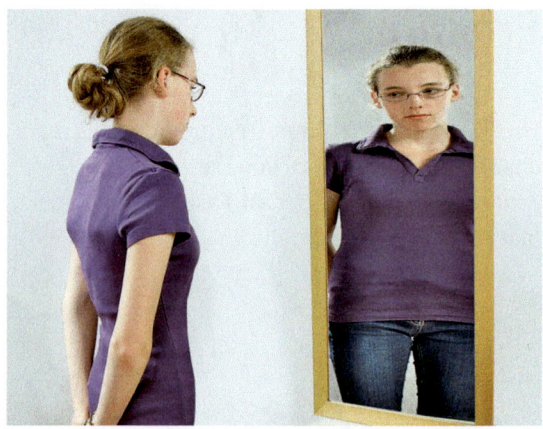

1 Der tägliche Blick in den Spiegel

Die Ess-Brech-Sucht

Bei der *Ess-Brech-Sucht* oder Bulimie haben Betroffene große Angst vor einer Gewichtszunahme. Sie greifen zu Abführmitteln oder erbrechen sich absichtlich. Die dadurch nach oben beförderte Magensäure führt zu Schäden an der Speiseröhre und den Zähnen. Darüber hinaus beeinträchtigt ständiges Erbrechen den Wasser- und Mineralstoffhaushalt des Körpers. Dies kann zu Herzversagen führen.

Es gibt Hilfe

Der erste Schritt, etwas gegen eine Essstörung zu tun, ist die Einsicht der Betroffenen, dass sie Hilfe brauchen und diese auch annehmen müssen. Eine Therapie versucht das Selbstwertgefühl zu steigern. Ziel ist es, dass sich die Betroffenen wieder so akzeptieren, wie sie sind. Eine wichtige Rolle spielen dabei Freunde und Familie. Erste Ansprechpartner können der Hausarzt, eine staatliche Beratungsstelle oder eine Selbsthilfegruppe sein.

In Kürze

Bei einer Essstörung sind Energieaufnahme und Energieumsatz des Körpers nicht ausgeglichen.

Aufgaben

1 □ Nenne die Definition für eine Essstörung.
2 ◪ Finde mit Hilfe des Telefonbuches die Telefonnummer des Gesundheitsamtes oder einer Selbsthilfegruppe heraus.

Schönheitsideale im Wandel

Modezeitschriften, Models auf dem Laufsteg, Werbung und Fernsehshows möchten uns den perfekten Menschen vermitteln. Wer schön ist, hat es leichter, erfolgreich und beliebt zu sein. Kann man diesem Bild nicht entsprechen, sinkt das Selbstbewusstsein. Doch was ist überhaupt »schön«?

1 On the catwalk

Schönheit im Wandel der Zeit

In der Antike bezeichnete man jugendliche und athletische Körper als schön. Ein dicker Bauch war ein Zeichen für Verweichlichung. Im Mittelalter sollten schöne Frauen mädchenhaft wirken, kleine Brüste und ein schmales Becken besitzen. Weiße Haut galt als besonders attraktiv. Mit Beginn der Neuzeit waren rundliche Körper ein Zeichen von Schönheit, Gesundheit und Wohlstand. Später trugen die Frauen die Brust weit oben. Die Taille war schmal, die Hüfte deutlich breiter. Um diese unnatürliche Sanduhrform zu erreichen, schnürten sich die Damen in enge Korsetts. Heute gelten leicht gebräunte, sportliche und jugendliche Körper als schön.

Gibt es eine Definition für Schönheit?

Forscher fanden heraus, dass wir alles Symmetrische als schön empfinden. Eine makellose Haut gehört ebenso dazu. Unbewusst verbinden wir mit diesen genannten Faktoren Gesundheit.

Doch niemand sollte sich durch Models und Stars in den Medien verunsichern lassen. Ein Pfund mehr oder weniger zu akzeptieren gehört zu einem gesunden Selbstbewusstsein. Ein Mensch hat neben seinem Aussehen noch andere Werte, die ihn attraktiv und liebenswert erscheinen lassen.

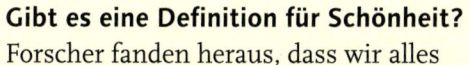

2 Schönheit im Wandel der Zeit

Mein Körper

1 Knochen und Wirbelsäule

a ☐ Benenne die Bereiche eines Knochens mit Hilfe der Buchstaben A–H.

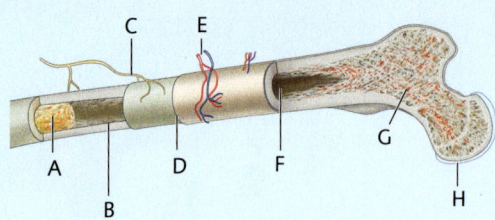

1 Ein Röhrenknochen

b ☐ Nenne einen Bereich des Körpers, bei dem Knochen die Stützfunktion, und einen, bei dem sie die Schutzfunktion übernehmen.

c ☑ Beschreibe die Funktion der Blutgefäße im gesunden Knochen und bei einem Knochenbruch.

2 Gelenke und Muskeln

a ☐ Beschreibe den Aufbau eines Muskels.

b ☑ »Jeder Muskel benötigt einen Gegenspieler.« Begründe diese Aussage.

c ☐ Benenne die in Bild 2 mit Buchstaben markierten Bereiche eines Gelenks.

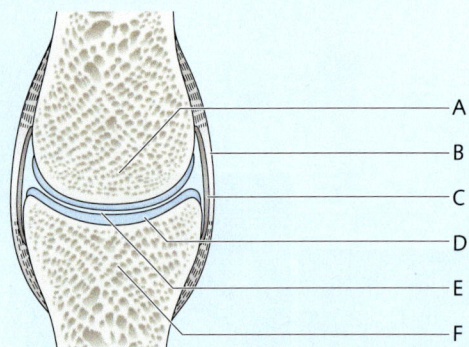

2 Schematische Darstellung eines Gelenks

d ☑ Sehnen und Gelenkbänder sind an Knochen festgewachsen. Nenne je mindestens einen Unterschied und eine Gemeinsamkeit der beiden.

3 Nährstoffe und Energie

a ☐ Nenne die drei wichtigsten Inhaltsstoffe unserer Nahrung.

b ☐ Beschreibe die Nachweise für die drei Nährstoffe.

c ☐ Beschreibe die Aufgaben von Vitaminen und Ballaststoffen. Nenne Beispiele.

d ☑ Begründe die Richtigkeit folgender Aussage: »Wenn ich mit dem Fahrrad fahre, stammt die Energie dafür letztendlich von der Sonne.«

4 Das menschliche Gebiss

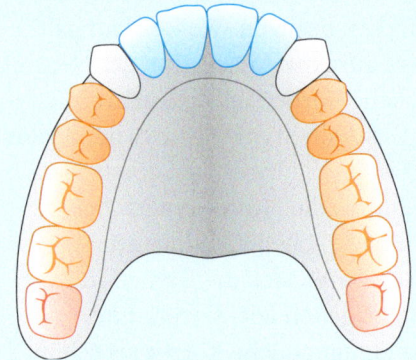

3 Ein menschliches Gebiss

a ☐ Benenne die verschiedenfarbigen Zähne im oben abgebildeten Gebiss und ordne ihnen jeweils eine Funktion zu.

b ☑ Gib an, um welches Gebiss des Menschen es sich in Bild 3 handelt. Begründe.

c ☐ Beschreibe die Entstehung von Karies.

d ☑ Damit er in der Schule guten Atem hat, putzt sich Freddy am Morgen zehn Minuten lang die Zähne. Dabei kommt es ihm vor allem auf die Außenseiten an, damit seine Zähne schön weiß scheinen. Über die Innenseiten bürstet er nur kurz drüber. Die sind nicht so wichtig, denkt er. Abends ist er meist zu müde, um noch einmal eine Zahnpflege durchzuführen.
Beschreibe, was an Freddys Verhalten für die Gesunderhaltung der Zähne falsch ist und wie er es besser machen kann

5 Verdauung

a ☐ Benenne die Verdauungsorgane mit Hilfe der Buchstaben A–K.

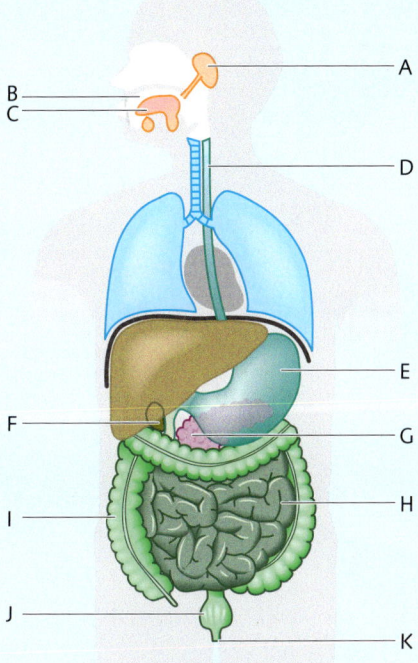

4 Verdauungssystem des Menschen

b ☐ Beschreibe, an welchen Stellen die unterschiedlichen Nährstoffe aufgespalten werden.

c ☑ Im Dünndarm werden die Nährstoffe in das Blut aufgenommen. Beschreibe den Vorgang mit Hilfe von Bild 5. Verwende Fachbegriffe.

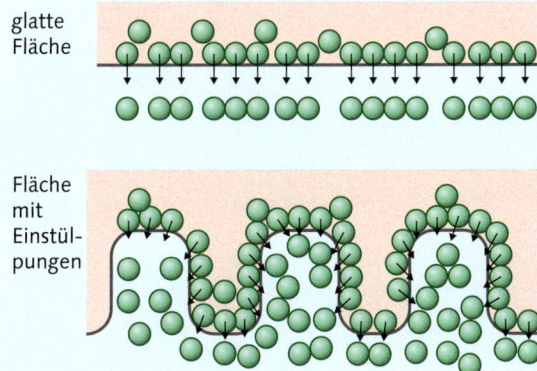

glatte Fläche

Fläche mit Einstülpungen

5 Unterschiedliche Flächen

Mein Körper

- Die Knochen des Skeletts stützen den Körper und bieten ihm Schutz. Wegen der Form und des Baumaterials sind Knochen leicht und gleichzeitig sehr stabil. Die Wirbelsäule ist die zentrale Stütze des Körpers.

- Gelenke sind Verbindungen zwischen Knochen. Sie machen den Körper einerseits beweglich, halten die Knochen aber trotzdem fest zusammen.

- Muskeln sind über Sehnen an Knochen befestigt. Da sie sich nur zusammenziehen können, benötigen sie einen Gegenspieler.

- Die Nährstoffe unserer Nahrung sind Kohlenhydrate, Eiweiße und Fette. Sie liefern die Energie für viele Lebensvorgänge sowie die Baustoffe des Körpers.

- Die Zähne zerkleinern die Nahrung und bedürfen einer sorgsamen Pflege.

- Bei der Verdauung werden die Nährstoffe in ihre Bestandteile zerlegt und anschließend in das Blut aufgenommen. Dies geschieht in den Verdauungsorganen.

Pubertät –
Zeit der Veränderung

Was in der Pubertät geschieht

Irgendwann im Alter zwischen 10 und 15 fängt dein Körper an, sich zu verändern. Mit ihm verändern sich auch die Gefühle. Mal bist du super drauf und dann wieder total genervt. Oft weißt du selbst nicht mehr, wie dir geschieht. Das Leben nimmt eine radikale Wende. Man sagt auch: Du bist in der Pubertät – die Zeit, in der du erwachsen wirst.

Alles ist anders

Helena, 12 Jahre alt, ist in letzter Zeit ziemlich reizbar. Manchmal nerven sie schon Kleinigkeiten. Neulich schrie sie ihren kleinen Bruder wütend an, als er in ihr Zimmer stürmte, ohne anzuklopfen.

Mit ihren Eltern hat Helena öfter Streit. Zum Beispiel darüber, wann sie abends zu Hause sein muss. Als ob sie noch ein kleines Kind wäre! Manchmal könnte sie heulen vor Wut. Am liebsten zieht sie sich dann in ihr Zimmer zurück und träumt vor sich hin.

Auch sonst ist vieles anders geworden. Als Benni sie neulich anschaute, klopfte ihr Herz auf einmal wie wild. Er sah einfach super aus. Was für ein Junge! Aber sie brachte keinen Ton heraus. In den nächsten Tagen dachte sie nur noch an ihn. Ob sie in ihn verknallt war?

Es passiert jedem

Die Zeit der Pubertät macht jeder durch. Für einige beginnt sie schon mit 10 Jahren, für andere erst mit 15 oder 16. Jeder wächst und verändert sich verschieden schnell und zu unterschiedlichen Zeiten. Jeder Körper hat sein eigenes Tempo.

Die Pubertät – wozu ist sie gut?

Aus Mädchen werden langsam junge Frauen, aus Jungen junge Männer. Pubertät ist eine Bezeichnung für diesen Lebensabschnitt. Das Wort *Pubertät* kommt aus dem Lateinischen und bedeutet so viel wie »erwachsen«. Es umschreibt nicht nur die körperlichen Veränderungen in dieser Zeit, sondern auch die seelischen sowie die Veränderungen in den zwischenmenschlichen Beziehungen und das sich entwickelnde Verantwortungsgefühl. Die meisten dieser Veränderungen haben damit zu tun, dass man Kinder zeugen und bekommen kann.

Hormone bewirken Veränderungen

Die vielen Veränderungen, die während der Pubertät in deinem Körper stattfinden, werden durch *Hormone* hervorgerufen. Das sind Botenstoffe, die in besonderen Drüsen des Körpers gebildet werden. Sie wandern im Blut von ihrem Herstellungsort dorthin, wo sie ihre Aufgaben verrichten. Sie steuern deine Entwicklung zur *Geschlechtsreife*. Den Befehl dazu gibt das Gehirn, genauer die *Hirnanhangsdrüse*.

1 Sehe ich auch gut genug aus?

2 Was ist nur los mit mir?

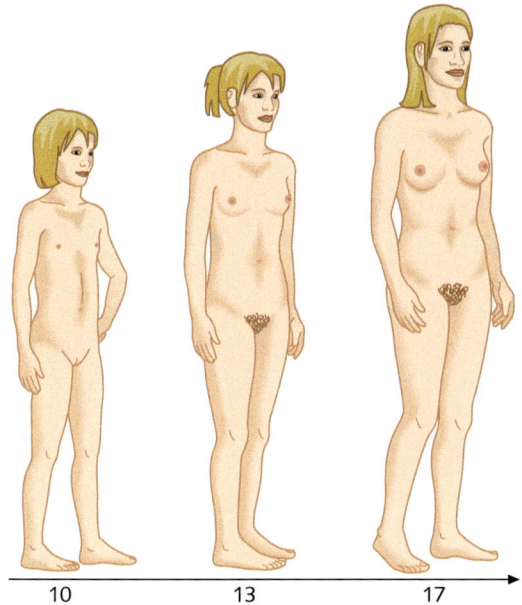

3 Vom Mädchen zur Frau

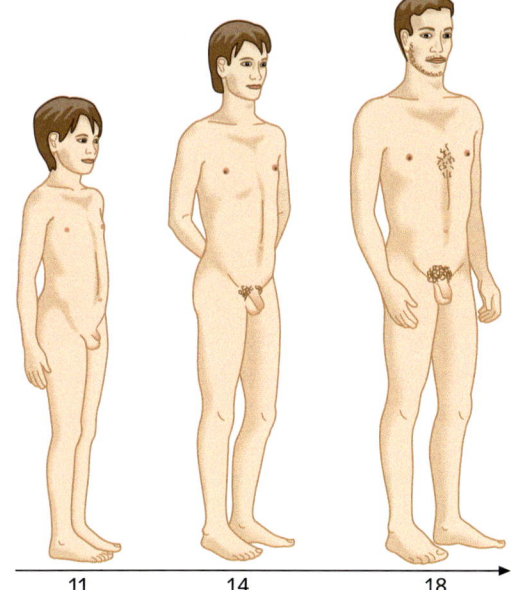

4 Vom Jungen zum Mann

Der Körper verändert sich

Hormone verändern deinen Körper so, dass er einem erwachsenen Körper immer ähnlicher wird. Am auffälligsten ist das relativ schnelle *Wachstum*. Unter den Achseln und im Schambereich wachsen Haare. Bei Mädchen entwickeln sich *Brüste,* Jungen bekommen einen *Bart,* die Stimme verändert sich. Die Geschlechtsorgane bei Jungen und Mädchen werden größer und empfindlicher, vor allem verändern sich ihre Funktionen.

Auch das Gehirn wird umgebaut. Es wird fit gemacht für den Eintritt ins selbstständige Leben.

Achterbahn der Gefühle

Die Hormone beeinflussen auch die *Gefühle, Stimmungen* und *Bedürfnisse*. Ein unbestimmtes Sehnen nach dem großen Abenteuer erwacht. Beste Freundinnen und Freunde werden oft wichtiger als die Eltern. Es gefällt dir, etwas Eigenes zu leisten, du selbst zu sein. Vielleicht entdeckst du mit großem Herzklopfen, dass du mit deinem Aussehen und Verhalten die Blicke anderer auf dich lenken kannst. Vielleicht verliebst du dich zum ersten Mal.

In Kürze

In der Pubertät verändern sich dein Körper, deine Gefühle und Interessen. Den Befehl zu deiner Verwandlung gibt das Gehirn. Hormone steuern die Entwicklung zur Geschlechtsreife.

Aufgaben

1 ☐ Es gibt Veränderungen in der Pubertät, die man von außen beobachten, und solche, die man nicht beobachten kann. Nenne Beispiele.

2 ◪ Erläutere die Bedeutung der Pubertät.

3 ◪ In der Pubertät erleben viele eine »Achterbahn der Gefühle«. Erläutere, was damit gemeint ist.

Basiskonzept Entwicklung

Manche Organe erlangen erst nach einer bestimmten Entwicklungszeit eine Funktion. Beispielsweise produzieren die Hoden des Jungen erst ab der Pubertät Geschlechtszellen oder Spermien.

Alle Organe und alle Lebewesen verändern sich. Sie durchlaufen dabei verschiedene Stufen der Entwicklung. Aus einem Baby wird einmal ein alter Mann oder eine alte Frau. Alles, was lebt, entwickelt sich, wächst, verändert sich und stirbt irgendwann.

Vom Mädchen zur Frau

Wenn die Pubertät beginnt, werden erstmals größere Mengen von weiblichen Geschlechtshormonen gebildet. Diese Östrogene verwandeln das Mädchen allmählich in eine junge Frau. Die Hüften werden breiter, die Brüste nehmen an Größe zu, Schamhaare wachsen und die erste Regelblutung setzt ein. Auch die romantischen und sexuellen Gefühle werden intensiver.

Äußere Geschlechtsorgane

Die äußeren weiblichen Geschlechtsorgane liegen geschützt zwischen den Oberschenkeln. Die äußeren und inneren *Schamlippen* bedecken die Klitoris, die Öffnung der *Harnröhre* und den Scheideneingang. Die *Klitoris* ist eine kleine Erhebung von der Größe einer Erbse. Wenn sie berührt und gestreichelt wird, kann ein lustvolles Gefühl entstehen.

Der Scheideneingang ist bei jungen Mädchen durch das *Jungfernhäutchen* geschützt. Wenn ein Mädchen sportlich aktiv ist, kann es sich dehnen und einreißen, sodass sich der Scheideneingang etwas vergrößert. Das Gleiche passiert auch beim ersten Geschlechtsverkehr.

Innere Geschlechtsorgane

Die *Scheide,* ein dehnbarer Muskelschlauch, führt zur *Gebärmutter,* in der ein Kind während der Schwangerschaft heranwächst. Die Gebärmutter gleicht einer auf den Kopf gestellten Birne. Sie ist innen hohl und mit einer zarten Schleimhaut ausgekleidet. Außen ist sie von einem starken Muskel umgeben. Von der Gebärmutter führen links und rechts zwei dünne Kanäle, die *Eileiter,* zu den beiden *Eierstöcken*. In diesen befinden sich schon bei der Geburt des Mädchens oft mehr als eine Million Eizellen.

Der weibliche Zyklus

Von der Pubertät an bereitet sich der Körper einer Frau immer wieder darauf vor, ein Kind bekommen zu können. Gesteuert durch die Geschlechtshormone reift dabei jedes Mal im Eierstock eine Eizelle heran.

Währenddessen öffnet sich das untere Ende der Gebärmutter, der *Gebärmutterhals*. Er bildet eine nährstoffreiche Flüssigkeit, den *Zervixschleim*. Dieser lässt vorhandene Spermien in die Gebärmutter eindringen und bewirkt, dass sie dort bis zu fünf Tage lang überleben können. Außerdem wächst die Gebärmutterschleimhaut auf das Vierfache ihrer normalen Dicke heran.

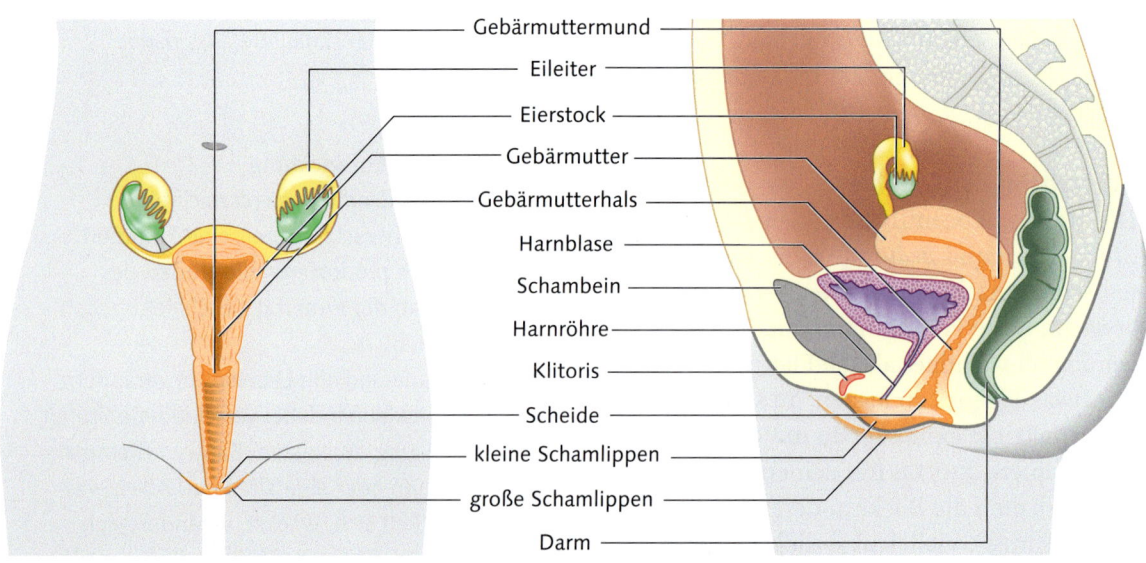

Gebärmuttermund
Eileiter
Eierstock
Gebärmutter
Gebärmutterhals
Harnblase
Schambein
Harnröhre
Klitoris
Scheide
kleine Schamlippen
große Schamlippen
Darm

1 Weibliche Geschlechtsorgane

2 Weibliches Becken (Schnitt)

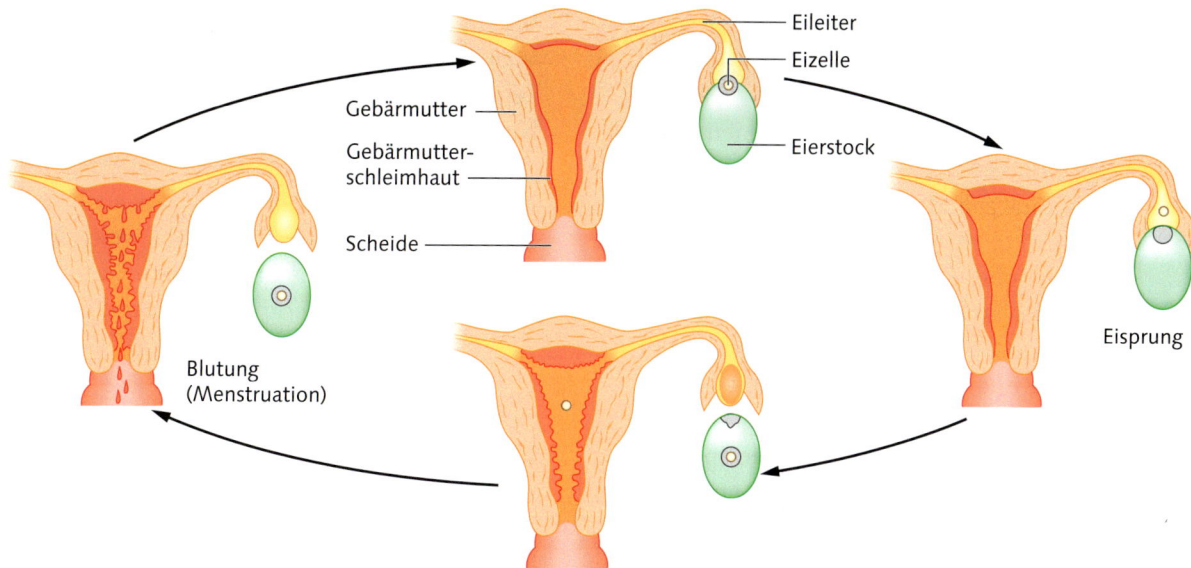

Eileiter

Eizelle

Gebärmutter

Gebärmutter-
schleimhaut

Eierstock

Scheide

Eisprung

Blutung
(Menstruation)

3 Ein Menstruationszyklus dauert zwischen 23 und 35 Tagen.

Wenn die Eizelle reif ist, kommt es zum *Eisprung.* Dabei platzt das *Eibläschen,* das die Eizelle im Eierstock schützend umgibt. Die freie Eizelle wird von der trichterförmigen Öffnung eines Eileiters aufgenommen und kann etwa einen Tag lang befruchtet werden.

Kommt es nicht zu einer Befruchtung, löst sich der größte Teil der aufgebauten Gebärmutterschleimhaut ab und wird mit Blut durch die Scheide ausgeschieden. Das ist die *Regelblutung.* Sie wird auch als *Menstruation* oder *Periode* bezeichnet. Bereits während der Blutung bereitet sich der Körper des Mädchens wieder darauf vor, schwanger werden zu können. Dieser wiederkehrende Kreislauf von der Vorbereitung auf eine mögliche Schwangerschaft und den »Aufräumarbeiten« des Körpers wird »*Zyklus*« genannt.

Schwanger vor der ersten Regel?

Wenn ein Mädchen zum ersten Mal seine »Tage« bekommt, ist die erste Vorbereitung auf eine mögliche Schwangerschaft, also der erste Zyklus, bereits abgeschlossen. Da etwa zwei Wochen vorher bereits die erste reife Eizelle aus dem Eierstock gesprungen ist und befruchtungsfähig war, kann ein Mädchen schon vor ihrer ersten Regelblutung schwanger werden.

Hygiene während der »Tage«

Die Regelblutung ist ein natürlicher, gesunder Vorgang. Es gibt keinen Grund, sich dabei anders zu verhalten als sonst. Dennoch sind Mädchen bei der ersten Regel oft darüber besorgt, dass so viel Blut über die Scheide den Körper verlässt. Frauen verwenden Binden oder Tampons, um das Blut aufzusaugen. Sie werden mehrmals am Tag gewechselt – wie oft, hängt von der Stärke der Blutung ab.

In Kürze

Mit der Pubertät beginnen die weiblichen Geschlechtshormone ein Mädchen in eine junge Frau zu verwandeln. Ihr Körper entwickelt sich so, dass sie Kinder bekommen kann. Mit der ersten Regelblutung ist von außen erkennbar, dass sie ihren ersten Menstruationszyklus abgeschlossen hat und geschlechtsreif ist. Die Dauer eines Zyklus kann von Frau zu Frau und von Zyklus zu Zyklus unterschiedlich sein.

Aufgaben

1 ☐ Welches sind die äußeren, welches die inneren Geschlechtsorgane der Frau? Benenne sie.

2 ◪ Erkläre die Funktion der Regelblutung.

3 ◼ Mädchen können schwanger werden, bevor sie ihre erste Regelblutung haben. Begründe.

Vom Jungen zum Mann

Wenn die Pubertät beginnt, werden erstmals größere Mengen des männlichen Geschlechtshormons gebildet. Dieses Testosteron verwandelt einen Jungen in einen jungen Mann. Die Schultern werden breiter, die Geschlechtsorgane werden größer, die Stimme wird tiefer und dunkler, die Körperbehaarung wird dichter und der Bart fängt an zu wachsen. Die Muskeln entwickeln sich und es werden häufiger sexuelle Empfindungen spürbar. Die Jungen erleben den ersten Samenerguss.

Äußere Geschlechtsorgane

Die männlichen Geschlechtsorgane befinden sich hauptsächlich außerhalb des Körpers. Im *Hodensack* liegen die zwei pflaumenförmigen *Hoden*. In ihnen werden die männlichen Geschlechtszellen oder *Spermien* gebildet. Die Hoden liegen außen, damit sie kühl bleiben. Spermien wachsen am besten bei Temperaturen etwas unter der normalen Körperwärme. Die Nebenhoden umgeben jeweils die Hoden halbmondförmig. Sie sind von feinen Kanälchen durchzogen. In ihnen reifen die Spermien und werden gespeichert. Kommt es zu einem Samenerguss, machen sich die

Spermien auf den Weg in die beiden *Samenleiter*. Verschiedene Drüsen geben Flüssigkeiten hinzu. Sie machen die Spermien beweglich. Die beiden Samenleiter vereinigen sich mit der Harnröhre. Diese führt Harn oder Spermien durch das *Glied,* das auch *Penis* genannt wird. Er besteht aus weichem Bindegewebe und aus Blutgefäßen. Das Penisende wird als *Eichel* bezeichnet. Sie wird von der *Vorhaut* bedeckt.

Der Samenerguss

Bei den meisten Jungen beginnen die Hoden zwischen dem 12. und 13. Lebensjahr Spermien zu bilden. Dann kann es zu einem Samenerguss kommen. Der erste Samenerguss passiert meist im Schlaf. Der Penis versteift sich plötzlich. Dabei füllen sich die *Schwellkörper* in seinem Innern mit Blut. Er wird dicker und länger und richtet sich auf. Das nennt man Versteifung oder *Erektion*. Ein Samenerguss kann aber auch ausgelöst werden, wenn der Penis gestreichelt oder gerieben wird. Dies führt zu lustvollen Gefühlen. Auf dem Höhepunkt der Erregung, dem *Orgasmus,* wird die Spermienflüssigkeit, das *Sperma,* durch die Penisöffnung herausgespritzt. Mit dem ersten Samenerguss ist ein Junge geschlechtsreif. Er kann ab jetzt Kinder zeugen.

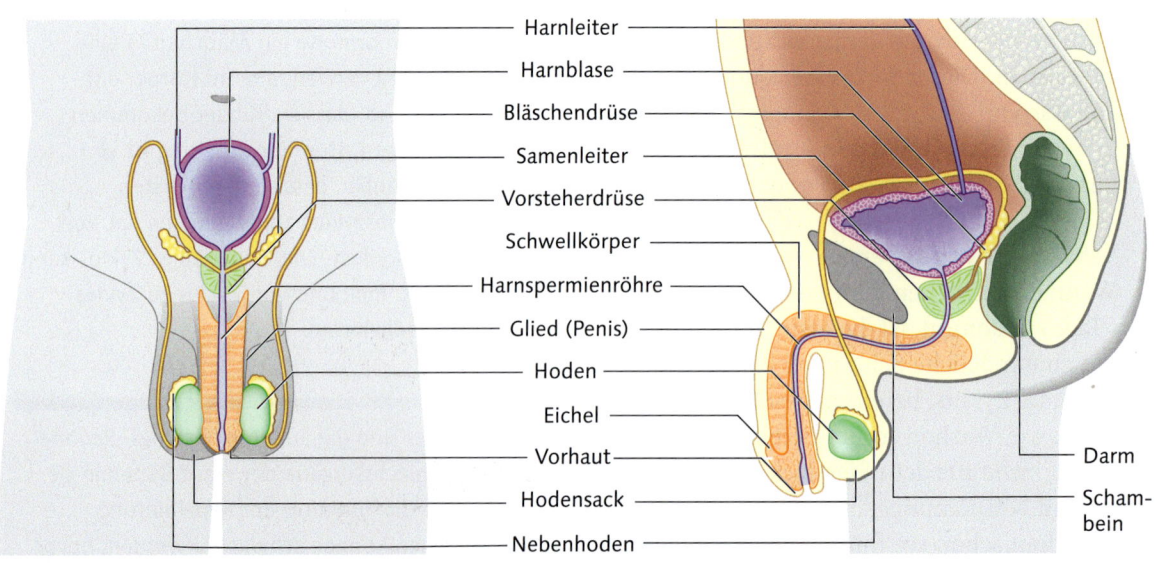

Harnleiter
Harnblase
Bläschendrüse
Samenleiter
Vorsteherdrüse
Schwellkörper
Harnspermienröhre
Glied (Penis)
Hoden
Eichel
Vorhaut
Hodensack
Nebenhoden
Darm
Schambein

1 Männliche Geschlechtsorgane

2 Männliches Becken (Schnitt)

Sperma – was ist das?

Das Sperma ist weißlich, trübe und etwas klebrig. Es besteht aus Spermien – so lautet die Mehrzahl von Spermium (Samenzelle) – und einer Flüssigkeit mit verschiedenen Substanzen, die die Spermien schützen und beweglicher machen.

Etwa 200 bis 500 Millionen Spermien verlassen den Körper, wenn er Sperma ejakuliert. Ejakulieren bedeutet etwas plötzlich freisetzen.

Was beim Stimmbruch passiert

Die Stimme wird im Kehlkopf erzeugt. Dieser sitzt am oberen Ende der Luftröhre. In ihm befinden sich die Stimmlippen, in denen feine Muskelstränge verlaufen; sie werden auch Stimmbänder genannt. In der Pubertät wird beim Jungen der Kehlkopf größer als bei Mädchen.

Während des Wachstums verlängern sich die Stimmbänder beim Jungen um bis zu einen Zentimeter, wodurch die Stimmlage tiefer wird. Die Stimme klingt dann etwas rau und kippt oft zwischen der männlichen und kindlichen Stimmlage. Als Ursache hierfür vermutet man, dass beide Stimmbänder nicht genau gleichartig gespannt werden können.

In Kürze

In den Hoden werden das männliche Geschlechtshormon und die Spermien gebildet. Beim Samenerguss werden etwa eine halbe Milliarde Spermien aus dem Penis ausgestoßen. Mit dem ersten Samenerguss sind Jungen geschlechtsreif und können Kinder zeugen.

Aufgaben

1 ☐ Welches sind die Geschlechtsorgane des Mannes? Benenne sie mit den Fachbegriffen.

2 ☐ Nenne den Entstehungsort der Samenzellen.

3 ☑ Der erste Samenerguss ist ein wichtiger Schritt auf dem Weg zum Erwachsenwerden. Begründe diese Aussage.

4 ■ Warum werden so viele Samenzellen gebildet? Stelle Vermutungen an.

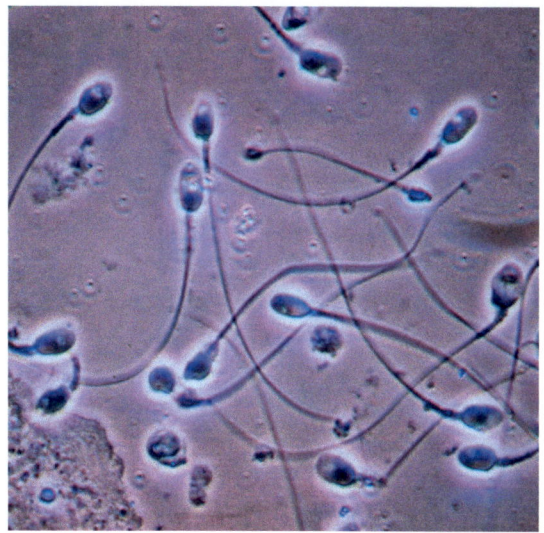

3 Spermien (etwa 1000-fach vergrößert)

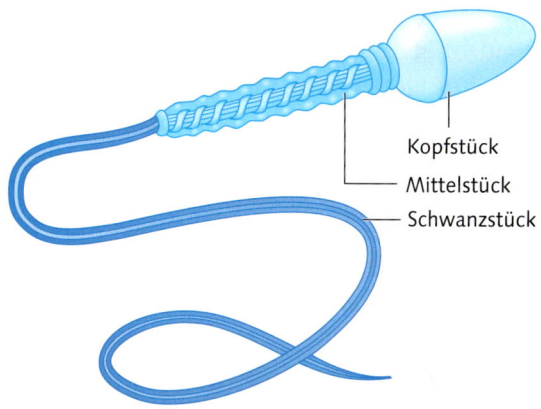

Kopfstück
Mittelstück
Schwanzstück

4 Aufbau einer Spermienzelle

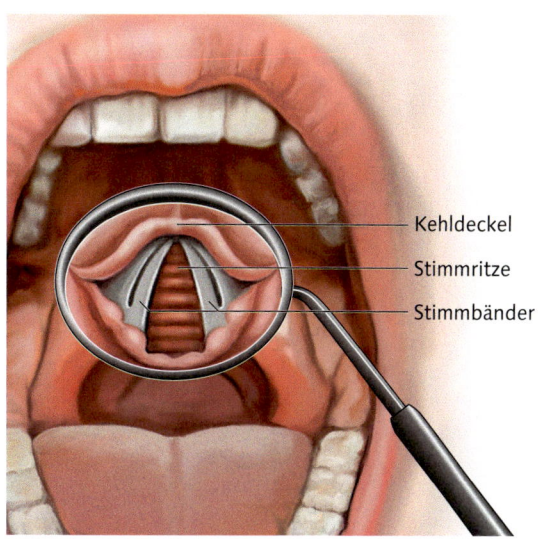

Kehldeckel
Stimmritze
Stimmbänder

5 Kehlkopf mit Stimmbändern

Auf den eigenen Körper achten

Bis jetzt hatten Pia und David null Interesse an dieser Abteilung im Kaufhaus, heute dagegen – fast über Nacht – zieht es sie beide hin: in die Kosmetikabteilung. Pia benötigt plötzlich Make-up und David sucht nach einem passenden Gesichtswasser. Ach ja, und ein Deo brauchen die beiden auch noch.

Jeder Körper will gepflegt sein

In der Pubertät können *Akne,* fettige Haare und Körpergeruch zum Problem werden. Die *Schweiß- und Talgdrüsen* in der Haut sind aktiver als früher. *Pickel* bilden sich, wenn Talgdrüsen verstopft sind und sich dann entzünden. Tägliches Waschen mit Wasser und Waschlotion kann hilfreich sein, reicht aber manchmal nicht aus. Dann ist es besser, einen Arzt aufzusuchen als unzählige Cremes und Gesichtswasser auszuprobieren.

Dein Körper ist okay

Viele Jugendliche zweifeln daran, ob bei ihnen alles »normal« läuft. Jungen sorgen sich um die Größe ihres Penis, Mädchen um das Wachstum ihrer Brust. Es ist normal, dass Gleichaltrige unterschiedlich weit entwickelt sind. Jeder Körper hat sein eigenes Tempo.

2 Ein Pickel soll kein großes Problem sein?

1 Auf der Suche nach duftenden Tinkturen

Entscheidend ist nicht, was andere sagen, sondern dass man sich in seiner Haut wohlfühlt. Die meisten körperlichen Veränderungen in der Pubertät fordern uns heraus, unseren Körper neu kennenzulernen und seine Vorzüge zu entdecken.

Sehnsucht nach Körperkontakt

Du hast vielleicht – wie viele andere auch – das Bedürfnis, andere Menschen, die du besonders magst, zu berühren und selbst von ihnen berührt zu werden. Umarmen und zärtliches Streicheln kann Freude machen, beruhigen oder erregen. Unsere Haut ist überall sehr empfindlich für Berührung. Auch dabei erfährst du jetzt vieles neu. Jeder von uns hat intime Körperteile, die eine sehr persönliche Bedeutung für ihn haben. Werden diese berührt, kann das besonders angenehm und lustvoll sein. Deshalb ist es auch wichtig, diese Stellen zu schützen. Nur du allein entscheidest, von wem und wo du berührt werden willst.

In Kürze

In der Pubertät produziert der Körper mehr Talg und Schweiß. Zum Wohlfühlen gehört es, den Körper täglich zu waschen und zu pflegen. Jeder Körper entwickelt sich mit unterschiedlichem Tempo. Manchmal müssen wir ihn auch vor unangenehmen Berührungen durch andere schützen.

Typisch Mädchen!? Typisch Jungs!?

1 Typisch für Jungs?

3 Typisch für Mädchen?

Was von Mädchen und Jungs alles erwartet wird

Als Kind hast du vielleicht schon oft gehört: Jungen spielen mit Autos, Mädchen mit Puppen. Jungen weinen nicht, Mädchen ziehen sich hübsch an, Jungen spielen Fußball, Mädchen tanzen lieber. Sicher kennst du noch viele andere Erwartungen, die man an dich als Mädchen oder Junge stellt. Solche Erwartungen werden oft von einer Generation an die andere weitergegeben. Sie können unser ganzes Leben bestimmen, manchmal sogar sehr einschränken.

»Mädchen tun das nicht!«

Verhaltensregeln für Jungen und Mädchen sind häufig ganz verschieden. So wird Mädchen geraten, wenn es um Verabredungen geht, nicht den ersten Schritt zu tun. Sie sollten lieber warten, bis sie jemand fragt. Dabei fällt es aber vielen Mädchen schwer, herumzusitzen und zu warten, bis ein Junge sie anspricht. Andererseits sind viele Jungen viel zu schüchtern, um ein Mädchen anzusprechen.

»Jungen sind cool!«

Wer »cool« ist, wird von Gleichaltrigen eher respektiert. »Cool sein« gilt als Merkmal für Männlichkeit. Schon kleine Jungs wollen »cool« sein. Aber ist es nicht auch für Jungen gut, Gefühle zu zeigen, zu weinen und persönliche Empfindungen offen auszudrücken, wie das auch viele Mädchen tun?

Benutzername | Login
Mein Account | Videos | Sites | Mitglieder | Freunde | **Forum** | Chat
Du befindest dich hier: Startseite » Forum » **Liebe**

Beitrag	Antworten	Zugriffe	Letzte Antwort
Flirten	6	720	07.08.2011 17:26:26 von:lena13

Boah, ich hab keen Bock, nen Kerl anzuquatschen und den zu fragen, ob wir zusammen was machen wollen. Sonst ist der noch voll irre und denkt ich bin ne bitch. Oder er hat keen Respekt mehr vor mir...

von:lena13   am: 07.08.2011 17:26:26

| **Flirten** | 10 | 604 | 15.03.2011 19:36:23 von:andy 14 |

Viele Kumpel, die ich kenne, haben voll Schiss ein Mädchen anzuquatschen. Ich mein, für mich ist es auch nicht so easy, ein Mädel anzumachen. Fände es manchmal besser, wenn sie mich fragen würde, ob wir was zusammen machen...

von:andy14   am: 12.11.2009 18:08:51

Neues Thema erstellen

2 Aus einem Jugendchat

> ### Wie Psychologen darüber denken
> Jeder sollte das Recht haben, nach seinen eigenen Empfindungen handeln zu dürfen, ohne dass jemand sagt, was ein Junge oder Mädchen zeigen darf und was nicht. Nicht alle Situationen verlangen von einem Jungen einen »coolen« Auftritt oder den ersten Schritt. Es gibt Momente, in denen es angebracht ist, den persönlichen Gefühlen und eventuell auch Tränen freien Lauf zu lassen.

Erste Liebe

1 Lovestory

Schmetterlinge im Bauch

Das Verliebtsein kommt ganz plötzlich.
Du fühlst dich wie verzaubert, im siebten
Himmel, auf rosaroten Wolken. Du fühlst
dich zu einem anderen Menschen hingezogen. Du kannst an nichts anderes mehr denken. Du möchtest immer in seiner Nähe sein.
Ob mehr daraus wird, entscheidet sich erst
später.

Achterbahn der Gefühle

Wenn es dich »erwischt« hat, wird in deinem
Gehirn ein Hormon freigesetzt. Es verändert
Milliarden von Schaltungen im Gehirn und
schärft die Sinne für alles Schöne. Weitere
Hormone rufen Glücksgefühle hervor, alles
erscheint dir rosarot. Zugleich aber bist
du auch verletzlicher. Gefühle können
blitzschnell umschlagen: von himmelhoch
jauchzend bis zu Tode betrübt.

Und was ist mit Sex?

Verliebtsein führt zu der aufregenden Chance,
einen anderen Menschen näher kennenzulernen: seine Gedanken und Ansichten, sein
Verhalten, den Körper, seine Gefühle und
Empfindungen. Ob Sex auch schon dazuge-
hört? Niemand darf sich unter Druck setzen
lassen. Jeder muss den richtigen Zeitpunkt
für sich finden. Vielleicht fühlst du dich noch
nicht reif dafür. Oder du möchtest einfach
warten, bis der richtige Partner kommt und
ihr beide auch frei und gern dazu bereit
seid. Die meisten Jugendlichen wünschen
sich Sex erst in einer länger andauernden
Liebesbeziehung.

Aufgaben

1 ◰ Beschreibe, wie die »Foto-Lovestory« in Bild 1
weitergehen könnte.
2 ■ Erläutere das Phänomen des Verliebtseins.

Ist das Liebe?

Irmi, 13 Jahre: »Ich war mit einem Freund auf einer Party. Als ich mit einem anderen Jungen eng und langsam tanzte, verliebte ich mich plötzlich in den. Wenn er mich nur berührte, dann zitterte ich schon. Und als wir tanzten, meinte ich, auf einer Wolke zu schweben.«

Jonas, 11 Jahre: »Ich mag zum Beispiel meine Katze furchtbar gern, meine Schwester und die Oma auch, und natürlich meine Eltern.«

Helena, 15 Jahre: »Wenn ich verliebt bin, fühle ich mich ganz plötzlich zu jemandem hingezogen. Es überkommt einen, ob man will oder nicht. Liebe dagegen ist etwas Aktives. Wenn ich liebe, dann gebe ich – ohne Gegenleistung. Ich freue mich, wenn ich meinem Freund eine Freude machen kann. Wir respektieren einander, und wenn etwas nicht stimmt zwischen uns, dann reden wir darüber.«

Tobias, 13 Jahre: »Ob mich wirklich jemand mag, merke ich daran, dass er mich so nimmt, wie ich bin, dass er mich nicht ausnützt, dass er mir zuhört und mich nicht anlügt und wir über alles reden können.«

1 Sonja liebt ihre Oma.

2 Andy mag seinen Freund Dominik.

3 Julia liebt ihren David.

Aufgaben

1 ☑ Und was ist für dich »Liebe«? Stelle deine Sichtweise dar. Liebe ist, wenn …

2 ☑ Nach Helena ist Liebe mehr als Verliebtsein. Erläutere diese Aussage.

Neues Leben entsteht

Wenn Menschen ineinander verliebt sind, tauschen sie Zärtlichkeiten aus, küssen sich, schmusen miteinander, streicheln sich. Sie berühren sich am ganzen Körper und empfinden dabei sehr schöne Gefühle.

»Miteinander schlafen«

Der Austausch von Zärtlichkeiten am ganzen Körper – man nennt dies auch *Petting* – kann zu sexueller Erregung führen. Mädchen spüren das, wenn ihre Scheide feucht wird; bei Jungen wird der Penis steif. Aus dem Kuscheln kann ein anderer Wunsch entstehen: Sie möchten »miteinander schlafen«. Dies bedeutet, dass sie Geschlechtsverkehr haben. Hierbei wird der steife Penis vorsichtig in die Scheide der Frau eingeführt. Rhythmische Bewegungen der Liebenden können den Geschlechtsverkehr zu einem sehr lustvollen Erlebnis werden lassen. Der Höhepunkt der Lust wird *Orgasmus* genannt. Aber nicht jedes Mal führt sexuelle Erregung beim Petting oder Geschlechtsverkehr zum Orgasmus.

Eine Eizelle wird befruchtet

Wenn der Mann seinen sexuellen Höhepunkt erreicht, wird Samenflüssigkeit aus dem Penis ausgestoßen. Findet der Samenerguss in

1 Verliebte drängt es manchmal auch nach mehr.

der Scheide statt, gelangen damit bis zu 500 Millionen Spermien in den Körper der Frau. Wenn sich eine Frau in den Tagen vor dem Eisprung befindet, öffnet sich der Gebärmutterhals. Der hier gebildete Zervixschleim lässt Spermien bis zu fünf Tage überleben. So ist es möglich, dass viele von ihnen weiter zu den Eileitern hinaufschwimmen und schließlich ein Spermium mit einer Eizelle verschmilzt. Diesen Vorgang nennt man *Befruchtung*. Mit ihr beginnt die Entwicklung zu einem neuen Menschen.

Wie die Schwangerschaft beginnt

Gleich nach der Befruchtung beginnt die Eizelle, sich fortlaufend zu teilen. Der *menschliche Keim* wandert im Eileiter in Richtung

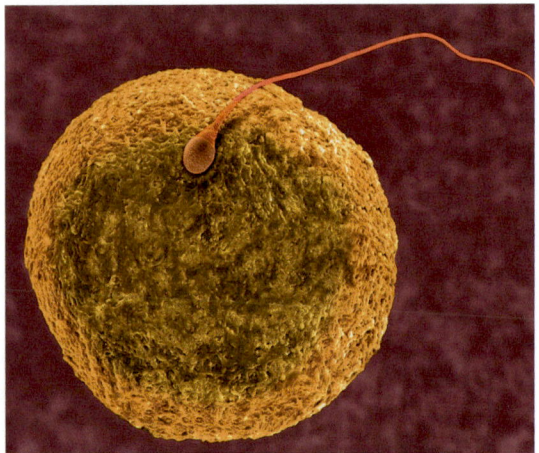

2 Ein Spermium trifft auf eine Eizelle.

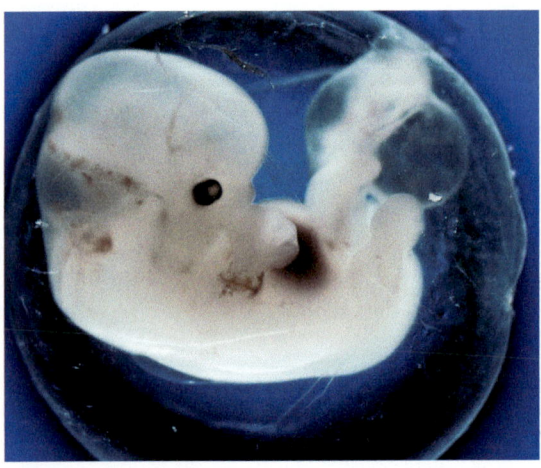

3 Embryo, sechs Wochen alt

Gebärmutter. Dort nistet er sich in die Gebärmutterschleimhaut ein. Von jetzt an beginnt die *Schwangerschaft*. Der menschliche Keim wird nun *Embryo* genannt. Um ihn herum bildet sich eine Blase. Man bezeichnet sie als *Fruchtblase* und die Flüssigkeit darin als *Fruchtwasser*. Sie ist warm und schützt den Embryo vor Erschütterungen und Stößen.

Vom Embryo bis zur Geburt

Vier Wochen nach der Einnistung ist der *Embryo* etwa 5 mm lang. Sein Herz schlägt bereits. Das Gehirn beginnt sich zu entwickeln. Nach acht Wochen sind alle Organe angelegt.

Ab der neunten Woche nach der Befruchtung wird das Kind *Fetus* genannt. Größe und Gewicht des Fetus nehmen schnell zu, alle Organe werden bis zur Geburt stets weiterentwickelt.

Versorgung über die Plazenta

Aus Zellen der Gebärmutterschleimhaut und Zellen des Embryos entwickelt sich der *Mutterkuchen*. Man bezeichnet ihn auch als *Plazenta*. Über die Nabelschnur führen Blutgefäße des Embryos in die Plazenta hinein. Hier treffen sie auf Blutgefäße der Mutter. Aus dem mütterlichen Blut erhält der Embryo so Nährstoffe und Sauerstoff. Umgekehrt gibt er Abfallstoffe an das mütterliche Blut zurück.

Fruchtbare Tage

Ein Mädchen oder eine Frau kann grundsätzlich fast an jedem Tag des Zyklus schwanger werden. Die »fruchtbare Phase« ist zwar nur sechs Tage lang, aber wann genau diese Phase ist, hängt davon ab, wie lange es dauert, bis eine Eizelle herangereift ist und es zum Eisprung kommt. Das dauert von Frau zu Frau und von Zyklus zu Zyklus unterschiedlich lange. Nur wer gelernt hat, bestimmte Körperzeichen genau zu beobachten, kann diese Zeit gut eingrenzen. Dazu ist jedoch fachkundige Anleitung nötig. Falls ihr also keine Schwangerschaft riskieren möchtet, müsst ihr verhüten oder auf Geschlechtsverkehr verzichten.

In Kürze

Die Vereinigung von Spermium und Eizelle wird Befruchtung genannt. Mit ihr beginnt ein neues Leben. Sobald sich die befruchtete Eizelle in die Gebärmutter einnistet, beginnt die Schwangerschaft. Im Verlauf von neun Monaten wächst das Kind im Mutterleib heran.

Aufgaben

1 ☐ Beschreibe die Entwicklung des ungeborenen Kindes. Verwende dabei die Fachbegriffe für die einzelnen Entwicklungsphasen.

2 ◪ Begründe, warum ein Mädchen grundsätzlich an fast jedem Zyklustag schwanger werden kann.

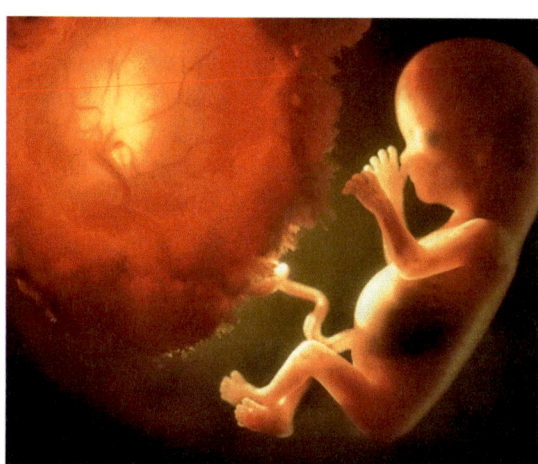

4 Fetus, drei Monate alt

5 Aus der befruchteten Eizelle hat sich ein neuer Mensch entwickelt.

Schwangerschaft

Bleibt bei einem Mädchen die Periode aus, so besteht die Möglichkeit, dass sie schwanger ist. Klarheit liefert ein Test. Ist dieser positiv, bedeutet dies für die werdenden Eltern eine einschneidende Veränderung in ihrem Leben. Eine große Verantwortung kommt auf sie zu.

Für die Mutter verändert sich einiges

Vor allem in den ersten drei Monaten können die körperlichen Veränderungen eine Schwangere sehr belasten. Viele leiden unter Müdigkeit, andere klagen über Übelkeit. Glücksmomente und Ängste wechseln sich ab. Vom vierten Monat an können Frauen ihr Baby zum ersten Mal deutlich spüren. Woche für Woche nimmt der Fetus an Größe und Gewicht zu. Der Körper der Mutter passt sich entsprechend an. Weil der Fetus auch auf die inneren Organe drückt, leidet die Mutter manchmal unter Atemnot. Auch Rücken-schmerzen können das Leben erschweren.

Das ungeborene Kind braucht Schutz

Schon vor der Geburt sind Babys sehr emp-findsam. Sie reagieren auf Stimmungen und Gefühle der werdenden Mutter. Zärtliches Streicheln des Bauchs, vertraute Stimmen und entspannende Musik beruhigen es. Wichtig für die Gesundheit des Babys ist eine ausge-wogene Ernährung. Rauchen und das Trinken von Alkohol schädigen das Kind.

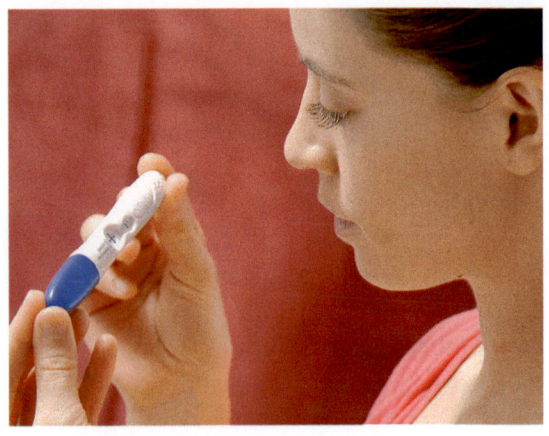

1 Schwangerschaftstest positiv

Regelmäßige Vorsorge ist wichtig

Sobald eine Schwangerschaft von einem Arzt festgestellt worden ist, wird die werdende Mutter regelmäßig untersucht. Diese *Vorsorge-untersuchungen* dienen dazu, die Entwicklung des Kindes von Anfang an zu verfolgen und dabei mögliche Risiken und Beschwerden frühzeitig zu erkennen. Mit speziellen Ultraschallunter-suchungen lassen sich Größe und Lage des Babys bestimmen und die Entwick-lung seiner Organe erkennen.

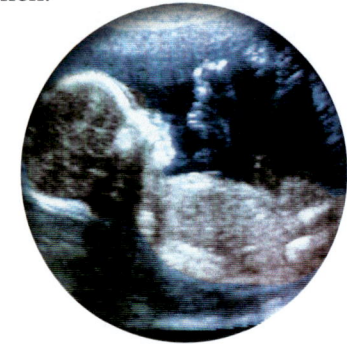

In Kürze

Eine Schwangerschaft bedeutet eine große körperliche und seelische Umstellung für die Frau. Gesunde Lebensweise, liebevolle Zuwendung und regelmäßige medizinische Betreuung von Anfang an kommen der Entwicklung des Kindes zugute.

Aufgaben

1 ☐ Nenne Maßnahmen, die dazu beitragen, dass sich ein ungeborenes Kind gesund entwickelt.

2 ◪ Beschreibt mögliche Probleme, welchen vor allem sehr junge Eltern begegnen.

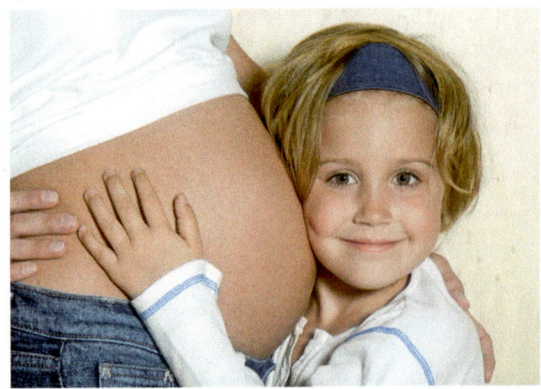

2 Gemeinsame Freude aufs Baby

Ein Kind wird geboren

Neun Monate nach der Befruchtung ist es so weit: Das Baby ist vollständig entwickelt und bereit, auf die Welt zu kommen. Die Geburt eines Kindes ist ein aufregendes Ereignis.

Erste Anzeichen

Der Schleimpfropf, der den Gebärmuttermund verschließt, löst sich ab. Dieser Ausfluss kann leicht blutig sein. Schmerzen in Bauch und Rücken, die *Wehen,* kündigen die Geburt an. Wehen entstehen durch das rhythmische Zusammenziehen der Muskeln der Gebärmutter. Häufig platzt zu Beginn der Geburt die Fruchtblase und das Fruchtwasser tritt aus.

Ein entscheidender Moment

Wenn die Wehen in immer kürzeren Abständen kommen und die einzelne Wehe immer länger dauert, wird die erste Phase der Geburt eingeleitet: die *Eröffnung.* Der Gebärmuttermund öffnet sich dabei vollständig. Es folgt die Phase der *Austreibung,* in der starke Wehen das Kind durch den Geburtskanal drücken. Die Mutter unterstützt die Wehen durch Pressen. Der schwierigste Teil ist die Geburt des Kopfes. Die Knochen des Schädels sind noch nicht fest verwachsen und geben nach. Ist der Kopf geboren, schiebt sich der restliche Körper des Babys heraus.

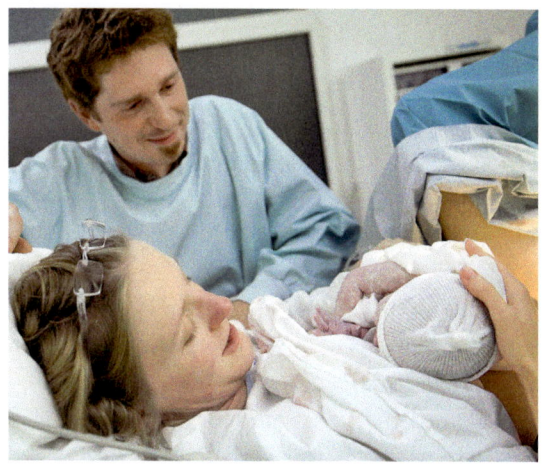

1 Mutter und Vater mit ihrem Baby

Was kurz nach der Geburt passiert

Der Arzt oder die Ärztin klemmt die Nabelschnur ab und durchtrennt sie. Mit dem ersten Schrei beginnt das Neugeborene zu atmen. Die Hebamme untersucht das Kind, wiegt und misst es und überprüft seinen Allgemeinzustand. Bei der Mutter werden durch die *Nachwehen* Plazenta und Fruchtblase ausgestoßen. Dies wird auch als Phase der *Nachgeburt* bezeichnet. Die Gebärmutter zieht sich nach und nach zusammen, bis sie die ursprüngliche Größe wieder erreicht hat.

In Kürze

Die Geburt beginnt mit den Wehen. Sie verläuft in drei Phasen: Eröffnung, Austreibung und Nachgeburt. Sie ist umso risikoärmer, je besser die Frau versorgt ist.

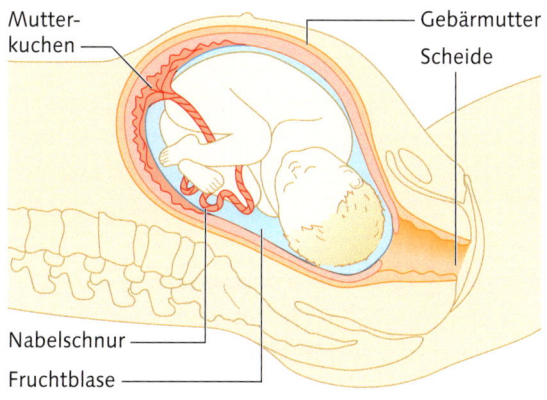

2 Erste Phase der Geburt

Mutterkuchen
Gebärmutter
Scheide
Nabelschnur
Fruchtblase

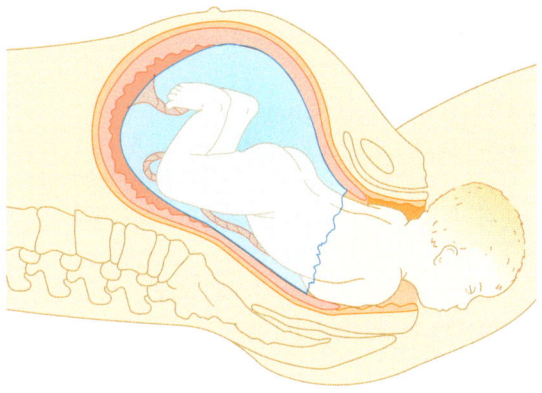

3 Zweite Phase der Geburt

Verhütung

Jedes Mal wenn ein Paar »miteinander schläft«, besteht die Möglichkeit, dass das Mädchen schwanger wird. Verhütungsmittel können dies verhindern.

Ihre oder seine Sache?

Für die *Schwangerschaftsverhütung* sind immer beide Partner in gleichem Maße verantwortlich. Sie ist niemals die Sache nur des Jungen oder nur des Mädchens. Verhütung ist viel zu wichtig, als sie mit dem Gedanken abzutun, es werde schon nichts passieren oder der andere kümmert sich schon darum.

Eine sichere Verhütung ist nur möglich, wenn die Partner darüber sprechen, sich in der Anwendung der Methode einig sind und dabei keine Unklarheiten bestehen. Niemand sollte sich zu einer bestimmten Verhütungsmethode überreden lassen. Wenn man sie nicht voll akzeptieren kann, wird sie meist nicht richtig angewendet und versagt deshalb oft.

Die bekanntesten *Verhütungsmittel* sind Kondom und Antibabypille. Diese beiden Verhütungsmittel gelten bei richtiger Anwendung als relativ sicher.

Grundsätzlich aber gilt: Es gibt kein Verhütungsmittel, das hundertprozentig sicher ist.

1 Verhütung geht beide Partner an.

Kondom und Antibabypille

Das *Kondom* ist eine weiche, dünne Gummihaut, die durch spitze Fingernägel oder Gegenstände leicht eingerissen werden kann. Es wird vor dem Geschlechtsverkehr vorsichtig über dem steifen Penis abgerollt. Es verhindert, dass Spermien in die Scheide gelangen. Es schützt aber auch davor, mit sexuell übertragbaren Krankheiten wie Aids angesteckt zu werden.

Die *Antibabypille* enthält künstliche Hormone, die den körpereigenen Zyklus ausschalten. Damit verhindern sie auch den Eisprung und die Befruchtung einer Eizelle. Sie muss von einem Arzt verschrieben werden. Mädchen, die die Pille nehmen, sollen mindestens zweimal im Jahr zum Frauenarzt gehen. Nicht alle Mädchen vertragen die Pille. Sie kann Nebenwirkungen haben.

Goldene Verhütungsregeln

- Plane die Verhütung schon vor dem ersten Mal.
- Bestehe auf Verhütung.
- Schütze dich mit Kondomen, auch vor Krankheiten wie zum Beispiel Aids.
- Achte auf die regelmäßige Einnahme der Pille.
- Verhüte auch während der Regel.
- Suche bei Verhütungspannen sofort Rat und Hilfe.

2 Regeln für die Verhütung

In Kürze

Für die Verhütung sollten sich beide Partner verantwortlich fühlen. Kondom und Pille sind bei richtiger Anwendung geeignete und sichere Verhütungsmittel. Kondome schützen zudem vor sexuell übertragbaren Krankheiten, zum Beispiel Aids.

Aufgaben

1 ☑ Was ist Schwangerschaftsverhütung? Erkläre.
2 ☑ Informiere dich im Internet über weitere Verhütungsmittel zum Beispiel unter www.bzga.de und stelle deine Ergebnisse dar.

Einen Experten befragen

Nicht immer können alle eure Fragen im Unterricht, durch das Schulbuch oder das Internet geklärt werden. Dann empfiehlt es sich, mit einem Experten zu sprechen. Zu den Themen Schwangerschaftsverhütung, Schwangerschaft und Geburt können euch zum Beispiel eine Ärztin oder eine Hebamme Auskunft geben.

Die folgende Übersicht kann euch helfen, eine Expertenbefragung vorzubereiten, durchzuführen und auszuwerten:

1 Die Klasse 6c befragt eine Hebamme.

1 Einen Experten finden Ihr könnt im Telefonbuch oder Internet nach Fachleuten suchen. Bei medizinischen Themen fragt ihr am besten beim Gesundheitsamt, im Krankenhaus oder bei Beratungsstellen nach. Legt fest, wer den Experten anrufen soll. Derjenige vereinbart telefonisch einen Termin und den Ort der Befragung. Weist darauf hin, dass kein Vortrag, sondern eine Befragung erwünscht ist. Diese kann im Klassenzimmer oder am Arbeitsort des Experten stattfinden.

2 Sich auf die Befragung vorbereiten
Überlegt zunächst einmal gemeinsam:
- Was wisst ihr bereits über das Thema?
- Welche Fragen sind noch offen?
- Was erscheint euch besonders interessant?
Sammelt in der Klasse oder in Kleingruppen Fragen, schreibt sie auf und ordnet sie. Vereinbart miteinander, wer fragt, in welcher Reihenfolge die Fragen gestellt werden, wer Notizen über die Antworten macht und wer fotografiert. Am besten machen mehrere von euch Notizen, um alles Wichtige festzuhalten.

3 Den Experten befragen Trifft der Experte ein, wird jemand von euch ihn höflich begrüßen und ihn bitten, sich kurz vorzustellen. Wenn die Lehrkraft die Befragung leitet, achtet darauf, was sie sagt. Auf ihre Anweisung hin beginnt ihr die Befragung. Hört den Ausführungen des Experten zu und protokolliert alles, was euch wichtig erscheint. Fragt nach, wenn euch etwas unklar ist. Ihr könnt auch diskutieren, wenn sich das bei einer bestimmten Frage ergibt. Am Ende der Befragung bedankt sich jemand von euch beim Experten und verabschiedet ihn.

4 Die Befragung auswerten Besprecht eure Eindrücke bei der Befragung in der Klasse. Zieht Schlussfolgerungen für zukünftige Befragungen. Fertigt zu jedem Fragenbereich ein Plakat mit den Ergebnissen an. Fügt geeignete Fotos hinzu. Stellt eure Plakate in einem Schaukasten aus. Oder schreibt eine Reportage für die Schülerzeitung, die Tagespresse oder die Internetseiten eurer Schule.

Fragen an eine Hebamme
- *Sie sind Hebamme. Was ist Ihre Aufgabe?*
  Wie kamen Sie zu diesem Beruf?
  Gibt es etwas Besonderes, das Sie als Hebamme erlebt haben?
- *Warum sollen schwangere Mädchen oder Frauen nicht rauchen oder Alkohol trinken?*
- *Meine Mutter hat mir erzählt, dass ich durch einen Kaiserschnitt auf die Welt gekommen bin. Können Sie uns erklären, was das ist und wieso man das macht?*

2 Beispiele für Fragen an eine Hebamme

»Mein Körper gehört mir!«

Wie du bereits weißt, ist die Pubertät nicht nur eine aufregende, sondern auch eine schwierige Zeit. Nicht alles, was auf dich einwirkt oder was von dir erwartet wird, muss richtig und gut sein. Manches kann deiner Entwicklung eher schaden als nützen. Um solchen Gefahren und Bedrängnissen entgegentreten zu können, helfen dir ein starkes Selbstbewusstsein und ein gesundes Selbstvertrauen.

Sage Nein!

Achte auf deine Gefühle. Sie zeigen dir an, was dir guttut und was nicht. Du kannst ihnen vertrauen. Wenn du zum Beispiel eine Berührung oder ein liebes Wort gerne magst, dann ist es gut. Wenn dir aber etwas unangenehm ist, musst du es dir nicht gefallen lassen. Sage Nein, wehre dich und zeige deutlich, dass dir etwas nicht gefällt. Auch wenn du dich unsicher oder unbehaglich fühlst, ist es immer richtig und gut, Nein zu sagen oder Ablehnung zu signalisieren.

1 Die innere Stärke spüren lernen

Jeder von uns sollte stark sein

Es gibt viele Gründe, in bestimmten Situationen Nein oder Stopp zu sagen: Du möchtest nicht sexuell berührt werden, du willst bei gewissen Dingen nicht mitmachen, oder du bist in einer bestimmten Sache anderer Meinung. Dann solltest du auch dazu stehen, was du für gut und richtig hältst. Sich selbst in unangenehmen Situationen zu behaupten – dafür musst du stark werden.

Was dich stark machen kann

Viele Jugendliche erzählen, dass sie sich stark machen können, wenn sie sich ihre Probleme »von der Seele reden«. Sie sprechen mit Eltern oder Freunden darüber, was sie bewegt. Sie vertrauen einem Tagebuch ihre Gefühle und Gedanken an, womit sie oft eine neue Sichtweise bekommen. Manche gewinnen mehr *Stärke*, wenn sie bei Sport und Spiel Erfolge erleben. Wieder andere »tanken« *Selbstsicherheit* und *Selbstvertrauen,* indem sie sich freiwillig für andere einsetzen, zum Beispiel in Sportvereinen oder in den Kirchen, im Umweltschutz und in der Schülervertretung oder auch in der Tierpflege. Es gibt viele »Tankstellen«, an denen du Kraft und Stärke tanken und so seelische Widerstandskräfte mobilisieren kannst.

FELS UND WASSER

Ein Selbstbehauptungs- und Selbstverteidigungsprogramm für Jungen und Mädchen

Ziele

- Mehr Selbstsicherheit und Selbstvertrauen erlangen
- Gefühle wahrnehmen und ihnen vertrauen
- Gefahrensituationen erkennen und darauf reagieren
- Lernen, wo Vertrauen angemessen ist und wo nicht
- Sich wehren lernen, indem man fest wie ein Fels und beweglich wie Wasser wird
- Techniken für den Notfall lernen

2 Anzeige in einem Wochenblatt

Die richtigen »Tankstellen« finden

Manche Jugendliche meinen, sie könnten ihre »Seele« auftanken, wenn sie zu viel oder zu wenig essen, extreme Abenteuer suchen, stundenlang Filme gucken, im Internet surfen, Süßigkeiten, Drogen oder Alkohol zu sich nehmen. »Tankstellen« dieser Art sind nicht geeignet, um an ihnen Kraft zu tanken. Sie können zwar für eine kurze Zeit angenehme Gefühle hervorrufen, aber langfristig machen sie dich krank und süchtig, schwach oder abhängig.

Sexuell missbraucht werden

Es gibt Erwachsene, die zu ihrem eigenen Vergnügen Jungen oder Mädchen dazu überreden oder zwingen, sie an ihren Geschlechtsteilen anzufassen oder mit ihnen Geschlechtsverkehr zu haben. Sie nutzen ihre Macht aus, um ihre Lust an einem jüngeren oder schwächeren Menschen zu befriedigen. Man nennt das »*sexuellen Missbrauch*«. Es ist immer eine schlimme Erfahrung für das Mädchen oder den Jungen. Beide – Täter und Opfer – brauchen Hilfe. Weil das Kind oder der Jugendliche auf diese Weise durch den Erwachsenen seelisch und meist auch körperlich geschädigt wird, stehen all diese Handlungen eines Erwachsenen unter Strafe.

Lass dir helfen!

Kein Jugendlicher muss sich schuldig, ängstlich und beschämt fühlen, wenn ihn ein Erwachsener sexuell missbraucht hat. Wenn du etwas erlebt hast, was dich verängstigt, solltest du allen Mut zusammennehmen und mit jemandem darüber sprechen, dem du vertraust und der dir weiterhelfen kann. Du kannst auch den kostenlosen Notruf für Kinder und Jugendliche nutzen: 0800 111 0333.

> ### In Kürze
> Wenn du etwas für falsch, schlecht oder unangenehm hältst, dann wehre dich und sage Nein. Dafür musst du dich stark machen. Du kannst seelische Stärke an geeigneten »Tankstellen« auftanken. Falls du sexuell belästigt oder missbraucht worden bist, solltest du unbedingt mit jemandem darüber sprechen, dem du vertrauen kannst.

Aufgaben

1 ☐ Zähle auf, wo Jugendliche Hilfe bekommen können, die sexuell missbraucht wurden.

2 ◨ Erkläre, was man unter einem sexuellen Missbrauch versteht.

3 ◼ Entwickle ein Faltblatt mit Tipps, wie man seelisch stark und damit selbstsicher werden kann.

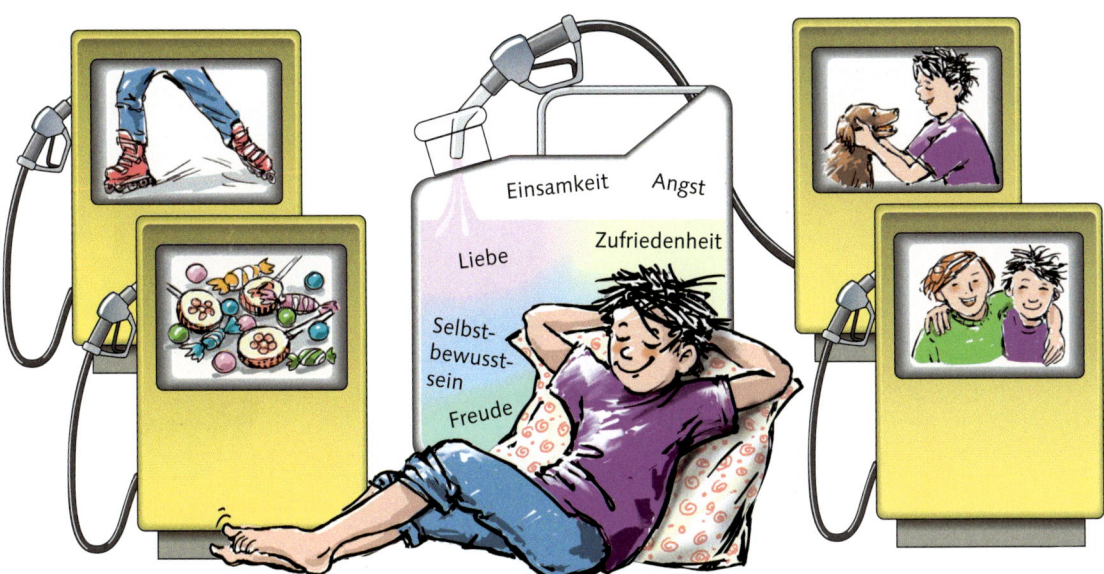

3 Der »Seelentank« kann von verschiedenen Tankstellen gefüllt werden.

Pubertät – Zeit der Veränderung

1 **Mädchen und Jungen werden geschlechtsreif**

a ☐ Übertrage die Buchstaben in den Bildern 1 und 2 in dein Heft und benenne die Organe mit den Fachbegriffen.

b ☐ Nenne Merkmale, an denen Mädchen und Jungen erkennen, dass sie geschlechtsreif sind.

c ☑ Stelle dar, was »geschlechtsreif« bedeutet.

d ☑ Woher kommen bei den Mädchen die Eizellen, bei den Jungen die Samenzellen? Beschreibe.

e ■ Kann ein zwölfjähriges Mädchen bereits Kinder bekommen? Begründe deine Antwort.

3 Aus Kindern werden Erwachsene.

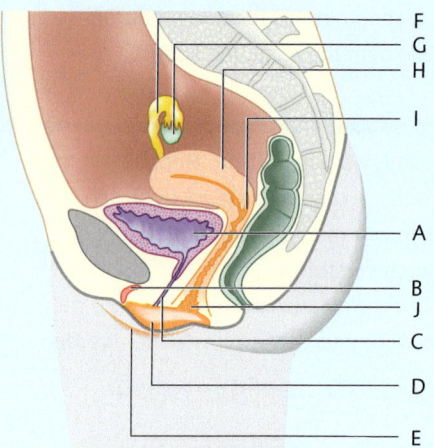

1 Weibliche Geschlechtsorgane

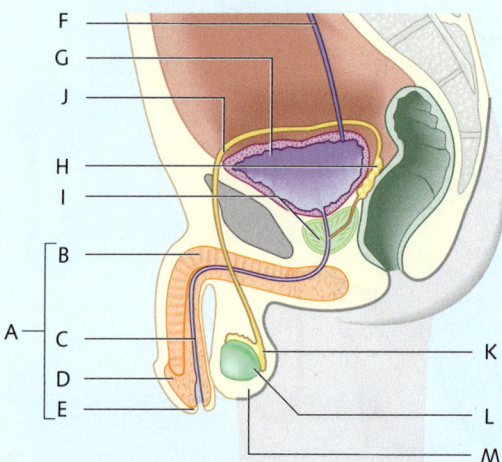

2 Männliche Geschlechtsorgane

2 **Aus Kindern werden Erwachsene**

a ☐ Nenne körperliche Veränderungen bei Mädchen und Jungen in der Pubertät.

b ☐ Gib an, wodurch die Veränderungen gesteuert werden.

c ☑ Erläutere, welche Funktion diese Veränderungen haben.

d ☐ Beschreibe Maßnahmen der Körperpflege.

e ■ Begründe, weshalb in der Pubertät die Körperpflege besonders wichtig wird.

3 **Erste Liebe**

a ☐ Jede Beziehung braucht Regeln. Nenne drei, die jedes verliebte Pärchen beachten sollte.

b ■ Unterscheide zwischen »Verliebtsein« und »Liebe«.

4 Mädchen und Jungen verlieben sich.

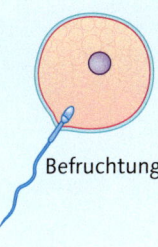

Befruchtung

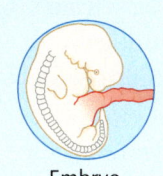

Embryo

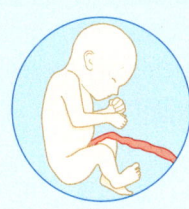

Fetus

5 Der Mensch entwickelt sich.

4 Neues Leben entwickelt sich

a ☐ Die Entwicklung eines neuen Menschen beginnt mit der Befruchtung. Beschreibe diesen Vorgang.

b ☐ Nenne die Fachbegriffe für die Entwicklungsphasen des ungeborenen Kindes in der Zeit zwischen Befruchtung und Geburt.

c ☐ Nenne Einflüsse, die dem ungeborenen Kind schaden können.

d ☐ Gib Vorgänge an, an denen die Mutter erkennt, dass die Geburt bevorsteht.

e ☑ Welche Bedeutung hat die Plazenta für das ungeborene Kind? Erkläre.

f ■ Was heißt »Entwicklung«? Erkläre.

g ■ Nicht jedes Paar, das miteinander schläft, möchte Kinder zeugen. Beschreibe zwei Möglichkeiten der Schwangerschaftsverhütung und bewerte sie.

5 Nein sagen, wenn etwas zu weit geht

a ☐ Nenne Möglichkeiten, wie du dich wehren kannst, wenn du sexuell belästigt wirst.

b ☐ Wer kann helfen, wenn man Opfer eines sexuellen Missbrauchs geworden ist? Gib Adressen an.

c ☑ Um in bestimmten Situationen Nein sagen zu können, muss man stark und selbstbewusst sein. Beschreibe, wie du mehr Stärke und Selbstbewusstsein gewinnen kannst.

Pubertät – Zeit der Veränderung

- In der Pubertät entwickeln sich Mädchen und Jungen zu Erwachsenen. Unter dem Einfluss von Hormonen verändert sich ihr Körper. Sie werden geschlechtsreif.

- In der Pubertät verändert sich nicht nur der Körper, sondern auch die Gefühle, Bedürfnisse, Interessen und Einstellungen. Sie erzeugen eine Vielfalt an Eindrücken, die Mädchen und Jungen oft verunsichern. Die Pubertät ist daher eine schwierige Phase. Um sie gut zu bewältigen, benötigt jede und jeder Stärke und Selbstbewusstsein.

- Für die erste Liebe gibt es keine Rezepte. Jedes Paar muss seinen eigenen Weg finden. Drei Tipps können hilfreich sein: Sag Ja zu dir und deinem Körper! Sag Nein, wenn dir etwas zu weit geht! Sprecht gemeinsam über eure Gefühle und Wünsche!

- Bei jedem Geschlechtsverkehr kann eine Eizelle befruchtet und somit eine Frau schwanger werden. Kondom und Pille schützen – richtig angewandt – sicher vor einer Schwangerschaft.

- In der Schwangerschaft entwickelt sich ein neuer Mensch von der befruchteten Eizelle bis zur Geburt in drei Phasen: menschlicher Keim, Embryo und Fetus.

Grundlegende Prinzipien in der Biologie erkennen – Arbeiten mit Basiskonzepten

Biologische Vorgänge und Erscheinungen lassen sich mit Hilfe der Basiskonzepte beschreiben, ordnen und auf grundlegende Gesetzmäßigkeit zurückführen. Sie helfen dir, einen Überblick über die Vielfalt biologischer Erscheinungen zu gewinnen sowie deren Vernetztheit zu erkennen und zu verstehen.

System

Lebewesen stellen biologische Systeme dar, die sich in unterschiedliche Einheiten untergliedern lassen. Bei Tieren sind das zum Beispiel die Atem- oder die Verdauungsorgane, bei Pflanzen die Wurzeln oder die Blätter. Diese Einheiten arbeiten genau aufeinander abgestimmt zusammen. Das Zusammenwirken geschieht auf verschiedenen und unterschiedlich großen Systemebenen: Zellen, Organe, Organsysteme, Organismus. Auch die Erde mit allen ihren Lebewesen stellt ein System dar.

Seite 215

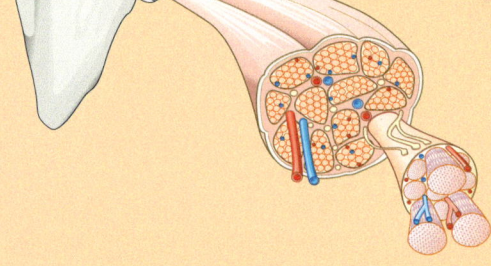

Struktur und Funktion

Mit Struktur meint man den Aufbau oder die Form von Lebewesen sowie von Körperteilen oder von Organen. Sie sind so gebaut, dass sie ganz bestimmte Aufgaben, also Funktionen, ausführen können. Strukturen befähigen Lebewesen zu ganz bestimmten Leistungen. Sie stellen also Angepasstheiten an die Funktion dar, die sie haben.

Seite 139

Entwicklung

Alle Organe und alle Lebewesen verändern
sich. Sie durchlaufen dabei verschiedene
Stufen der Entwicklung: Alles, was lebt, entwickelt sich, wächst, verändert sich und stirbt
nach einer bestimmten Lebensdauer.

Seite 227

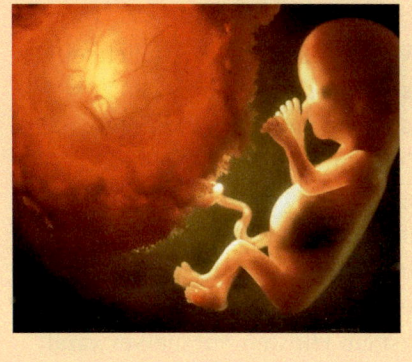

Gemeinsamkeiten und Unterschiede

Ein Vergleich von Lebewesen zeigt, dass sie sowohl
Gemeinsamkeiten als auch Unterschiede aufweisen.
Je mehr Gemeinsamkeiten sie haben, desto näher
sind sie miteinander verwandt. Allerdings können
Lebewesen, die im gleichen Lebensraum in einer
ähnlichen Lebensweise leben, ebenfalls viele Gemeinsamkeiten haben – auch wenn sie nicht eng miteinander verwandt sind.

Seite 126

Reich:	Tiere
Stamm:	Wirbeltiere
Klasse:	Säugetiere
Ordnung:	Raubtiere
Familie:	Marder
Gattung:	Echte Marder
Art:	**Steinmarder**

Gattung
Echte Marder

Variabilität und Angepasstheit

Die Nachkommen von Lebewesen der gleichen Art
haben sehr viele Ähnlichkeiten und Gemeinsamkeiten. Trotz ihrer engen Verwandtschaft unterscheiden sie sich aber von ihren Eltern und auch
untereinander in bestimmten Merkmalen. Diese
Variabilität ermöglicht es bestimmten Arten, die
Bedingungen in ihrem Lebensraum gut zu nutzen.
Sie sind in ihrem Bau und ihrer Lebensweise
an den Lebensraum angepasst. Variabilität ist die
zwingende Voraussetzung für Angepasstheit.

Seite 59

Geschichte und Verwandtschaft

Sowohl die Vielfalt als auch die Ähnlichkeit
von Lebewesen sind das Ergebnis der
stammesgeschichtlichen Entwicklung über
sehr lange Zeiträume hinweg. Jedes Tier
hat Vorfahren, die wiederum Vorfahren
haben. So sind alle Lebewesen aus anderen
Lebewesen hervorgegangen. Sie besitzen
gemeinsame Merkmale mit ihren Vorfahren.
Ähnlichkeit ist ein Hinweis auf die Verwandtschaft von Lebewesen und dass sie jeweils
von gemeinsamen Vorfahren abstammen.

Seite 27

Fortpflanzung

Die Lebensdauer aller Lebewesen ist begrenzt.
Neues Leben entsteht durch die geschlechtliche
oder ungeschlechtliche Fortpflanzung der Lebewesen. Wegen der Begrenztheit der Lebensdauer und
der Variabilität bei der Entstehung neuen Lebens
durch die geschlechtliche Fortpflanzung sind der
Fortbestand der Arten und damit die Angepasstheit
der Lebewesen gesichert. Bei der ungeschlechtlichen Fortpflanzung sind die Nachkommen
untereinander identisch.

Seite 113

Regelung und Steuerung

Lebewesen können durch Steuerung und Regelung
ihre Körperfunktionen so verändern, dass auch bei
schlechten Umweltbedingungen alle wichtigen
Lebensfunktionen aufrechterhalten bleiben, um zu
überleben. Mit Hilfe dieses Basiskonzepts können
Regulationsvorgänge im Körper erklärt werden.

Seite 73

Oberflächenvergrößerung

Lebewesen müssen mit ihrer Umwelt in Kontakt treten, um zum Beispiel lebensnotwendige Stoffe aufzunehmen und Abfallstoffe abzugeben. Je größer die Oberfläche ist, an der dieser Austausch der Stoffe erfolgt, desto mehr Stoffe können ausgetauscht werden. Pflanzen und Tiere verfügen über bestimmte Strukturen, mit deren Hilfe ihre austauschende Oberfläche stark vergrößert ist, um einen besseren Stoffaustausch zu ermöglichen.

Seite 179

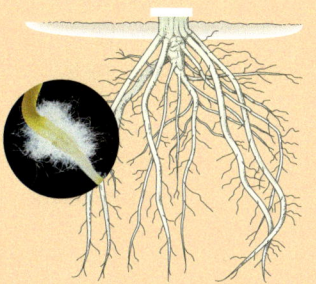
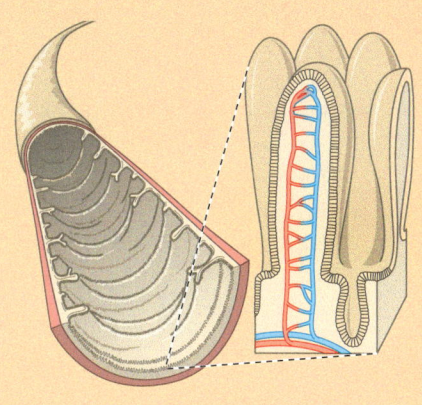

Stoff- und Energieumwandlung

Lebewesen nehmen ständig Stoffe aus der Umwelt auf. Diese bauen sie ab, um daraus körpereigene Stoffe und Energie zu gewinnen. Die Energie benötigen sie für ihre Lebensprozesse. Nicht verwertbare Stoffe geben sie wieder ab. Diese sind energieärmer als die aufgenommenen. Da Lebewesen dauernd Energie abgeben, sind sie auf eine ständige Energieaufnahme durch Sonnenenergie oder energiereiche Nahrung angewiesen.

Seite 189

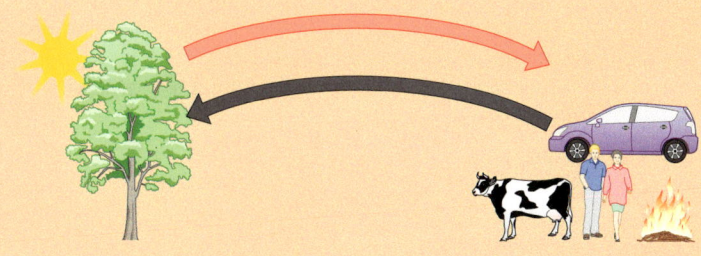

Lebensräume verändern sich

Ähnlich wie die Lebewesen sich im Laufe ihrer Stammesgeschichte beziehungsweise im Laufe ihres Lebens verändern, so verändern sich auch Lebensräume. Sie ändern ihr Aussehen mit dem Wechsel der Jahreszeiten oder als Folge des Klimawandels. Häufig ist der Mensch dafür verantwortlich, dass sich Ökosysteme verändern – manchmal mit schwerwiegenden Folgen.

Seite 150

Register

Bildquellen

Giel, Oliver – Tierfoto: Titelbild

A1PIXYour Photo Today: 225.1, 238.1; Agentur Focus / Eye of Science: 108.0, 141.4; aid infodienst: 47.3 A–C; akg-images: 108.1, 126.0, 221.2e, akg-images / Erich Lessing: 221.2b–c; Angermayer / Pfletschinger: 92.2B; Arco Images / NPL: 107.5, / Reinhard: 173.5, / Wothe: 117.0; Bach-Kolster, Helgard, Duisburg: 95.2c; BASF: 183.4; blickwinkel / B. Trapp: 94.1D, / H. Pieper: 56.3, / Hecker: 12.2, / Koenig: 85.0, / McPHOTO: 182.1, / Woike: 106.1; Bohdal, Jiri, CZ: 93.3, 100.0, 103.3, 107.3–4, 107.6C, 119.0a, 128.1A, 128.1B, 128.1F; Can Stock Photo Inc./Goo0Dween123: 169.3, 186.2; Carl Zeiss Jena GmbH: 19.0; Caro / Riedmiller: 150.1; Corbis / Frank Lane Picture Agency: 72.1, / Visuals Unlimited / Carolina Biological: 236.3; Cornelsen Verlag: 50.0a, 64.1–3 65.4, 95.2b, 134.1b, 134.1d, 185.0, 195.3; Digitalstock: 18.0b, 98.1, 99.4b, 135.2, Digitalstock / Gärtner: 64.7, / Gruisinga: 148.0a, / Helbig: 170.1, / JWS: 151.2e, / S. Behringer: 153.3b, / Schüler: 141.5, / Svatunek: 148.0b, / Vock: 141.6a, / Vock: 160.1, 183 .0, / W. Hilpert: 153.3a; Döring, V., Hohen Neuendorf: 11.3, 13.3a, 28.2a–b, 182.3a, 182.3b, 186.1; F1 online / Image Source: 131.3, / Kompatscher: 13.4, / RF Company: 202.1; Firtzlaff, K.H.: 147.2; Fotolia / Agnes von Friedberg: 237.5, / Aleksandar Zoric: 25.3, / Aleksandar Zoric: 247 u.r.1, / alphosyle: 167.5d, / Aquiya: 167.5c, / Arnim Friess: 15.3c, / Art_man: 69.0, / Art_man: 248 u.r., /benno hansen: 80.1c, /bilderstoeckchen: 153.1, /carpathian: 221.2a, /Christian Jung: 218.3, / Cogipix: 218.1, / creative studio: 235.0c, / Daniel Terence Mock: 235.0a, /darknightsky: 151.2a, / Denis Pepin: 183.5, / Dumitrescu Ciprian: 15.3b, / Elenathewise: 185.4a, / Ellie Nator: 162.2, / Eric Isselée: 63.5b, 63.5f, / Esel Klugohr: 15.6f, / ExQuisine: 15.3d, / eyezoom1000: 235.0d, / Fotofermer: 15.6e, / fotofran: 151.2c, 249 u.r., / Fotolyse: 160.2, 170.2A, / Frank: 139.4, / Gabi Günther: 158.1d, 158.1h, / Harald Lange: 170.2C, / Harald Biebel: 140.1B, / Hartmut Lerch: 172.1, / Heino Pattschull: 10.2, / Helgo: 80.1b, / hfox: 116.1, / Imaginis: 138.3a, / Ingo Bartusek: 185.1, / Ivonne Wierink: 203.5c, / J. M. Gelpi: 112.1, / Jacek Chabraszewski: 203.5b, / Julian Weber: 158.1b, / Kaarsten: 63.5c, / Karin Schnirch: 95.2a, / kemai: 185.4b, / Kzenon: 210.1, / L.Bouvier: 134.1, / Light Impression: 172.0, / Malena und Philipp K: 167.5a, / Marc Heiligenstein: 191.4, / mascfoto: 90.1, / Michael Tieck: 212.0, / Mikael Damkier: 161.0a, / Nicole Effinger: 203.5a, / Nikolai Sorokin: 134.1a, / Peter: 170.2D, / petrabarz: 158.1e, / photoclick: 213.3, / photocreo: 42.1,, / pixopixo: 158.1c, / pressmaster: 212.1, / Ralph Maats: 220.0, / Raymond Thill: 158.1a, / Reiner Wellmann: 66.1, / Reinhold Stansich: 136.1, / reises: 161.0b, / Rolf Klebsattel: 27.E, / Rosi: 15.6f, / Sarie: 131.1, 162.1, / Shawan: 188.1, / sida: 158.1f, / Siegi: 167.5f, / SOULSHOTS: 137.1b, / spinetta: 63.5d, / Stefan Balk: 167.5b, / SyB: 158.1g, / Tino Hemmann: 235.0b, / thongsee: 170.2B, / Tramper2: 80.1e, / Unclesam: 137.2, /Valeriy Kirsanov: 80.1d, / Volker Witt: 83.2, / Yuriy Vahlenko: 139.0a; Frei, Herbert: 88.B; Geobasisdaten der Kommunen und des Landes NRW © Geobasis NRW, 2012: 96.1; Getty Images / Simon Clay: 3.2, 20, 53.0, / Untitled X-Ray: 15.1; Giel, Oliver – Tierfoto: Titelbild, 3.1, 10.1, 60.0; Hecker, Frank Naturfotografie: 93.5, 94.1B, 94.1E, 94.1F–H, 95.1, 164.1, 173.4; Hollatz, J.: 14.2, 84.2; Humboldt-Universität Berlin: 141.6b; imago / blickwinkel: 6.2, 103.1 a, 141.3,224.1, 245.0, / imagebroker: 83.3; iStockphoto, iStockphoto / Andrew Howe: 107.6A, / Antagain: 13.3b, / arlindo71: 12.0, 246 o.l., / AVTG: 5.2, 168.1, 191.0, / Chanyut Sribua-rawd: 163.4, / Christina Hanck: 151.2d, / Craig Dingle: 64.6, / Damien Richard: 28.3b, / Daniel Bobrowsky: 28.3a, / Ekspansio: 169.1, / Eric Isselée: 63.5a, 63.5e, / HAIBO BI: 78.1b, / Jacek Chabraszewski: 216.1, / Jens Carsten: 52.2, / JordiDelgado: 211.3, / Kai Chiang: 200.C, / Karel Gallas: 128.1E, / konradlew: 169.2, / Kurt Drubbel: 122.3, / Levente Varga: 18.0a, / Linda Kloosterhof: 21.1, / Lisa F. Young: 235.1, / Mark Stokes: 21.2, / Nancy Nehring: 189.3, / N. Nehring: 16.2, 246 Mi.1, / Nicholas Measures: 80.1a, / Nico Smit: 19.1, / Stígur Karlsson: 221.2f, /Tamara Bauer: 13.0, / Tony Campbell: 50.1, / unfek: 151.2b, / Vassiliy Vishnevskiy: 14.0b, / ytwong: 78.1a; Juniors Bildarchiv: 32.1, 33.5, 191.3, Juniors Bildarchiv/ M.Willemeit: 76.2A; Kuttig, Siegfried / RF: 225.3; Lichtbildarchiv Keil, Neckargmünd: 113.4a–c; LOOK-foto / Engel & Gielen: 18.1; Mahler, H., Berlin: 178.1; mauritius images / age: 32.3, 33.4, 35.3a, 93.2, 233.3, / Alamy: 4.1, 12.1, 14.1, 18.2, 28.1, 29.5, 30.1, 32.2, 51.2, 54.1, 56.1, 57.4, 58.1, 60.1, 81.0, 88.A, 88.C, 88.0, 92.2A, 92.2D, 117.4, 120.1, 121.0, 177.0, 180.3, 200.1, 204.1, 221.2d, 249.0 / André Pöhlmann: 225.2, / ANP Photo: 122.5, / CuboImages: 138.0b, / Doc Max: 172.2, / Food and Drink: 51.1, / Fritz Pölking: 122.4, / Harald Lange: 24.1, / ib / Arco Images / Doerr, C.: 153.5, / ib / Michael Krabs: 26.1, / ib / Norbert Probst: 4.2, 82.1, 129.0, / Image Source: 233.1, / imagebroker: 76.2B, / imagebroker / Creativ Studio: 66.2, / FLPA / Bowman: 115.2, / Heine: 93.1, 106.2, jspix: 119.0b, / Keil: 57.0, / Krabs: 40.2, / Kreutzer: 41.4, / Kühbauch: 40.2, umstätter: 244.4, / Jo Kirchherr: 27.B, 72.2, 248 o.2, / Kerstin Layer: 76.2D, / Lacz: 117.5, / Layer: 122.1, / Lehn: 47.4, / Mader: 40.1, / Minden Pictures: 100.1, 116.3, 139.5, / Oredia: 226.1, / Oxford Scientific: 59.4, 237.4, 247 o.r., / Phototake: 236.2, / Radius Images: 5.1, 130.1, 107.0, / Rosenfeld: 204.0a, 204.0b, 204.0c, 208.1, / Schätzle: 39.4, / Science Faction: 71.1, / Science Photos Library: 195.0, / sciencephotolibrary/Marek Mis: 178.0, 180.2 / Shutterstock.com/kapetsh: 36.1C / Steimer: 36.1b, 36.1f, / United Archives: 88.E, 128.1D, /Wittek: 36.1g, 45.2; Minkus, Volker: 34.2, 35.3b, 96.2a, 104.1, 104.2a–c, 111.3, 114.1–3, 135.0, 140.2, 159.4, 174.1, 177.1, 220.1; nabu: 77.4; NASA: 122–123; Neuls, Zeynep: 138.2a, 166.2a, 166.2b; Oberschelp, Katrin: 167.6; Okapia: 37.2, Okapia / Andreas Hartl: 88.D, 129.5, / BIOS / Claudius Thiriet: 38.1, / BIOS / Michel Gunther: 120.2, / BIOS / Ruoso: 92.1, / Danegger: 37.1, / Deschandol: 128.1C, / Elisabeth Weiland: 120.0, / Eric Dragesco: 55.2, / Gerken-Ernst: 138.0a, / Hans Reinhard: 132.1, 150.0, / Holt Studios Cattlin: 147.1, 163.3, / imagebroker / Bernd Zoller: 59.5, 247 u.r.2, / imagebroker bilwissedition.com: 11.1, / imagebroker / Siegfried Kuttig: 11.2, / Jacobi: 14.0a, / Karen Debler: 93.4, / Klein&Hubert: 30.0, / Konrad Wothe: 123.6, / KW / Nikolaus: 147.3, / Lange: 36.1d, / Manfred & Christina Kage: 231.3, / NAS / Meszaros: 92.2C, / Oliver Giel: 55.3, / OSF: 118.2, / OSF / J.A.L.Cooke: 114.4, / P. Arnold, Inc./Fritz Pölking: 123.7, / Peter Wernicke: 101.3, / Reinhard: 24.1, 36.1a, 36.1e. 39.0, 46.1, / Willi Rolfes: 123.0, / Winfried Wisniewski: 115.3, / Wolfgang Braun: 115.1; panthermedia: 76.2C, 76.2F, panthermedia / G. Temmen: 141.3a, / Herbert Esser: 77.3, / Olaf Kloß: 76.2G, / Robert Biedermann: 152.0, / Robert Stephan: 76.2E, / Wilfried Martin: 152.1; picture-alliance: 44.1, 73.0, picture-alliance / BSIP: 239.1, / chromorange: 83.1, 236.1, / Denkou Images: 235.2, 244.3, /dpa: 16.3, 27.D, 50.2, 138.1, 217.3, 218.2, 238.3, 246 Mi.2, / Frank May: 235.3, / global-MET: 221.1, / Image Source: 209.1, / KEYSTONE: 242.1, / Okapia / Manfred Danegger: 75.1–2, 126.1A–B, 128.3A–B, / photononstop: 226.2, / Robert B. Fishman: 193.2, / Sven Simon: 44.0, / ZB: 44.2; Pixathlon / Jonathan Schwan: 198.1; PIXELIO / Rolf Handke: 99.4a; Pondorf, Peter.: 21.2, 221.2–3, 246.4, 48.2; Reinhard-Tierfoto: 46.2, 131.2, 145.0, 148.1, 149.0, 154.1, 157.3A–E; Röhl, Stephan: 31.2a–c; RWE Energie AG: 189.4; Schütte, N., Berlin: 139.0b, 140.1C, 142.1, 2; Sevcík, Jan, CZ: 107.6B, 110.1; Shutterstock.com/Anna Demjanenko: 6.1, 192.1, 223.0; Stelzig, Ingmar, Trebur: 156.2; STOCK4B / RG Images: 189.5; TopicMedia: 27.A, 27.C, 27.F, 29.0, 248 o.1, 248 o.3; TopicMedia / b: 238.2; Universitätsbibliothek Heidelberg: 16.1; Visum / Photoshot: 156.1; Voller Ernst / Stoppelman: 34.1; Weber, Manfred, Iden: 47.3D; Wikipedia / Martman; http://upload.wikimedia.org/wikipedia/commons/b/b6/Zauneidechse_auf_Holz. jpg: 99.3; Wikipedia / public domain: 70.1, 118.1; WILDLIFE / Arndt: 66.2, / D. Harms: 58.2, 61.4, 61.4a, 86.0, 94.1C, 140.1A, 140.1D, 140.1E, 246 u.r., / Diez: 15.3a, / Juniors Bildarchiv: 103.2, / K.Bogon: 55.1, 68.1, 99.0, / M.Harvey: 103.1b, / Stein: 94.1A, / Stuewer: 43.5, / V.Siegel: 71.0; Wirtz, Peter: 48.1, 144.1–6, 193.3, 201.A, 201.1, 201.0, 219.1. 232.1, 234.1A–D, 241.1; World Wildlife Fund-US: 78.1c